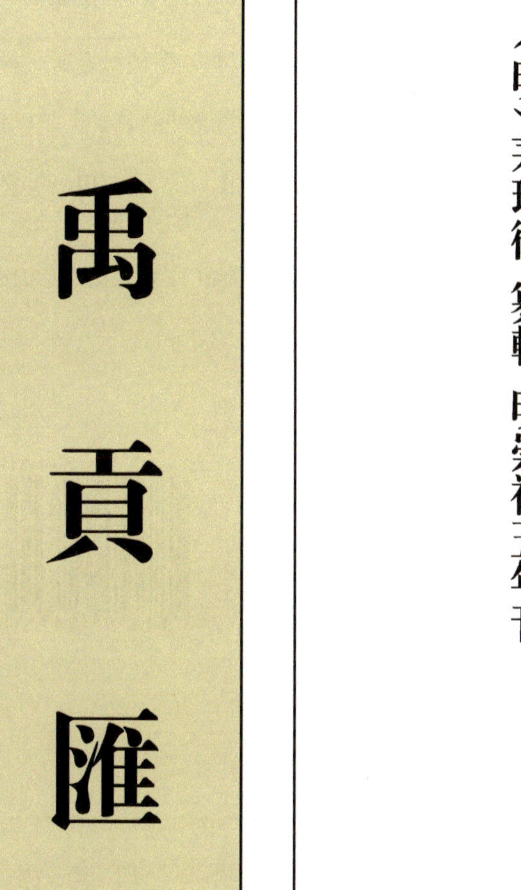

禹貢匯疏

（明）茅瑞徵 纂輯

明崇禎五年刊

1

鳳凰出版社

圖書在版編目（CIP）數據

禹貢匯疏 /（明）茅瑞徵纂輯. -- 南京 : 鳳凰出版社, 2019.4

ISBN 978-7-5506-2831-1

Ⅰ. ①禹… Ⅱ. ①茅… Ⅲ. ①歷史地理－文獻－匯編－中國－古代 Ⅳ. ①K928.62

中國版本圖書館CIP數據核字(2018)第211437號

禹貢匯疏

纂　　輯　（明）茅瑞徵
責任編輯　崔廣洲
出版發行　鳳凰出版社（原江蘇古籍出版社）
　　　　　發行部電話 025—83223462
出版社地址　南京市中央路165號，郵編：210009
出版社網址　http://www.fhcbs.com
印刷裝訂　三河友邦彩色印裝有限公司
　　　　　三河市高樓鎮喬官屯村
開　　本　十六開
出版日期　二〇一九年四月第一版
　　　　　二〇一九年四月第一次印刷
書　　號　ISBN 978-7-5506-2831-1
定　　價　貳仟陸佰肆拾圓整（全三册）

出版説明

人是一種會思想的動物，無論是要適應環境，克服生存的困難，抑或爲了生活得更有意義，思想皆不可或缺。在一般的中文習慣中，思想的涵義比『哲學』更寬泛，這種語用習慣的差異，也影響到學者對學術視野的選擇。一般而論，思想史的範圍也較哲學史爲廣闊，雖然很少得到清晰地界定，但它不失爲一種有效的學術視野。

在近代中國學術史上，思想史研究的興起與哲學史大約同時。一九〇二年三月，梁任公在其創辦的《新民叢報》連續發表了《論中國學術思想變遷之大勢》系列論文，這可能是最早由國人撰著發表的思想史論文。而第一本由國人撰寫的中国古代哲學通史，則爲一九一六年謝無量的《中國哲學史》。這兩種早期著述自有其學術史的意義，但其中對學科的性質與研究方法等多無明確的説明。事實上，無論是學者的闡述，還是其實際的操作，在思想史與哲學史之間都不易劃出清晰的界限，直到當代也仍然如此。抛開細節不論，就語用習慣及有關實踐而言，思想史表徵一種對歷史文化廣闊而深入的關照，其研究方法，關注的問題，都較哲學史爲多元，史料基礎也不可同日而語。尤其是在郭沫若、侯外廬等人建立起來的研究傳統中，思想史有明确的社會史取向，或因其與傳統的文史之學有親和性，以至在今天，這種思路仍然很有吸引力。

文獻發掘向來是思想史研究的基本環節。爲了促進有關研究，我們選輯多種文本編爲『中國古代思想史珍本文獻叢刊』，全編選目包括經典文本，如儒、道二家的經解，重要思想家作品的早期刻本，和某些并不廣泛受到關注的作家文集的舊刻本。本編中也選録了數種記録古代民俗信仰的文獻，如《關聖帝君聖跡圖志》等。此外，本編也著意收録了數種通常被視爲藝術史史料的文本，如《寶綸堂集》、《徐文長文集》等，我們認爲對思想史關注而言，範圍與深度同樣重要。

選集本編，也有文獻學上的意圖。中國古代有悠久的文獻學傳統，大量古籍文本的傳刻與整理造就了古代中國輝煌的文化。本編收録的這些刻本不僅是古代學術發生、衍變的物質證據，也是古代文化的重要部分。本編所收録的全部作品皆爲彩版影印，最大限度地保存了文獻的細節。其中有部分殘卷，視具體情況，或者補配，或者一仍其舊。本編的選目受制於編者的認識與底本資源，有不妥、不備之處，希望讀者不吝指正。

《禹貢匯疏》總目録

（明）茅瑞徵 纂輯 明崇禎五年刊

第一册

第二册

第三册

第一册

禹貢滙疏

一 圖經

禹貢滙疏序

禹貢一書乃稽神禹開闢天地經緯六合另出手眼非比尋常尺幅可鑿空揣摩而盡也自司馬子長作河渠平準二書而班

孟堅之徒兼志地理溝洫食貨竝傚禹貢遺意縱横結構而蘖律簡嚴去古未遠矣漢唐兩孔氏註疏原本山川頗得其概而三江九河悉屬影響至宋蔡氏

捃摭諸家之説深心訂定多出
先儒意表然援引證據未能曲
暢而學一先生無取博綜閒考
蘇端明書傳意解各殊及參以
大全諸儒論著間難鋒起回從

誦讀之餘凡關禹貢疑義信手摘錄爰採羣碎彙為全書而益神往禹之明德於今猶在天壤間也鴻水懷襄四海一盤禹不辭胼胝乘載荒度起昏墊登之

袵席亦既幹蠱濬宂功同載造
矣而覩畫封疆物土之宜而布
之利曾不遺餘力其於衡量貢
賦差等正錙辨晰主名惟恐經
制一清適以起異日無藝之征

而貽黎庶無窮之累故其言曰
底慎財賦聖人逆知後世暴君
汚吏必有以財賦藉口磨牙擇
食慘毒甚於鴻水而先事曲為
之防當禹制貢法如此乎討深

慮遠而末流之濫觴猶令人咨
嗟太息曰制地莫不善於貢則
理財之無全利亦可思已今海
内非有九年之鴻水而瀕河流
雖穿渠轉漕無寧歲頃者邉鄙

時警戈矛竊發窮鄉方苦加派繼以水旱間作三空四匱每来廟堂蒿目之憂使神禹持籌則壤定賦不知當若何庶慎而尚忍以無名之箕斂重困吾民乎

讀禹貢者詳九州之山川則可供聚米之畫習漕渠之岐路則可商飛輓之宜察東南之物力則當念杼軸之空弦匍服之遺制則當興樹藝之利而挈要於

底慎財賦一語疏解浩繁可一言以蔽之如必字比向櫛執令圖誌疑古山川索碣石左右之端滋黑水梁雍之辯三條四列地脈臚分兩漢九河源流靡訂

此不離經生之耳食点何益孔蔡之舊聞曾不若子長孟堅諸篇斐亹詞譜得與禹貢遺經並垂天壤也

崇禎壬申仲秋吴興澹樸居士

茅瑞徵題於浣花居

禹貢滙疏序

粵自懷君邦之茂畧者首達四民之務摛帝籍之徽頌者愽綜九土之宜神農以前邈矣衰乎以後忽焉若夫五服變而為九

九州易而爲纖邦國都鄙載之
版穀畜藪澤倫其數郡縣錯落
未開三十六之枝流井田縱衡
大暘十有二之界畫禹蹟所留
周官爲盛矣雖然歎求辨偉冗

先正經三壤既則六府乃以漸而脩中邦既夷五長乃以次而建等田視土而土又或錯於田揆賦先田而田亦或後於賦賦而匭貢甸服之包篚不名次乃

得同兖野之盈虛有候此皆神
禹之慘澹經營而非後王之一
二窺測者也迨濟南生搜尋蝌
蚪櫛沐如新蘭臺令摭表山川
隱阜可指綴而成圖則羅文恭

為畫史述而成誌則鄭繪綸為
形家莫不因視定體準勢設位
歷土雲也指掌識魯分之野廣
輪繇錯列眉知舊[illegible]之疆考跡
可云有餘說書猶曰未足蓋哉

據麤而遺精亦或拘獨而掩衆

[illegible]義之乖終傷乃志單詞之漏

六眛厥勳惟吾

師體蘊三才神周八極畋漁竹

素之墳遊戲縹緗之圃太征有

致象胥有錄書琛什襲甘托肯於海上名山義炳重離恥借諷於子虛云是不出戶而窮章亥之步一操筆而蒐究委之藏漱液羣言牢籠衆理片樓寸附若

齊王之食蹠數千縷析絲分以
庖丁之解牛十二坤靈吐其精
華匪資人力昴宿明其次含蕪
燭天文梯航不改可謝輶軒使
者之未風雨長存將待靈威丈

人之討賾敢浮於游夏稱則引
夫唐虞曰嗚呼萬世允賴時乃
功
壬申季夏閩觀察使門下士申
紹芳薰沐謹序

凡例

一是集以漢孔氏傳唐孔頴達疏爲主惟删其繁稱及舛誤者標題括以傳疏二字

一蘇長公書傳頗多發明别標蘇傳二字餘兼采大全諸家之說其蔡傳自當孤行于世唯間有訂定摘錄之

一傳疏大全外諸儒引證論著有超然獨解先獲我心者並行摘錄

一山海經水經多及禹貢山川然自太史公已稱山

經惟罔不敢深信唯取其近似者此外稗乘瑣言並行彙輯惟語涉荒誕者置之

一九州沿革大畧以近代正統輿圖爲據在某時爲某州境叅訂同異寧詳無畧　本朝則旁采郡縣志參攷大明一統志爲准

一九州形勝及歷代郡會並考訂于州域之下星野亦併存其畧

一管窺蠡測偶攄一得別標箋字其　本朝名公論

蓍亦即附于其後凡有關經濟無嫌博采但須與經文相涉者方録

一近時講義充棟率事沿襲間近支離不能槩録唯鄭端簡公古今言金壇王心麓先生日記有裨經世吾師胡伯玉先生雅言時多獨解並行纂入仍標某氏以别顓門之學

一解義繁多汰其支複并爲更端以便繙閲或句爲之節庶讀者開卷了然

一諸家見解互異不妨並存以憑折衷唯文義牽合

必不可從者汰之不敢舉一廢百也

一先儒稱名稱氏稱子並從原文其蘇長公除書傳外旁引仍稱蘇氏　本朝諸儒唯專門者別稱氏

一鄭端簡公舊有圖經今稍爲訂正增入京都河源并歷代地圖　本朝漕河總圖爲圖經上下篇

一諸家所述禹跡曼衍難以盡據而上考千古寧過而存之爰訂爲別錄

禹貢考畧

劉子玄曰夏禹敷土實著山經

屠本畯曰益作禹貢在禹即位之前故但叙其定

賦税通貢道之事稷作山經在禹鑄鼎之後故悉

錄其山川物産魑魅魍魎之形　按吳越春秋云

禹廵行四瀆所至問山川脉理使益疏而記之名

山海經尚書故實云山海經伯翳著亦曰伯益隨

禹治水取山海經之異成書顔氏家訓曰山海經

夏禹及益所記屠謂益作禹貢稷作山經未審何

所考據也

漢明帝永平十二年議治汴渠乃引樂浪人王景問理水形便帝善之賜山海經河渠書禹貢圖

裴秀職在地官以禹貢山川地名多有變易說者多强牵引於是甄擿舊文作禹貢地域圖十八篇晉書

秀自序畧曰今上考禹貢山海川流原隰陂澤古之九州及今之十六州郡國縣邑疆界鄉陬及古國盟會舊名水陸徑路爲地圖十八篇制圖之體有六焉一曰分率所以辨廣輪之度也二曰準望

所以正彼此之體也三曰道里所以定所由之數也四曰高下五曰方邪六曰迂直此三者各因地而制宜所以校夷險之異也

摯虞依禹貢周官作畿服經凡一百七十卷隋書

賈躭尤悉地理乃圖海內華夷并譔古今郡國縣道四夷述其中國本之禹貢外夷本班固漢書古郡國題以墨今州縣以朱唐書

田告著禹元經三卷宋史

田徵君告字象宜志在經世東游過濮會大河决

溢推明鯀禹之所治著元經
孟先禹貢治水圖一卷
程大昌禹貢論五卷　禹貢論圖五卷　禹貢後論一卷並見宋藝文志
齊東埜語云程泰之以天官兼經筵進講禹貢闕文疑義疏說甚詳且多引外國幽奥地理阜陵頗厭之宣諭宰執云六經斷簡闕疑可也何必強爲之說且地理既非親歷雖聖賢有所不知朕殊不曉其說想其治銓曹亦如此也既而補外

傅寅著禹貢集解

寅字同叔烏傷人有羣書百考禹貢說益其一也喬行簡序畧云說禹貢者多家三江莫定其名黑水弗知所入諸若此類甚衆同叔此書勒成一家王綱振曰古今善讀禹貢無如孟子孟子言禹行水行其所無事據地注海先疏九河瀹濟漯次決汝漢排淮泗水由地中行然後人得平土而居然後中國可得而食觀其敘治水之後即一言民居一言民食見禹當時治水無非并敷土以爲民居止

衣食若禹不治水則土不敷土不敷則茫茫大壑何以居四民而降丘宅土而四隩可宅何以時地利而萬邦作乂而成賦中邦遒知禹貢起末紀土可宅者二州即孟子人得平土而居之旨中閒紀土可作藝者六州即孟子中國可得而食之旨兩言提出綱領遂于大旨了然惟孟子一眼覷得破一口道得出

禹貢滙疏目録

圖經上目

禹貢
冀
東河西
南河北
西河東
太原
恒山
恒
衛
碣石
島夷
孤岐
呂梁
滹沱
漳
大陸澤
九河
逆河
海
萊夷
兗
東南據
濟西北距
河
雷夏澤
灉沮
澤水
太岳
岳陽
太行
王屋
孟津
析城
濟
漯
汶
岱山
青
東北據海
西南距岱
淄
濰
嵎夷
大野澤
菏澤
陶丘
孟豬
徐
東至海
北至岱
南及淮
泗
沂
蒙山
羽山
嶧山
淮夷
泗濱
淮
揚
北據淮
南距海
三江
南江
中江
北江
洛
滎澤
外方
桐栢
大別
九江
雲夢
江
彭蠡
震澤
太湖
衡山
東陵
敷淺原
島夷

總圖

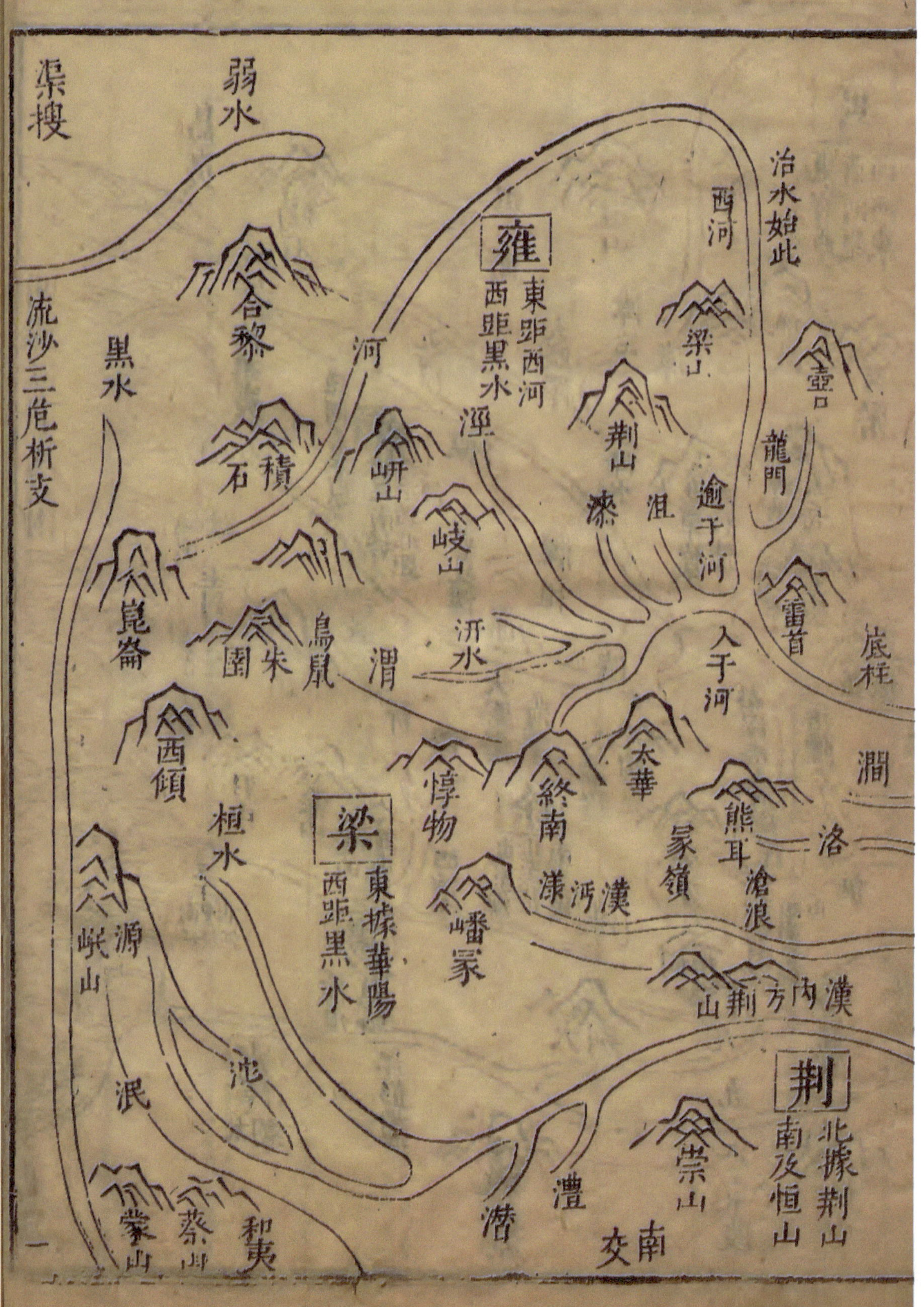

渠搜
弱水
流沙三危析支
黑水
合黎
河
雍
東距西河
西距黑水
西河
治水始此
梁山
荆山
壺口
龍門
涇
漆
沮
逾于河
積石
岍山
岐山
崑崙
鳥鼠
朱圉
渭
汧水
雷首
底柱
入于河
西傾
太華
終南
惇物
熊耳
澗
洛
梁
東據華陽
西距黑水
桓水
嶓冢
冢領
漾
沔
漢
滄浪
岷山
源
荆山
內方
漢
荆
北據荆山
南及恒山
沱
泯
崇山
澧
潛
南交
蒙山
蔡山
和夷

◎

冀州疆界

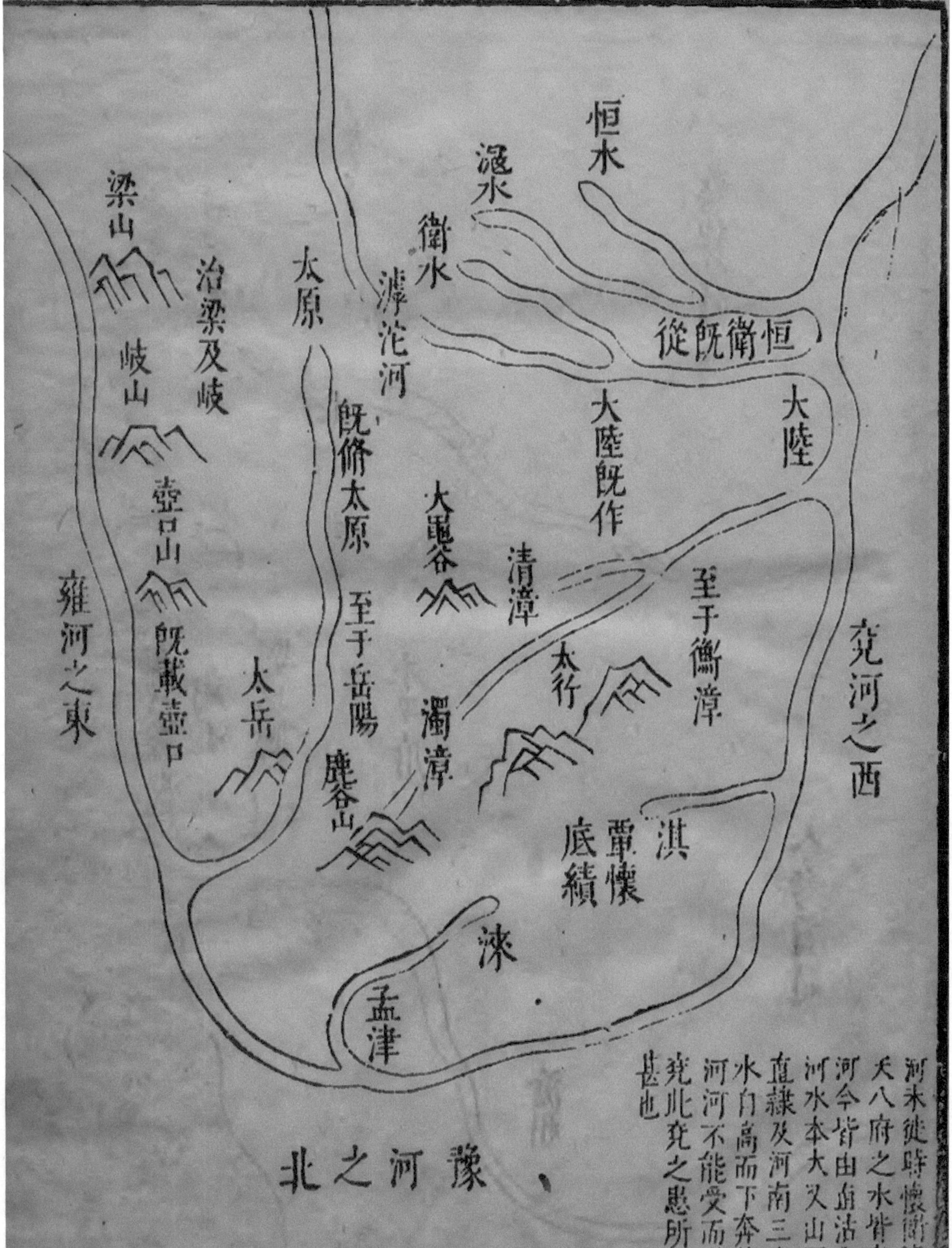

恒水
滱水
衛水
滹沱河
太原
梁山
治梁及岐
岐山
壺口山
既載壺口
雍河之東
太岳
既脩太原
至于岳陽
鹿谷山
大黽谷
濁漳
清漳
大陸既作
大陸
恒衛既從
至于衡漳
太行
覃懷底績
洪
淶
孟津
兗河之西
豫河之北

河未徙時懷衛德臨天八府之水皆東入河今皆由直沽入海河水本大又山西北直隸及河南三府之水自高而下奔趍至河河不能受而溢于兗北兗之患所以獨甚也

◎

冀州貢道

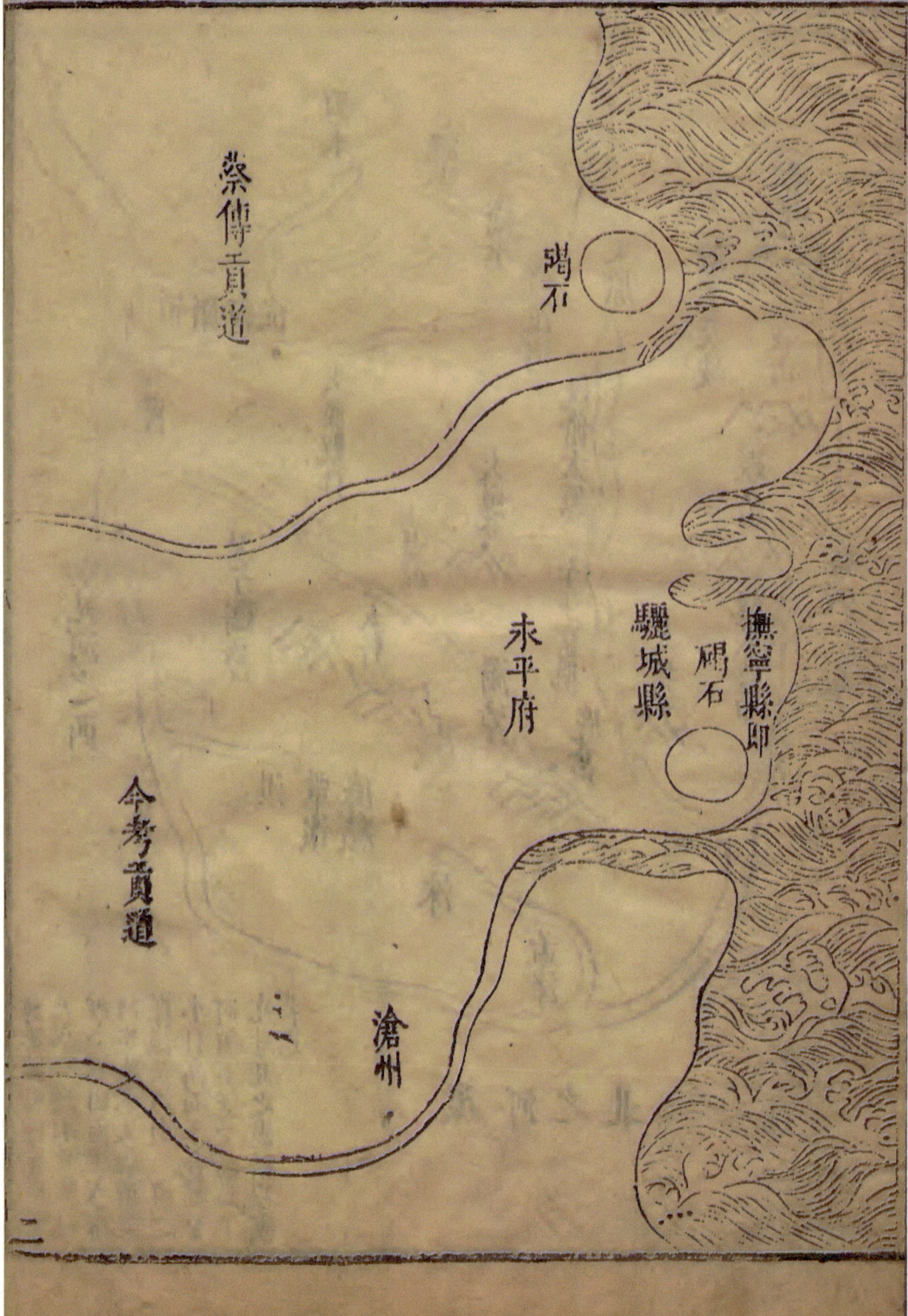

兗州疆界

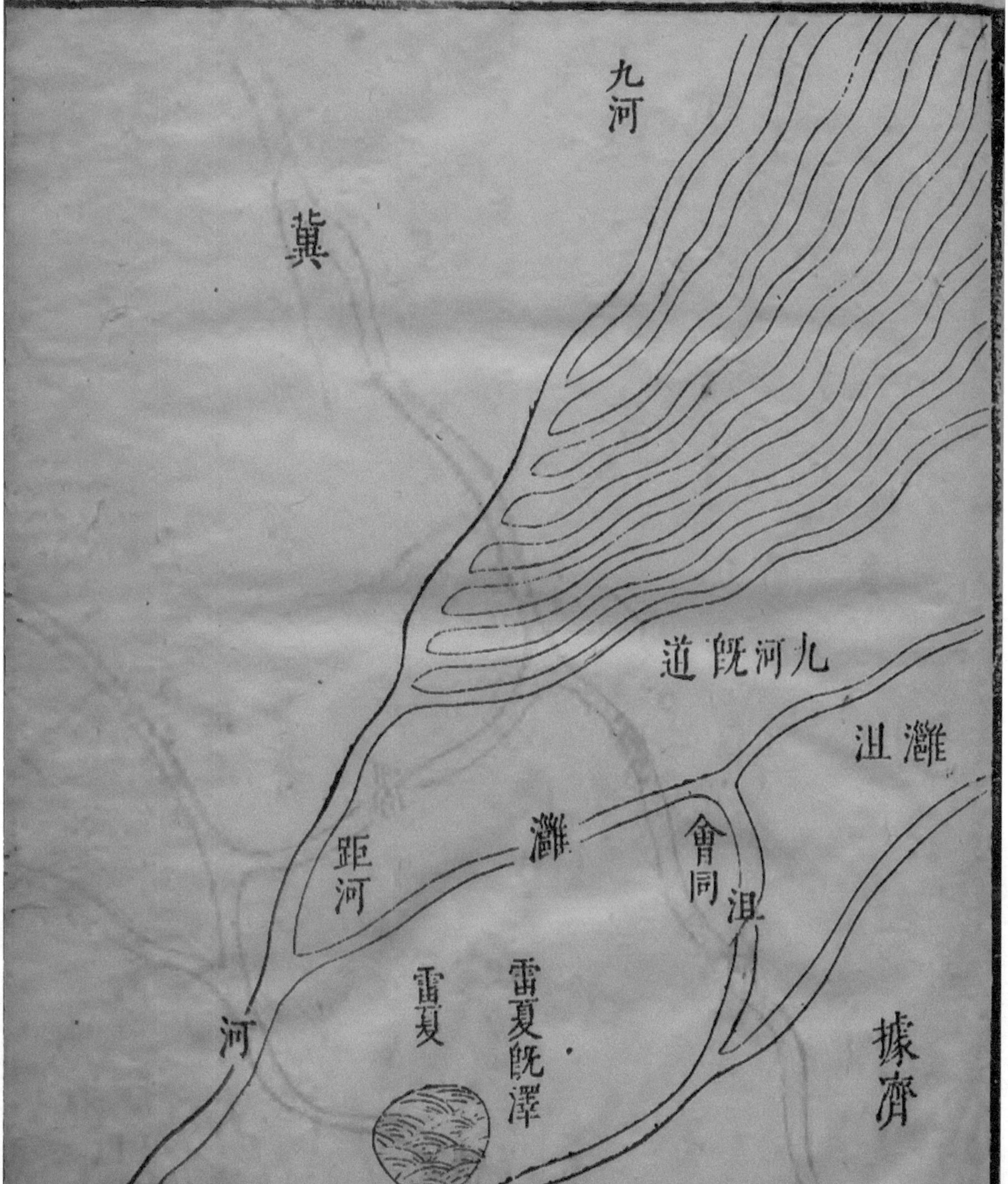

九河

冀

九河既道

灉沮

灉

會同

沮

距河

河

雷夏

雷夏既澤

據濟

兗州貢道

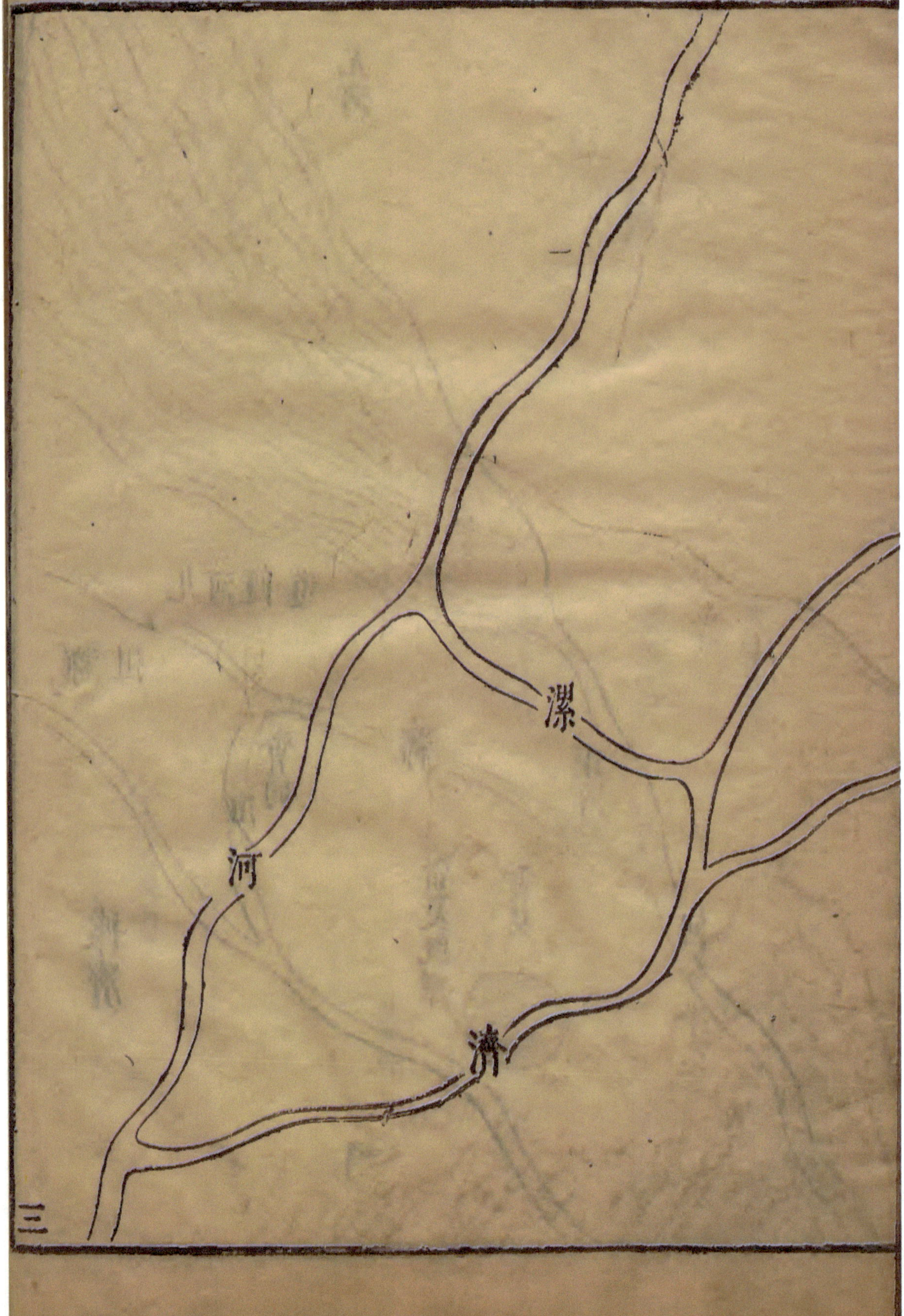

三

青州疆界

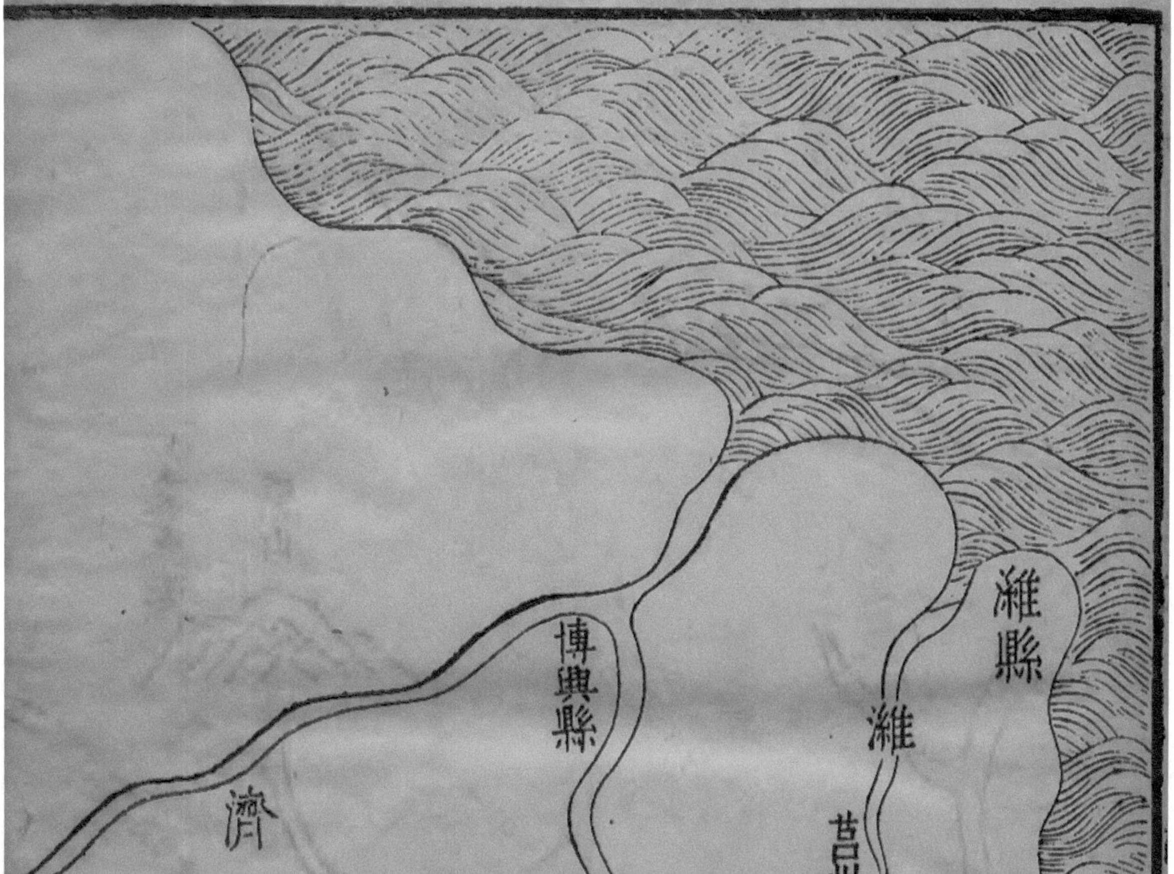

濰縣
博興縣
濰
濟
莒州
淄
箕屋山
萊蕪縣
原山
岱

青州貢道

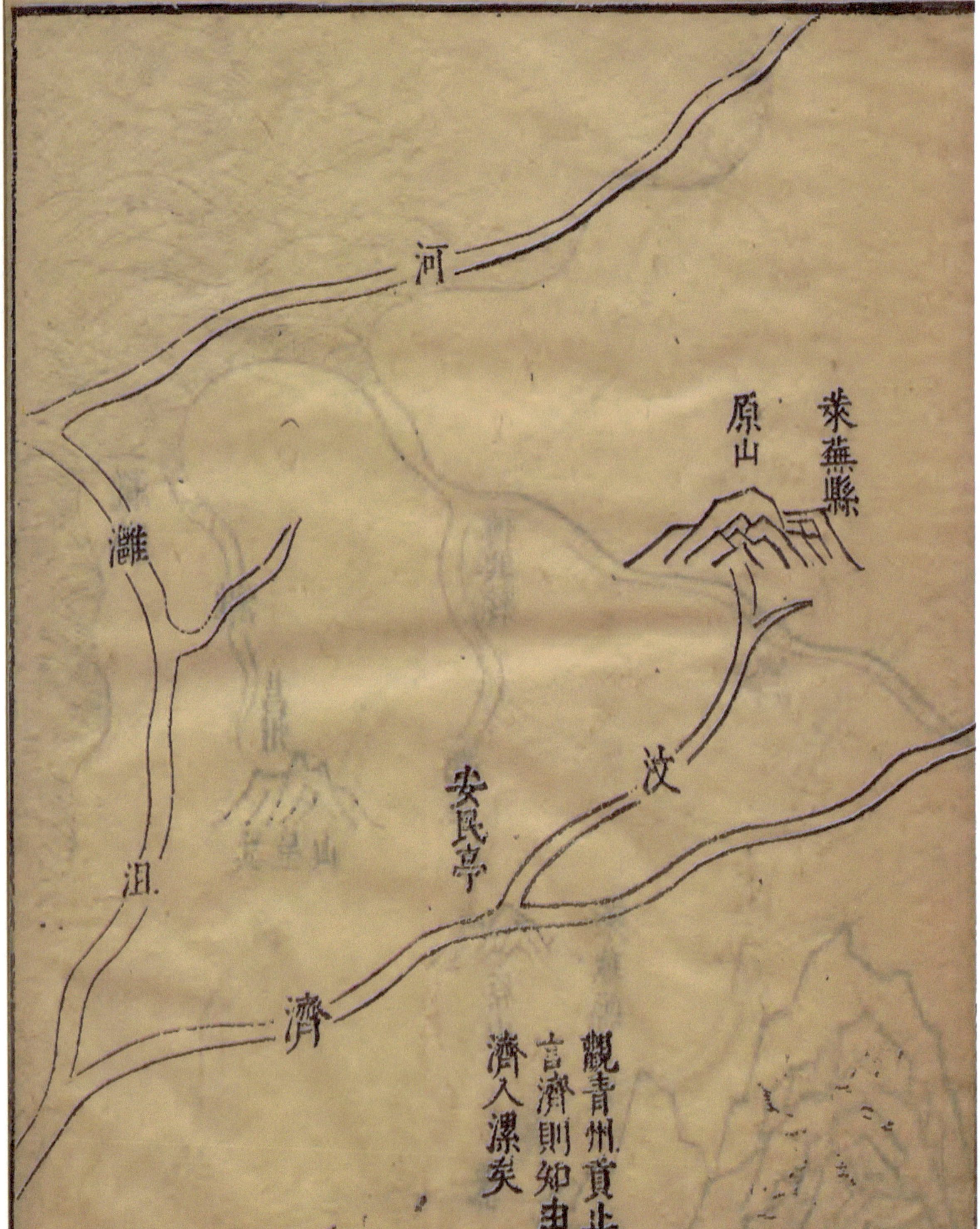

河

萊蕪縣

原山

濰

汶

安民亭

沮

濟

觀青州貢止言濟則知由濟入漯矣

徐州疆界

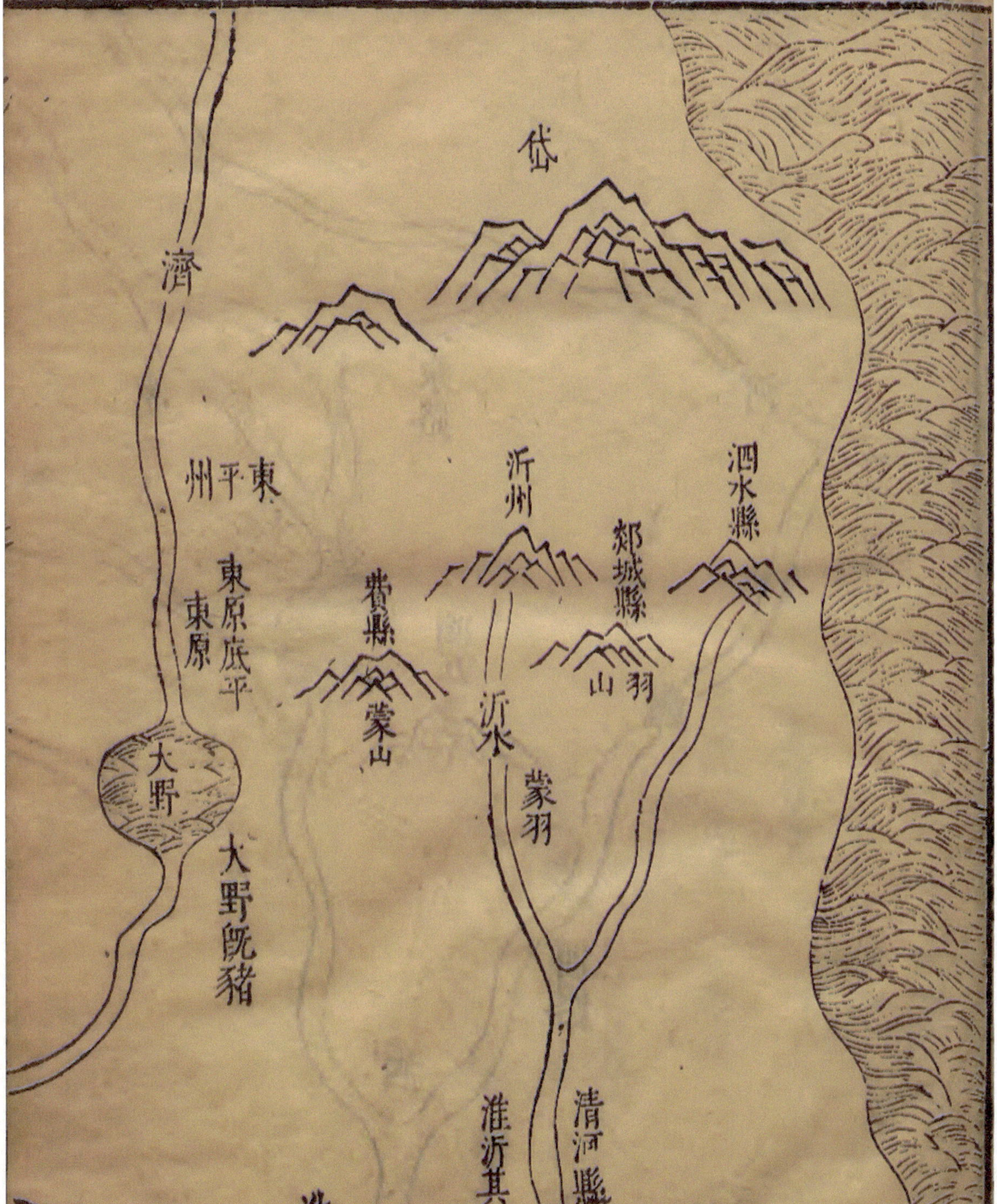

岱

濟

東平州

東原底平

東原

大野

大野既豬

費縣

蒙山

沂州

沂水

蒙羽

郯城縣

羽山

泗水縣

淮沂其乂

清河縣

淮

徐州貢道

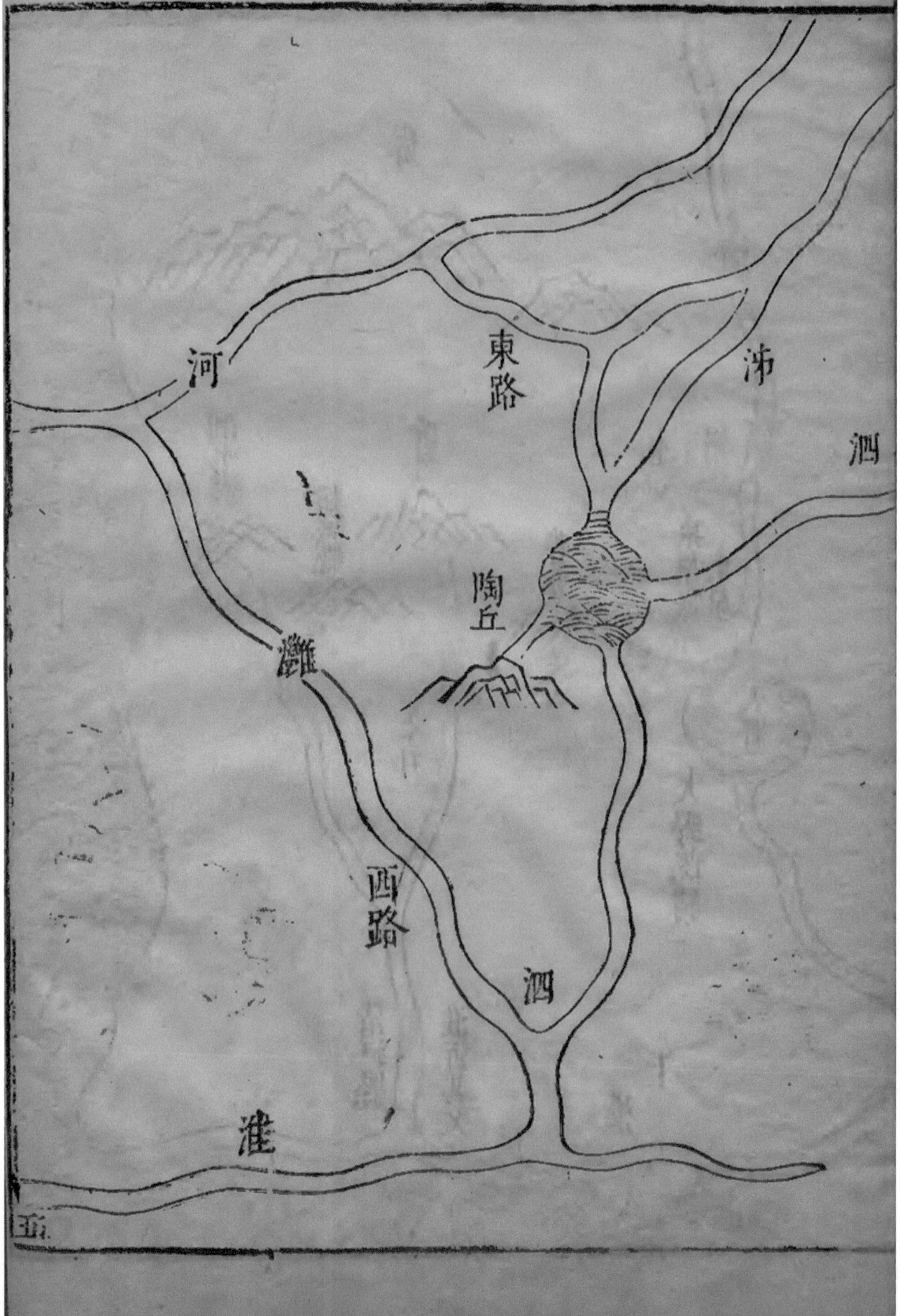

河
東路
泲
泗
陶丘
灉
西路
泗
淮

五

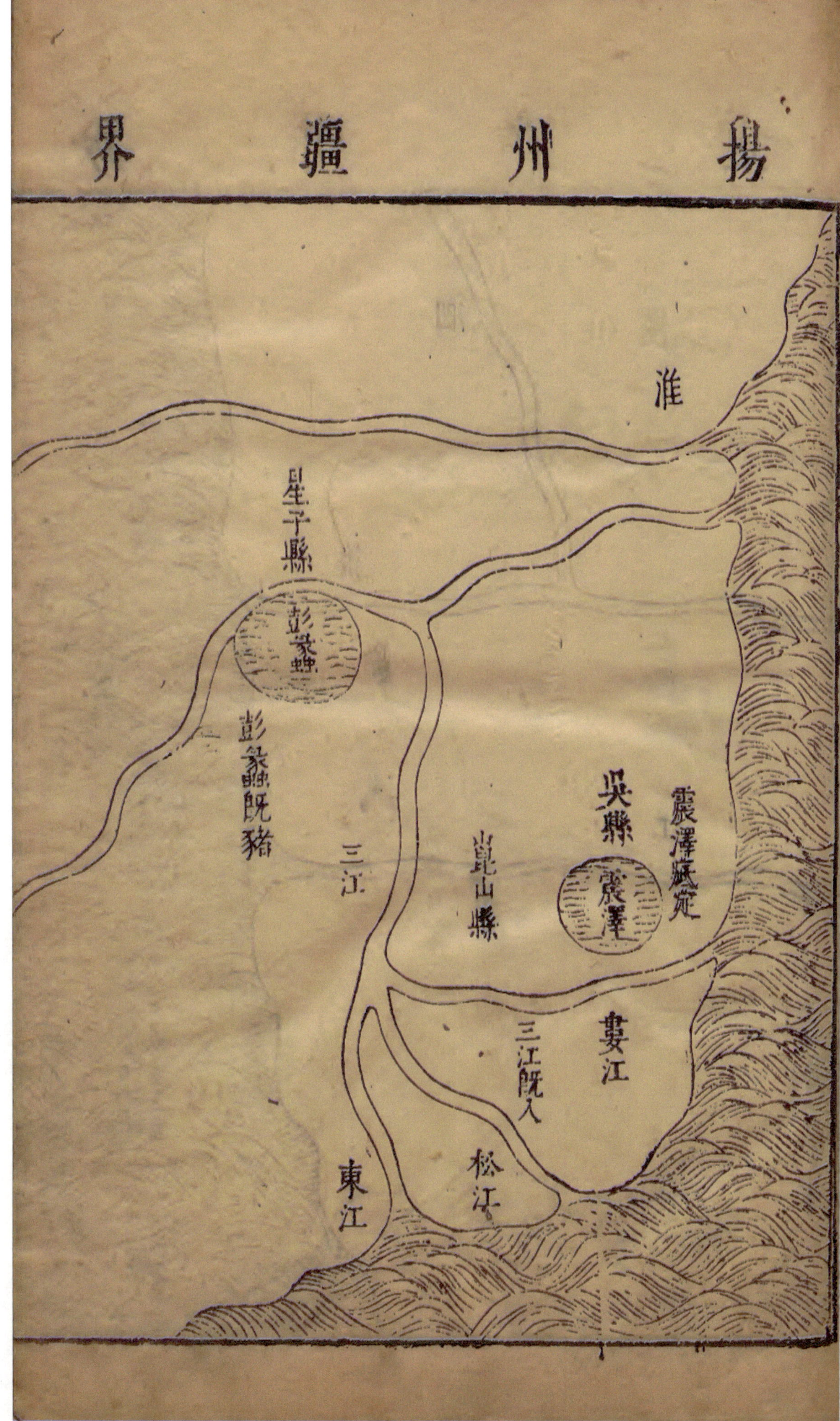
揚州疆界
淮
星子縣
彭蠡
彭蠡既豬
三江
吳縣
震澤厎定
崑山縣
震澤
婁江
三江既入
松江
東江

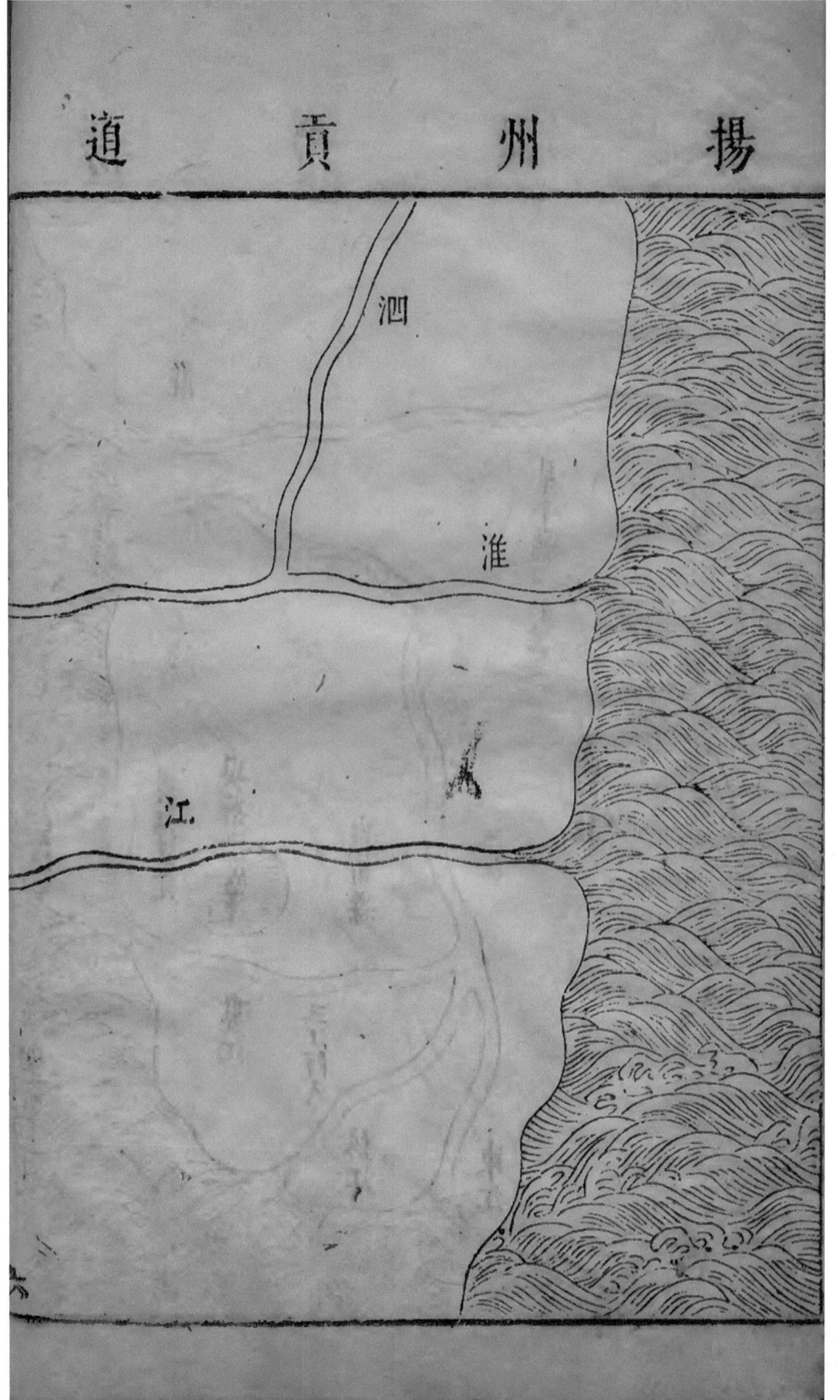
揚州貢道
泗
淮
江

荊州疆界

荊山

漢潛

沱潛既道

沱江

雲夢

洞庭湖

九江孔殷

荊州府岳州府武昌府安陸州改承天府

江漢朝宗于海

衡山之南

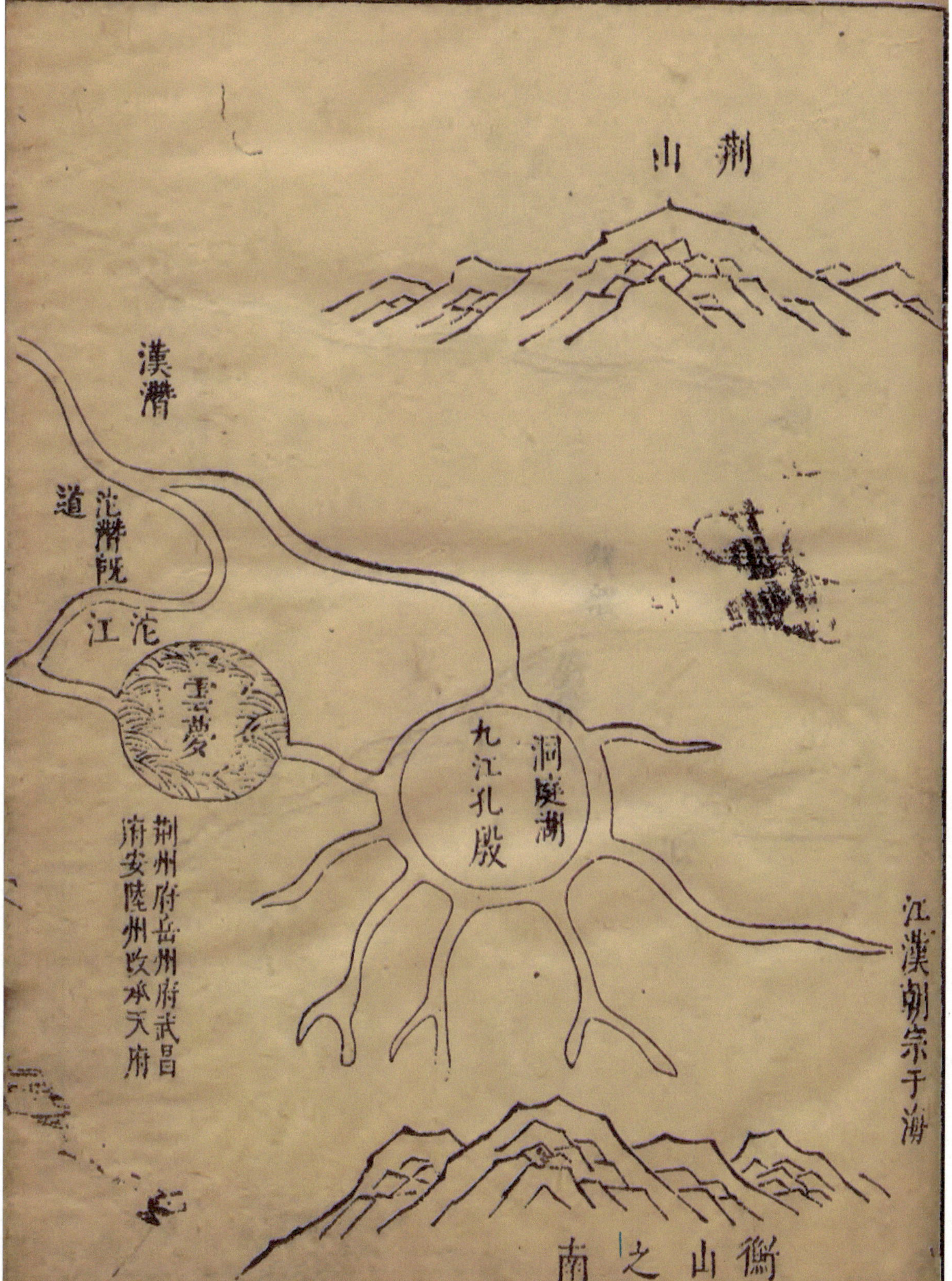

荊州貢道

河

洛

陸路

漢潛

沱

江

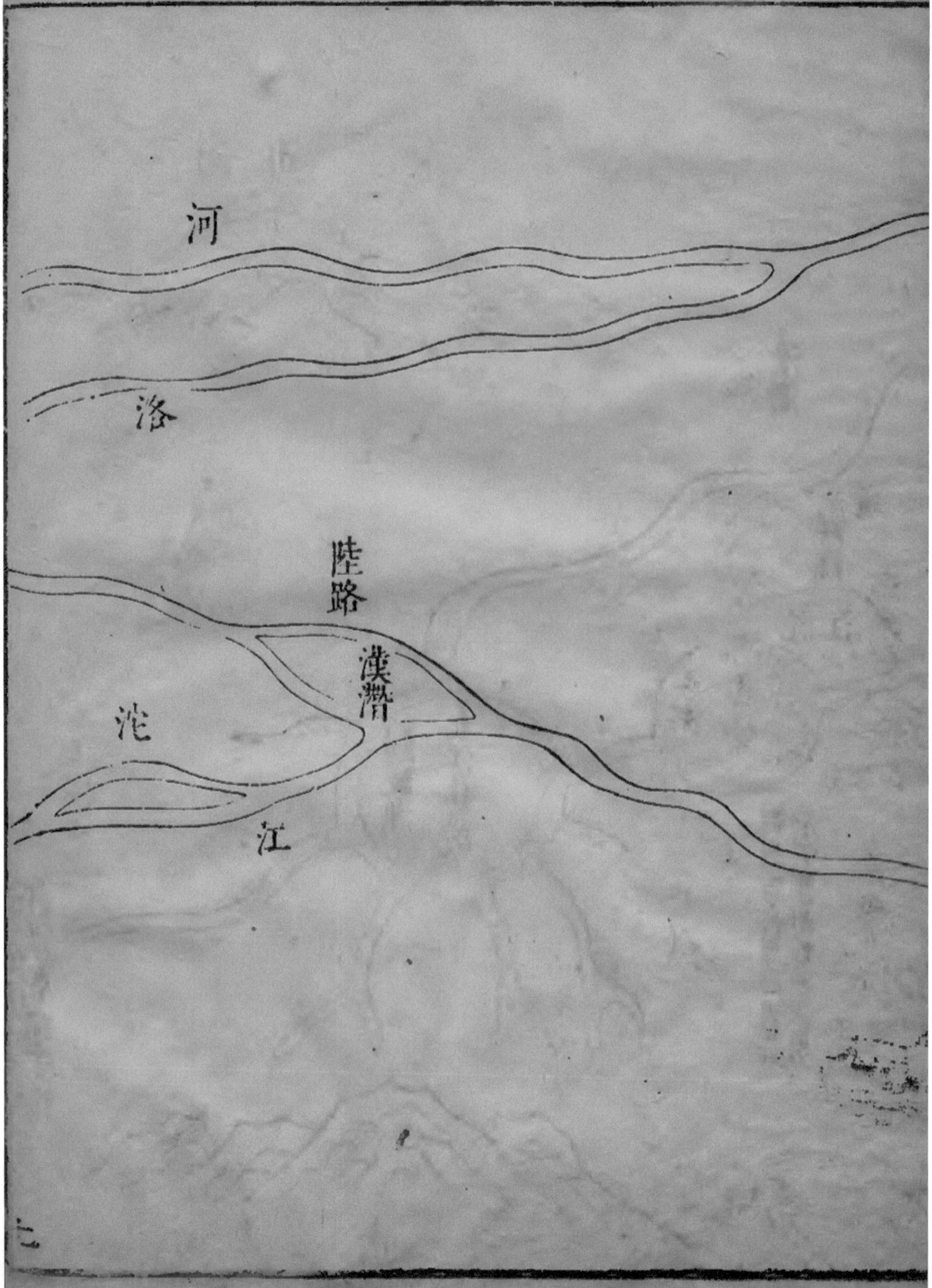

豫州疆界

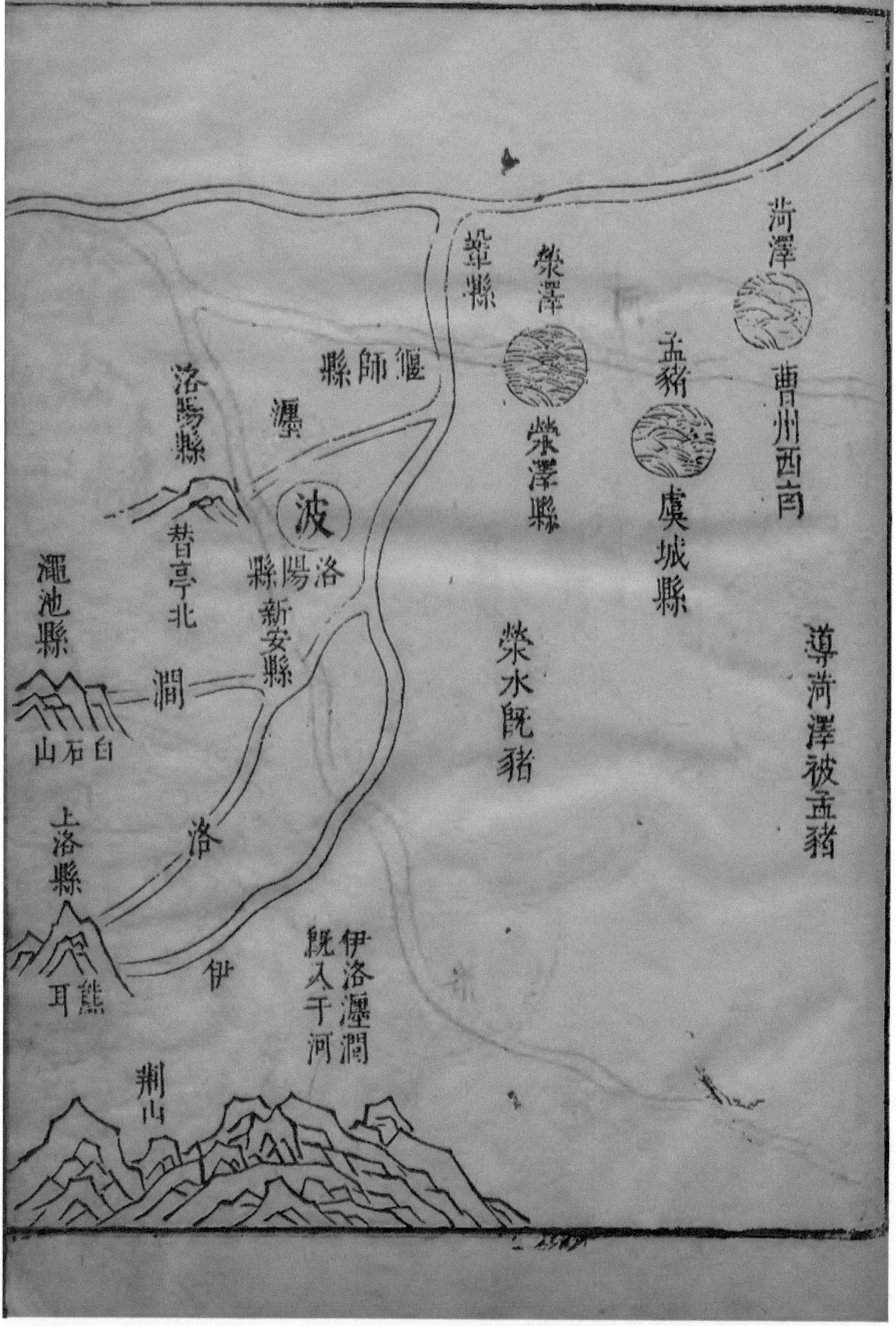

導菏澤被孟豬

菏澤

曹州西南

孟豬

虞城縣

滎澤

滎澤縣

滎水既豬

鞏縣

偃師縣

瀍

洛陽縣

波

洛陽縣

新安縣

替亭北

澠池縣

澗

白石山

洛

上洛縣

熊耳

伊

伊洛瀍澗既入于河

荆山

豫州貢道

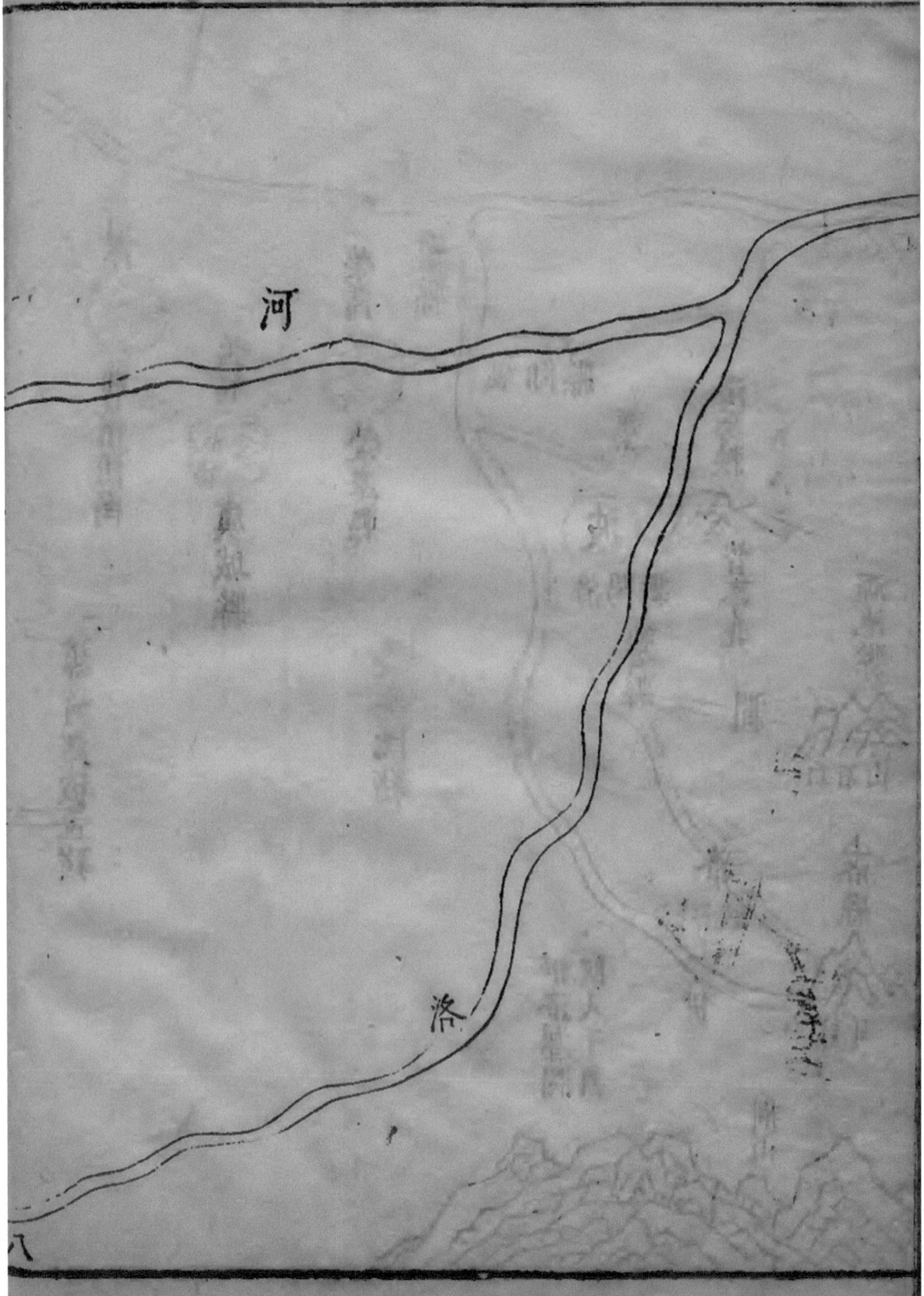

河

洛

八

梁州疆界

漢
嶓冢山
疊溪所
岷山
黑水
江
茂州衛
沔縣
潛
沔陽
潛
梁縣
沱潛既道
新繁縣
沱
灌縣
沱
魚腹縣
東水
和水
蒙山
蔡山
雅州
雅州
沫水
和川
夷道
和夷底績
蔡蒙旅平

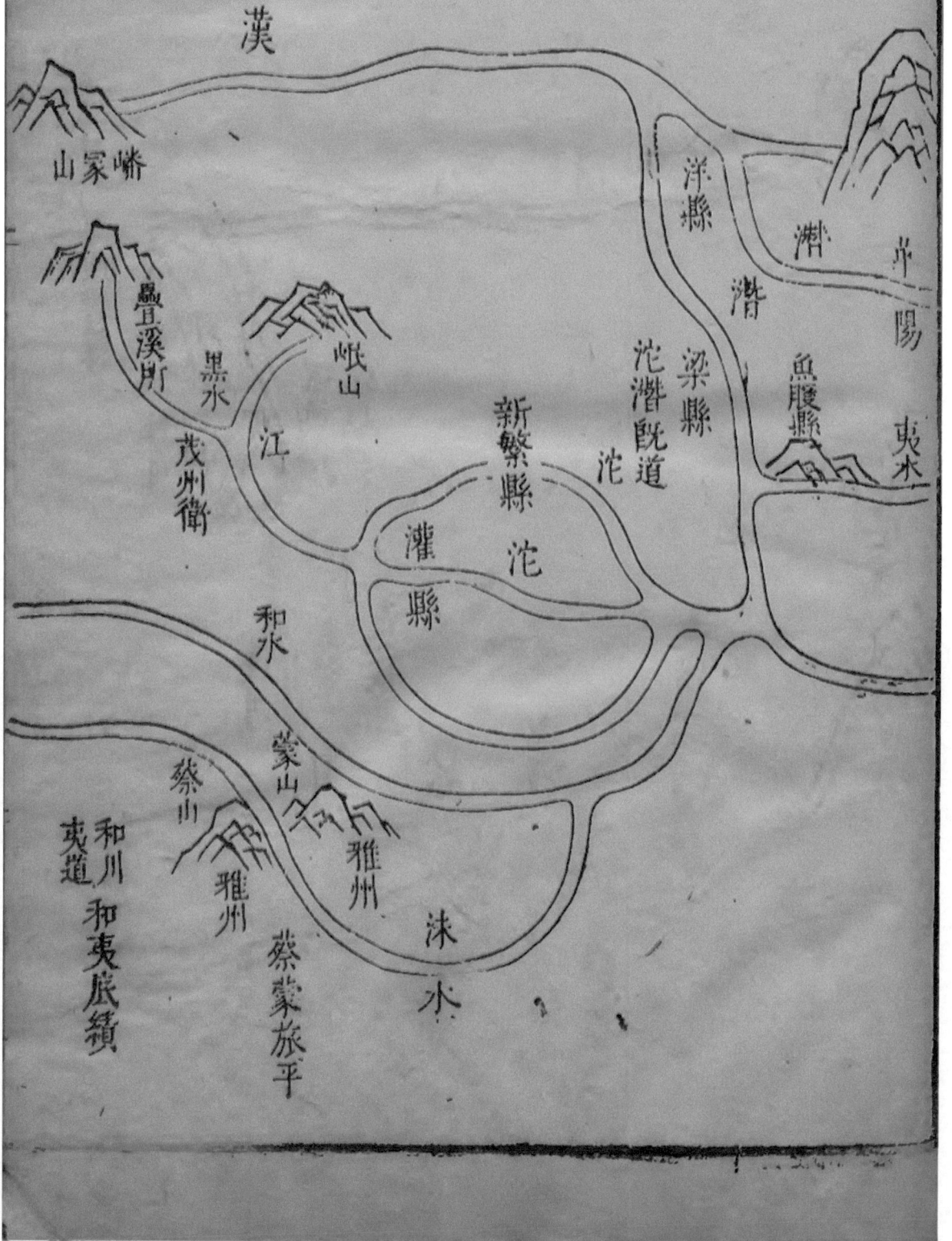

梁州貢道

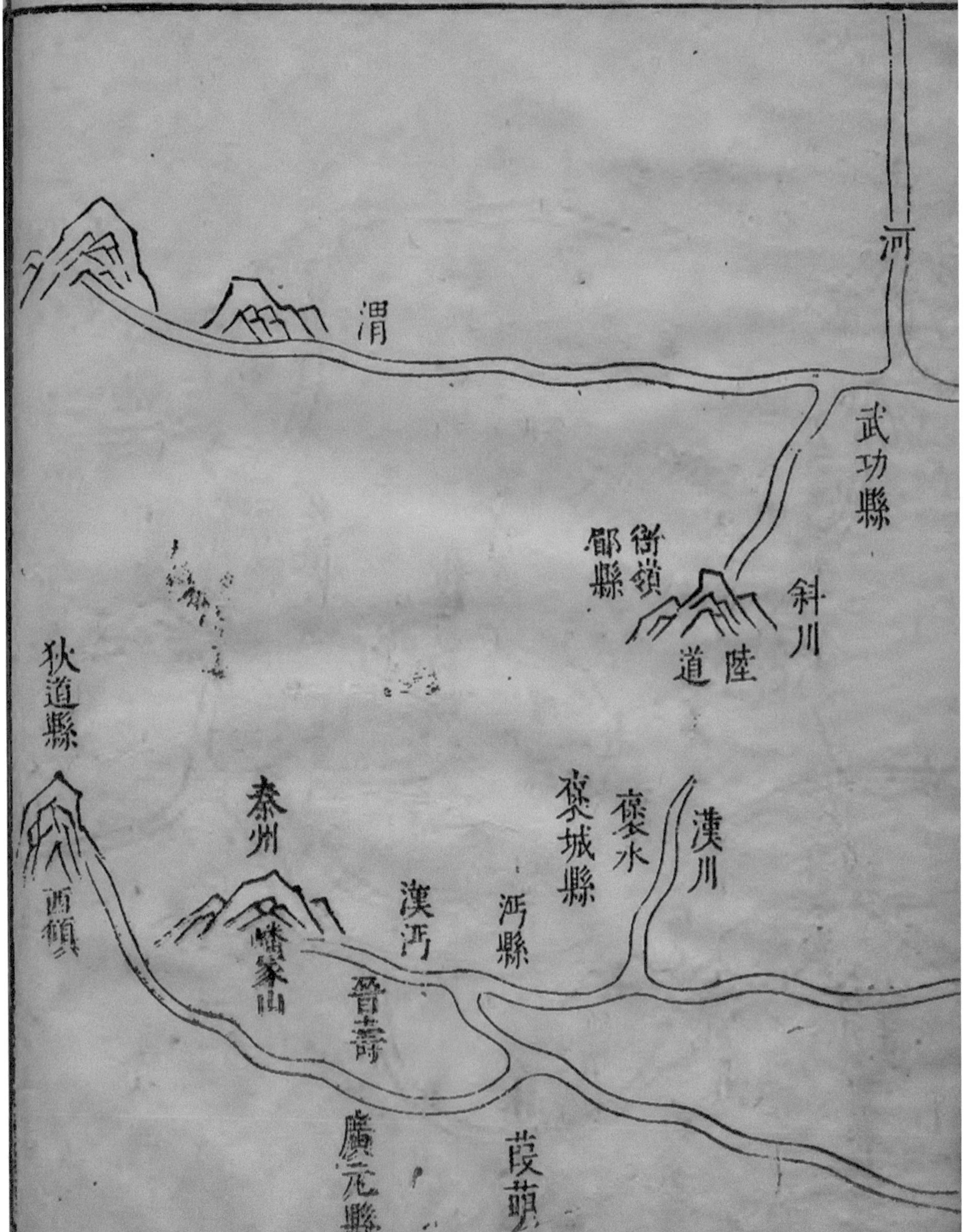

河
渭
武功縣
衙嶺
郿縣
斜川
陸道
狄道縣
秦州
西傾
嶓冢山
漢沔
沔縣
褒城縣
褒水
漢川
晉壽
廣元縣
葭萌

雍州疆界

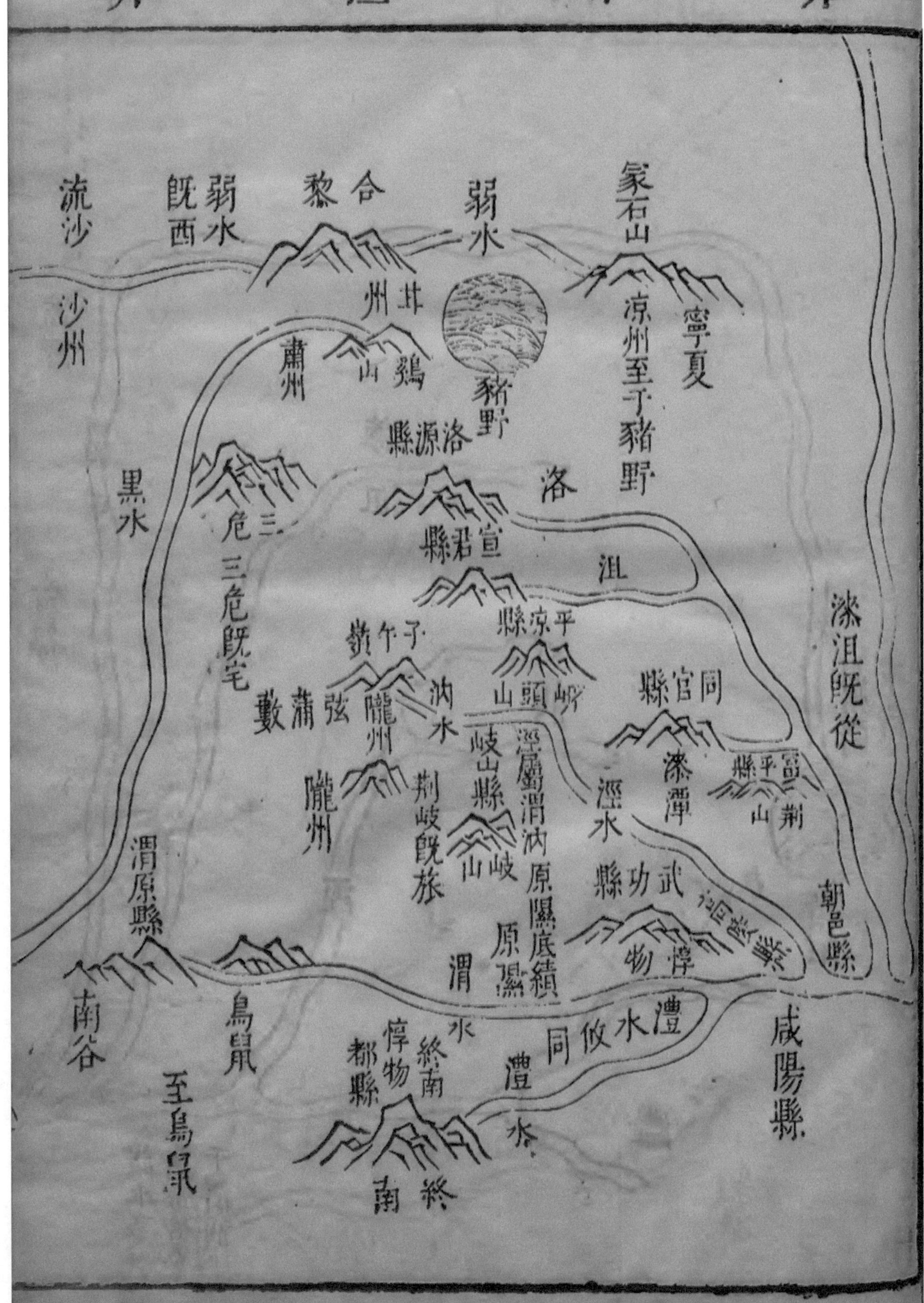

冢石山
弱水
合黎
弱水既西
流沙
沙州
甘州
肅州
鷄山
豬野
涼州至于豬野
寧夏
洛源縣
洛
三危
黑水
三危既宅
宣君縣
沮
漆沮既從
平涼縣
崆峒山
子午嶺
同官縣
弦蒲藪
隴州
汭水
岐山縣
涇屬渭汭
漆
富平縣
荊山
涇水
隴州
荊岐既旅
岐山
武功縣
原隰底績
朝邑縣
渭源縣
原隰
惇物
渭
水
灃水攸同
咸陽縣
南谷
鳥鼠
終南
惇物
鄠縣
灃
水
至鳥鼠
終南

雍州貢道

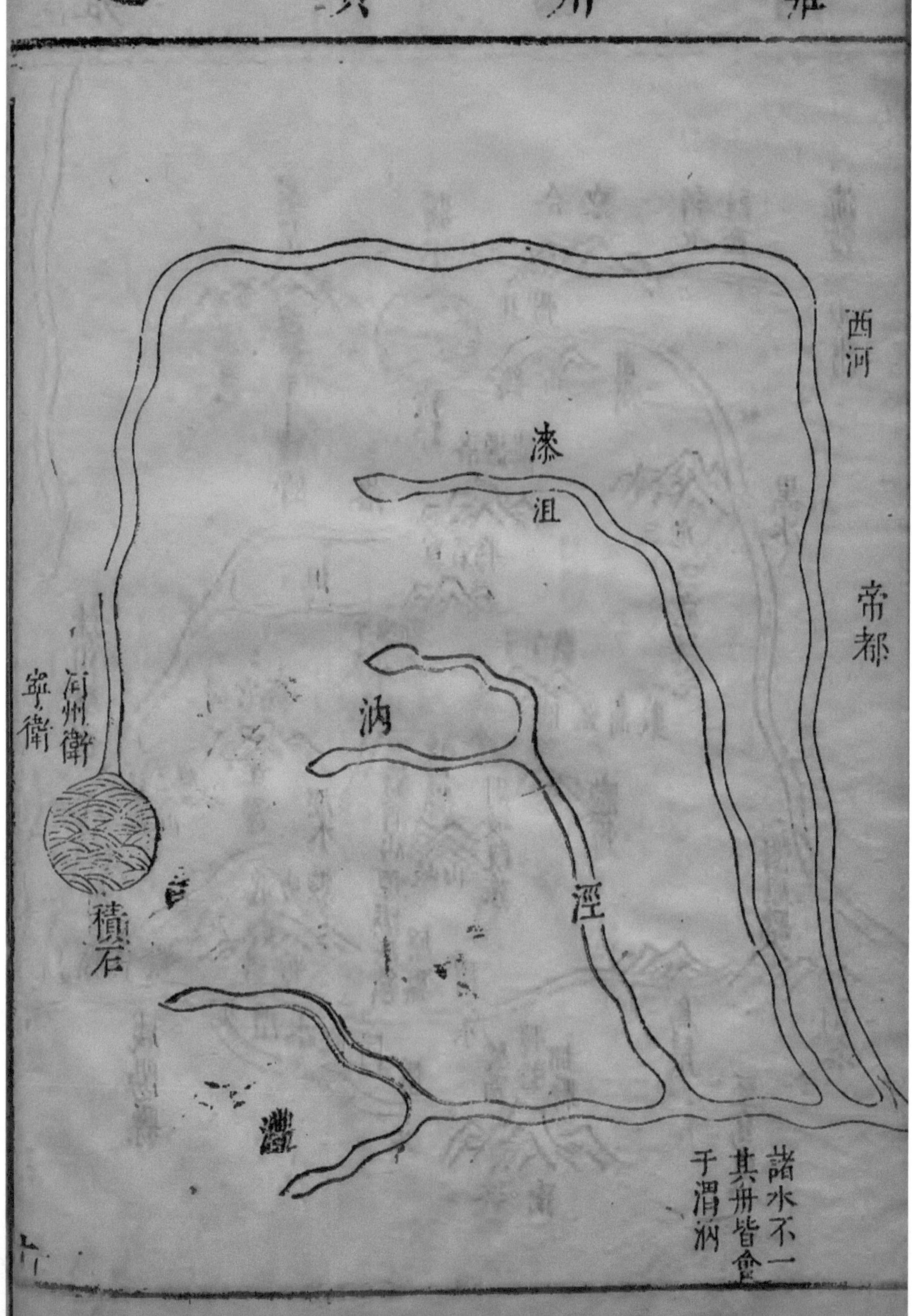

五八

導北條大河

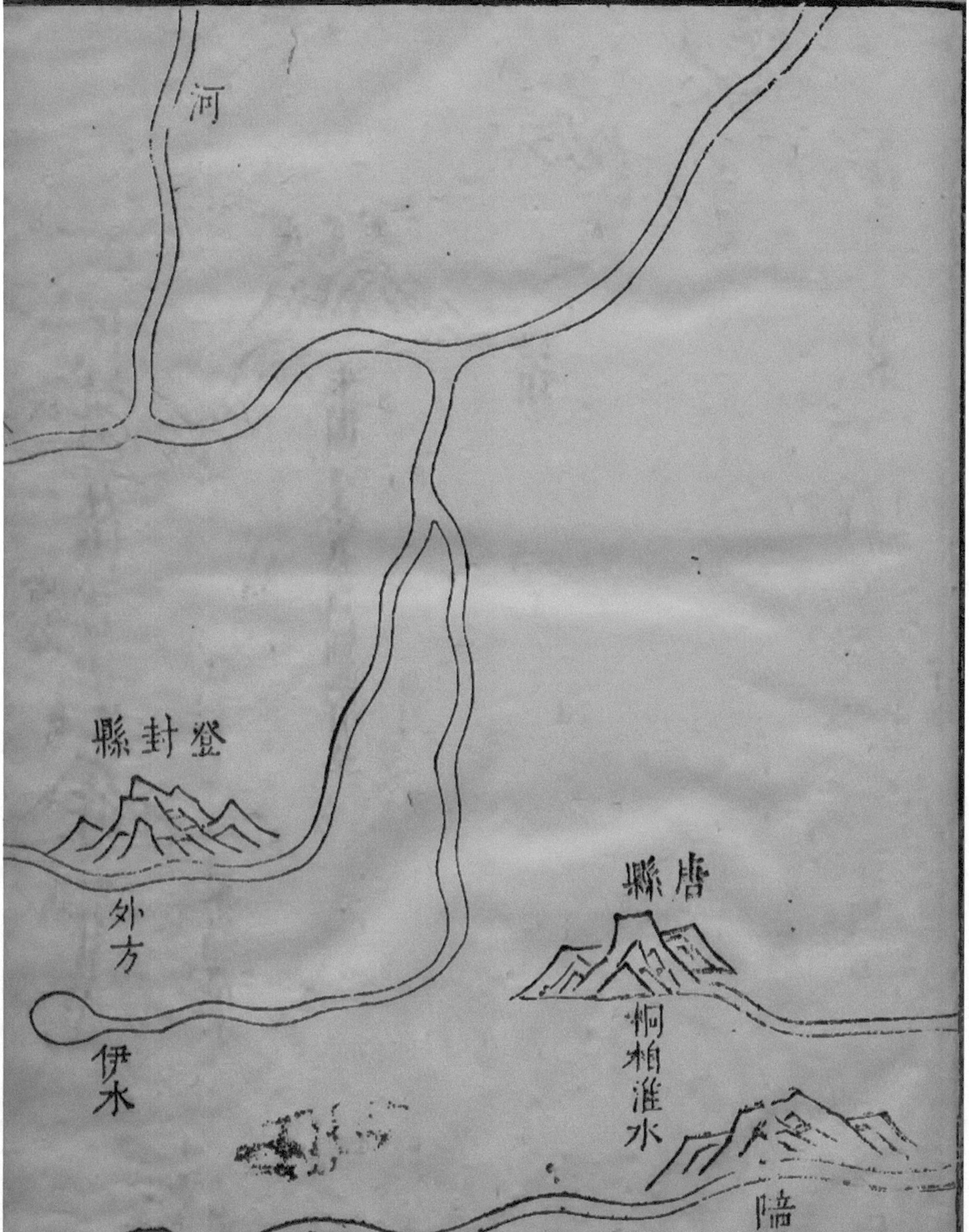

河

登封縣

外方

伊水

唐縣

桐柏淮水

陪尾

南境之山圖

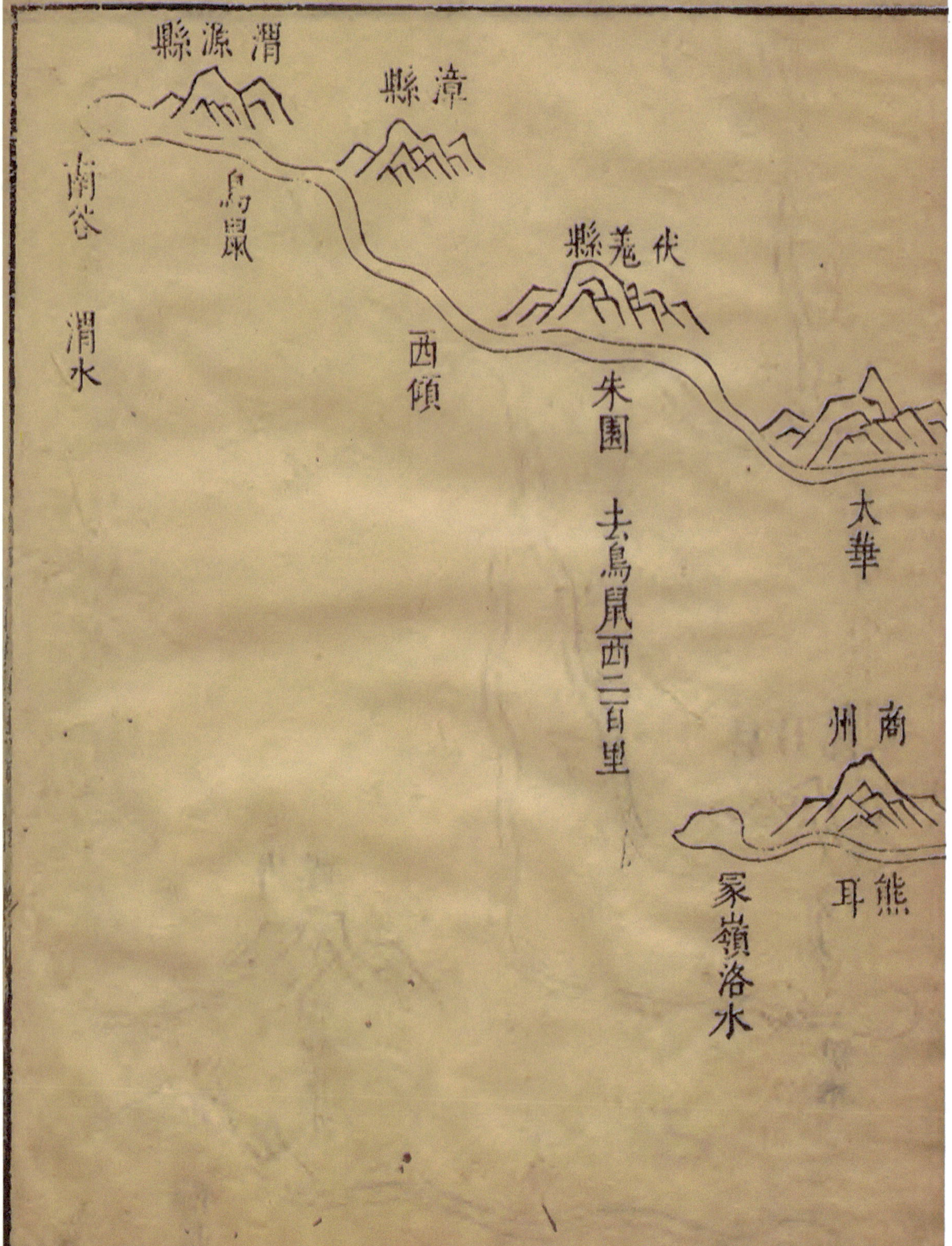

渭源縣
漳縣
伏羌縣
南谷
鳥鼠
渭水
西傾
朱圉
去鳥鼠西二百里
太華
商州
熊耳
冢嶺洛水

上

導北條大河

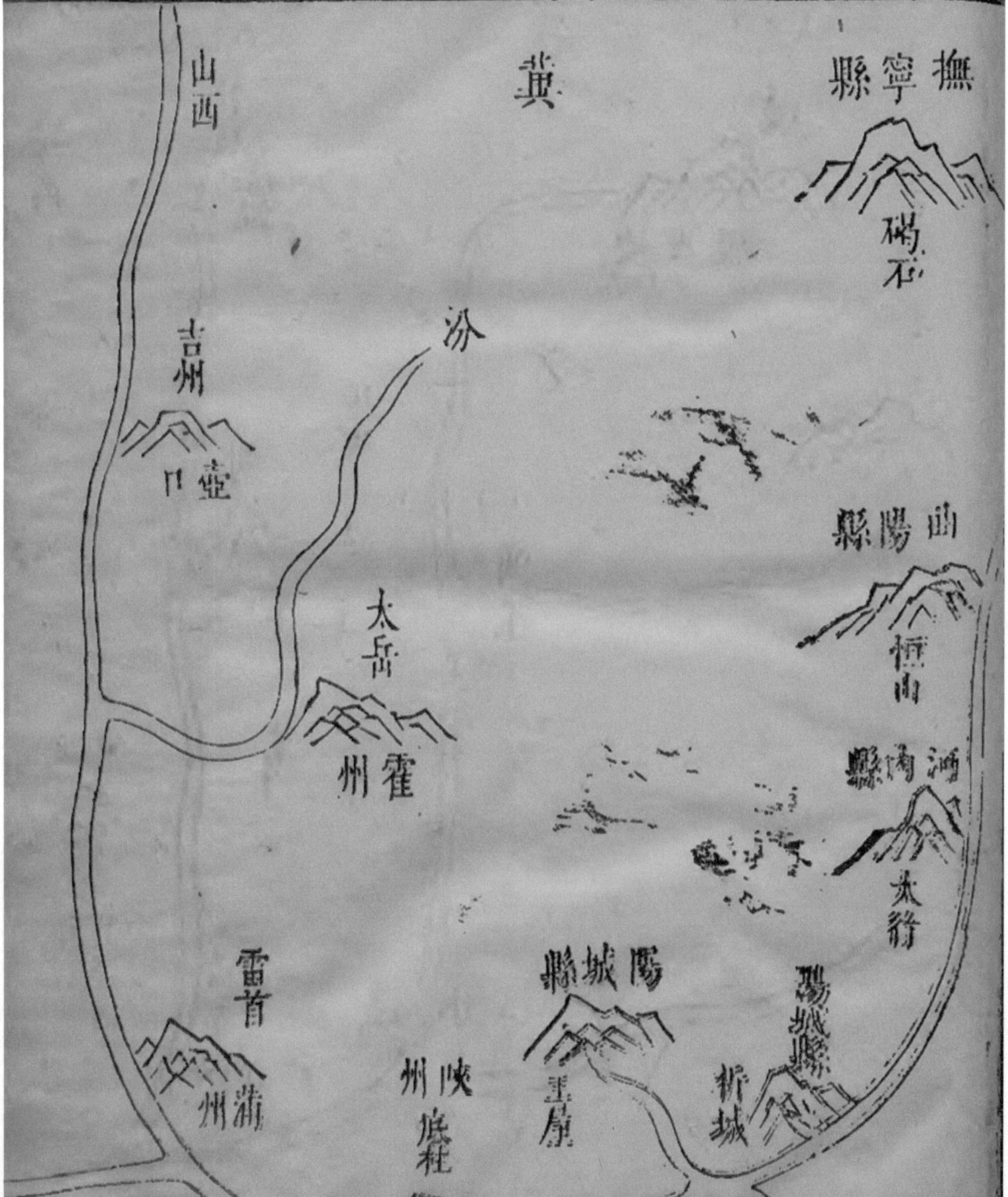

撫寧縣
碣石
黃
山西
吉州
壺口
汾
太岳
霍州
曲陽縣
恒山
河內縣
太行
陽城縣
王屋
析城
陽城縣
雷首
蒲州
陝州
底柱
濟

北境之山圖

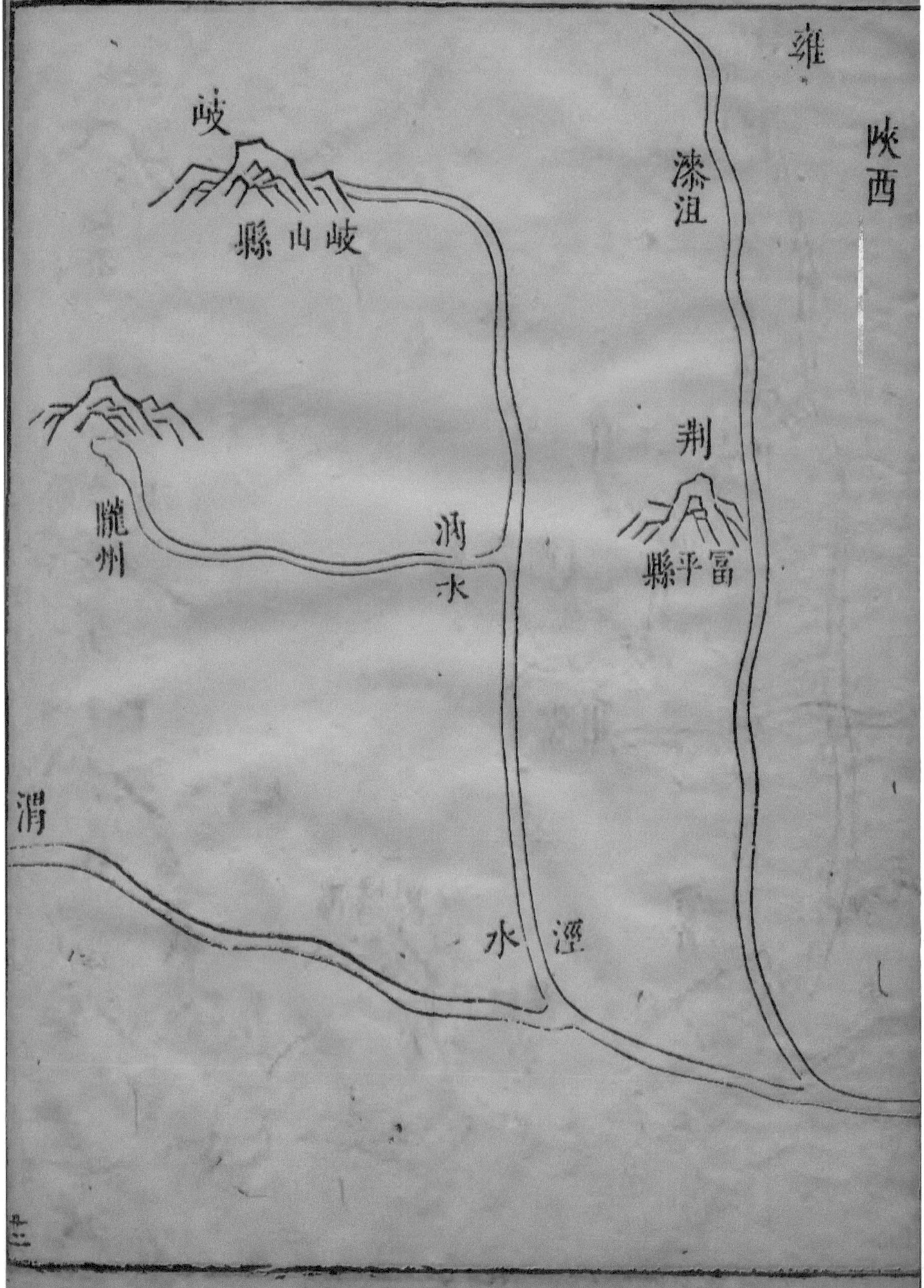

導南條江漢

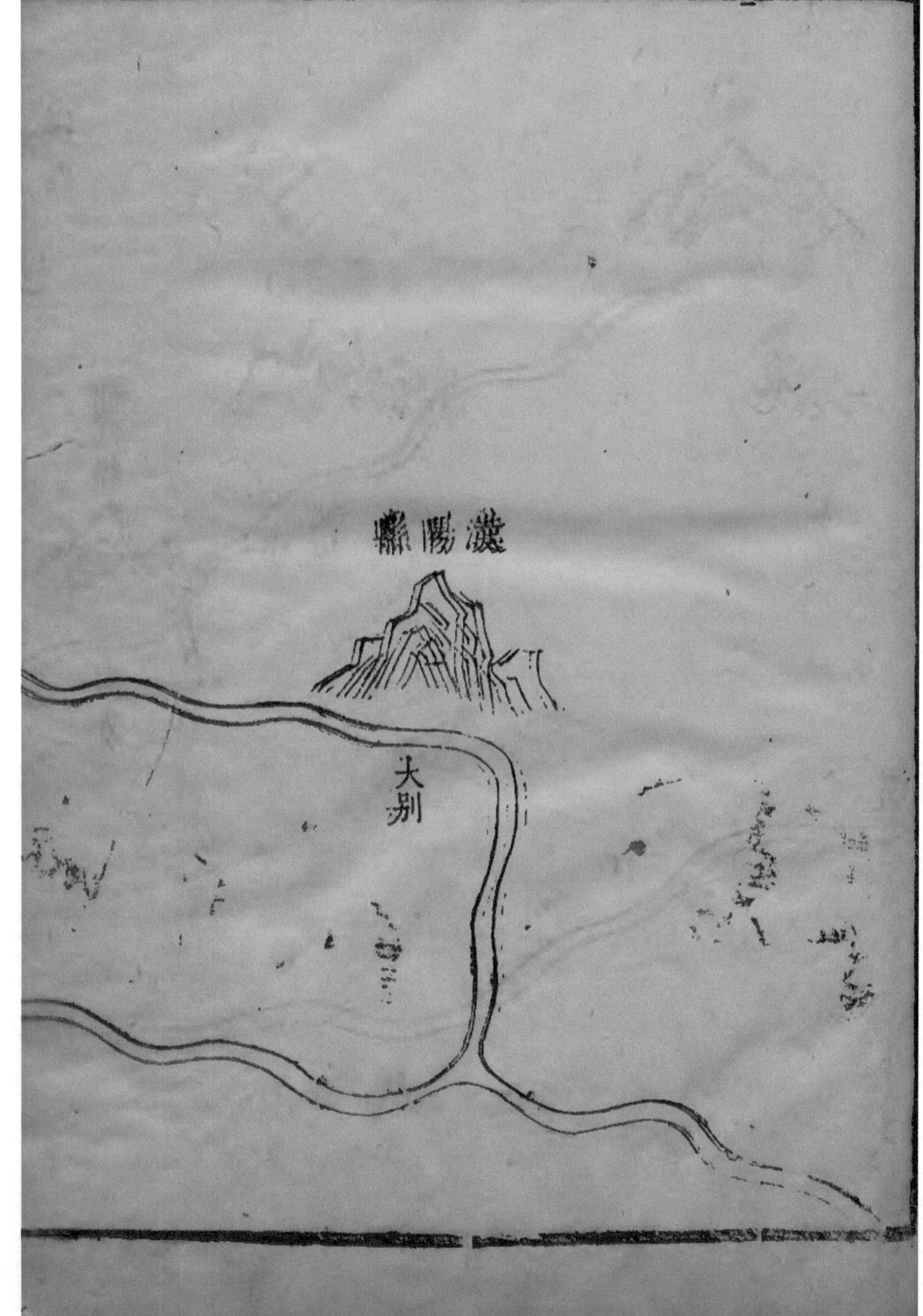

北境之山圖

秦州

嶓冢

漢水

南漳縣

荊門州

荊山

內方

江

導南條江漢

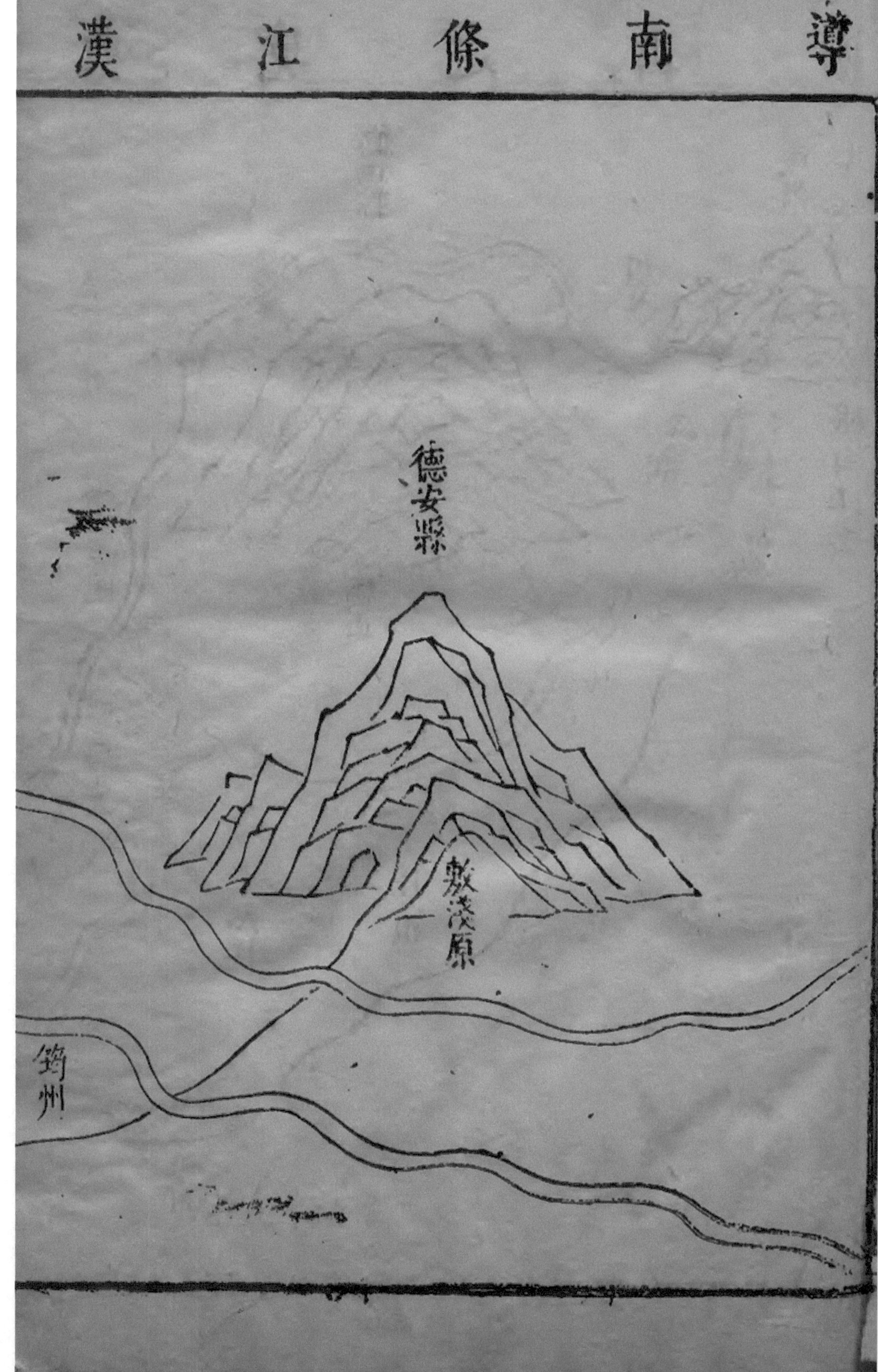

南境之山圖

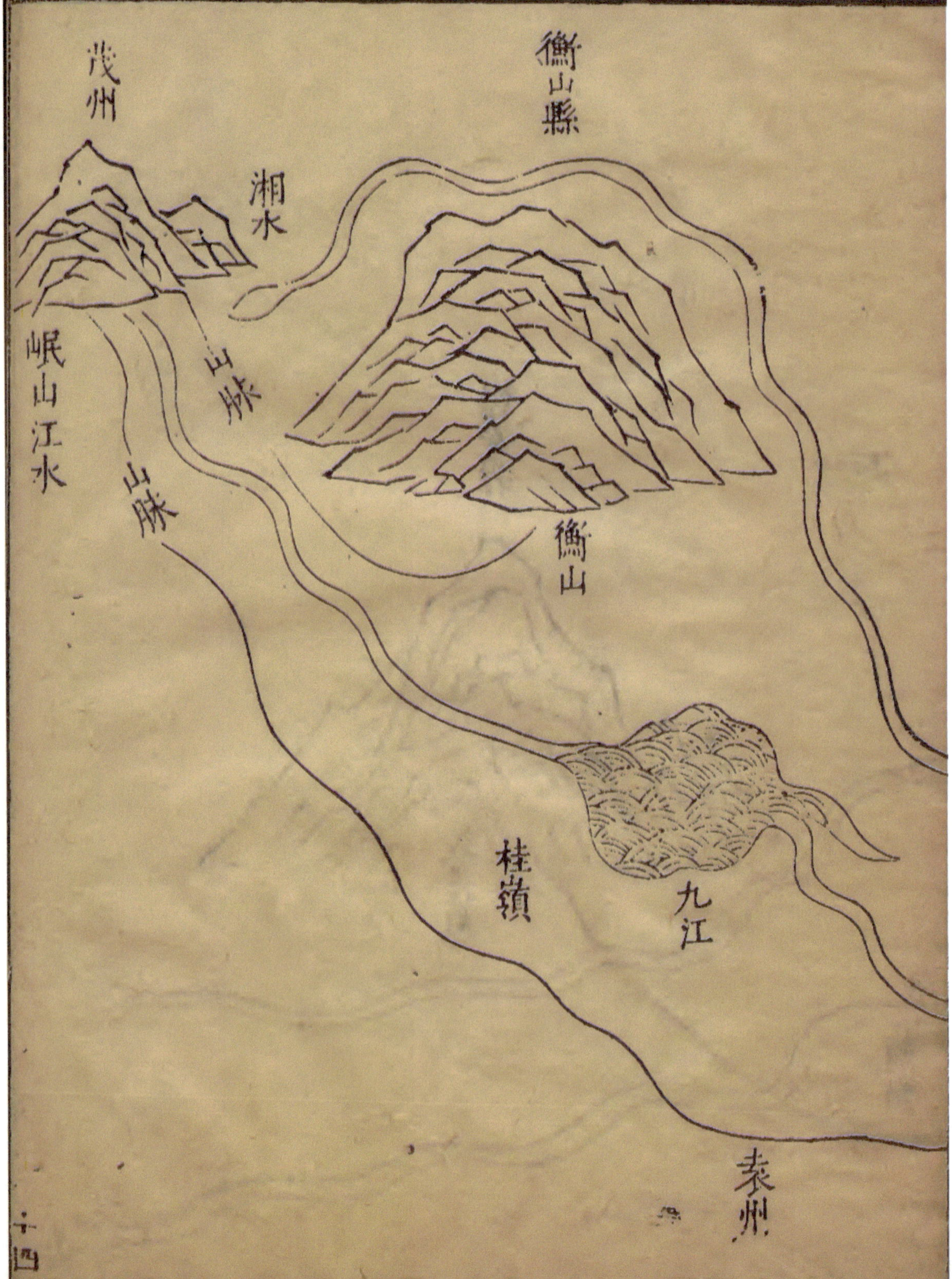

茂州
衡山縣
湘水
岷山江水
山脉
山脉
衡山
桂嶺
九江
袁州

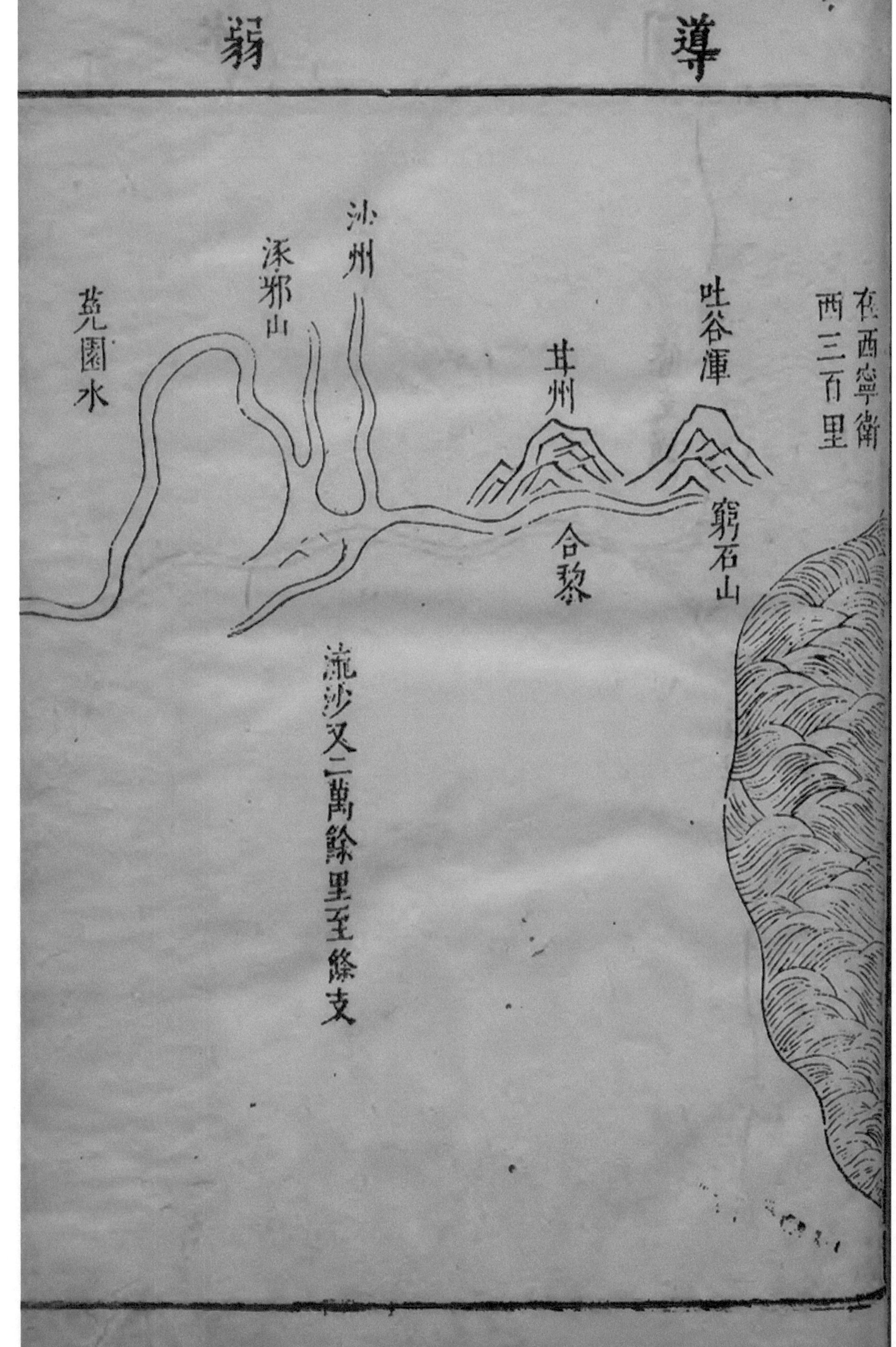
導弱
在西寧衛西三百里
吐谷渾
茸州
窮石山
合黎
沙州
涿邪山
菟園水
流沙又二萬餘里至條支

水圖

條支國

西海

導黑

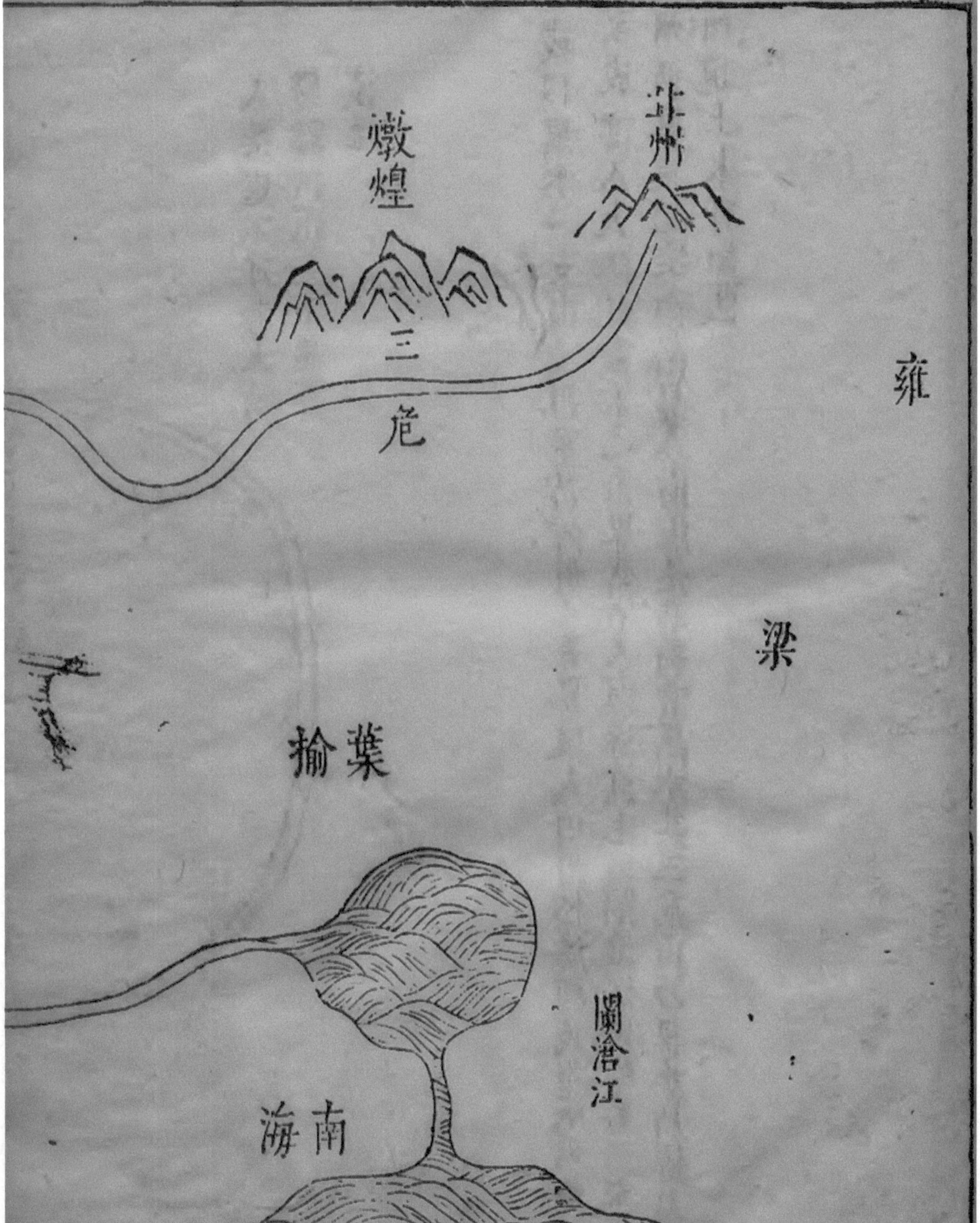

沙州
敦煌
三危
雍
梁
葉榆
瀾滄江
南海

◎

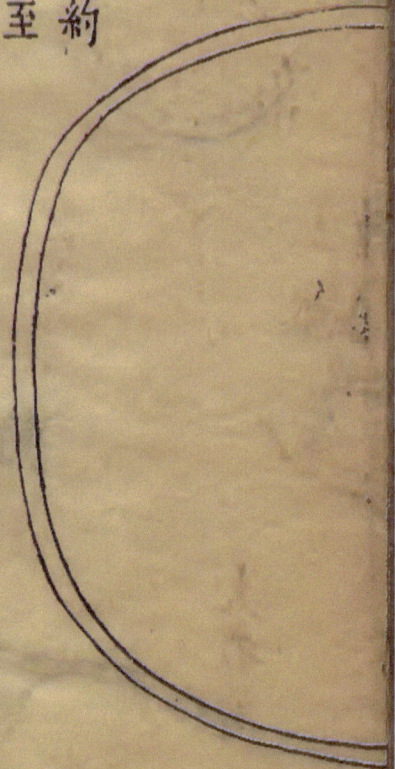

水圖

入梁處不可考大約蜀郡西南三千里至滇地

或曰黑水一支由陝西鞏昌河州入番界復入四川松潘經茂州威州衛汶川至成都入大江此雍梁之西界然不入南海滇志云闌滄江由吐蕃而來逕雍州西界直趨雲南南界入南海是爲禹貢黑水其三危山乃黑水所經自在肅州境上未可知也

十六

導河

撫寧縣
碣石
永平府
逆河
青州
大陸
邢臺
兗州
大名府

圖一

河間府
滄州
深州
趙州
井陘縣
真定府
縣
大伾
洚水
順德府
濬縣
彰德府
衛輝府
懷慶府
洛汭
鞏縣
底柱
陝州
七

導河

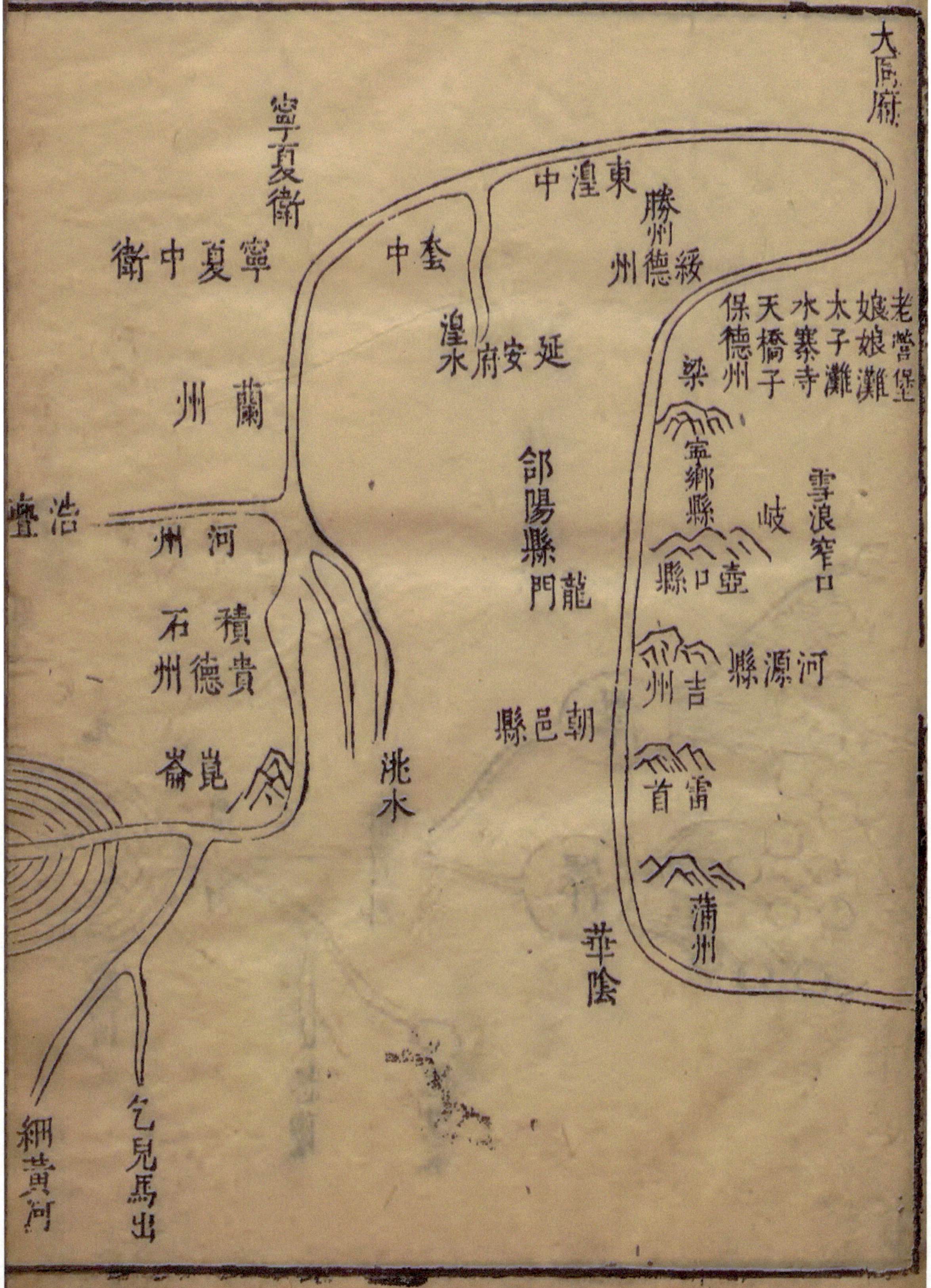

大同府
寧夏衛
寧夏中衛
東湟中
勝州
綏德州
套中
湟水
延安府
蘭州
老營堡
娘娘灘
太子灘
水寨寺
天橋子
保德州
梁
寧鄉縣
郃陽縣
岐
雪浪窄口
浩亹
河州
壺口縣
龍門
積石
貴德州
河源縣
吉州
朝邑縣
崑崙
洮水
雷首
蒲州
華陰
細黃河
乞見馬出

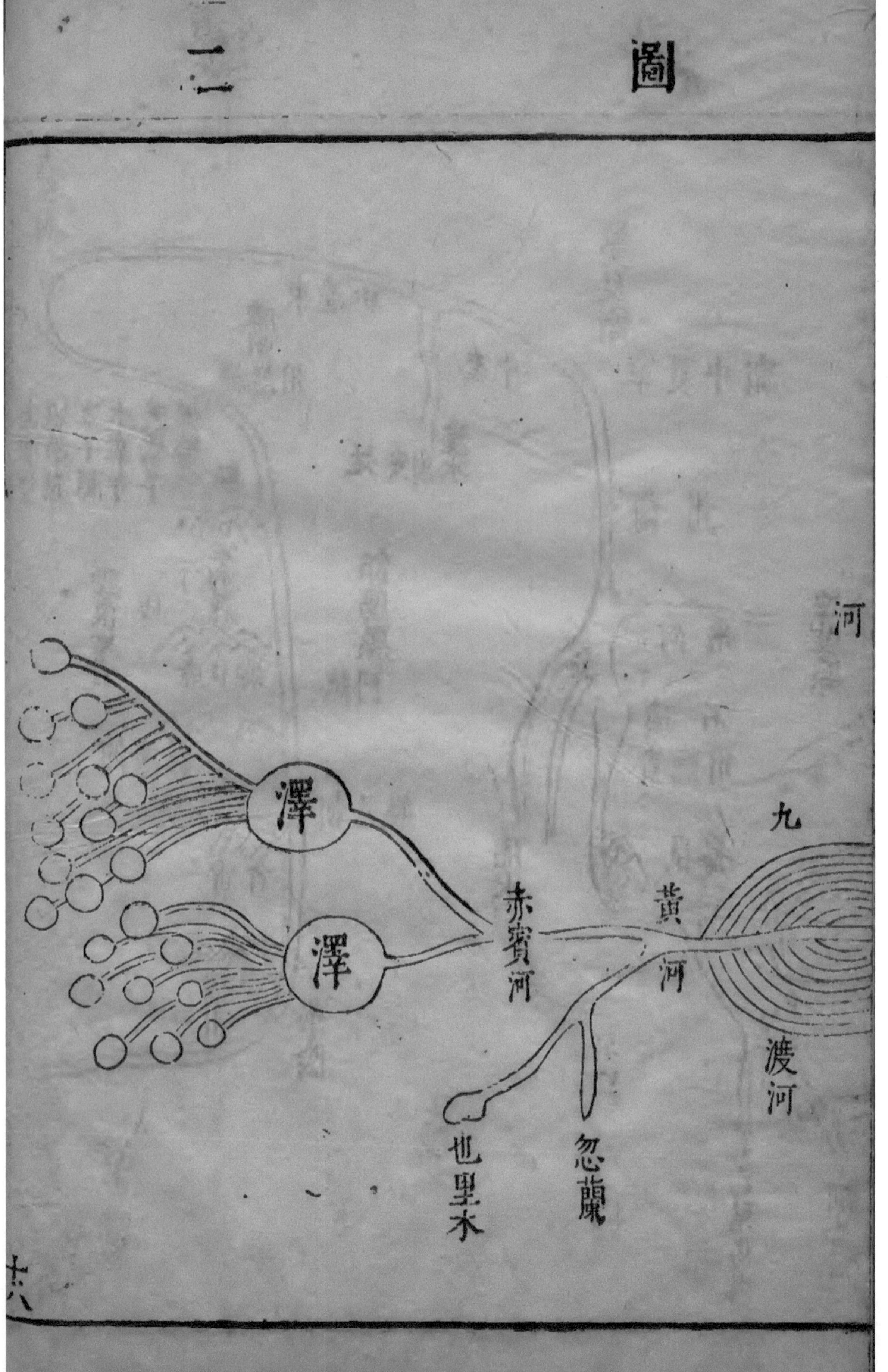
圖三
河
九
黄河
渡河
赤賓河
澤
澤
也里木
忽蘭
十八

導江

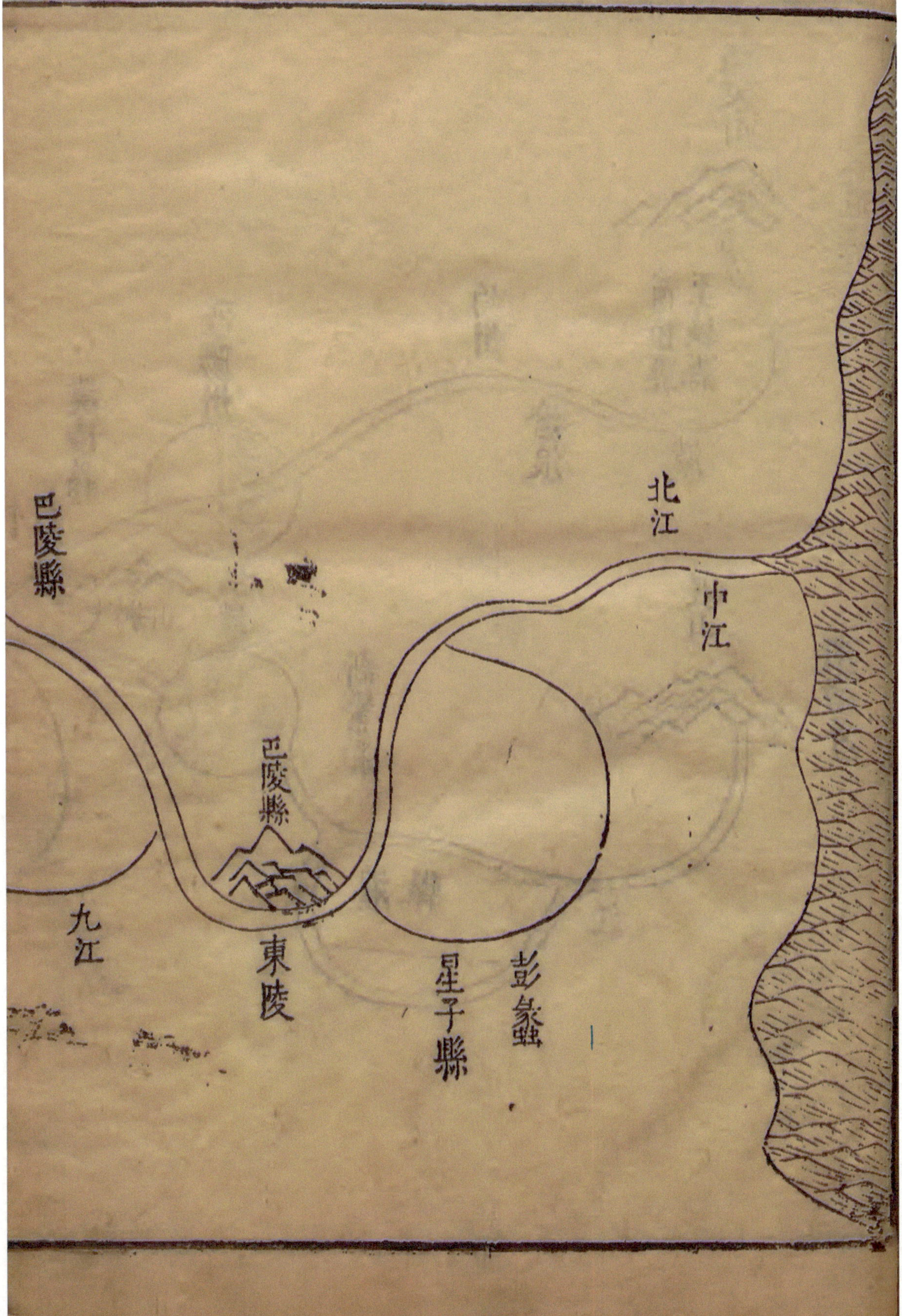

北江
中江
巴陵縣
巴陵縣
九江
東陵
星子縣
彭蠡

漢圖

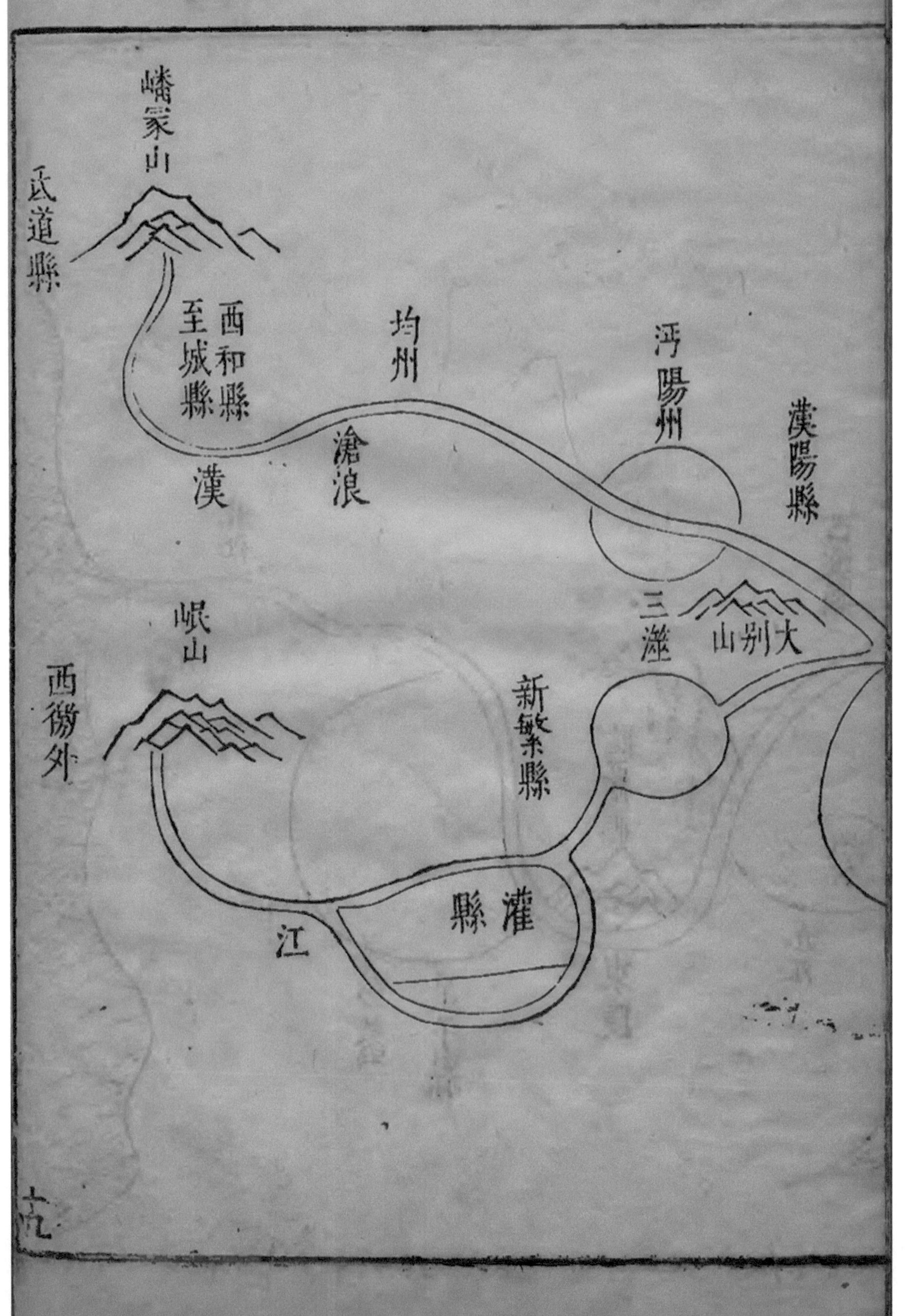

導濟

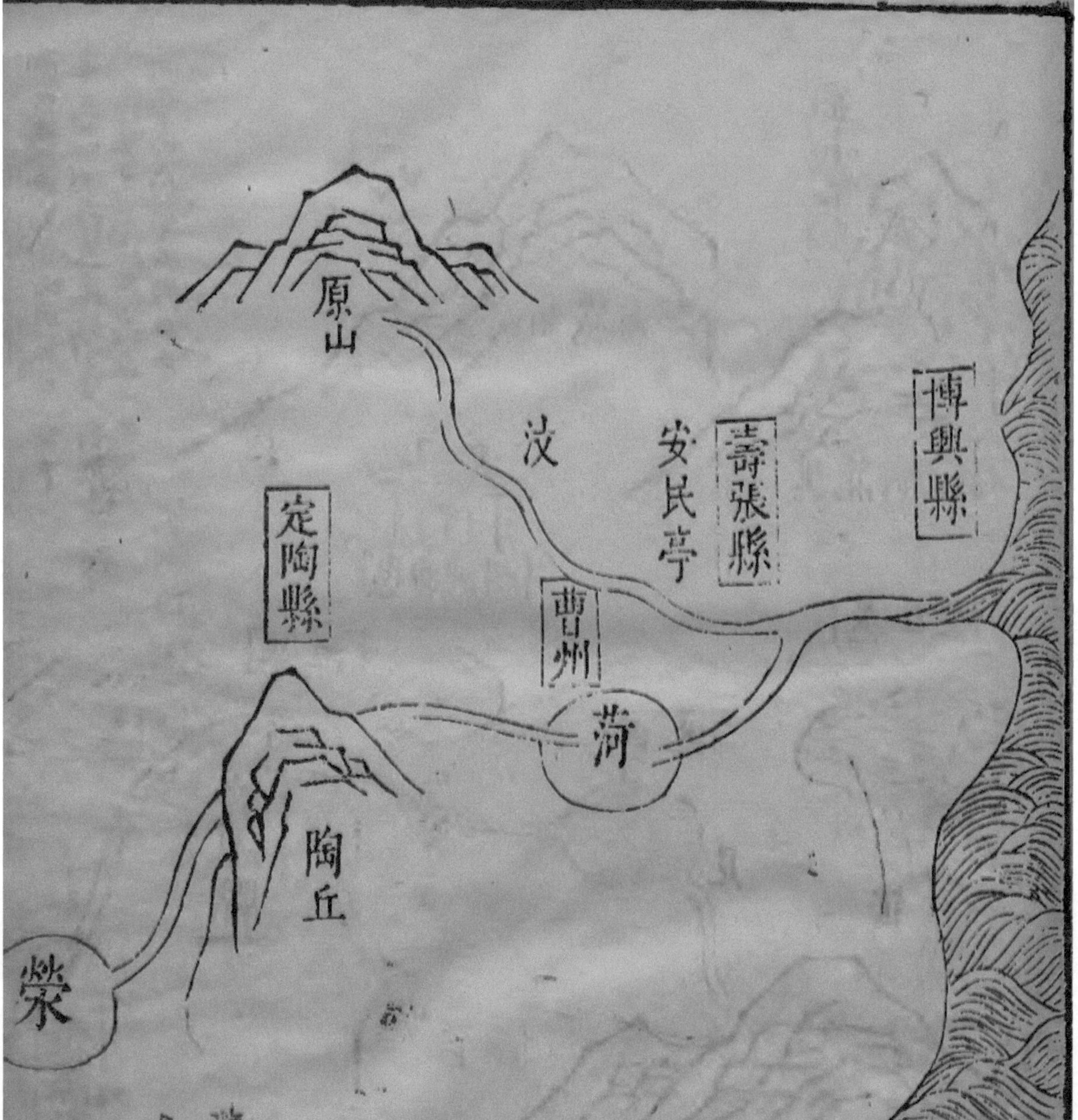

博興縣
壽張縣
安民亭
汶
原山
定陶縣
曹州
菏
陶丘
滎

水　圖

濟水發源王屋山頂五斗峯下之太乙池乃伏流地下東行九十里復見于濟源縣西三里滙爲二池所謂濟源池也
五斗峯
析城山
黑龍洞
北海神祠
太乙池
東池
西池
伏
見
濟源縣
滎澤縣
虢公臺

導淮

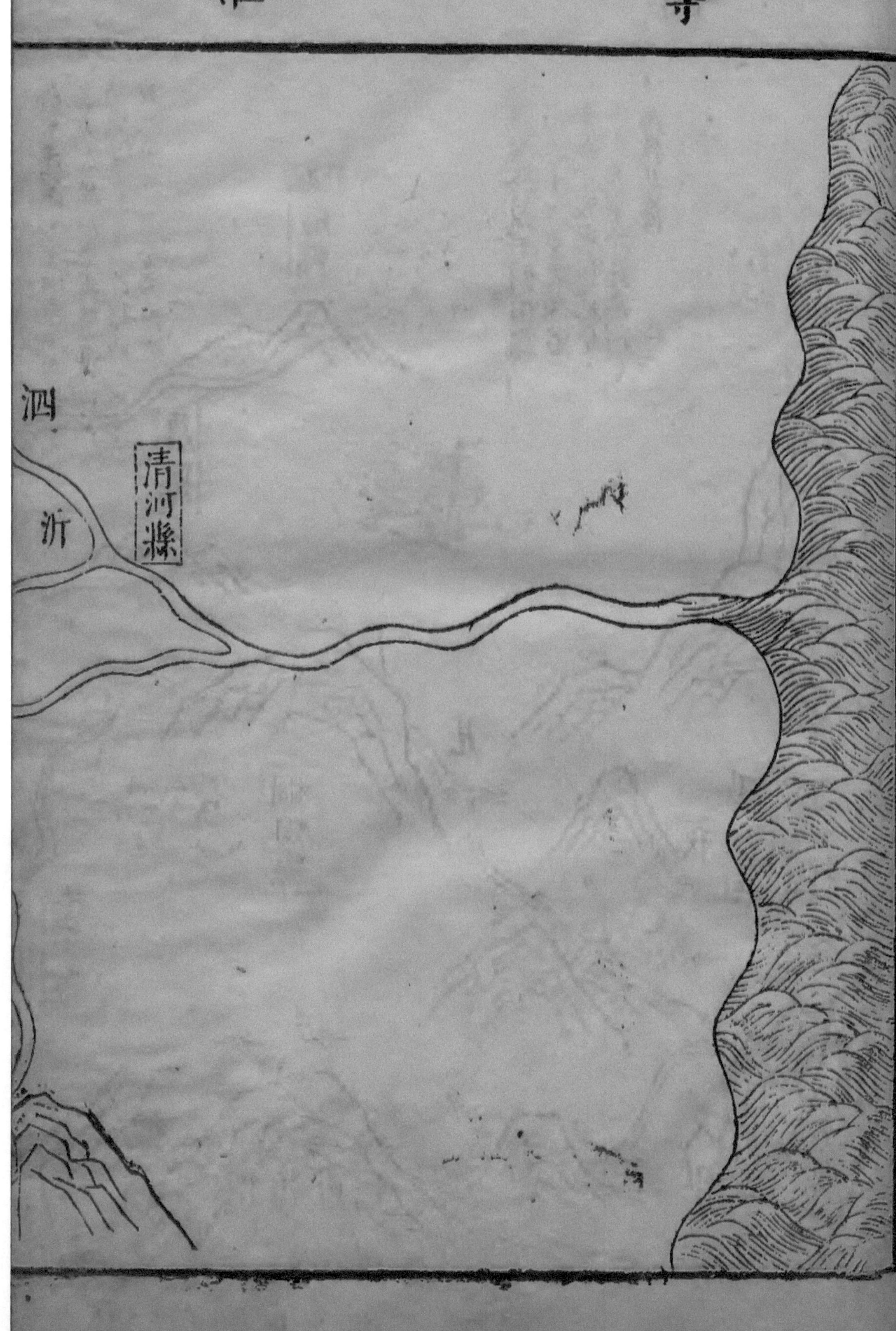

水圖

淮水發源于桐柏縣西二十一里其源若井方一丈東伏地中二十五里始見爲河而注其海
泌陽縣
唐縣
胎簪山
見
伏
淮源
桐柏縣
水簾洞
桐柏山

導渭

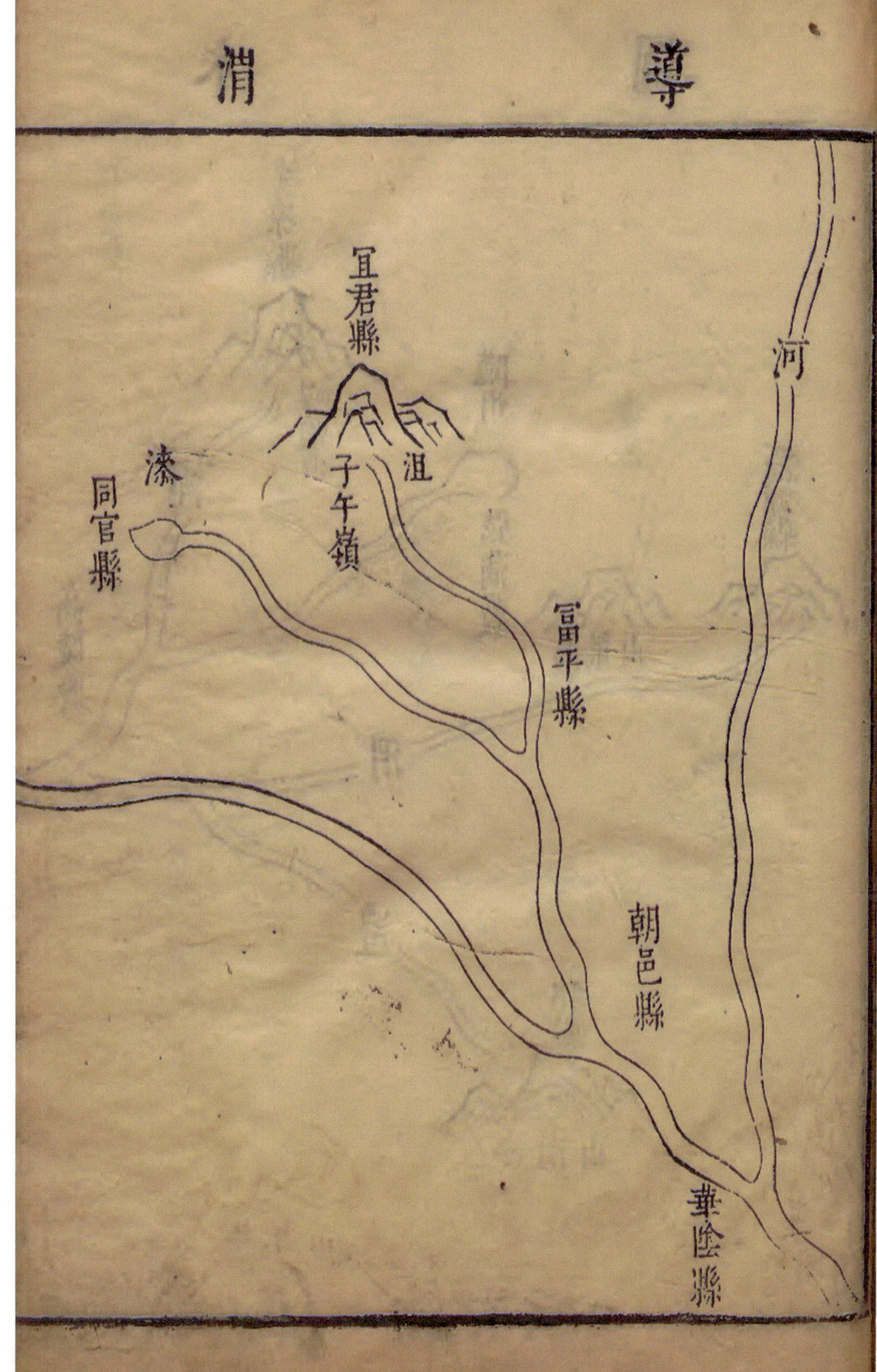

水圖

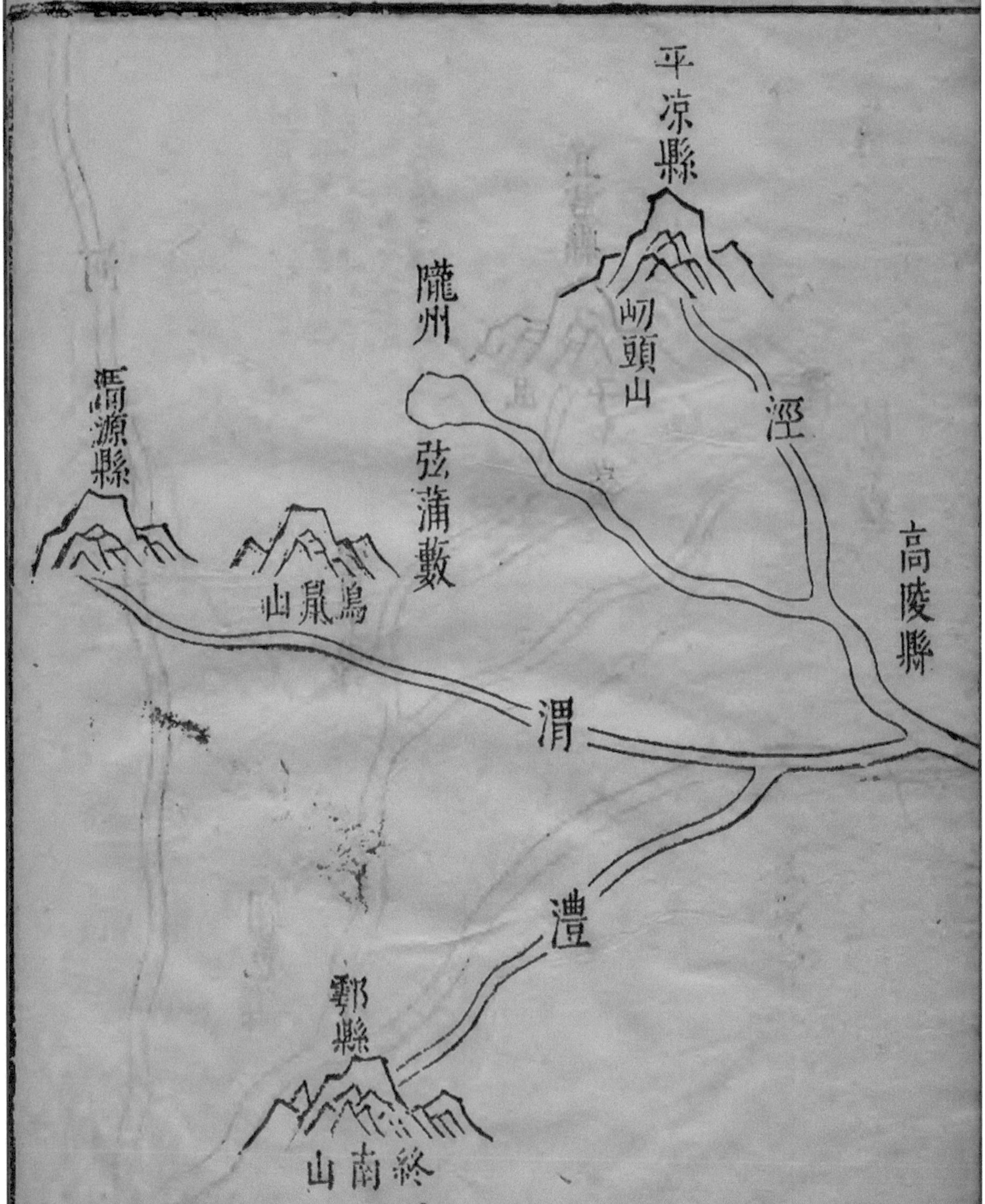

平凉縣
岍頭山
涇
隴州
弦蒲藪
高陵縣
渭源縣
鳥鼠山
渭
灃
鄠縣
終南山

二十三

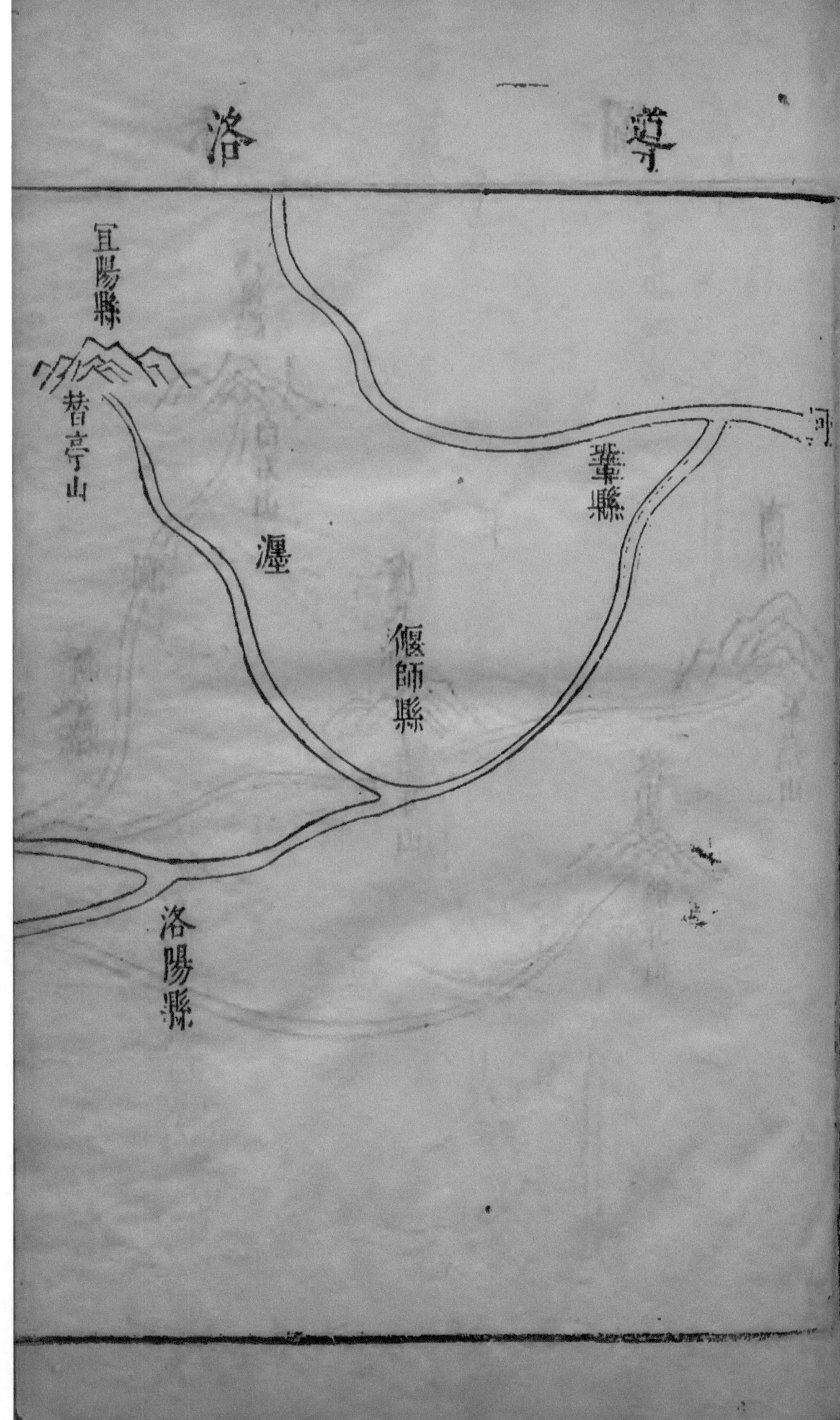
導
洛
宜陽縣
替亭山
瀍
鞏縣
河
偃師縣
洛陽縣

水圖

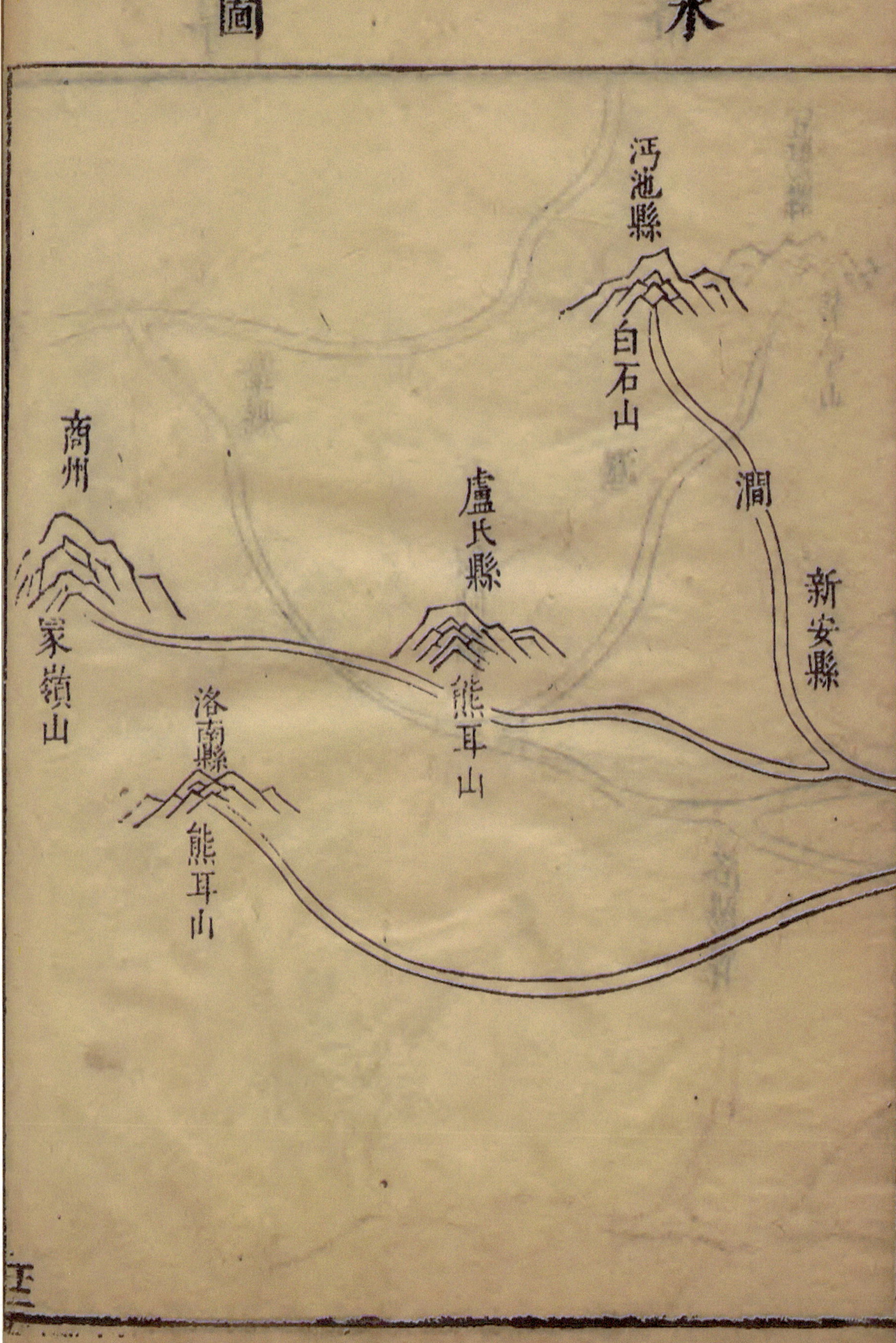
澠池縣
白石山
澗
新安縣
商州
冢嶺山
盧氏縣
熊耳山
洛南縣
熊耳山

考定漆

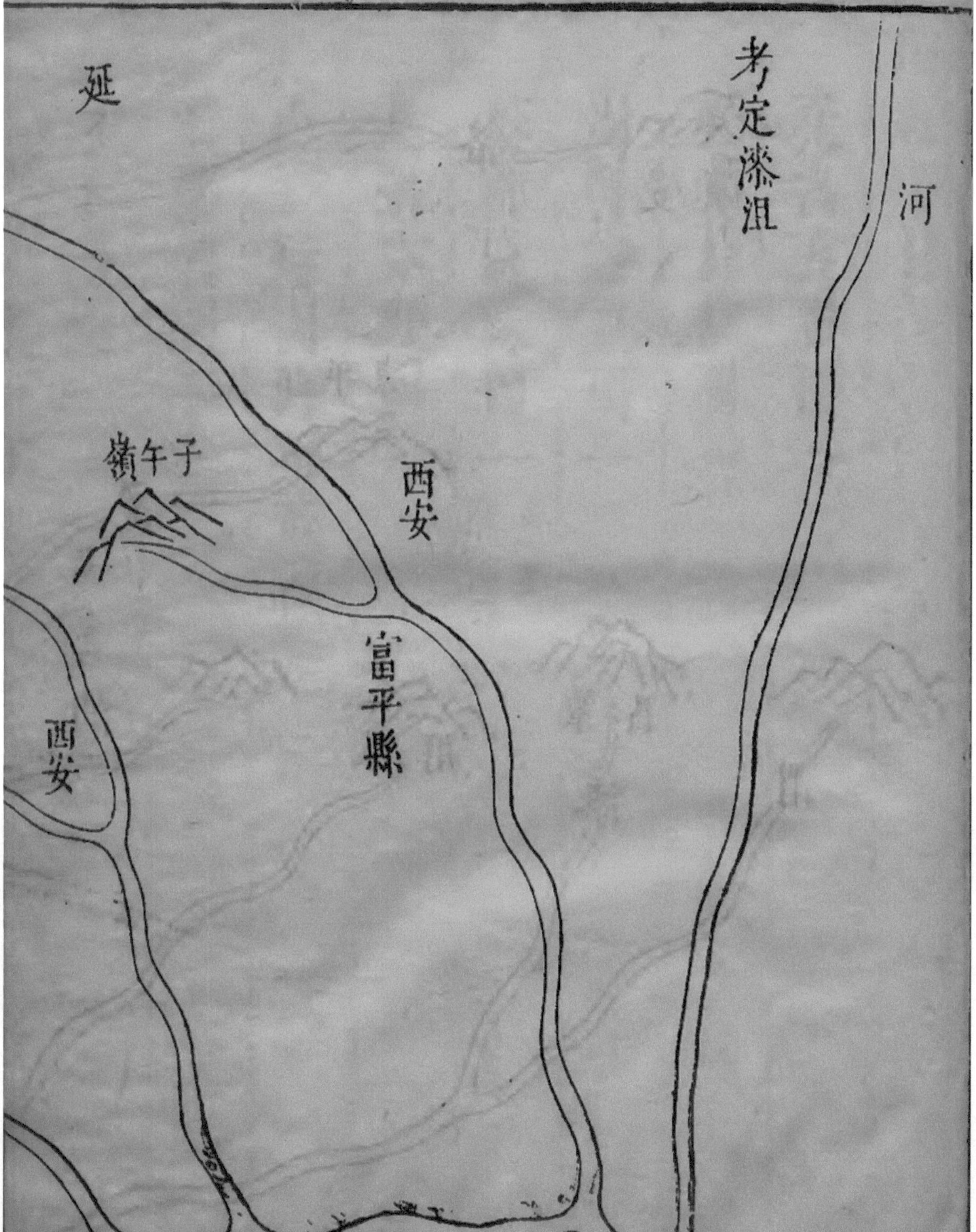

考定漆沮

河

延

子午嶺

西安

富平縣

西安

沮全圖

安

洛

慶陽

平涼

涇

汭

鳳翔

鞏昌

渭

漆

圖經下目

宋元豐九域圖一

大明一統全圖一

鎮戍總圖一

河源圖三

漕河圖八

河套圖三

周秦漢唐五漈沮圖一

以上竝按諸家叅定

堯制五服圖

荒服 三百里蠻 二百里流
要服 三百里夷 二百里蔡
綏服 三百里揆文教 二百里奮武衛
侯服 百里采 二百里男邦 三百里諸侯
甸服 百里賦納總 二百里納銍 三百里納秸服 四百里粟 五百里米
冀州在此服
王畿
內治田不貢
五百里 爲天子服治田
五百里 斥侯而服事
五百里 綏服政教
五百里 要束以文教
五百里
面各二千五百里
兩面相距五千里

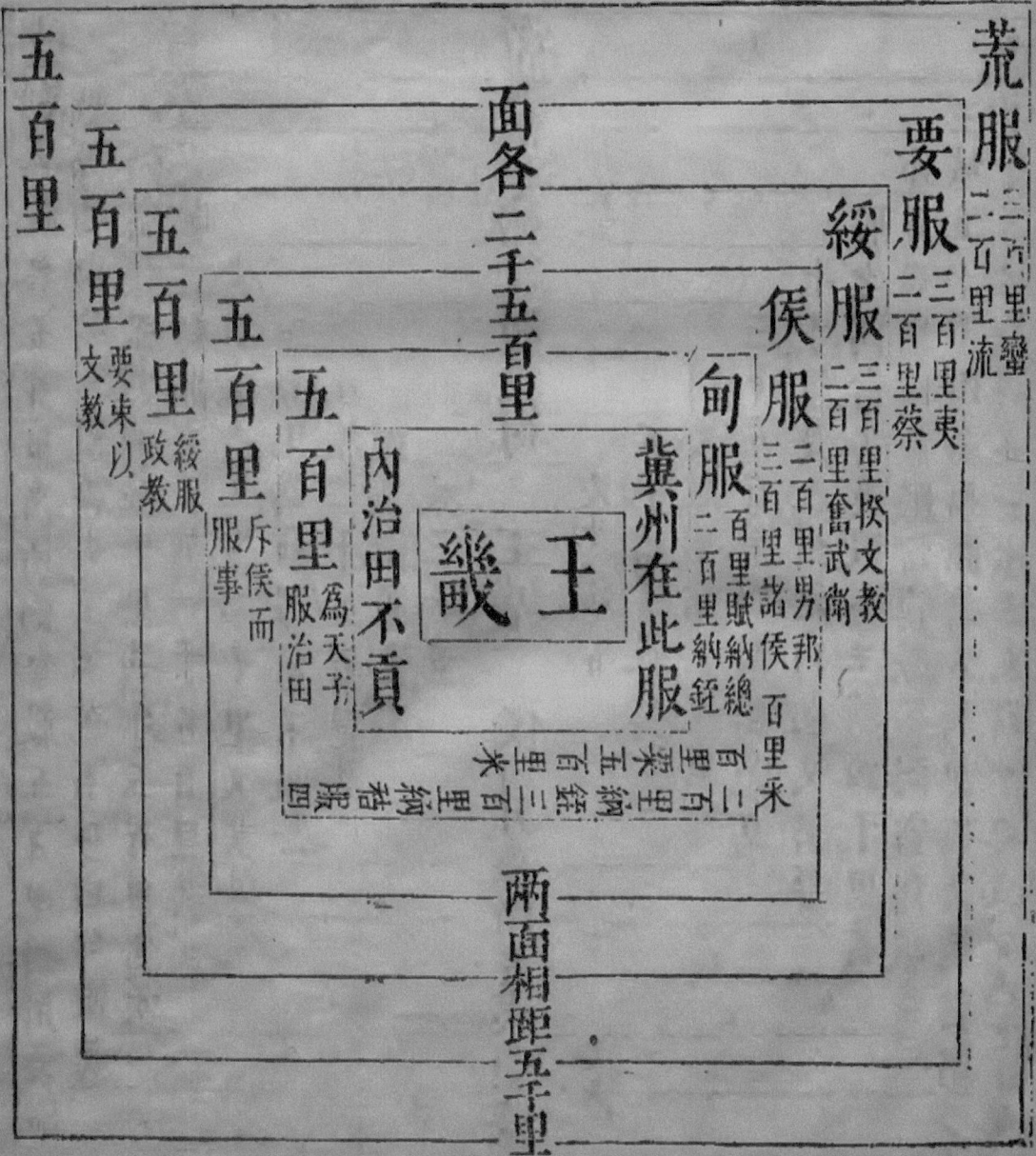

禹弼五服圖

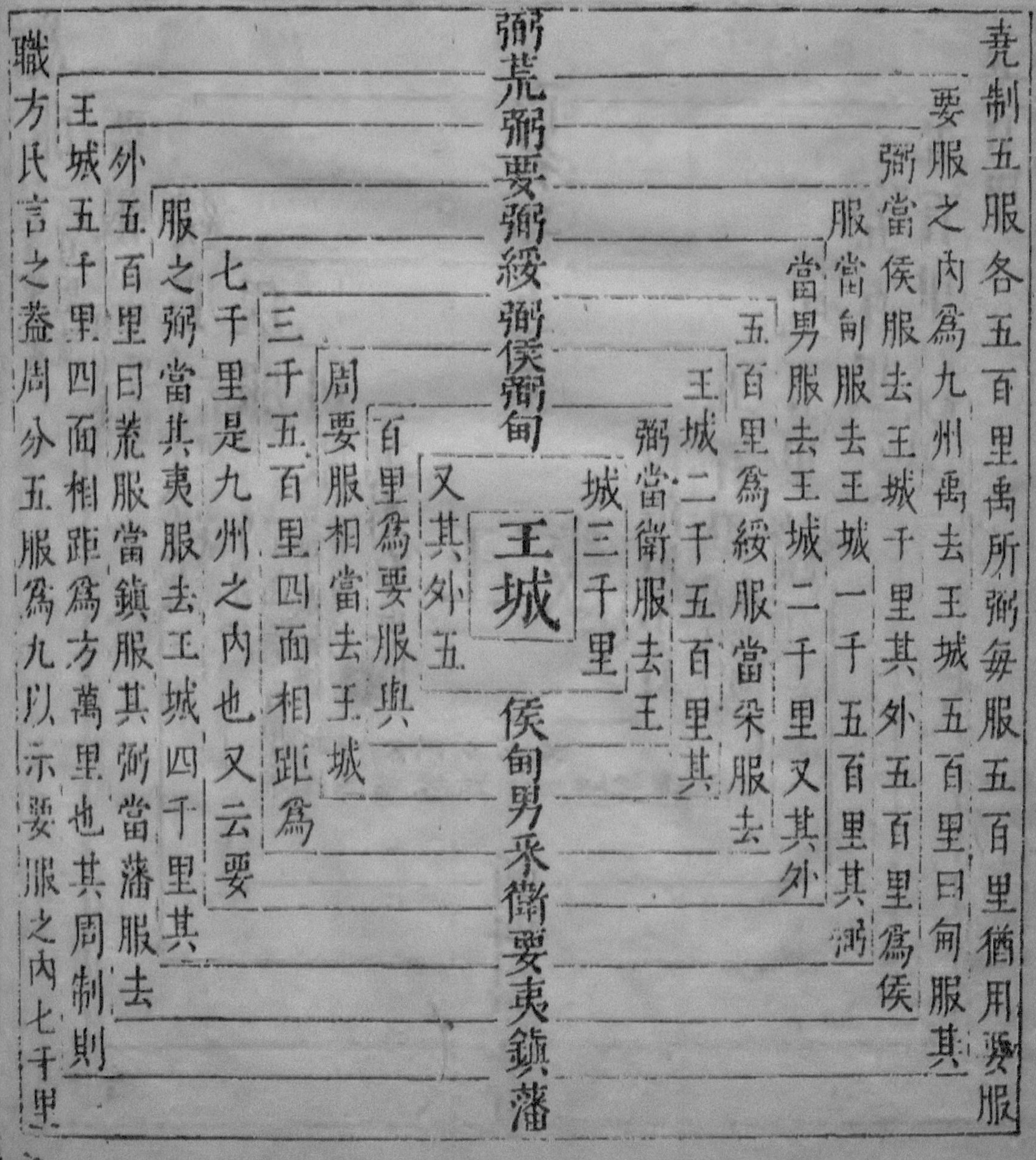

堯制五服各五百里禹所弼每服五百里猶用要服

要服之內爲九州禹去王城五百里曰甸服其

弼當侯服去王城千里其外五百里爲侯

服當甸服去王城一千五百里其弼

當男服去王城二千里又其外

五百里爲綏服當采服去

王城二千五百里其

弼當衛服去王

城三千里

弼荒弼要弼綏弼侯弼甸

王城

侯甸男采衛要夷鎮藩

又其外五

百里爲要服與

周要服相當去王城

三千五百里四面相距爲

七千里是九州之內也又云要

服之弼當其夷服去王城四千里其

外五百里曰荒服當鎮服其弼當藩服去

王城五千里四面相距爲方萬里也其周制則

職方氏言之盖周分五服爲九以示要服之內七千里

帝京圖

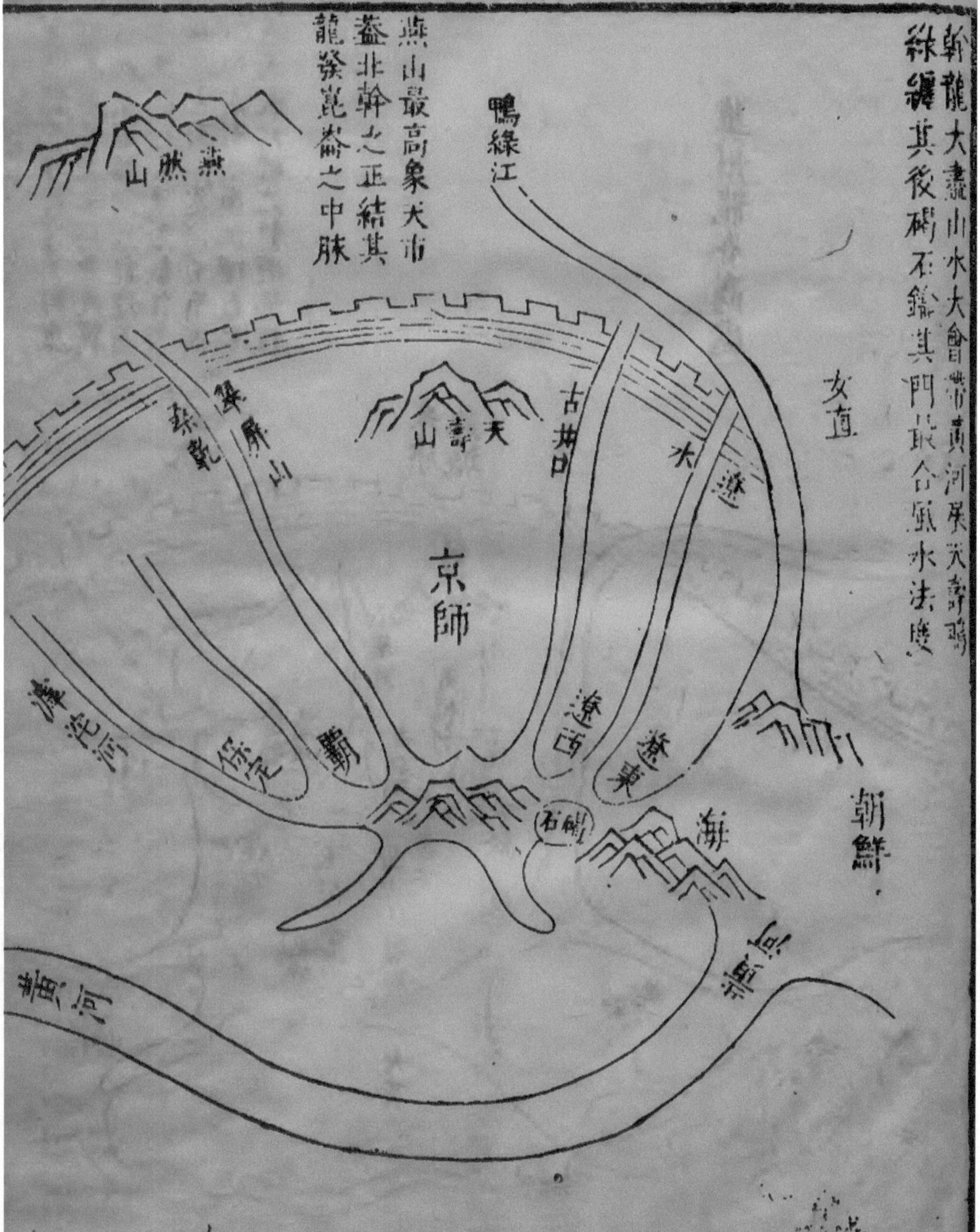

幹龍大盡山水大會帶黃河界天壽鴨綠纏其後碣石鎖其門最合風水法度

燕山最高象天市蓋北幹之正結其龍發崑崙之中脉

唐虞冀都圖

冀州龍脊堰黃河不得直趨入海橫之中國遶遶冀州西南東叅河以龍堰而曲流龍以河遶而截住夾身則左有小東河右有西恒水南有小南河攔截於內而大河經之龍將焉往

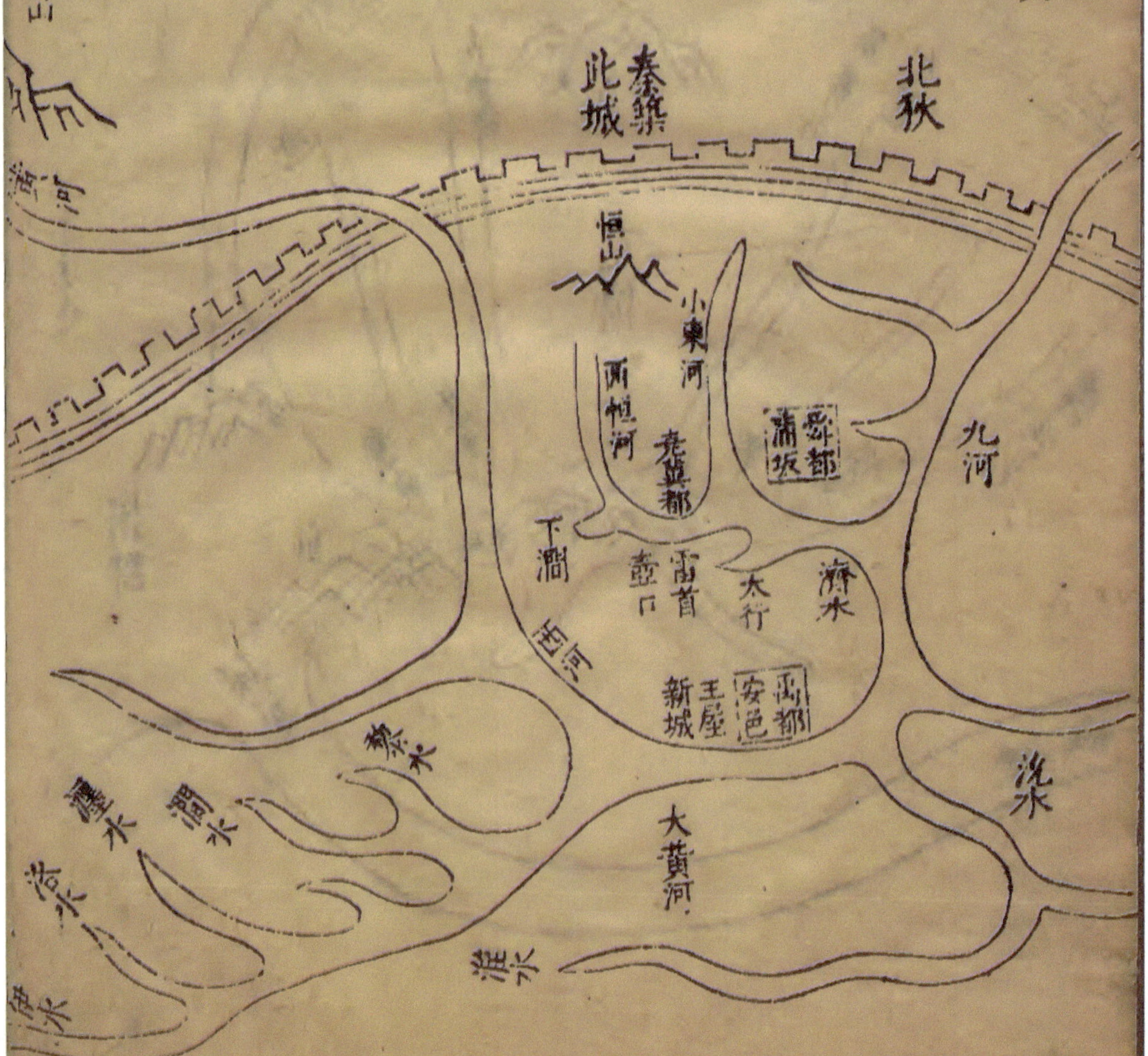

洛邑圖一

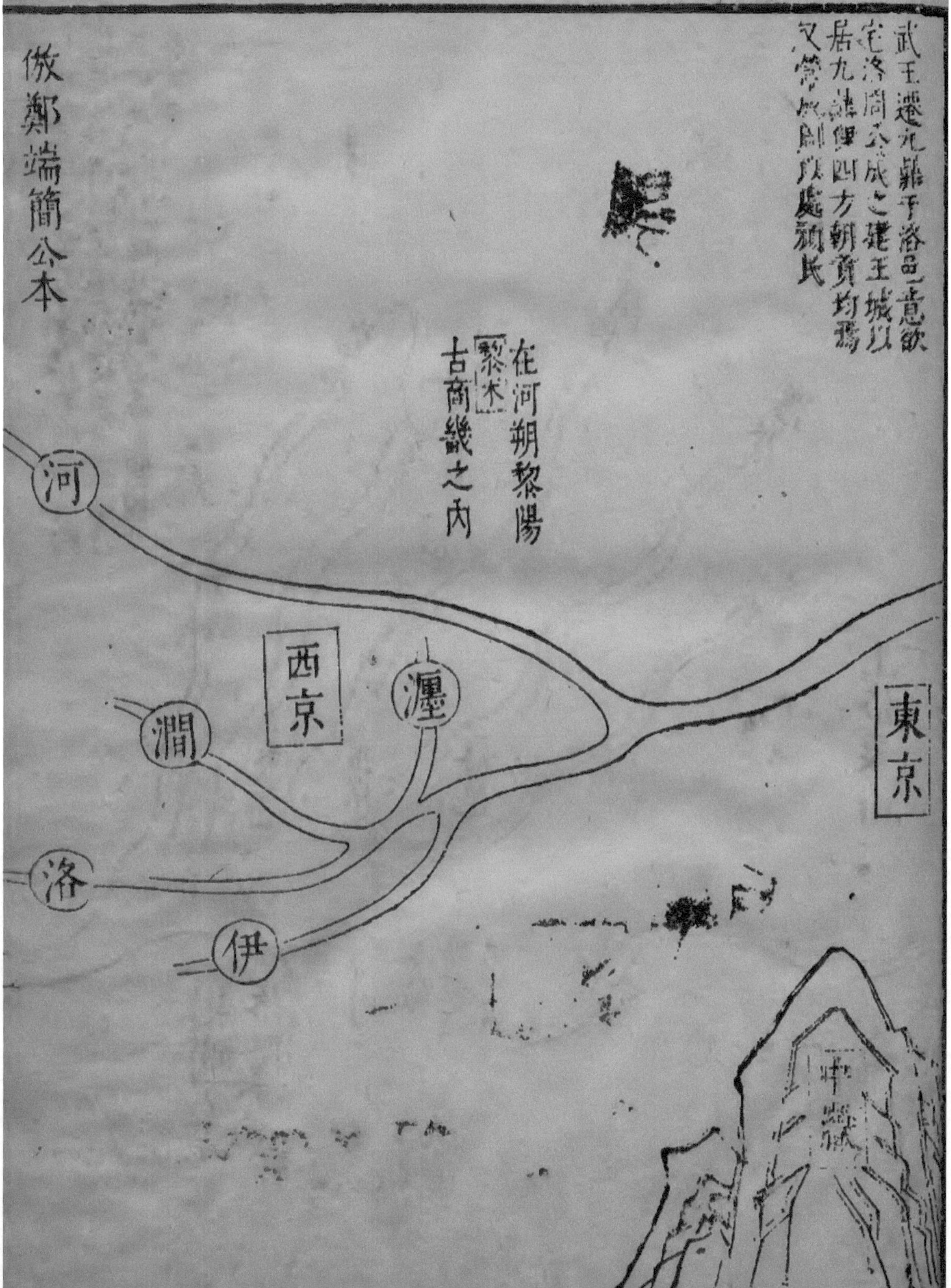

倣鄭端簡公本

武王遷九鼎于洛邑意欲宅洛周公成之建王城以居九鼎俾四方朝貢均焉又營成周以處頑民

黎木 在河朔黎陽古商畿之内

河

西京

瀍

澗

洛

伊

東京

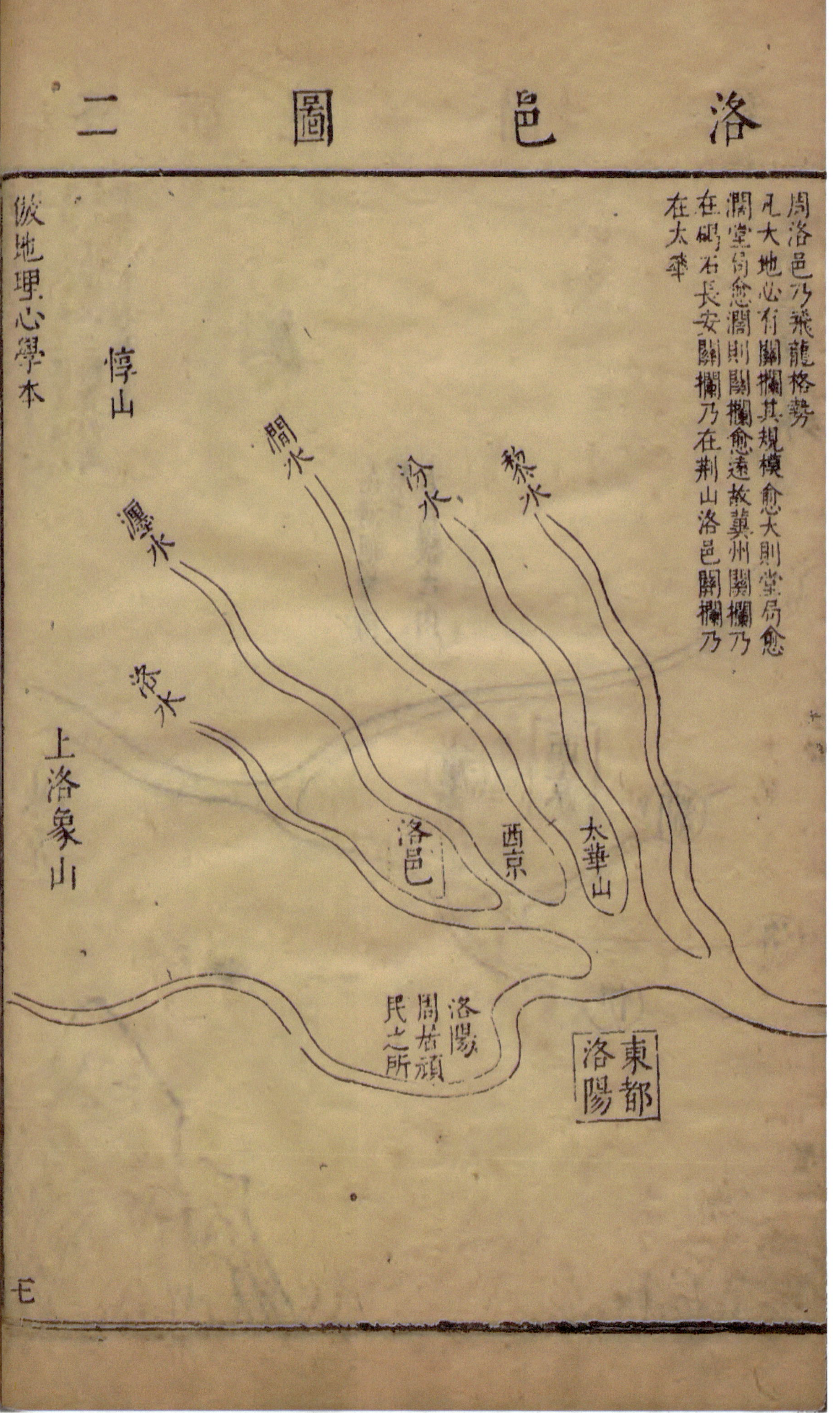
洛邑圖二
周洛邑乃飛龍格勢
凡大地必有關攔其規模愈大則堂局愈濶堂局愈濶則關攔愈遠故冀州關攔乃在碣石長安關攔乃在荆山洛邑關攔乃在太華
倣地理心學本
惇山
澗水
汾水
黎水
瀍水
洛水
上洛象山
洛邑
西京
太華山
洛陽
周古頑民之所
東都洛陽
七

秦都咸陽圖

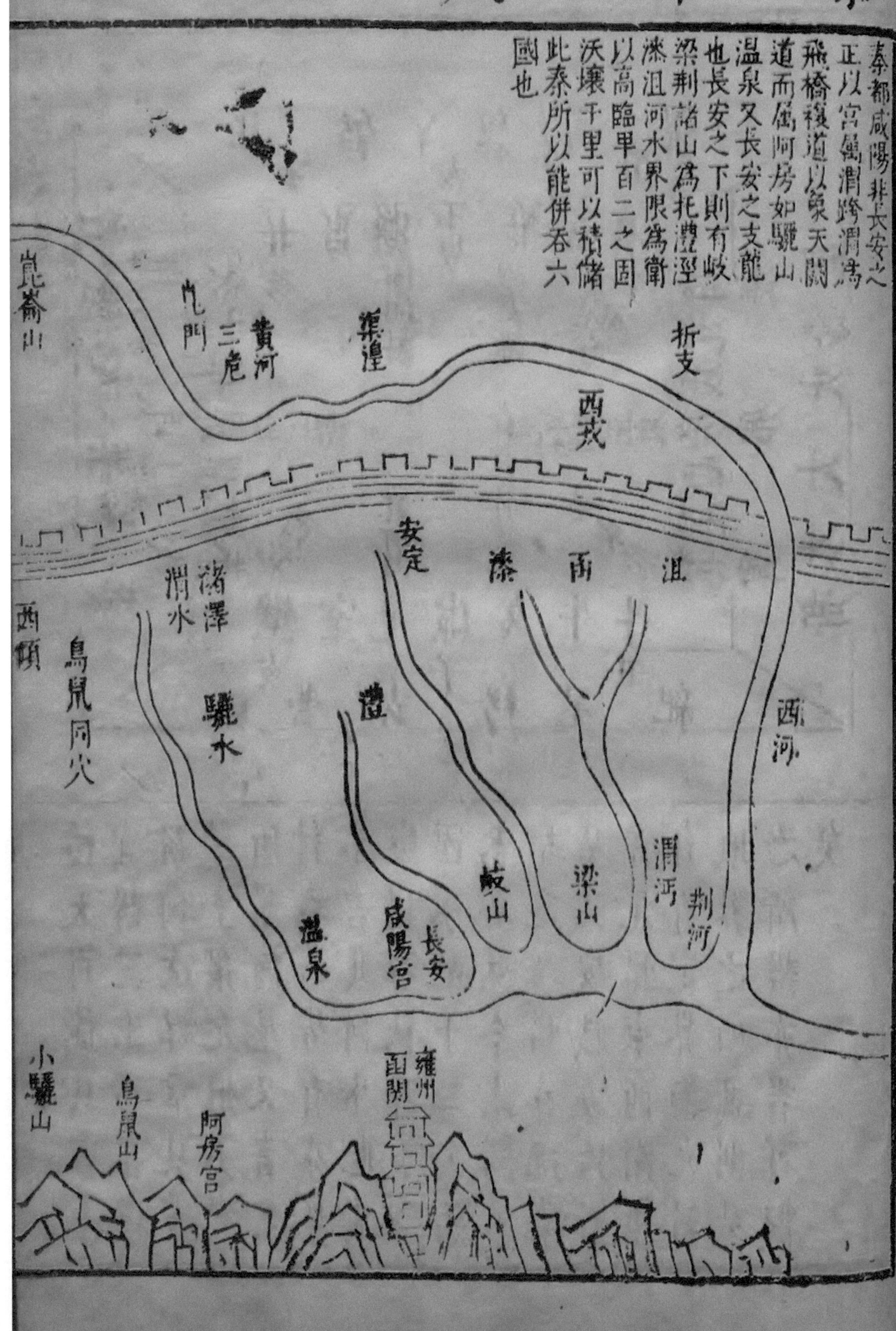
秦都咸陽非長安之正以宮毘渭跨渭為飛橋複道以象天闕道而屬阿房如驪山溫泉又長安之支龍也長安之下則有岐梁荊諸山為托灃涇漆沮河水界限為衛以高臨卑百二之固沃壤千里可以積儲此秦所以能併吞六國也
崑崙山
九門
三危
黃河
渠湟
析支
西戎
安定
漆
西
沮
渭水
豬澤
西傾
鳥鼠同穴
驪水
灃
西河
岐山
梁山
渭河
荊河
溫泉
咸陽宮
長安
雍州
小驪山
鳥鼠山
阿房宮

九州分星圖

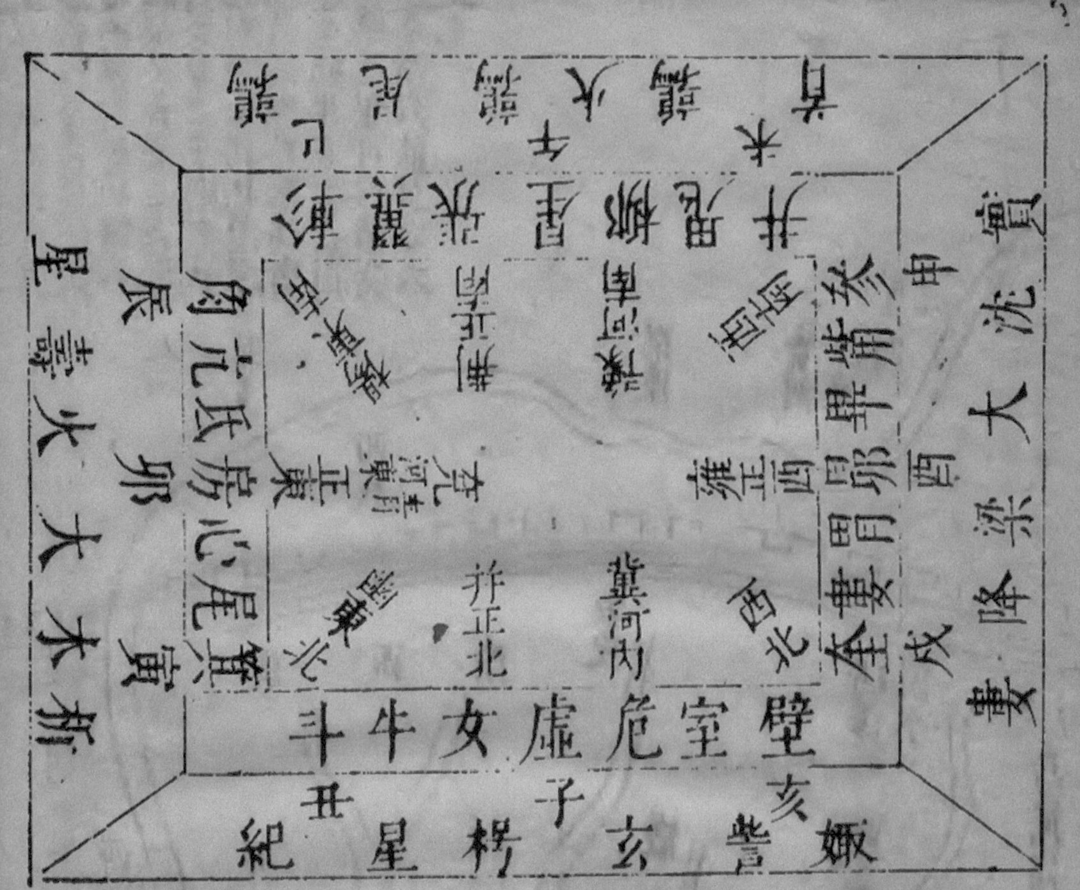

按大司徒只言土宜辨三土不言所辨何次保章只言星土辨九州不言所辨何星又言所封之域皆有分星不言其何分也成康以春秋時十二國分配十二次恐未必然今此圖不指定九州分配其星只按職方氏所言九州東西南北自有定界觀九州地界之所抵則星之所辨亦畧可觀矣

星野

女直
金元上都
五國城
遼東
醫巫閭山
北京順天
幽
保定
真定
順德
廣平
河間
彰德
衛輝
大名
東昌
兖州
山東濟南
萊州
登州
青州
鴨綠江
朝鮮
曹州
河南開封
淮安
揚州
鳳陽
廬州
南京應天
鎮江
常州
松江
蘇州
太平
徽州
池州
安慶
黃州
德安
承天
寧國
湖州
嘉興
浙江杭州
寧波
日本
紹興
處州
金華
衢州
嚴州
廣信
南康
九江
饒州
江西南昌
袁州
臨江
吉安
湖廣武昌
漢陽
常德
荊州
寶慶
平樂
衡州
岳州
長沙
梧州
潯州
撫州
建昌
贛州
南安
邵武
建寧
溫州
台州
福建福州
延平
泉州
興化
漳州
潮州
惠州
南雄
廣東廣州
肇慶
韶州
高州
雷州
瓊州
琉球

總圖

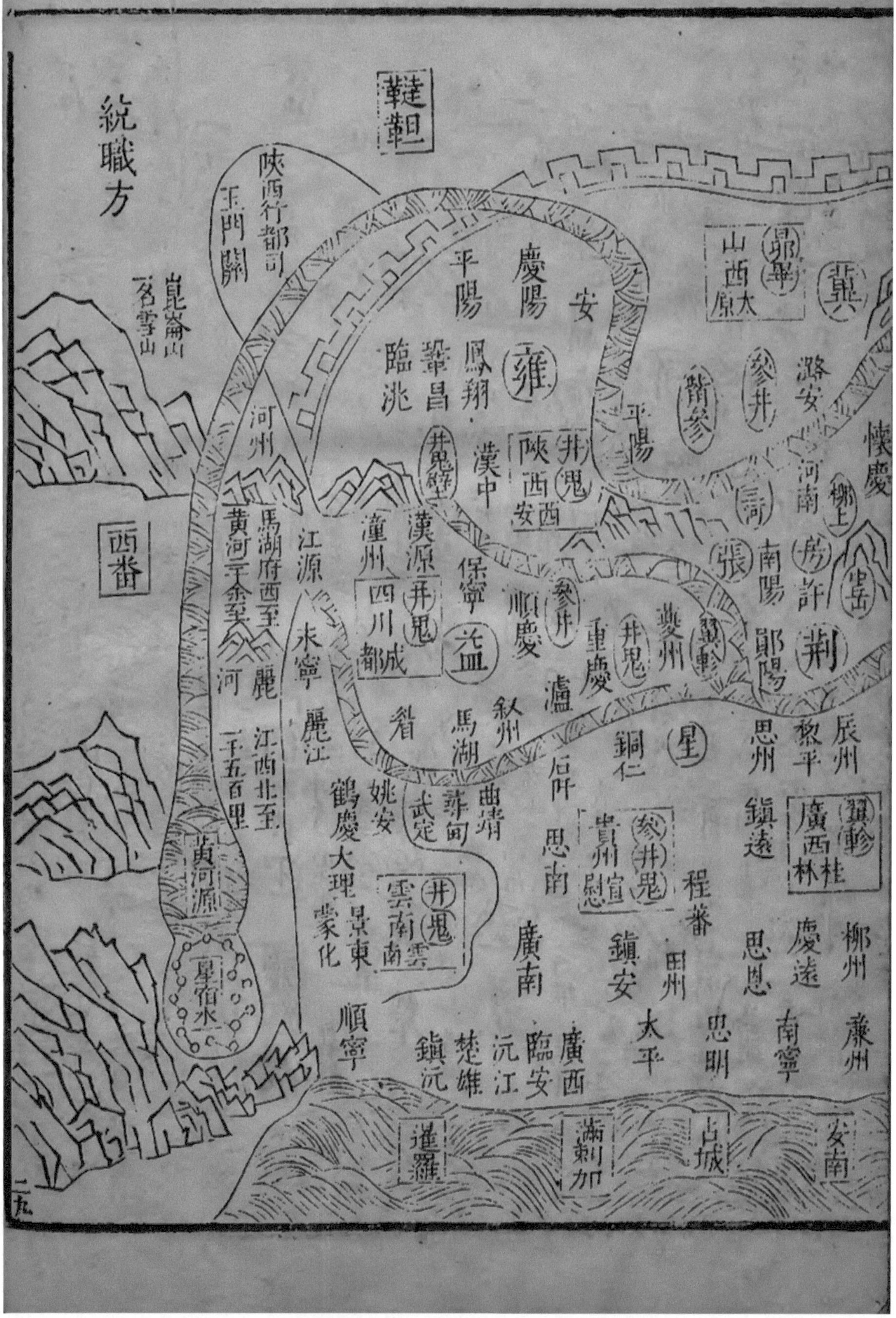

統職方

韃靼

陝西行都司

玉門關

崑崙山一名雪山

西番

河州

馬湖府西至黄河一千余里

江源

麗江西北至黄河源一千五百里

黄河源

星宿水

永寧

麗江

平陽

慶陽

安

臨洮

鞏昌

鳳翔

雍

井鬼

漢中

陝西西安

井鬼

山西太原

昴畢

冀

參井

觜參

潞安

平陽

懷慶

河南

柳七

豫

張

南陽

房

許

嵩

荆

鄖陽

漢源

潼州

四川成都

井鬼

保寧

益

順慶

參井

重慶

井鬼

夔州

翼軫

瀘

叙州

馬湖

烏撒

星

銅仁

石阡

辰州

黎平

思州

鎮遠

廣西桂林

翼軫

貴州宣慰

參井鬼

思南

程番

鎮安

田州

姚安

武定

尋甸

曲靖

鶴慶

大理

蒙化

景東

雲南雲南

井鬼

廣南

慶遠

思恩

柳州

思明

南寧

太平

廉州

順寧

鎮沅

楚雄

沅江

臨安

廣西

暹羅

滿剌加

占城

交南

唐一行山

唐一行以天下山河之象存乎兩戒北戒自三危積石負終南地絡之陰東及太華逾河並雷首底柱王屋太行北抵常山之右乃東循塞垣至濊貊朝鮮是謂北紀所以限戎狄也南戒自岷山嶓冢負地絡之陽東及太華連商山熊耳外方桐柏自上洛南逾江漢携武當荆山至于衡陽乃東循嶺徼達東甌閩中是謂南紀所以限蠻夷也故星經謂北戒爲胡門南戒爲越門

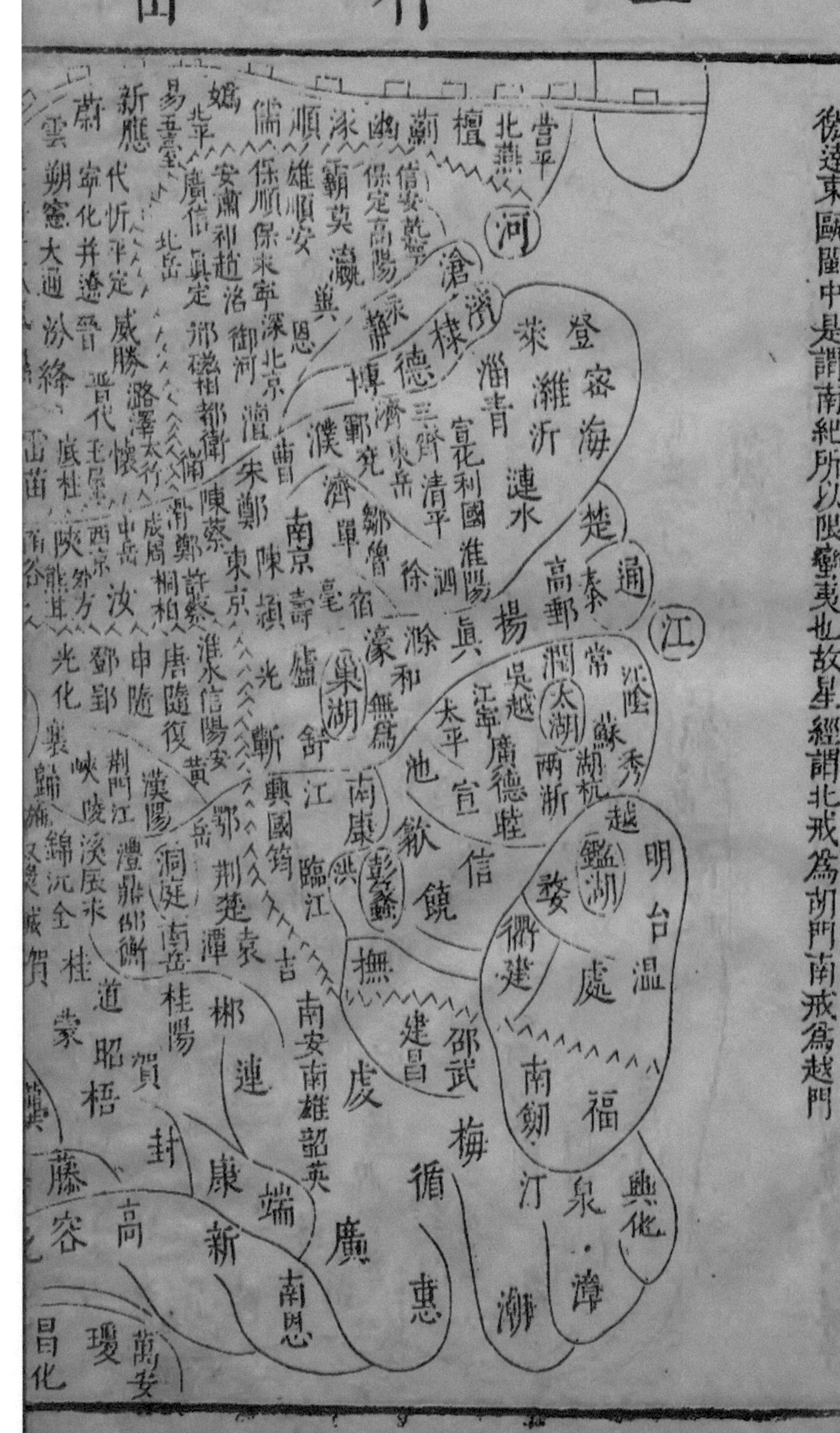

河兩戒圖

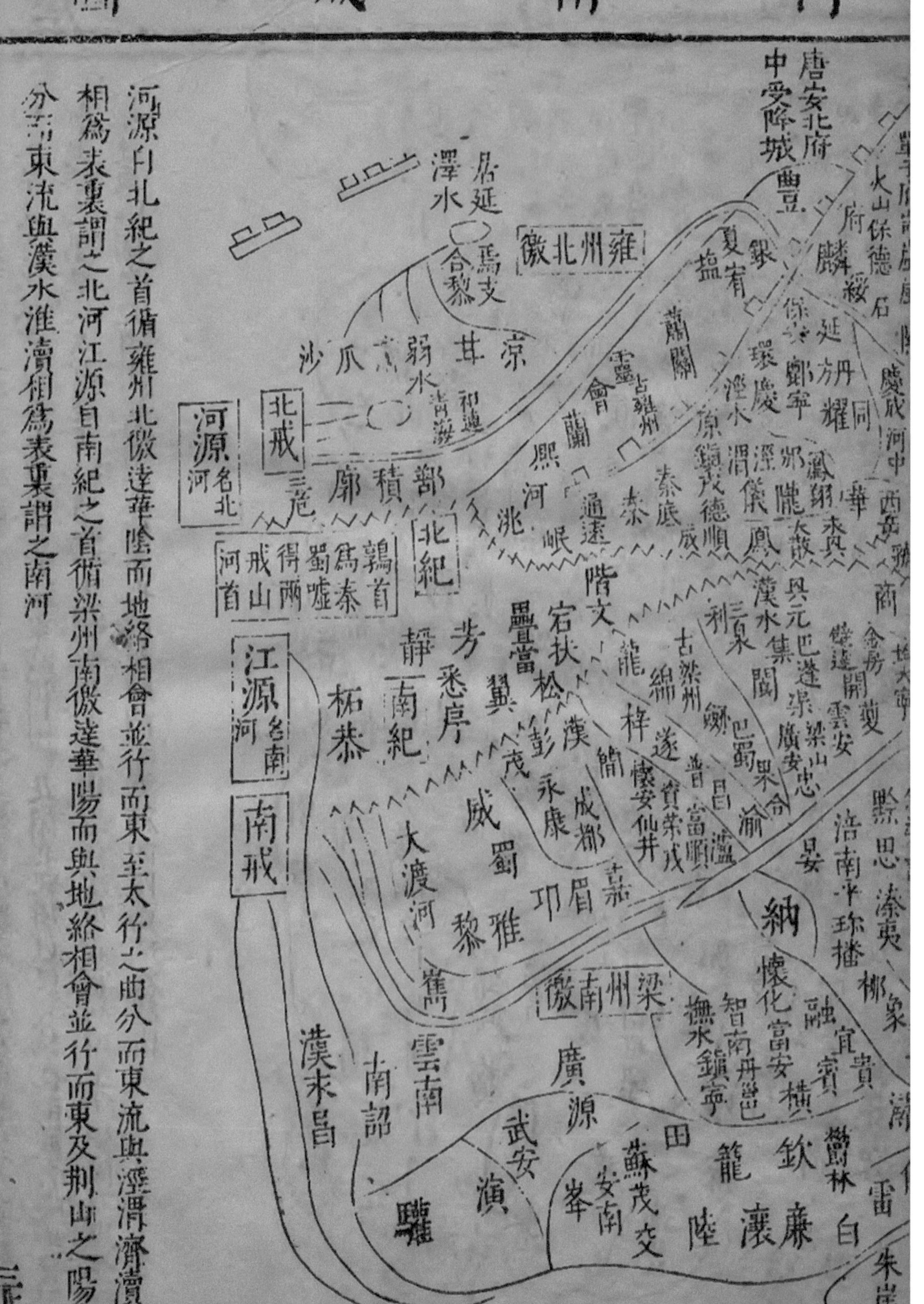

河源自北紀之首循雍州北徼達華陰而地絡相會並行而東至太行之曲分而東流與涇渭濟瀆相爲表裏謂之北河江源自南紀之首循梁州南徼達華陽而與地絡相會並行而東及荊山之陽分而東流與漢水淮瀆相爲表裏謂之南河

三下

漢郡

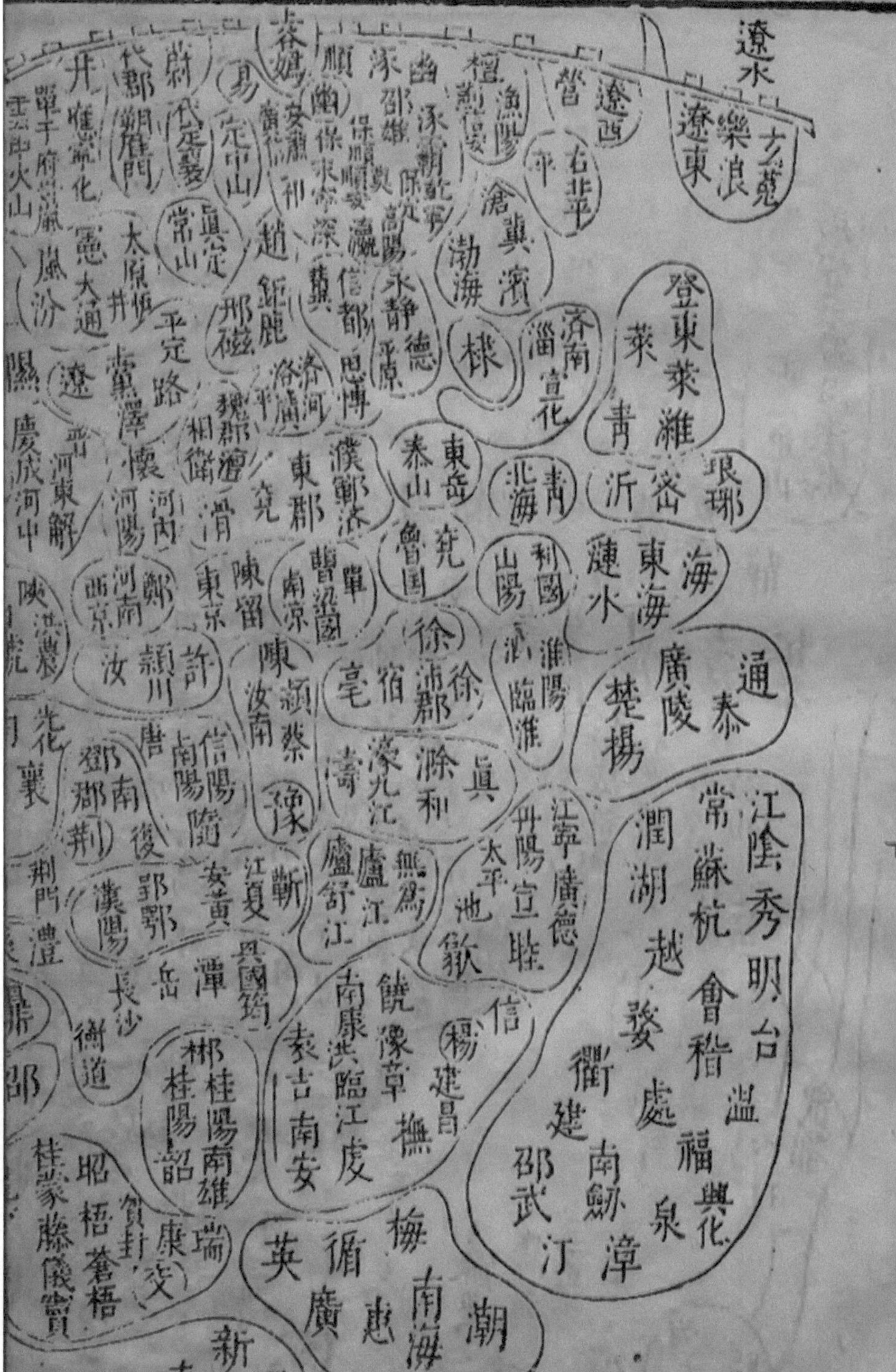

漢興加置郡國其後開越攘胡土宇彌廣改雍曰京梁曰益又置徐州復禹舊置交初為交阯後為交州北有朔方後為并州凡為十三州部刺史地東西九千三百二里南北萬三千三百六十八里此漢之極盛也

國圖

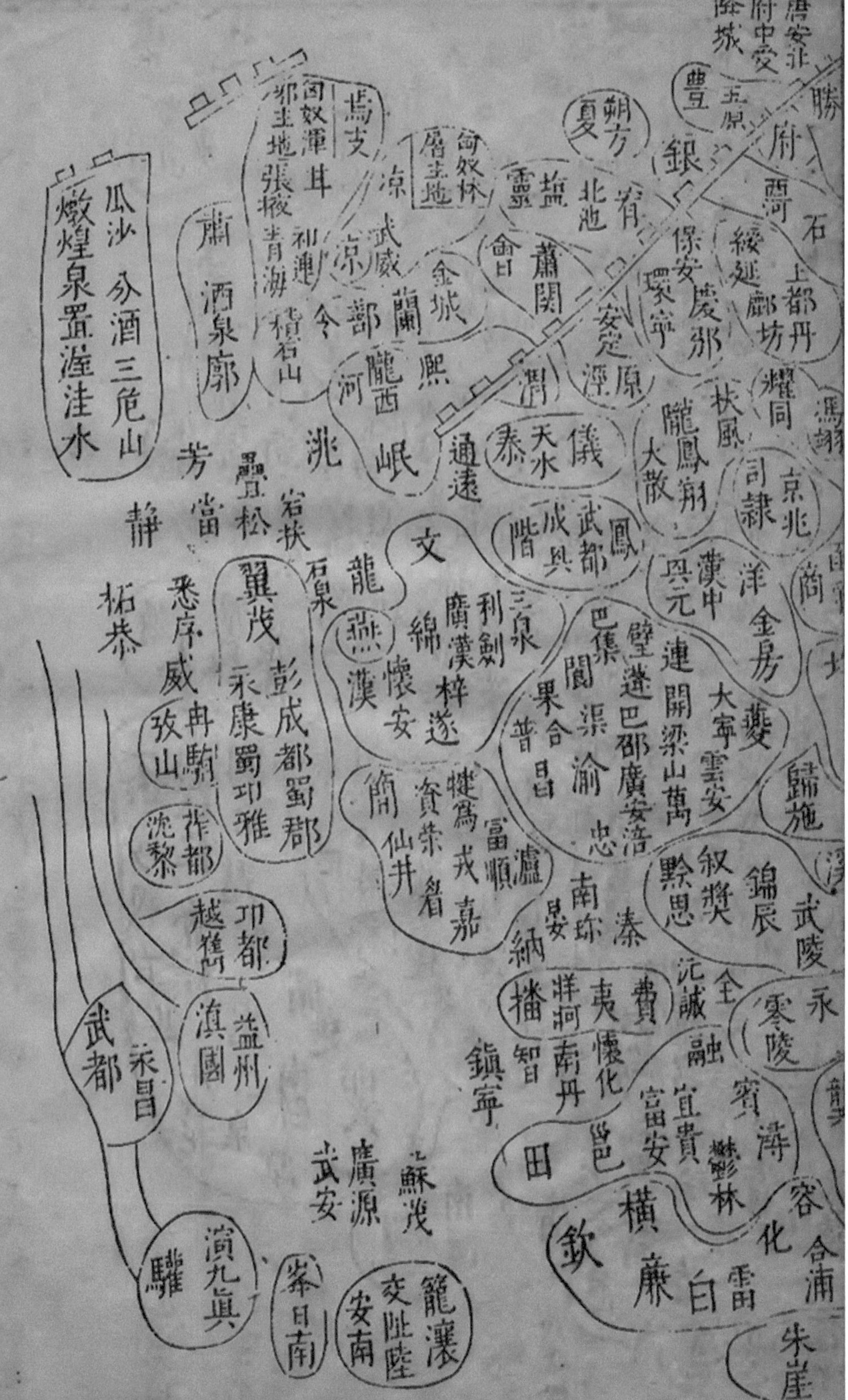

光武併省郡國其後亦爲十三州部刺史漸復加置郡國東有樂浪南永昌郡四鎮之盛亦如前漢

唐興改郡爲州太守爲刺史又置都督府太宗併省州郡分天下爲十道一曰關内二曰河南三曰河東四曰河北五曰山南六曰隴右七曰淮南八曰江南九曰劍南十曰嶺南其後北殄突厥頡利西平高昌北踰陰山西抵大漠其地東極海西至焉耆南盡林州南境北接薛延陀界東西九千五百一十一里南北一萬六千九百一十八里

遼水
乳羅山
東都守捉
安東都護
北黃河
冷陘山
李陵臺
白浪河
榆關
營平
檀薊
滄濱
河北道
幽涿
瀛莫
德
順
嬀
易
北平
保
祁深
冀
定趙
洺
恩
博
邢
北京
相
衛
棣
寧武軍
滹沱河
平定
磁
勇寒軍
雲
朔
代
忻
應
并
遼
河東道
潞
澤
晉
靜邊軍
蔚
大原
汾
乾河
中條河
單于府
金河
武
嵐
石
故關
孟門
隰
慈
解
絳
黃河
登
萊
濰
密
淄
青
沂
海
齊
兗
蒙山
泗
鄆
河南道
濟
東京
懷
孟
河陽
鄭
許
汴
濮
曹
單
宿
南京
亳
潁
徐
濠
洛
西京
陝
汝
蔡
虢
鴨綠府
分水鎮
都軍鎮
秦皇橋
朱島
大謝島
港水
東海縣
楚
通
泰
高郵
揚
滁
和
新羅路
熊津口
角東島
黑山島
全州
唐建江
百濟
申
淮水源
隨
復
漢陽
唐
桐柏山
郢
荊門
江陵
鄧
襄
山南東道
澧
鼎
沅
邵
道
衡
都龐嶺
萌渚嶺
壽
廬
舒
淮南道
光
安
黃
蘄
蘇
常
潤
湖
睦
昇
宣
池
歙
饒
撫
信
江南西道
鄂
岳
袁
郴
潭
君
洞庭
馬當
洪
江
清草
臨江
吉
虔
大庾嶺
騎田嶺
江南東道
杭
越
婺
處
明
台
溫
衢
建
福
汀
漳
泉
興化
黃山津
武州
象山縣
東霍山
君山海檀嶺
高華嶼
鼇鼉崖
流求國
潮
惠
循
梅
韶
英
端
廣
恩
連
康
新
賀
封
昭
梧
春
嶺南道
屯門山
番禺縣
九州石
萬安
瓊
昌化

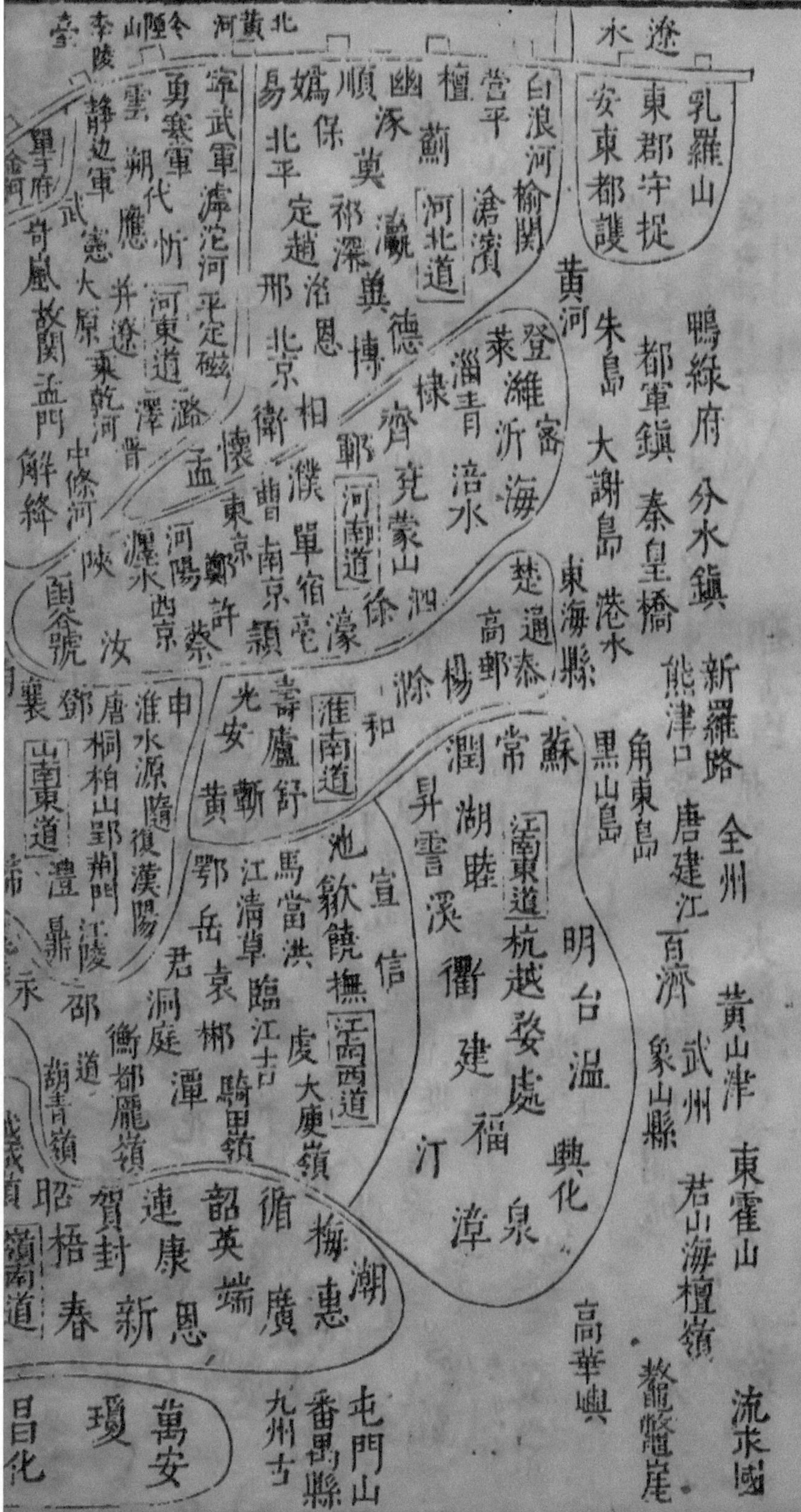

道圖

唐開元二十一年又因十道分山南江南爲東西道增置黔中道及京畿都畿置十五採訪使京畿理西京 都畿理洛陽 關內以京官遙領 河南理鄆東郡 河東理太原河東 河北理魏郡 隴西理鄯西平 山南東理襄陽 山南西理洋漢中 劍南理成都蜀 淮南理揚廣陵 江南東理吳郡 江南西理豫章 黔中理黔中 嶺南理南海

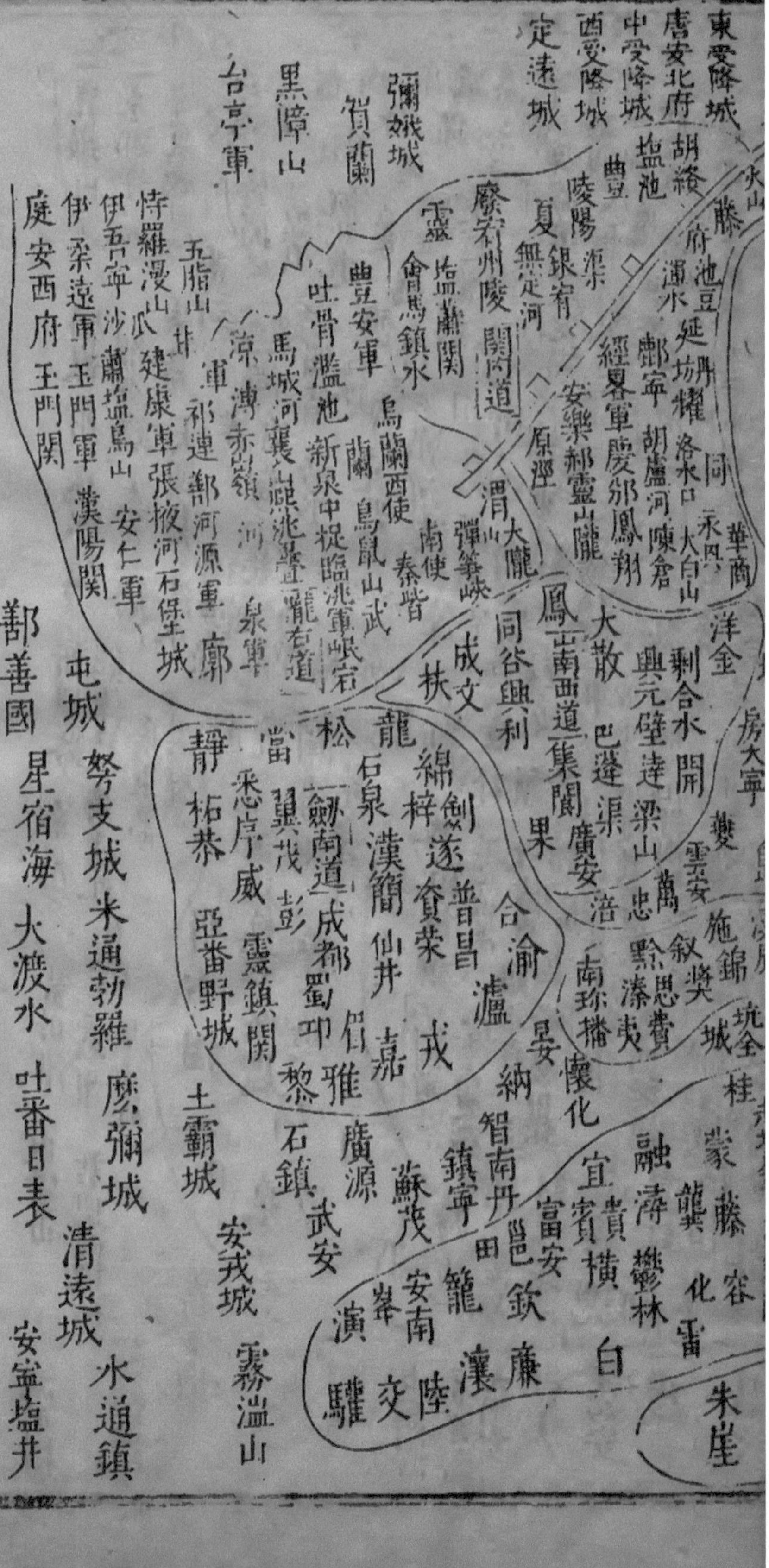

東受降城
唐安北府
中受降城
西受降城
定遠城
彌娥城
賀蘭
黑障山
台亭軍
胡
綏
鹽池
豐
陵陽渠
夏
銀
宥
無定河
靈
鹽
蕭關
會
馬鎮水
豐安軍
烏蘭
西使
吐骨
灩池
新泉
馬城河
涼
赤嶺
祁連
鄯
河源軍
泉軍
廓
五指山
建康軍
張掖河
石堡城
特羅漫山
瓜
伊吾軍
沙
鳥山
安仁軍
伊
柔遠軍
玉門軍
漢陽關
庭
安西府
玉門關
屯城
鄯善國
努支城
星宿海
大渡水
米通勃羅
麼彌城
清遠城
水道鎮
安寧鹽井
土霸城
安戎城
霧溢山
勝
延
丹
坊
鄜
寧
經略軍
慶
邠
鳳翔
安樂
原
渭
彈筝峽
大隴
同谷
興
利
成
文
扶
鳳
南道
集
閬
果
大散
巴
蓬
渠
廣安
剩
合
水
開
興元
壁
達
梁山
忠
萬
黔
涪
洋
金
房
松
龍
綿
劍
遂
普
昌
石泉
漢
簡
資
榮
翼
茂
彭
劍南道
成都
蜀
邛
當
悉
威
靈鎮關
黎
雅
嘉
戎
瀘
渝
靜
柘
恭
維
疊
保
南
播
溱
施
敘
思
費
溪
錦
獎
懷化
晏
納
智
南丹
鎮寧
蘇茂
廣源
武安
石鎮
賓
宜
融
象
藤
容
貴
橫
鬱林
化
雷
白
邕
富
安
欽
廉
龍
安南
峯
演
陸
交
驩
朱崖

三

宋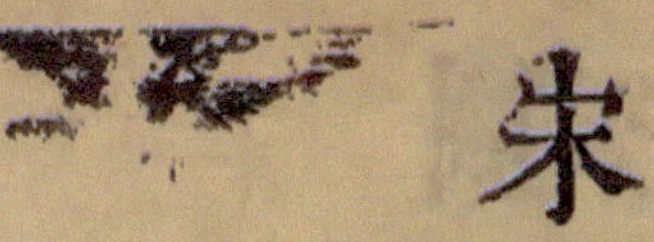九

宋太祖受禪建隆四年下荆南得州三縣十五克湖湘得州十四縣五十八六年平蜀得州四十五縣一百九十八開寶四年抜嶺南得州四十一縣六十一五八年下江南得州十九軍三縣一百八太宗太平興國三年陳洪進表上漳泉二郡錢俶表上吳越十三州四年征太原得州十縣四十一七年併得銀夏二州

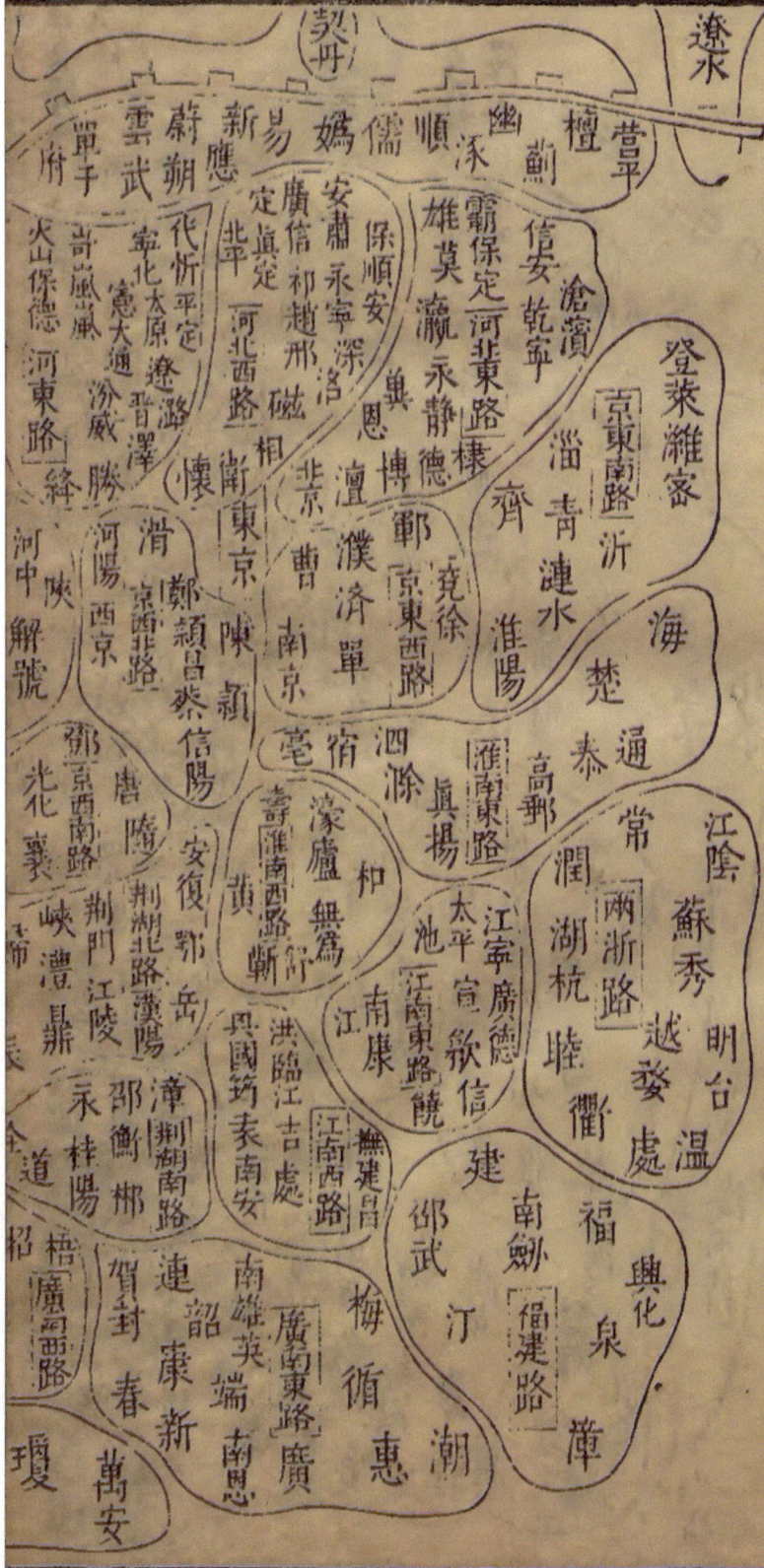

圖　域

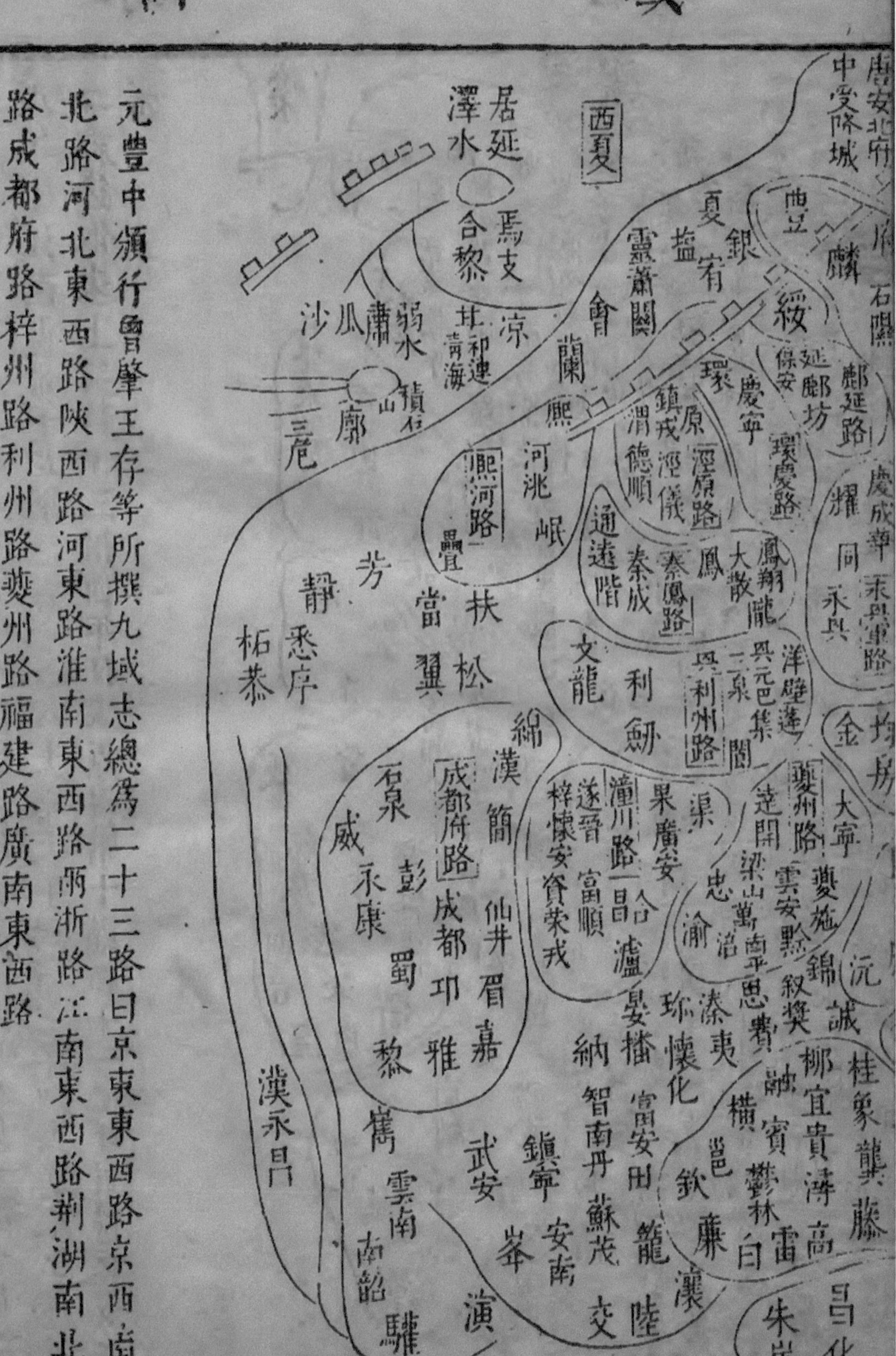

元豐中頒行曾肇王存等所撰九域志總爲二十三路曰京東東西路京西南北路河北東西路陝西路河東路淮南東西路兩浙路江南東西路荆湖南北路成都府路梓州路利州路夔州路福建路廣南東西路

三

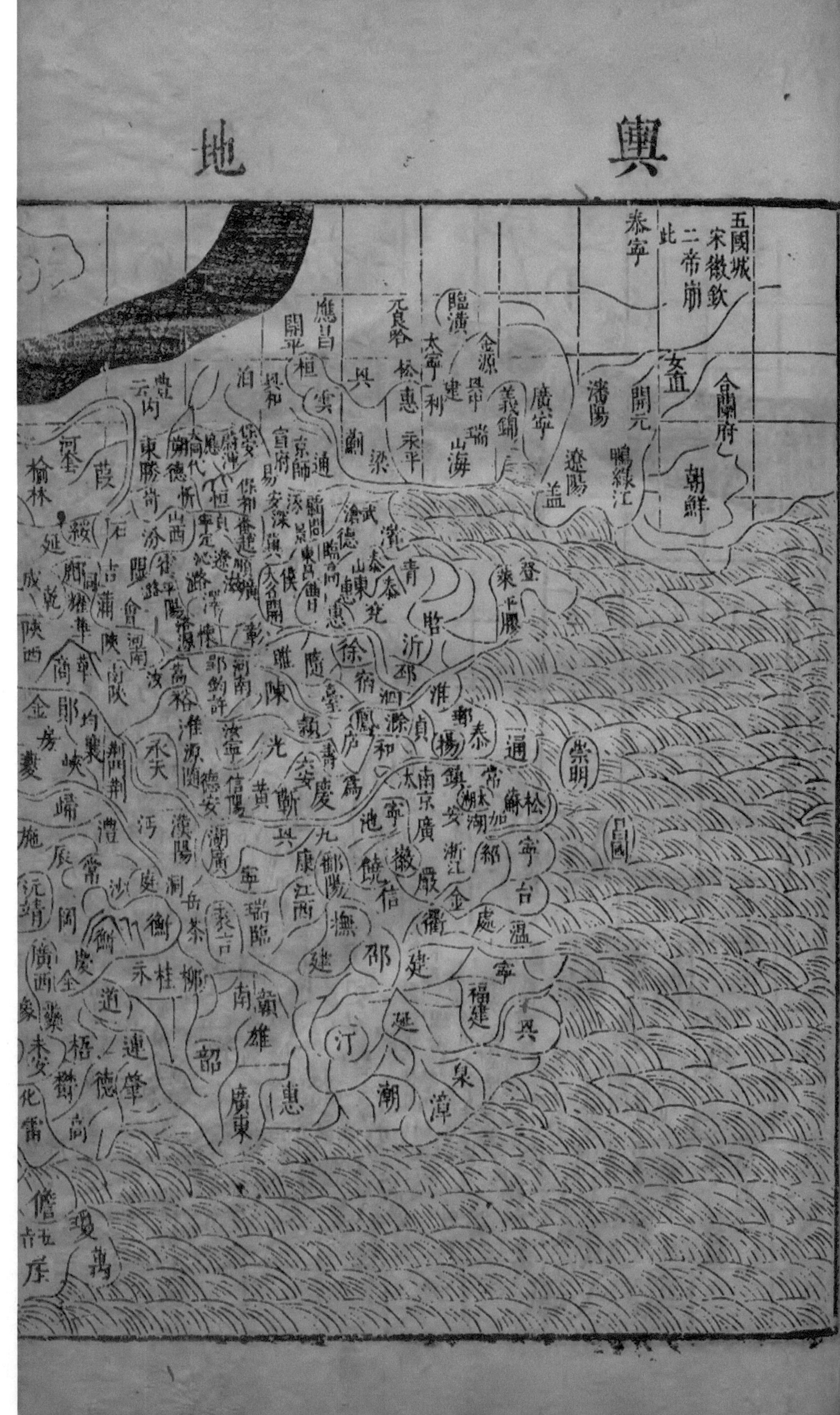
輿地
五國城
宋徽欽二帝崩此
泰寧
開元
瀋陽
遼陽
鴨綠江
朝鮮
廣寧
山海
永平
臨潢
金源
大寧
應昌
開平
京師
保定
真定
河間
山東
青
登
萊
濟南
兗
徐
淮
揚
南京
鎮
常
蘇
松
崇明
杭
湖
嘉
紹
寧
台
溫
處
金
衢
嚴
徽
廣
太
寧
池
安慶
饒
信
廣信
建
福建
興
泉
漳
汀
延
潮
惠
廣東
韶
南雄
贛
吉
臨
撫
瑞
南昌
九江
黃
蘄
德安
漢陽
武昌
岳
長沙
衡
永
桂
柳
梧
肇
德
高
雷
化
廉
瓊
儋
萬
崖
廣西
慶
道
郴
常
澧
荊
襄
鄖
均
峽
施
辰
沅
靖
靖
漢
陝西
西安
延
綏
慶
平涼
鞏
臨洮
寧夏
榆林
河套
商
金
房
夔
汝
南陽
汝寧
鄧
鈞
許
開封
彰
衛
懷
潞
澤
汾
太原
大同
平陽
蒲
吉
隰
遼
沁
代
忻
朔
宣府
保安
延慶
薊
遵化
涿
易
永平

總圖

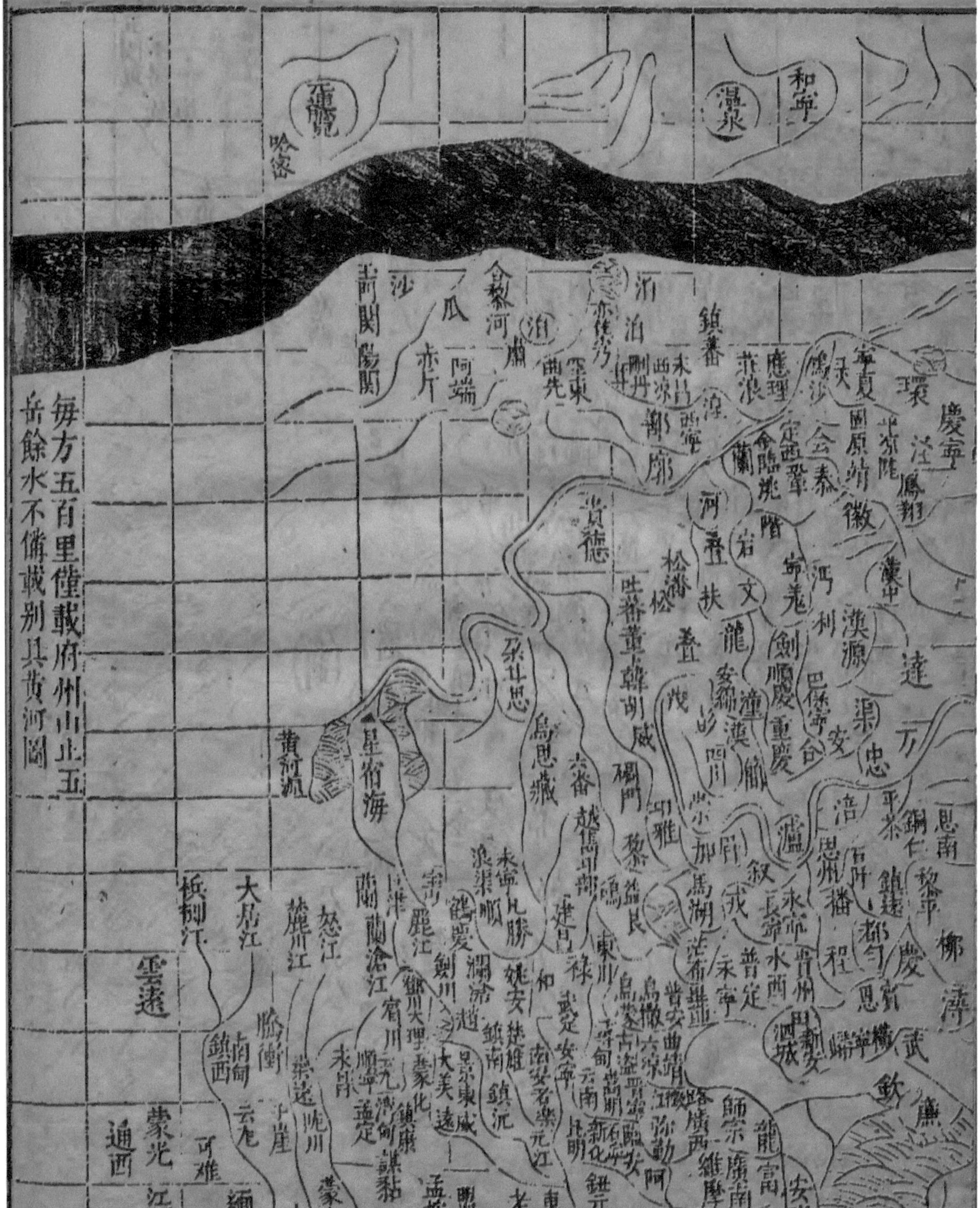

每方五百里僅載府州山止五岳餘水不備載別具黃河圖

鎮戍

東起朝鮮西至嘉峪南濱大海北連沙漠道路紆縈各萬餘里
朝鮮
女直
遼陽鎮
廣寧鎮
建州
金源
大定
京師
居庸關
黃花鎮
薊州鎮
遼化
山海關
宣府鎮
陽和鎮
大同鎮
總府
紫荊關
易州
倒馬關
故關
井陘
五臺
保定鎮
濟寧
河道
山東都司
登萊海倭
青州礦徒
河南都司
河道
淮安督府
徐邳鹽徒
揚州督府
通大鹽徒
嵩縣
上江防
下江防
湖廣都司
南京
蘇松海倭
崇明沙兵
杭州總府
江西都司
建寧行都司
贛州督府
南安峯人
福建督府
大帽山賊
興寧海倭
漳泉海倭
潮惠海倭

總圖

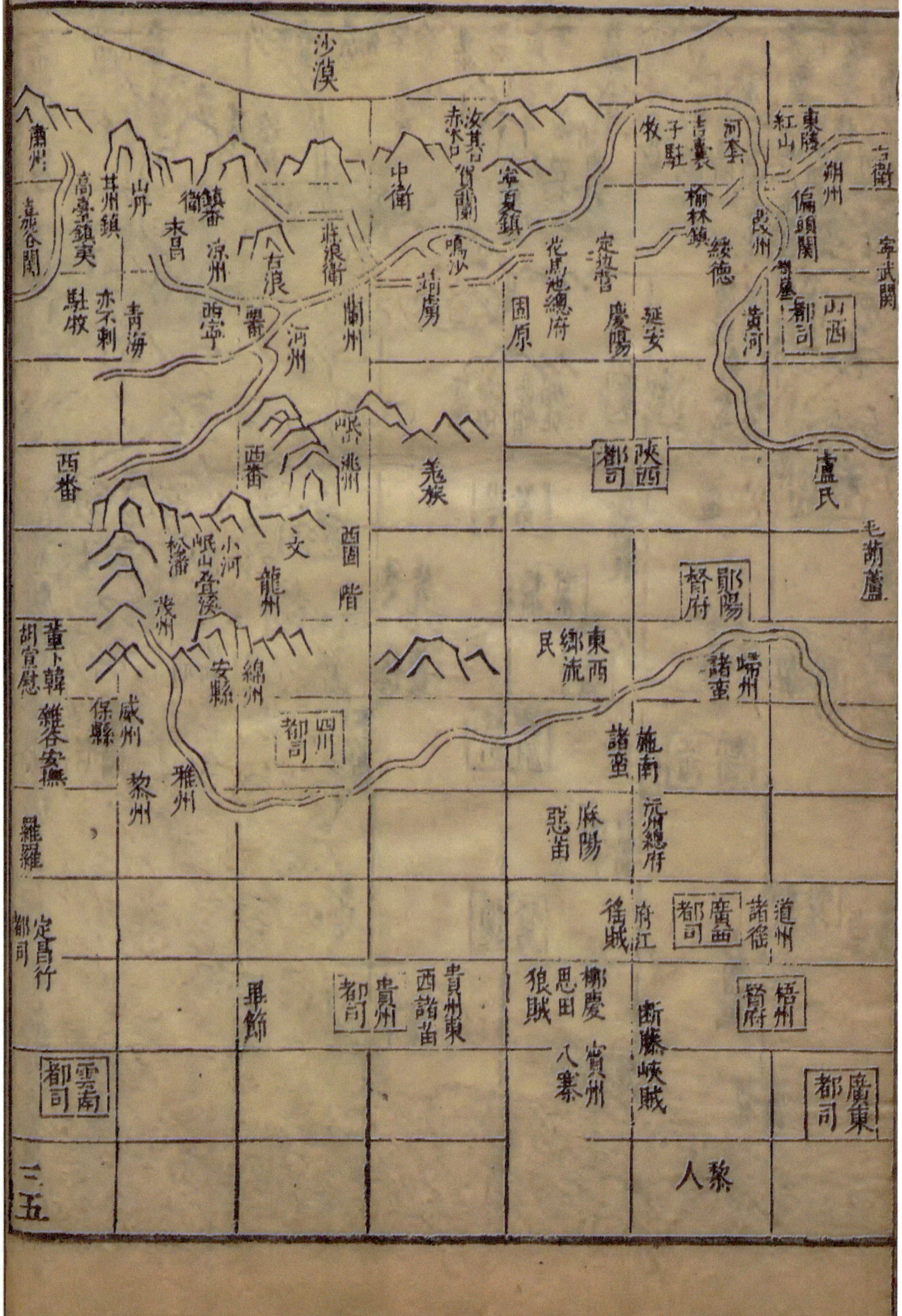

沙漠
肅州
嘉峪關
高臺鎮夷
甘州鎮
山丹
鎮番衛
永昌
涼州
古浪
莊浪衛
中衛
赤木口
賀蘭
寧夏鎮
鳴沙
靖虜
蘭州
河州
西寧
番
青海
赤不剌
駐牧
花馬池總府
定邊營
固原
慶陽
延安
綏德
榆林鎮
河套
吉囊子駐牧
東勝
紅山
朔州
偏頭關
寧武關
葭州
山西都司
黃河
陝西都司
洮州
岷州
西番
羌族
盧氏
毛葫蘆
西固
階
文
龍州
松潘
岷山
小河
疊溪
茂州
安縣
綿州
四川都司
鄖陽督府
東西鄉流民
歸州諸蠻
施南諸蠻
麻陽惡苗
沅州總府
保縣
威州
黎州
雅州
董卜韓胡宣慰
雜谷安撫
羅羅
建昌行都司
廣西都司
道州諸猺
府江猺賊
梧州督府
貴州都司
貴州東西諸苗
畢節
柳慶思恩狼賊
賓州八寨
斷藤峽賊
雲南都司
廣東都司
黎人

三五

河源

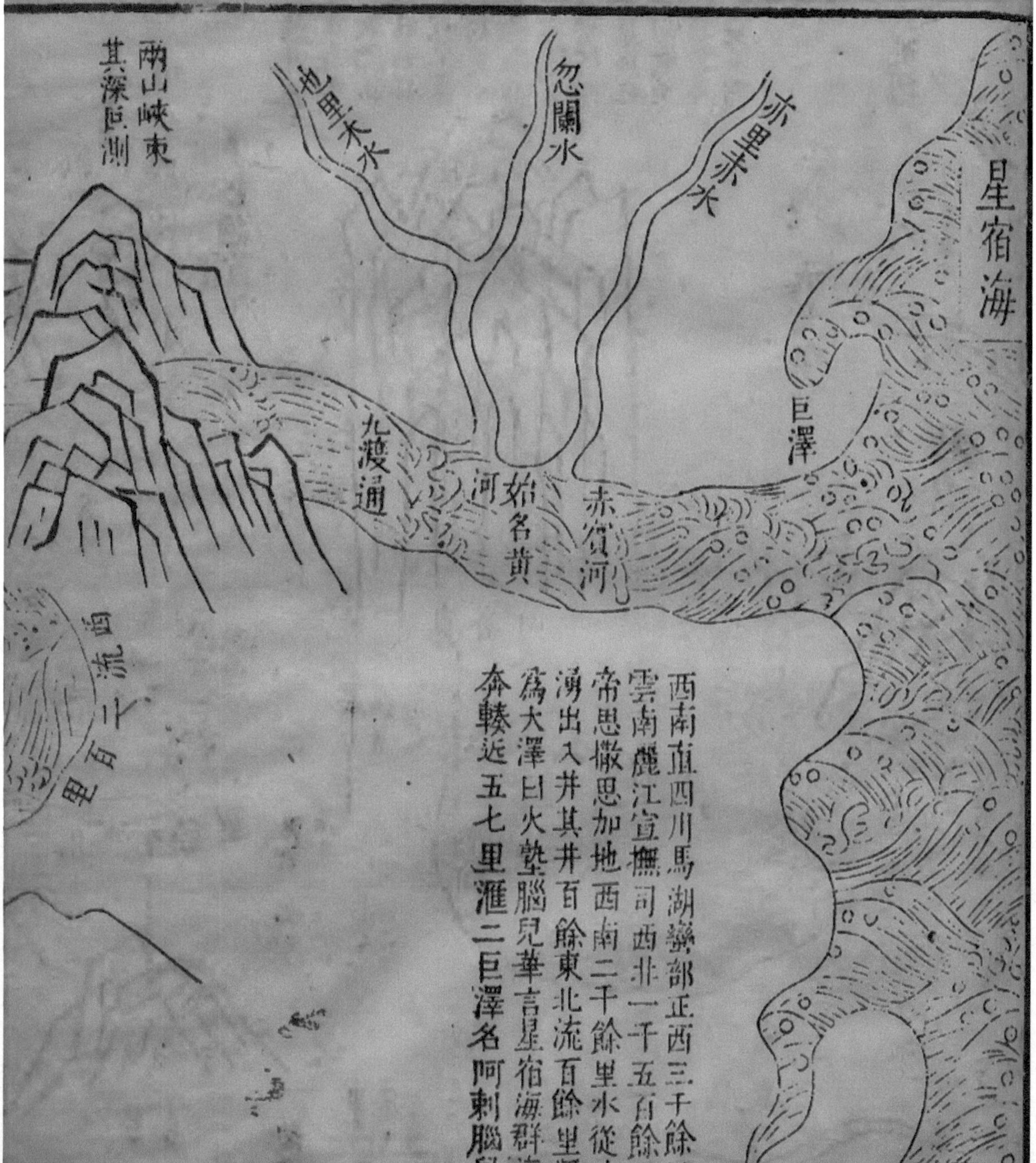

星宿海

巨澤

赤里赤水

忽闌水

也里术水

南山峽東其深叵測

赤賓河

始名黃河

九渡通

西流二百里

西南直四川馬湖蠻部正西三千餘里雲南麗江宣撫司西北一千五百餘里帝思撒思加地西南二千餘里水從地湧出入井其井百餘東北流百餘里滙爲大澤曰火墪腦兒華言星宿海群流奔輳近五七里滙二巨澤名阿刺腦兒

蒲昌海

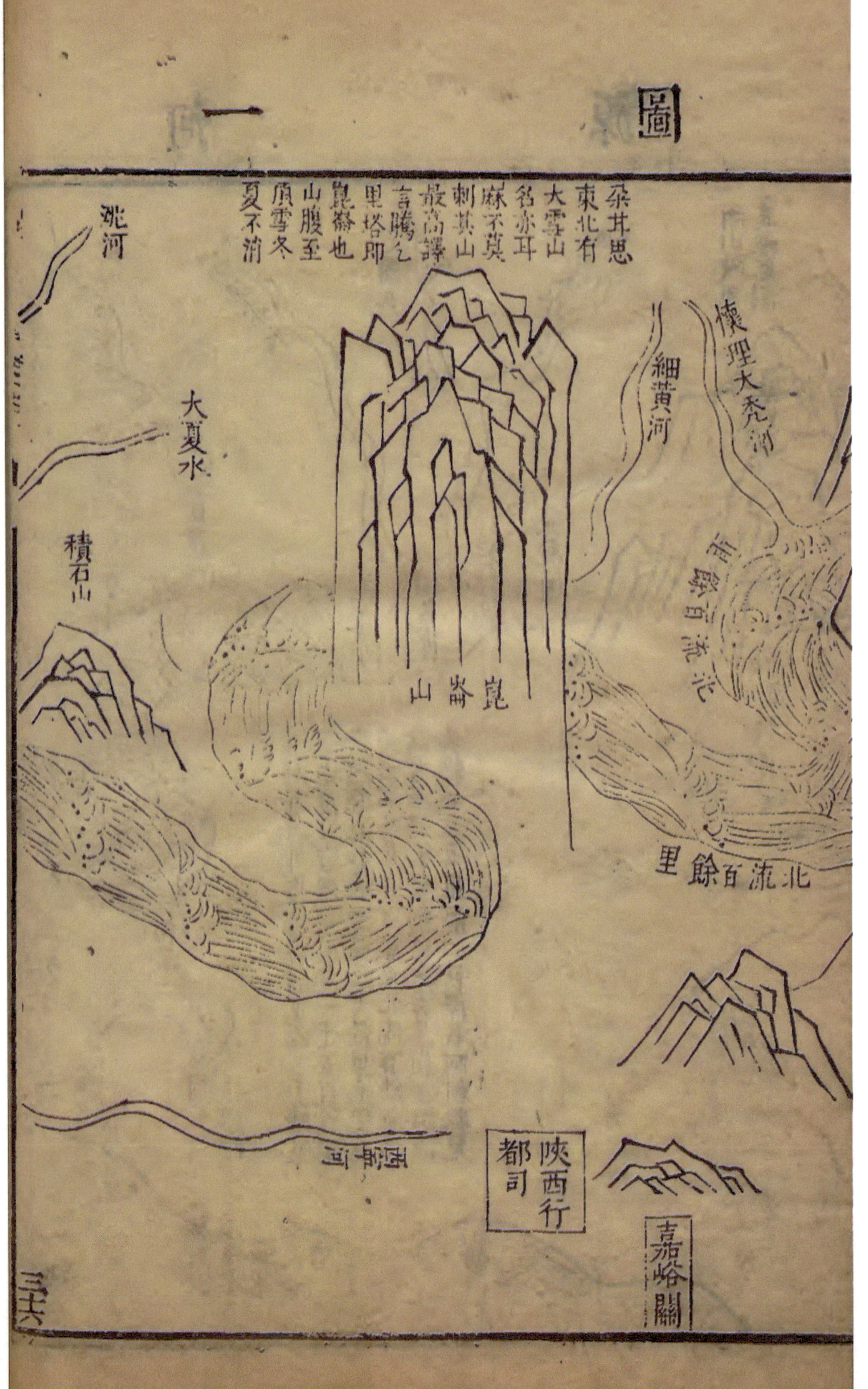
圖一
朵甘思東北有大雪山名亦耳麻不莫剌其山最高譯言騰乞里塔即崑崙也山腹至頂雪冬夏不消
崑崙山
細黃河
北流百餘里
北流百餘里
積石山
大夏水
洮河
陝西行都司
嘉峪關
三十六

河源圖

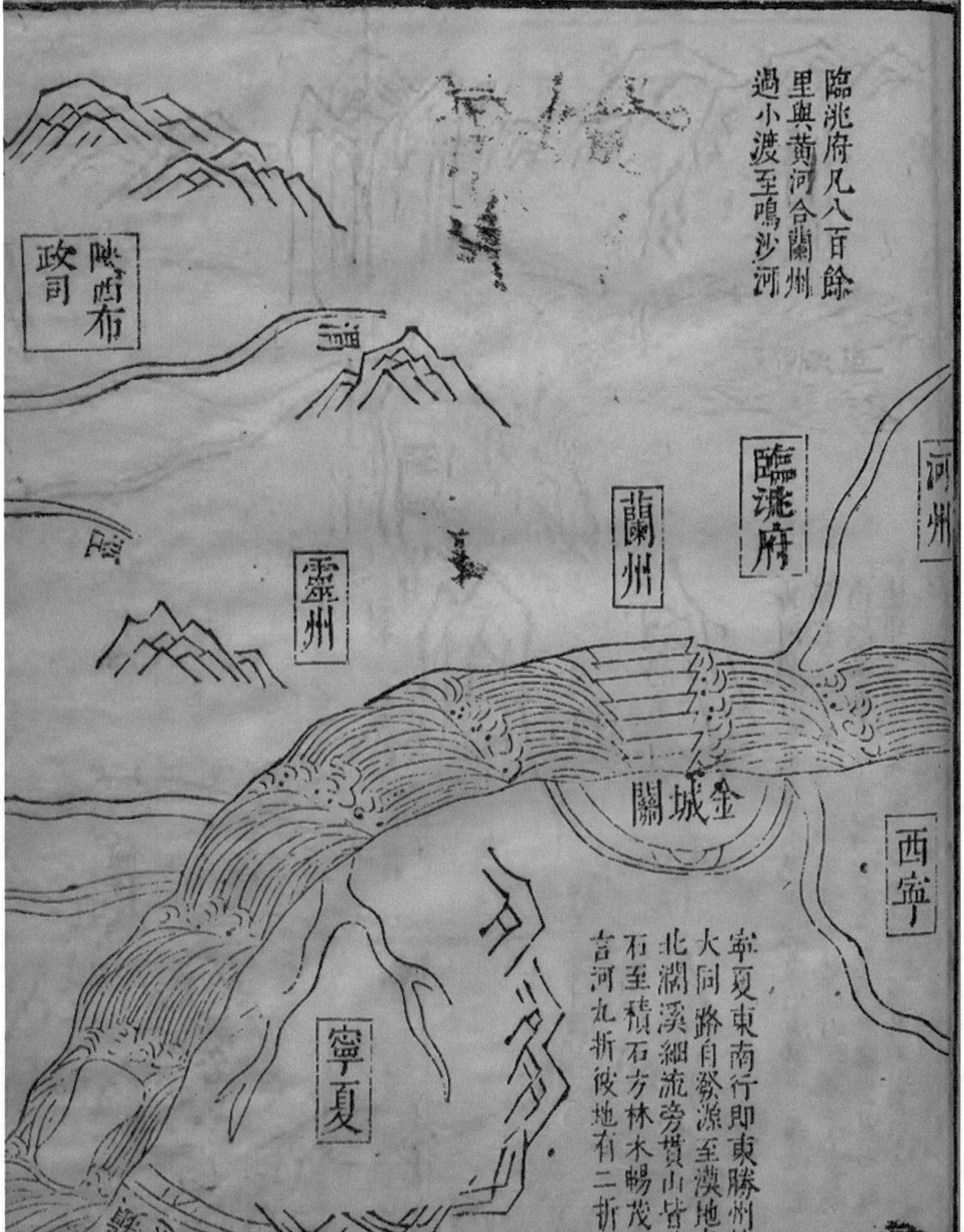

臨洮府凡八百餘里與黃河合蘭州過小渡至鳴沙河

陝西布政司

臨洮府

河州

蘭州

靈州

金城關

西寧

寧夏

寧夏東南行即東勝州隸大同路自發源至漢地南北澗溪細流旁貫山皆草石至積石方林木暢茂世言河九折彼地有二折

圖二

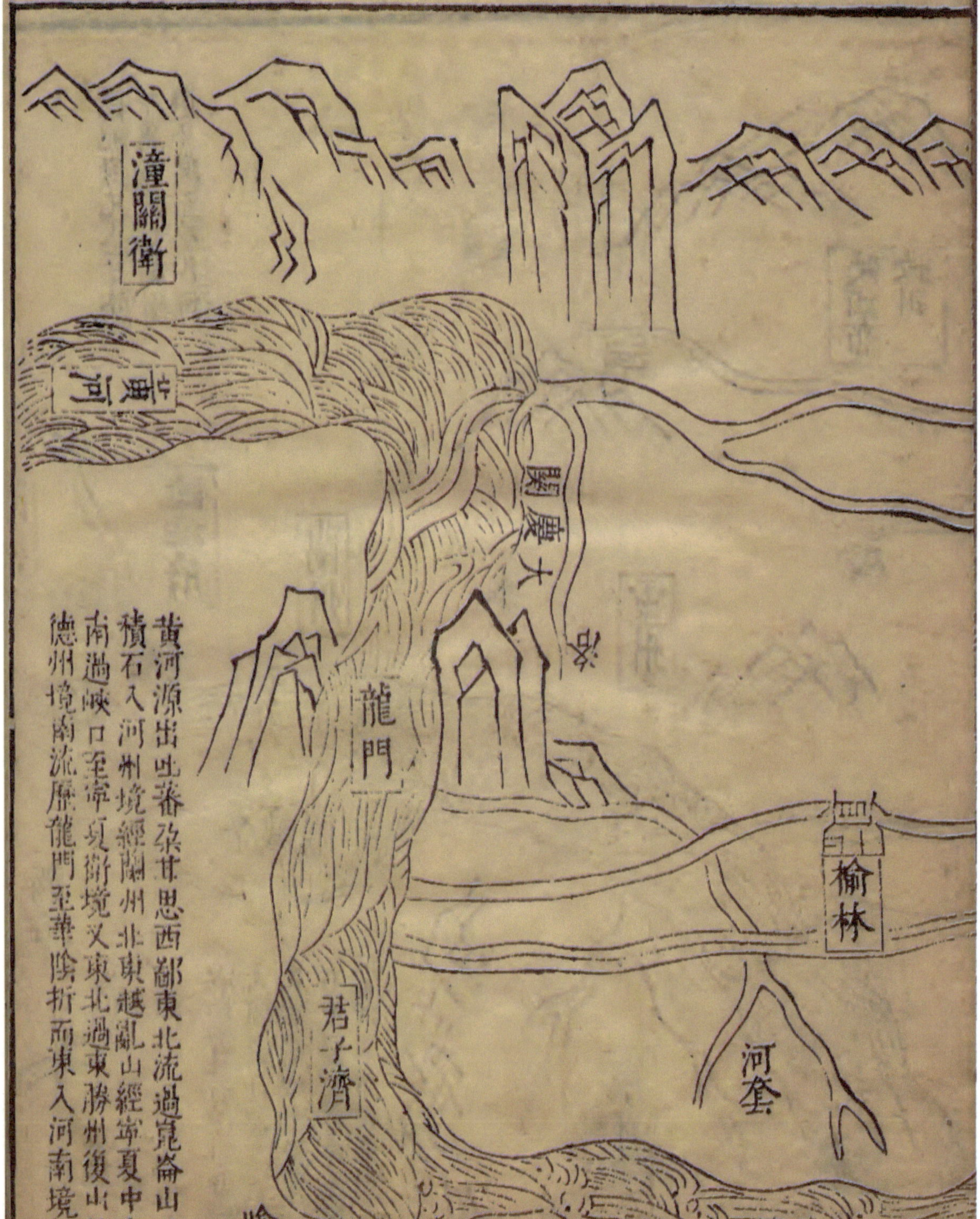

潼關衛

黃河

大慶關

龍門

君子濟

榆林

河套

娘娘灘

陰山

黃河源出西番朶甘思西鄙東北流過崑崙山至積石入河州境經蘭州北東越亂山經寧夏中衛南過峽口至寧夏衛境又東北過東勝州復出塞德州境南流歷龍門至華陰折而東入河南境

漕河

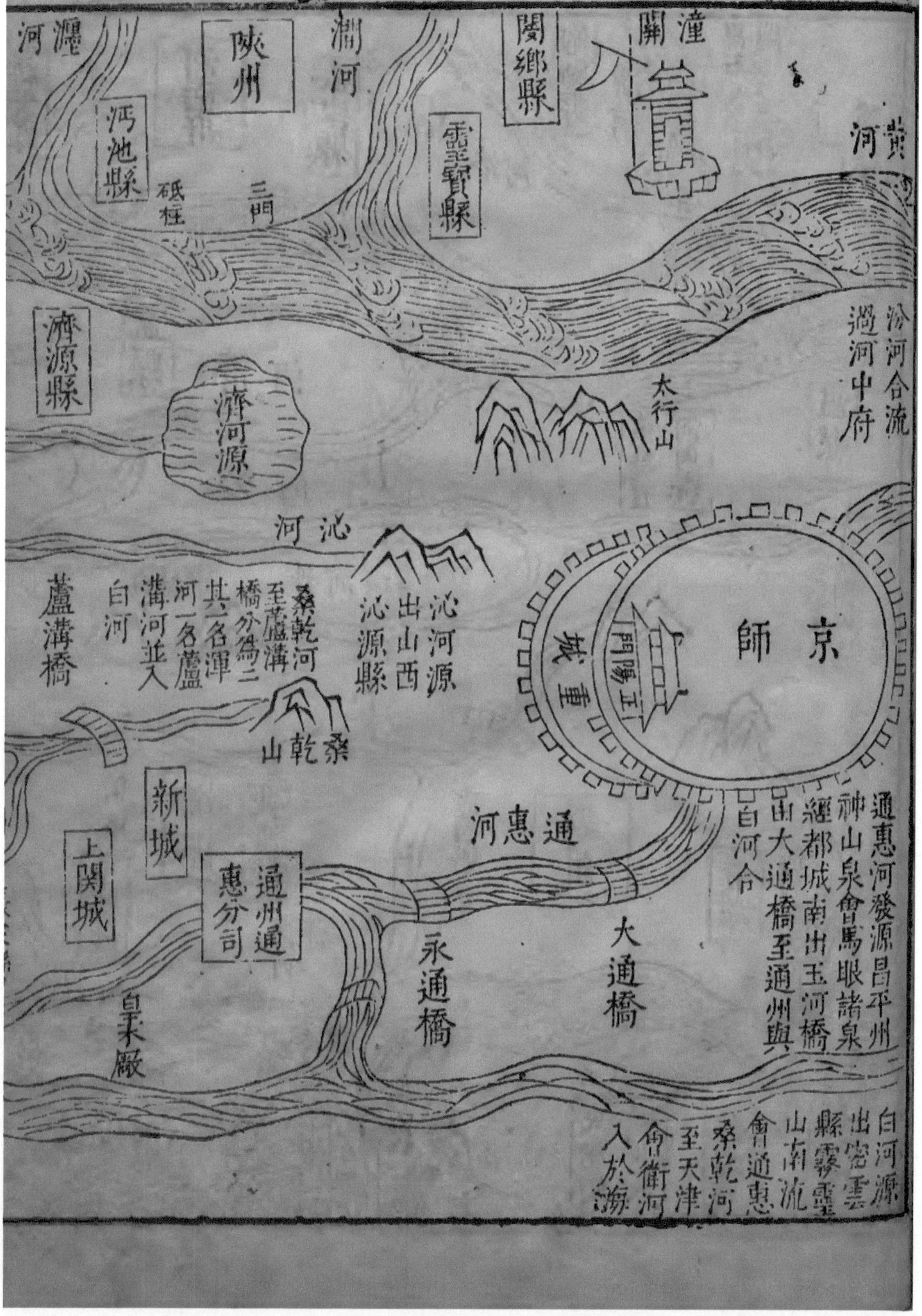

黃河
潼關
閿鄉縣
澗河
陝州
瀍河
澠池縣
砥柱
三門
靈寶縣
汾河合流過河中府
太行山
濟源縣
濟河源
沁河
沁河源出山西沁源縣
京師
正陽門
重城
桑乾山
桑乾河至蘆溝橋分為二其一名渾河一名蘆溝河並入白河
蘆溝橋
新城
上關城
通州通惠分司
通惠河
通惠河發源昌平州神山泉會馬眼諸泉繞都城南出玉河橋出大通橋至通州與白河合
大通橋
永通橋
皇木廠
白河源出密雲縣霧靈山南流會通惠會桑乾河至天津會衛河入於海

圖一

新安縣
河南府
孟津縣
偃師縣
伊河
黑石關
鞏縣
洛河
濟河口
孟縣
濟河
溫縣
懷慶府河內縣
沁河
丹河
白姑山
漷縣
武清縣
下閘城
霸州
琉璃橋河
青縣
河間府河
河西務
丁字沽
香河縣
直沽海口
北海
天津衛兵備道
靜海縣
興濟縣

三八

◎

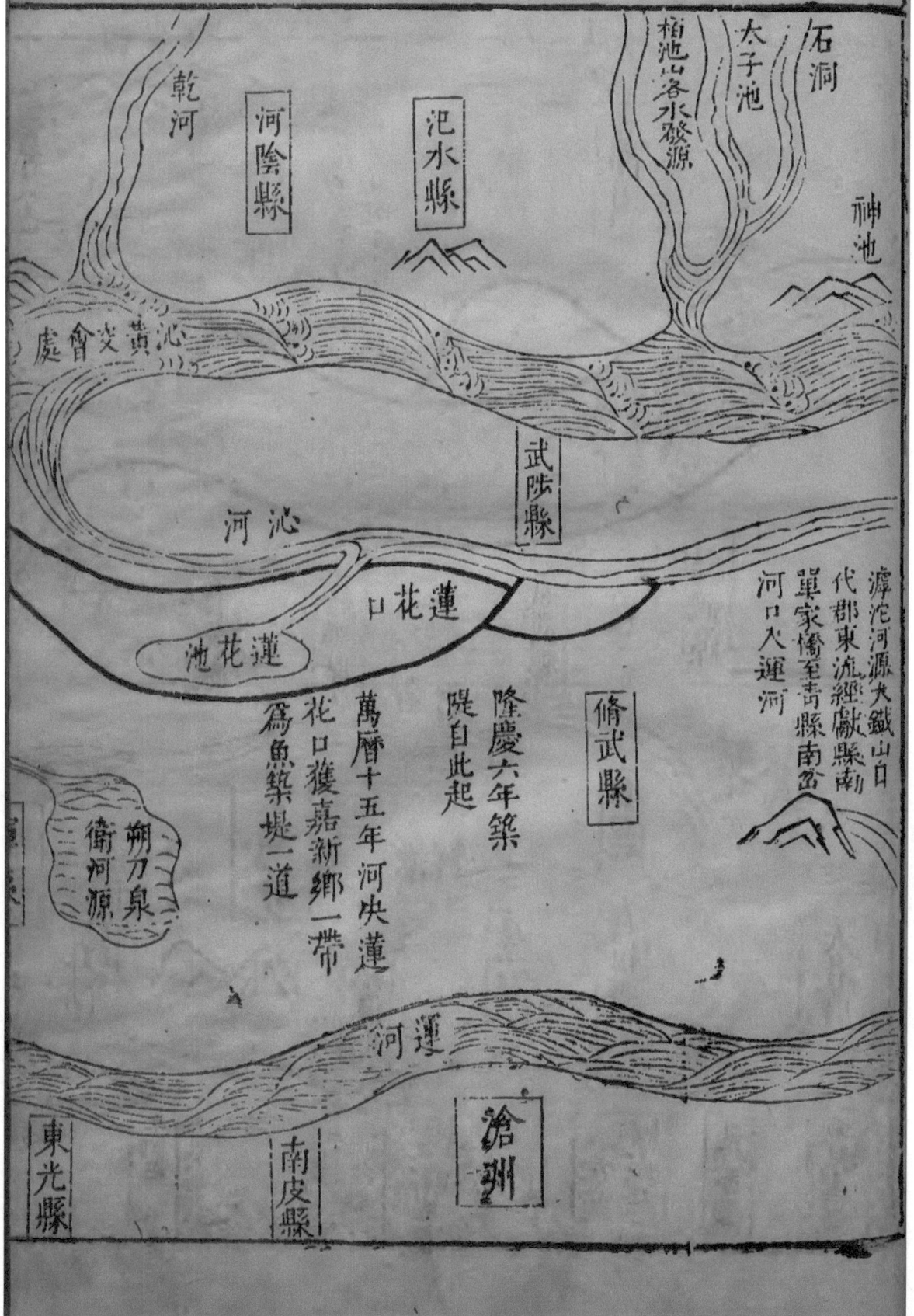

滹沱河

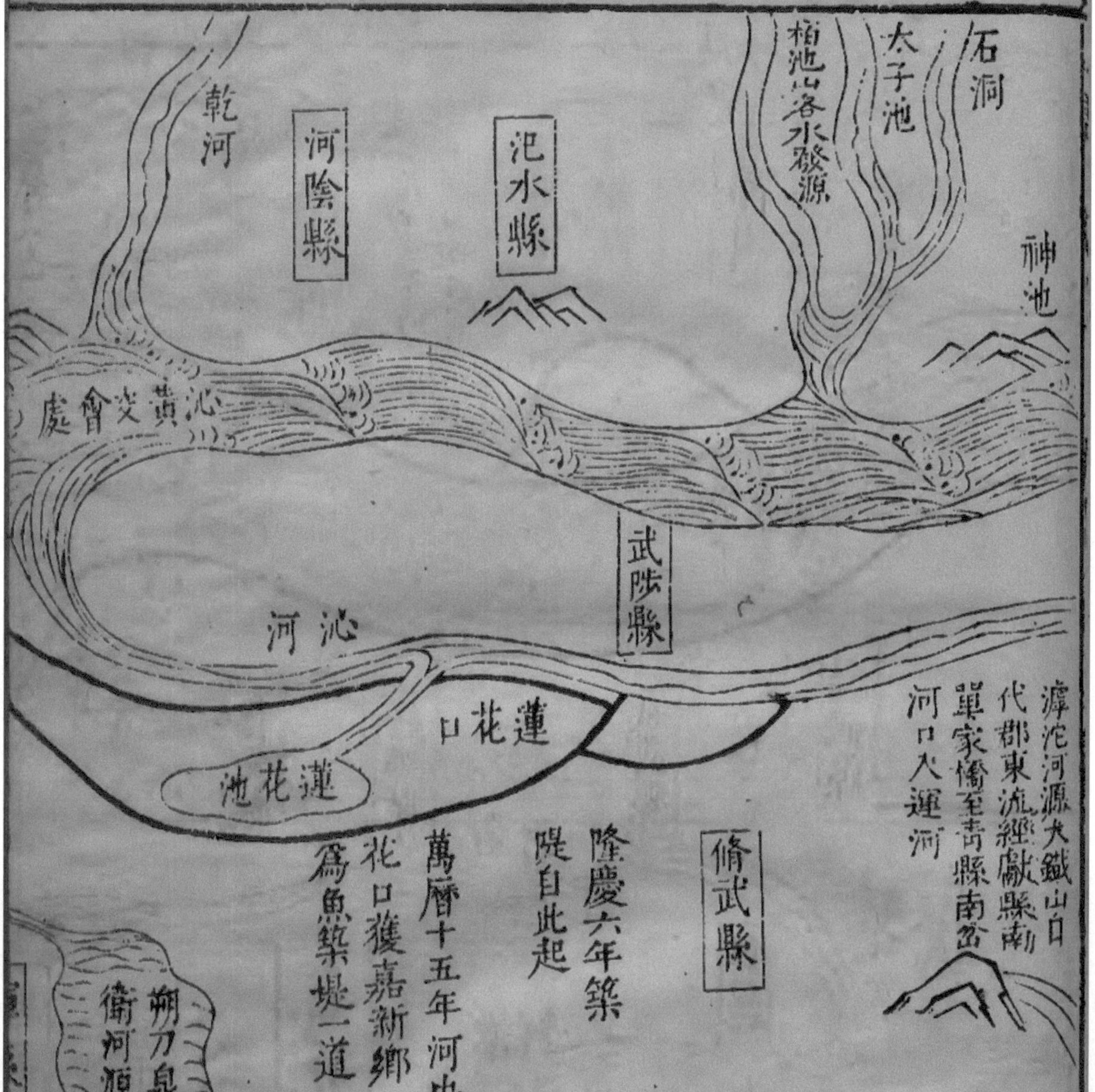

石洞
太子池
楠池山洛水發源
乾河
河陰縣
汜水縣
神池
沁黃交會處
武陟縣
沁河
蓮花口
蓮花池
滹沱河源大鐵山白
代郡東流經獻縣南
單家僑至青縣南岔
河口入運河
脩武縣
隆慶六年築
隄自此起
萬曆十五年河決蓮
花口獲嘉新鄉一帶
爲魚築堤一道
衛河源
瀰刀泉
運河
東光縣
南皮縣
滄州

二 圖

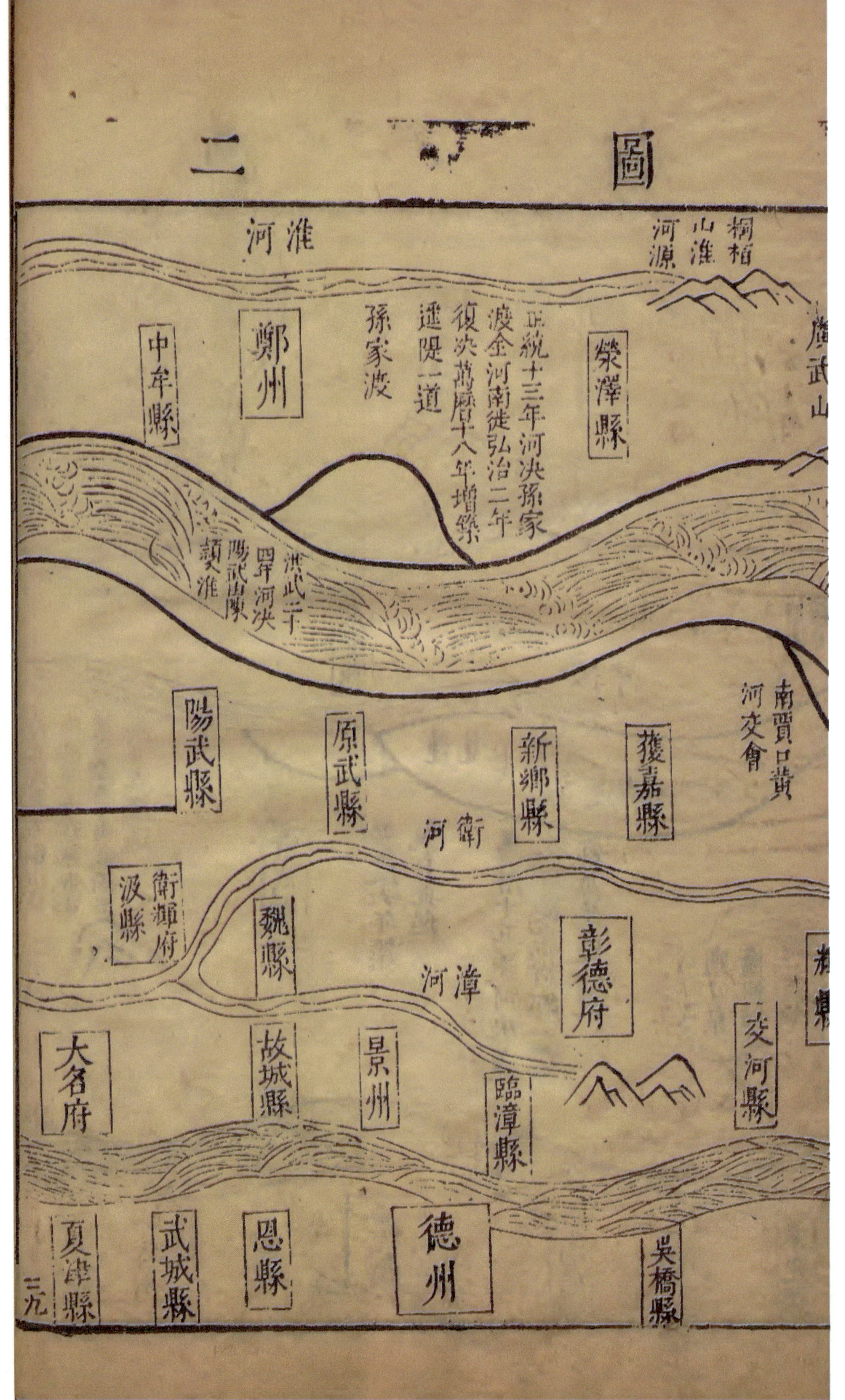
桐柏山淮河源
淮河
滎澤縣
正統十三年河決孫家渡金河南徙弘治二年復決萬曆十八年增築遥隄一道
孫家渡
鄭州
中牟縣
廣武山
洪武二十四年河決陽武黑羊山潁淮
南賈口黃河交會
獲嘉縣
新鄉縣
原武縣
陽武縣
衛河
衛輝府汲縣
魏縣
彰德府
漳河
交河縣
大名府
故城縣
景州
臨漳縣
夏津縣
武城縣
恩縣
德州
吳橋縣

二九

漕河

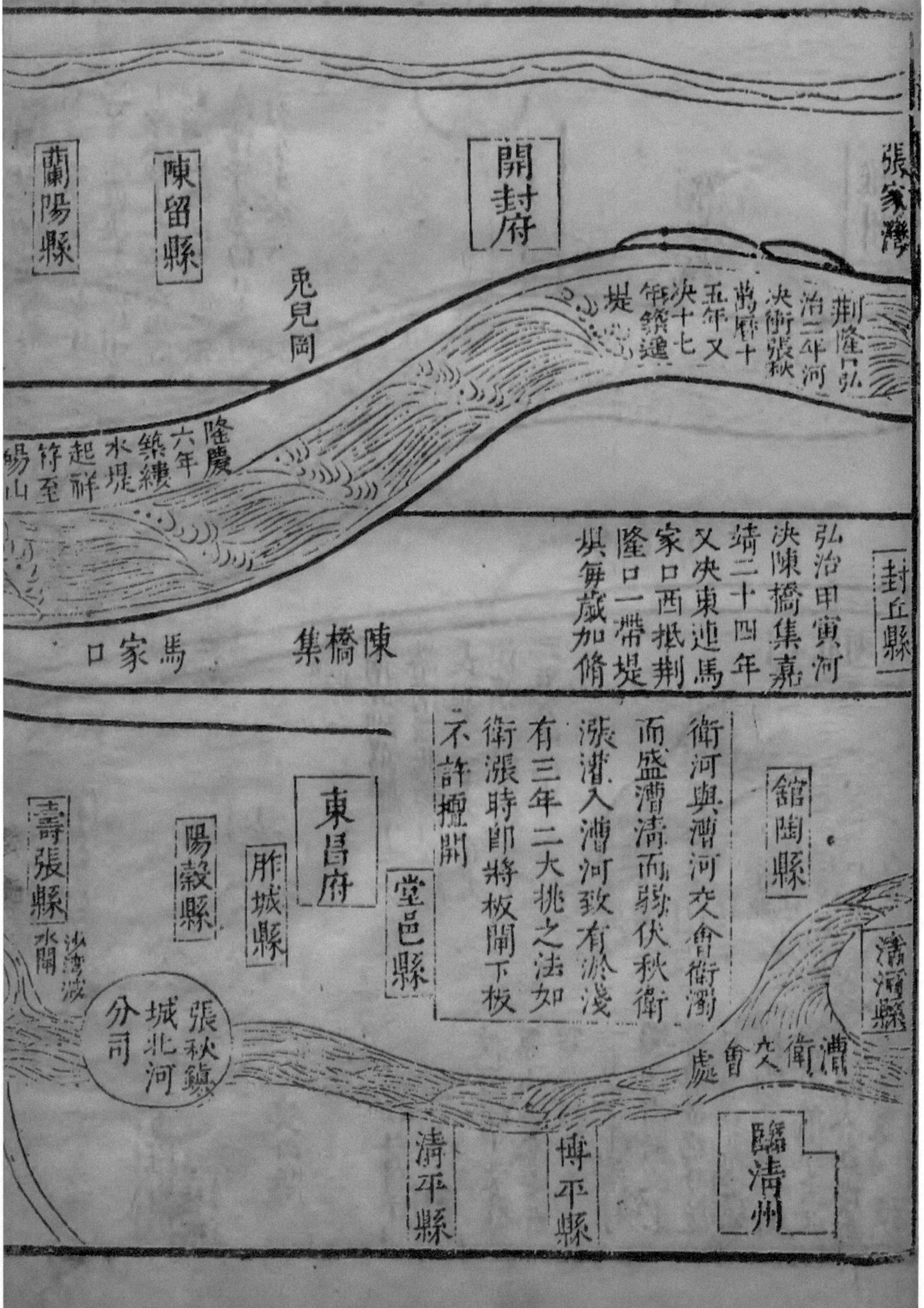

張家灣

荆隆口弘治二年河決衛張秋萬曆十五年又決十七年築邉堤

開封府

兎兒岡

陳留縣

蘭陽縣

隆慶六年築縷水堤起祥符至碭山

封丘縣

弘治甲寅河決陳橋集嘉靖二十四年又決東逈馬家口西抵荆隆口一帶堤垻每歲加脩

陳橋集

馬家口

館陶縣

衛河與漕河交會衛濁而盛漕清而弱伏秋衛漲濁入漕河致有淤淺有三年二大挑之法如衛漲時即將板閘下板不許擅開

東昌府

堂邑縣

聊城縣

陽穀縣

壽張縣

沙灣

水閘

張秋鎮城北河分司

清河縣

漳衛交會處

臨清州

博平縣

清平縣

圖三

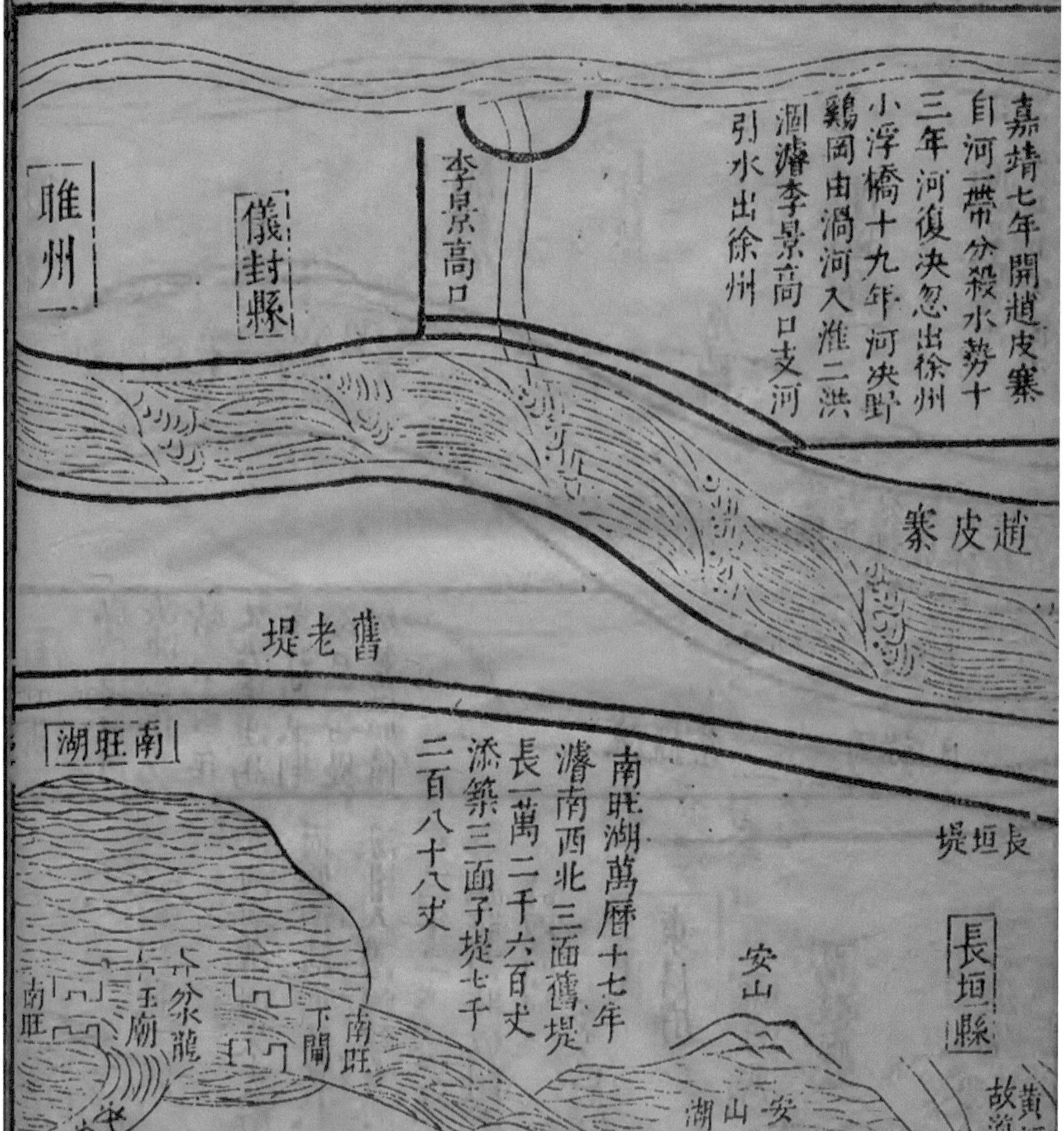

嘉靖七年開趙皮寨自河一帶分殺水勢十三年河復决忽出徐州小浮橋十九年河决野鷄岡由渦河入淮二洪涸濟李景高口支河引水出徐州

睢州

儀封縣

李景高口

趙皮寨

舊老堤

南旺湖

南旺湖萬曆十七年濬南西北三面舊堤長一萬二千六百丈添築三面子堤七千二百八十八丈

長垣堤

長垣縣

安山

安山湖

黄河故道

南旺

玉廟

分水龍

下閘

南旺

汶河源出萊蕪原山經泰安州寧陽縣分爲二一自東平戴村壩西南至汶上縣會流爲分龍口一自寧陽堽城壩西南合泗沂至濟寧天井閘東合分水南流之汶

靳家閘

安山閘

東平州

漕河

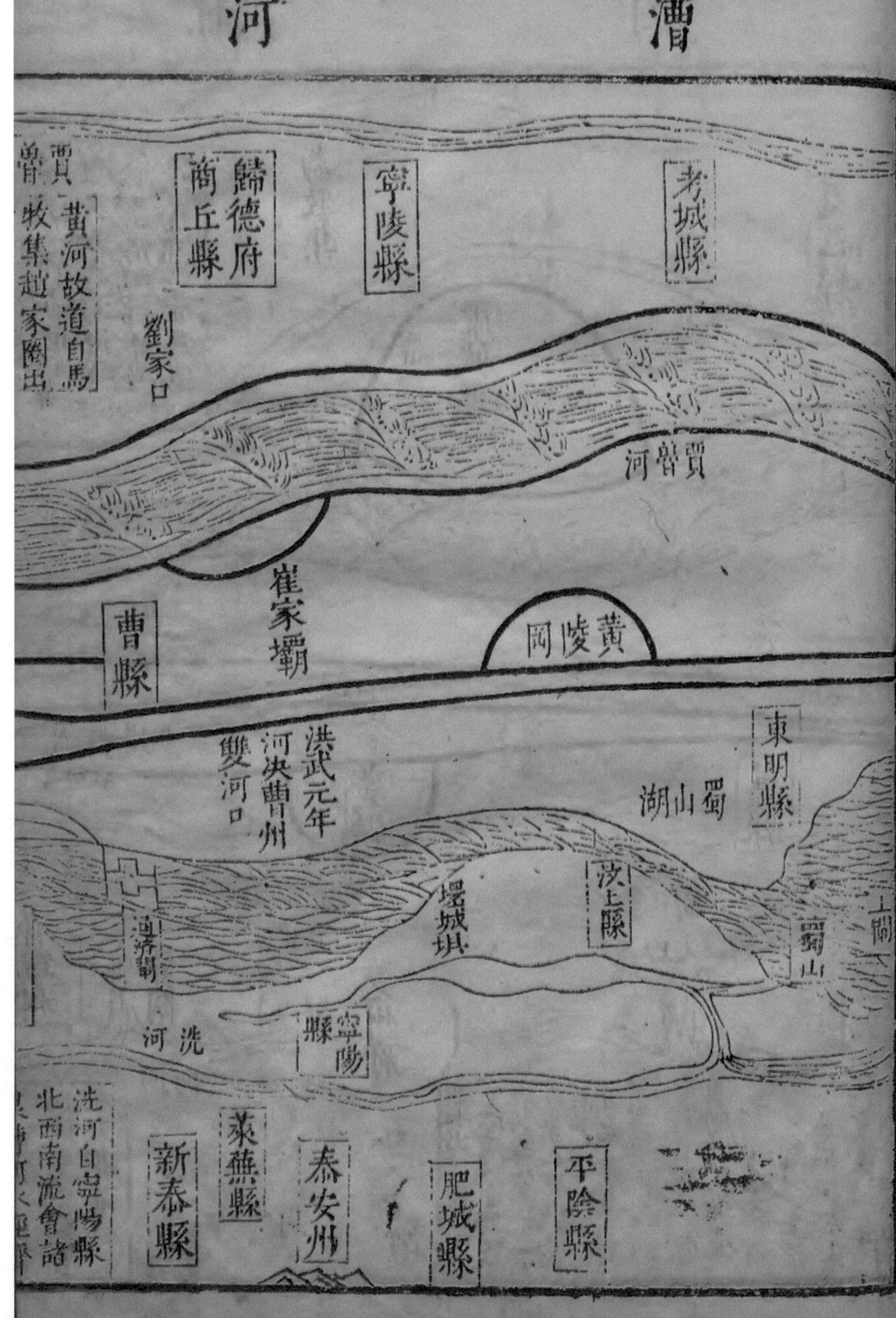
考城縣
寧陵縣
歸德府
商丘縣
賈魯
黄河故道自馬
牧集趙家圈出
劉家口
賈魯河
崔家壩
黄陵岡
曹縣
洪武元年
河决曹州
雙河口
東明縣
蜀山湖
汶上縣
堽城垻
通濟閘
蜀山
上閘
寧陽縣
洸河
洸河自寧陽縣
北西南流會諸
萊蕪縣
新泰縣
泰安州
肥城縣
平陰縣

圖四

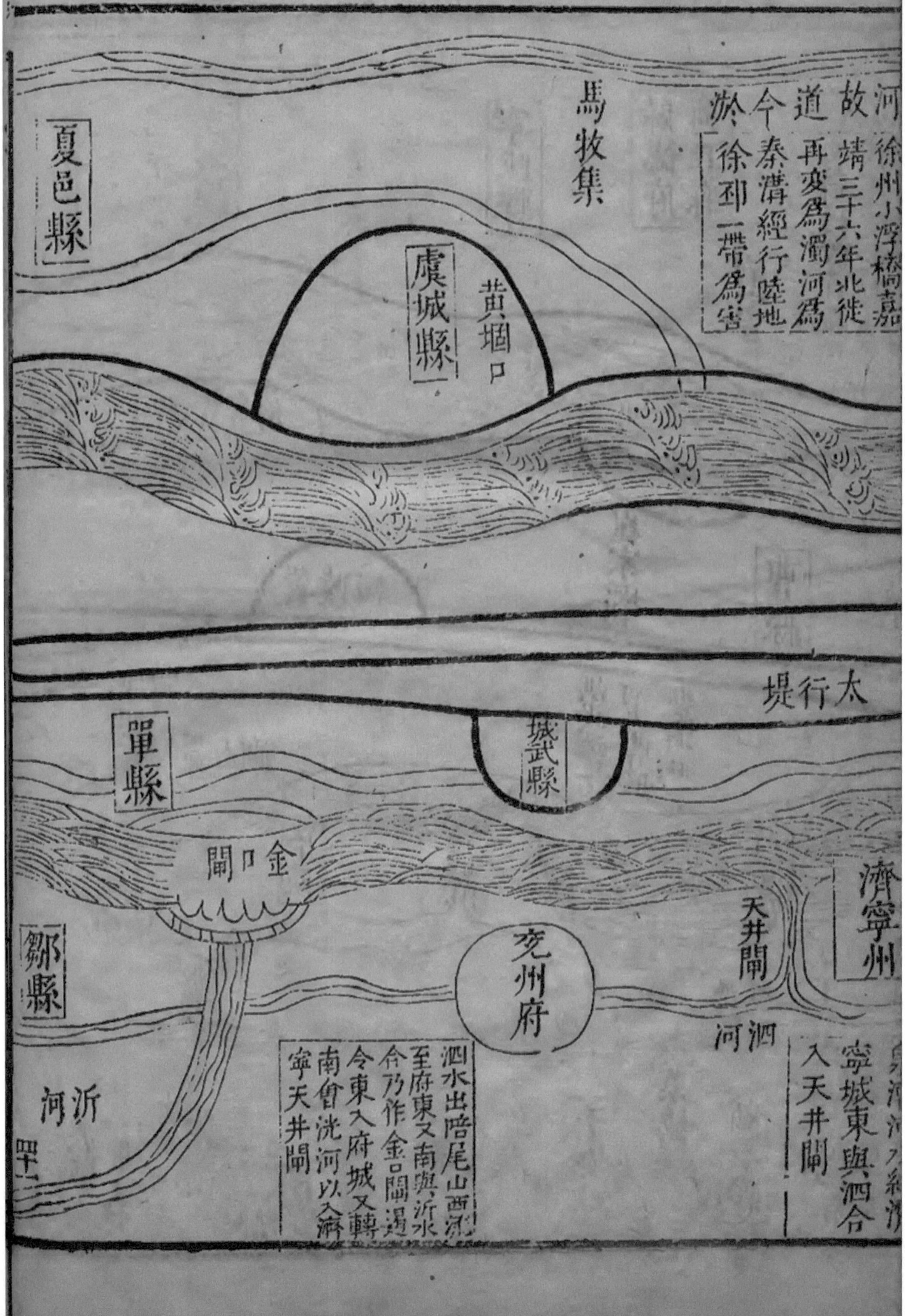

河故道今淤
徐州小浮橋嘉靖三十六年北徙再變爲濁河爲秦溝經行陸地徐邳一帶爲害
馬牧集
夏邑縣
虞城縣
黄堌口
太行堤
單縣
城武縣
金口閘
濟寧州
天井閘
兗州府
鄒縣
泗河
沂河
泗水出陪尾山西流至府東又南與沂水合乃作金口閘遏令東入府城又轉南會洸河以入濟寧天井閘
寧城東與泗合入天井閘

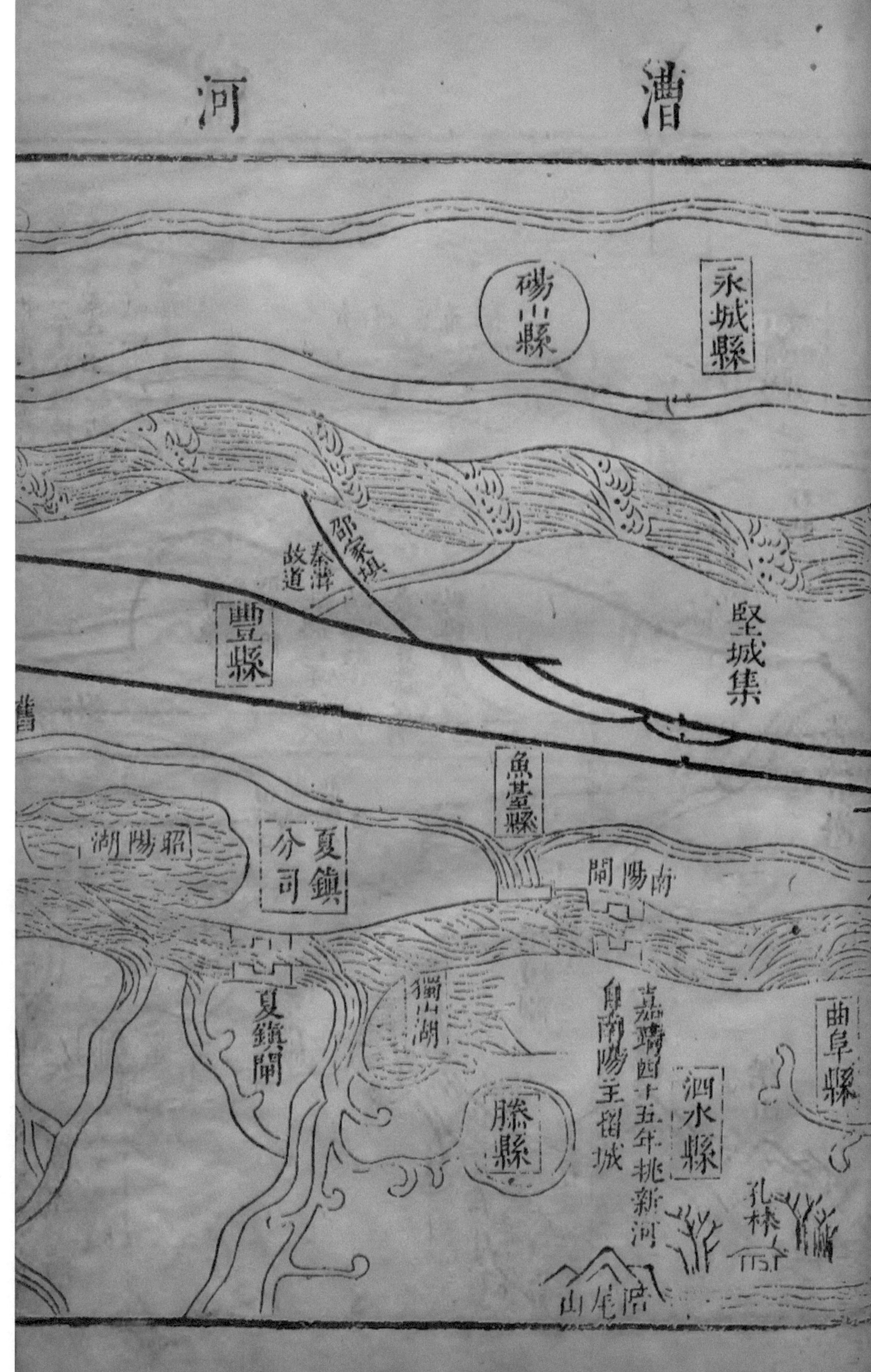
漕河
永城縣
碭山縣
邵家壩
秦溝故道
豐縣
堅城集
舊
魚臺縣
昭陽湖
夏鎮分司
南陽閘
夏鎮閘
獨山湖
嘉靖四十五年挑新河
自南陽至留城
泗水縣
滕縣
曲阜縣
孔林
陪尾山

圖五

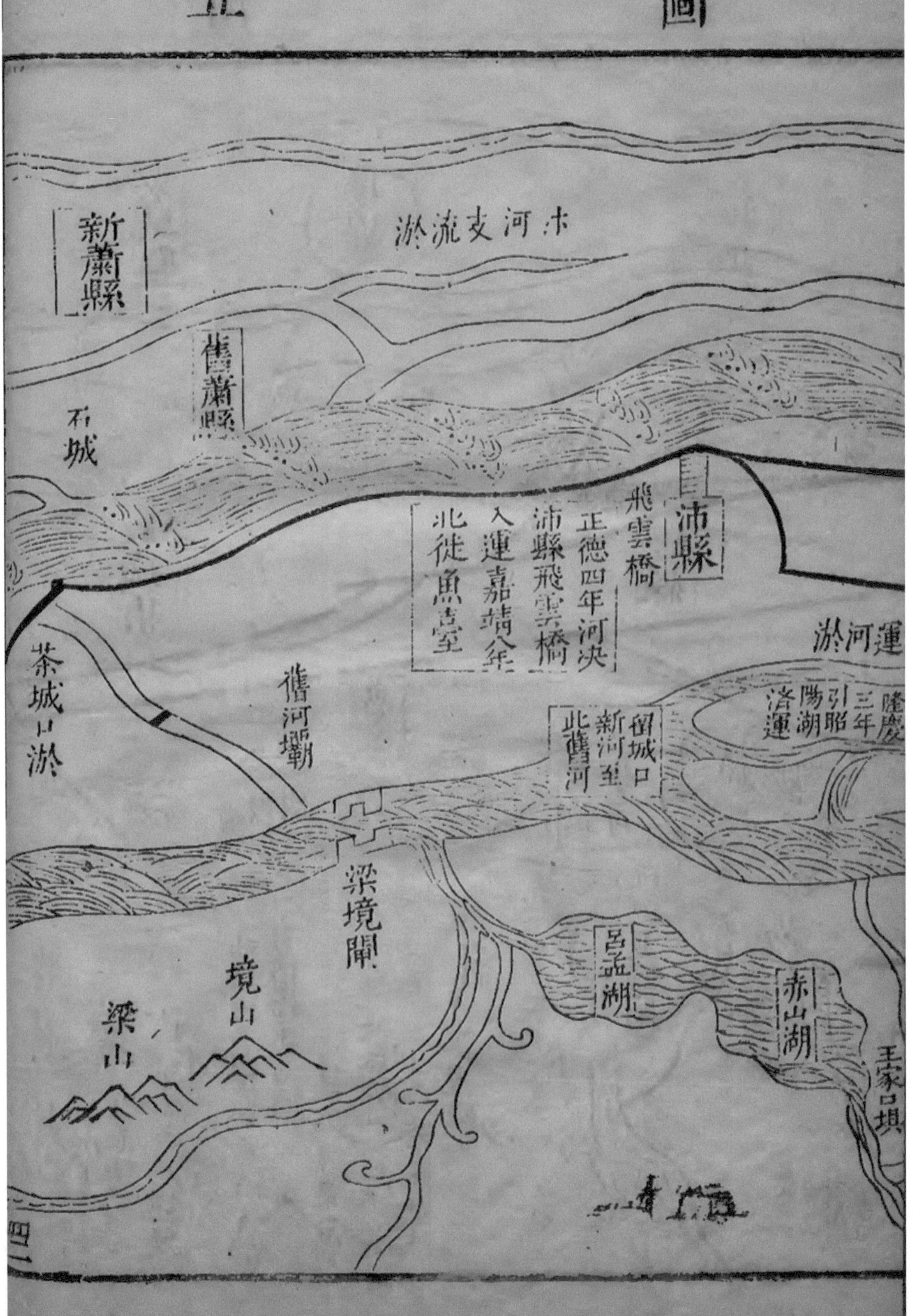
新蕭縣
汴河支流淤
舊蕭縣
石城
沛縣
飛雲橋
正德四年河決沛縣飛雲橋入運嘉靖八年北徙魚臺
運河淤
隆慶三年引昭陽湖濟運
留城口新河至北舊河
茶城口淤
舊河塑
梁境閘
境山
梁山
呂孟湖
赤山湖
王家口填

漕河

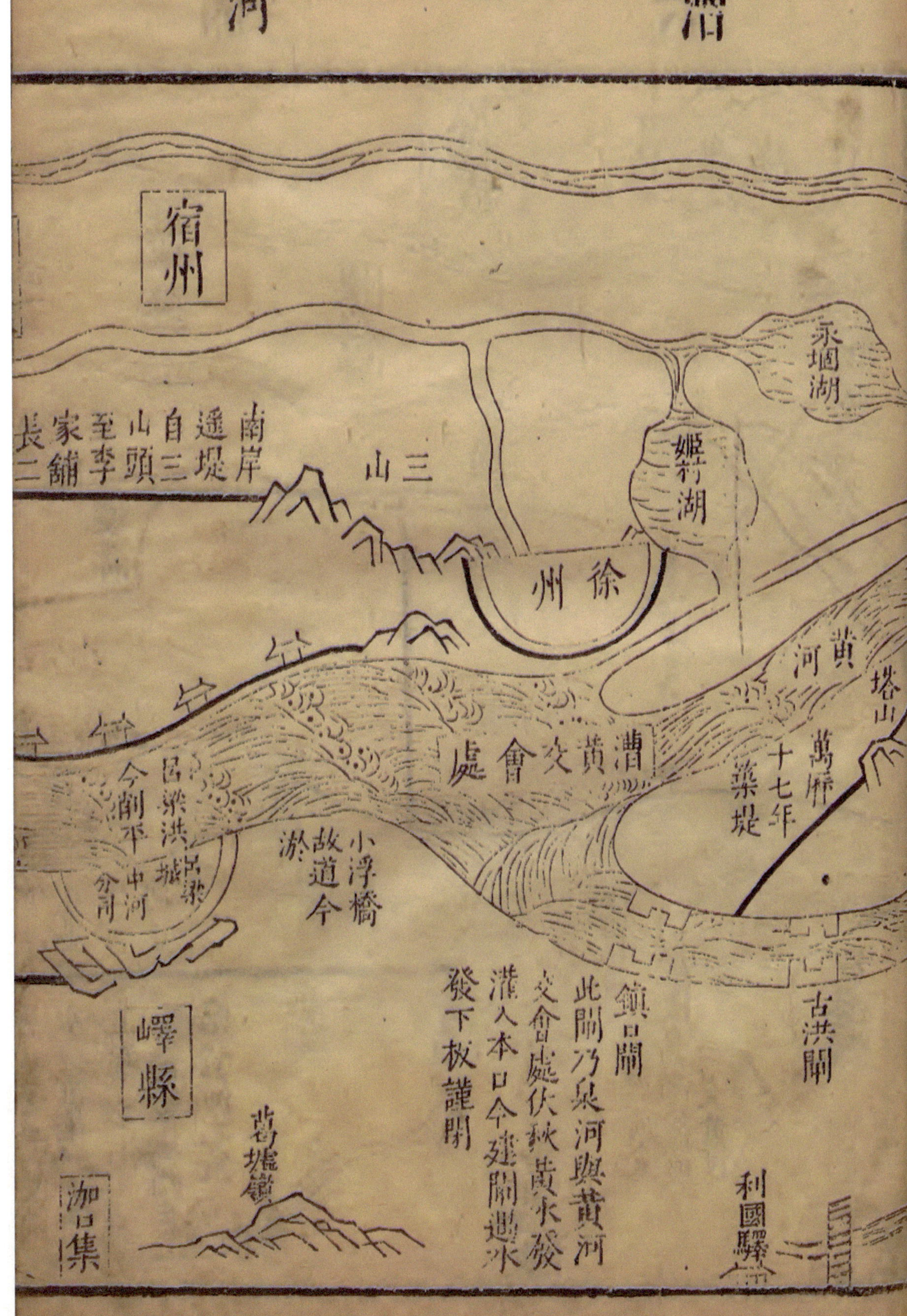

宿州
南岸逼堤自三山頭至李家舖長二
三山
永堌湖
姬村湖
徐州
黃河
塔山
萬曆十七年築堤
漕黃交會處
呂梁洪今削平
呂梁城
中河
分司
小浮橋故道今淤
鎮口閘
此閘乃泉河與黃河交會處伏秋黃水發灌入本口今建閘遏水發下板謹閉
古洪閘
嶧縣
葛墟鎮
利國驛
泇口集

圖 一 六

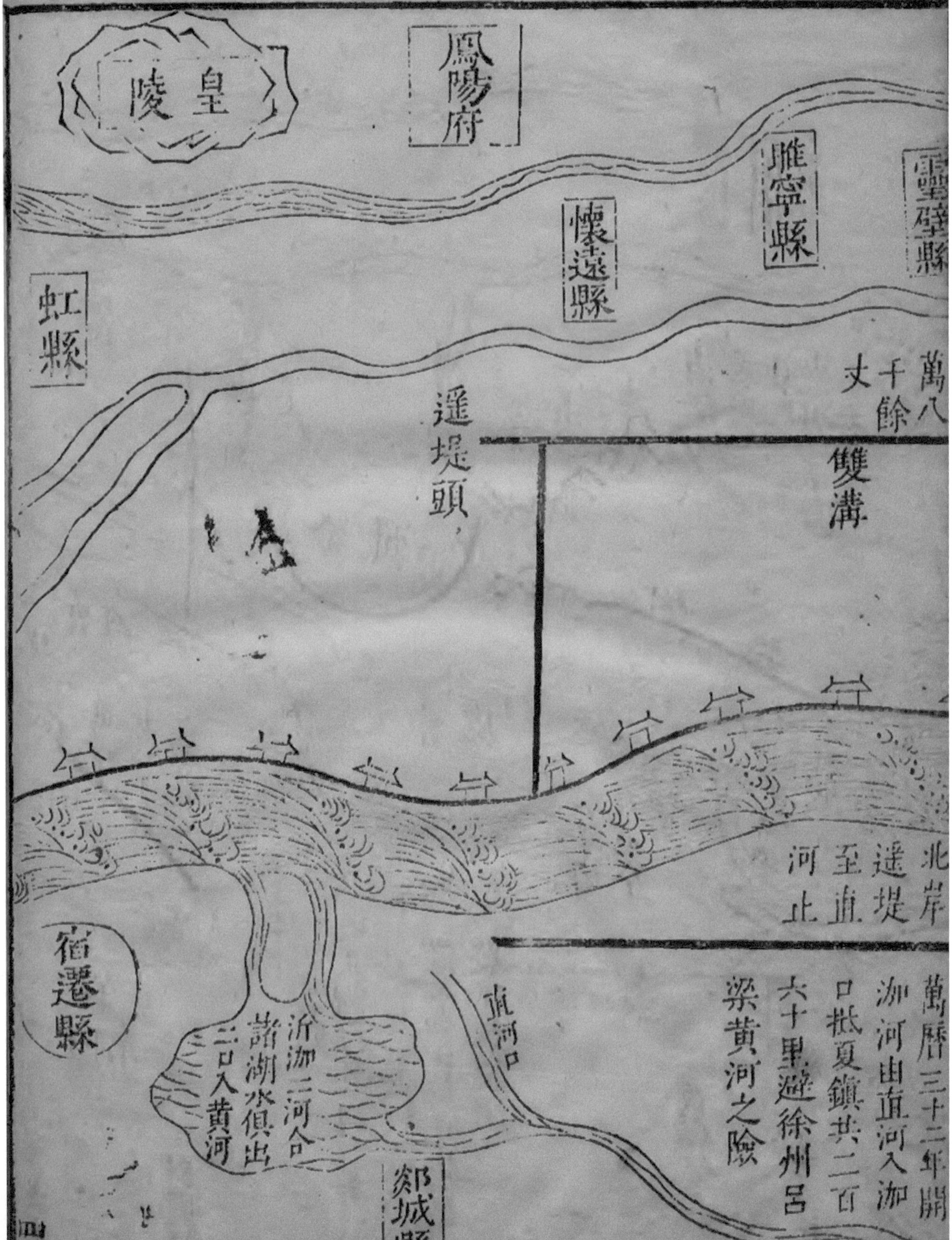

皇陵
鳳陽府
睢寧縣
靈璧縣
懷遠縣
虹縣
萬八千餘丈
遥堤頭
雙溝
北岸遥堤至直河止
萬曆三十二年開泇河由直河入泇口抵夏鎮共二百六十里避徐州呂梁黄河之險
直河口
宿遷縣
沂泇二河合諸湖水俱出二口入黄河
郯城縣

漕河

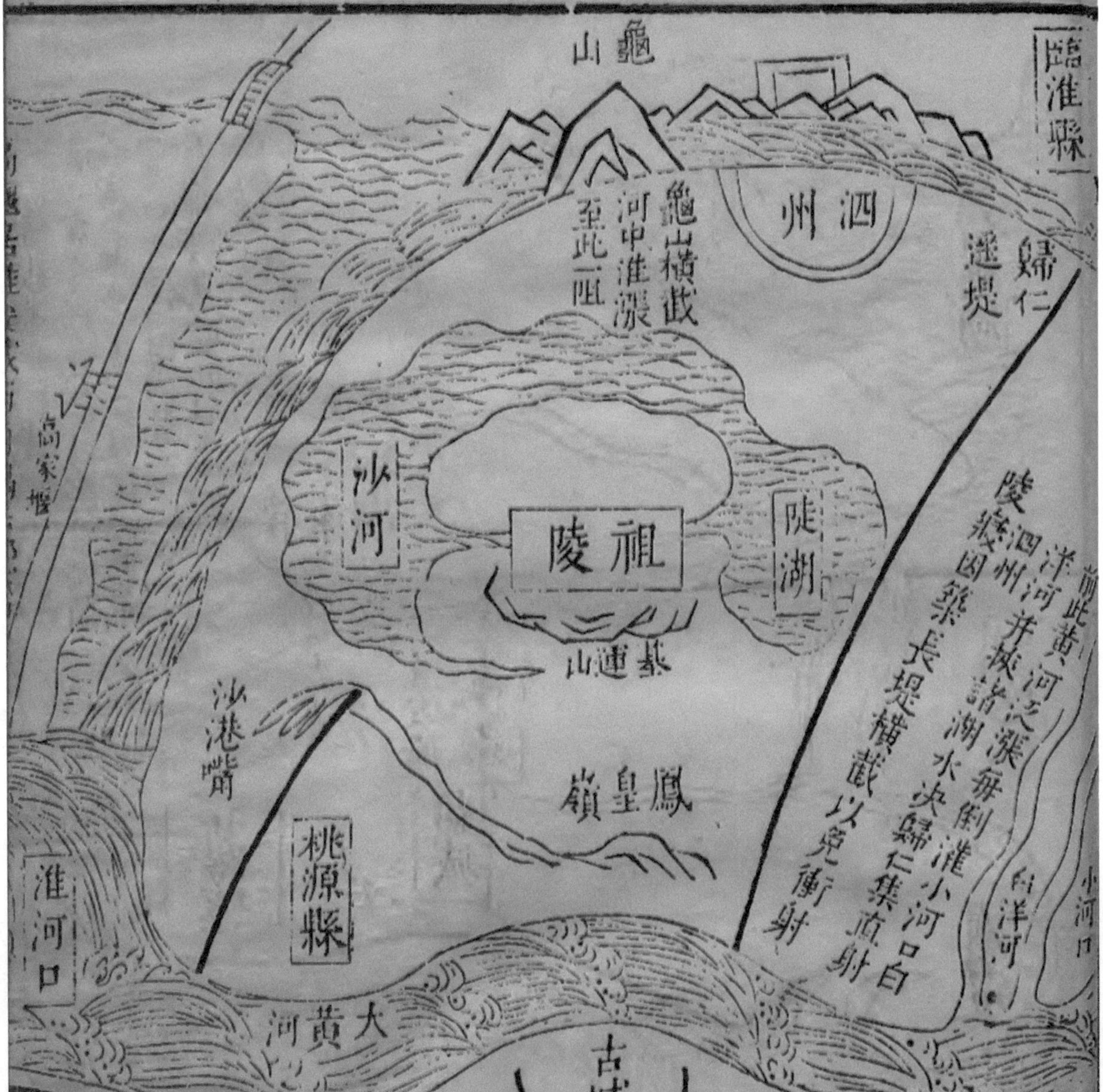

臨淮縣
龜山
泗州
歸仁遥堤
龜山横截
河中淮漲
至此而回
祖陵
沙河
陡湖
基運山
高家堰
沙港嘴
鳳皇嶺
桃源縣
淮河口
前此黄河泛漲每倒灌小河口白
洋河并挾諸湖水决歸仁集直射
泗州
陵寢因築長堤横截以免衝射
白洋河
小河口
大黄河
古城
崔鎮石壩
清河縣
老黄河淤
永堌姊村湖并睢水
及各泉俱會流于此
入黄河

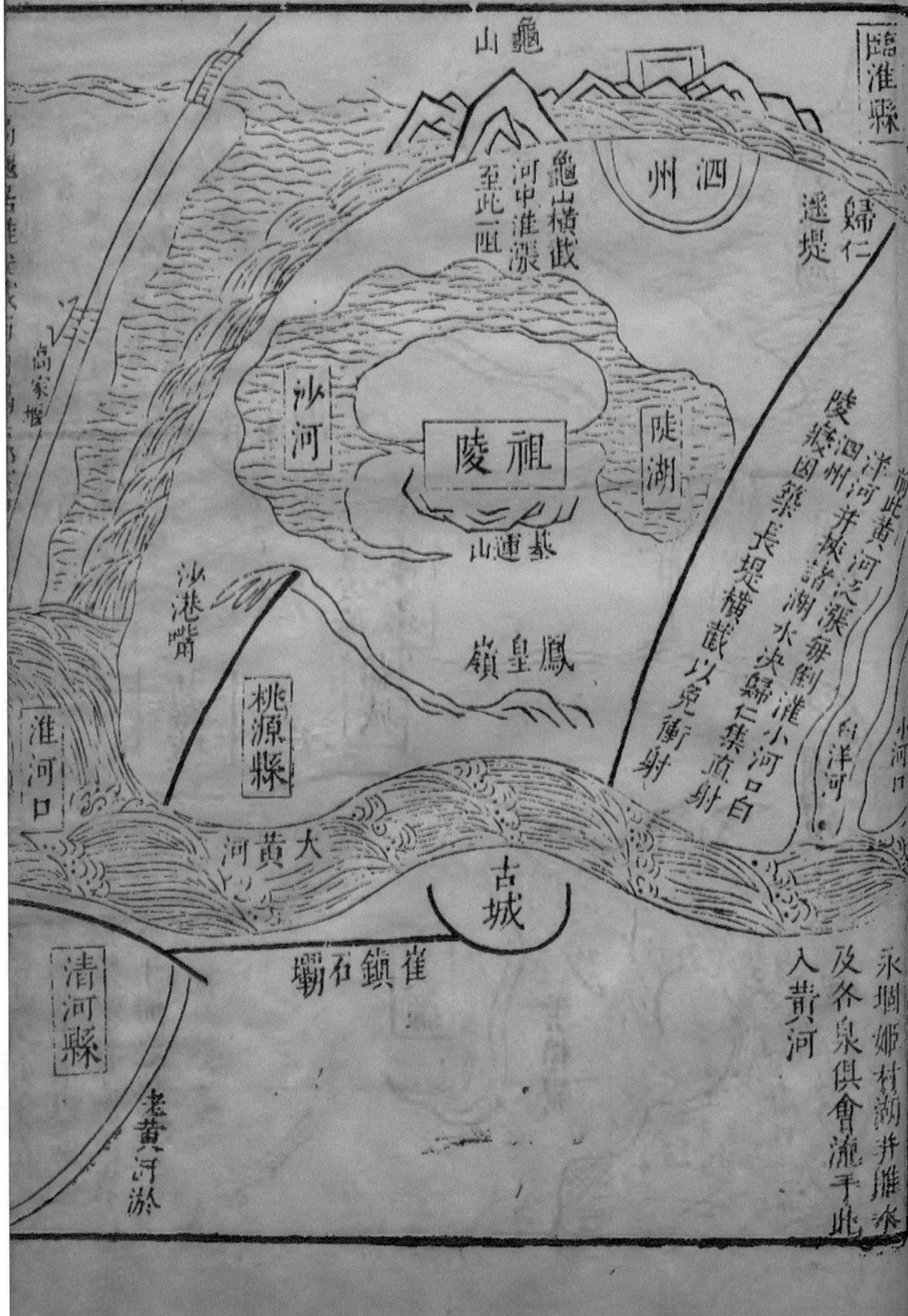

圖七

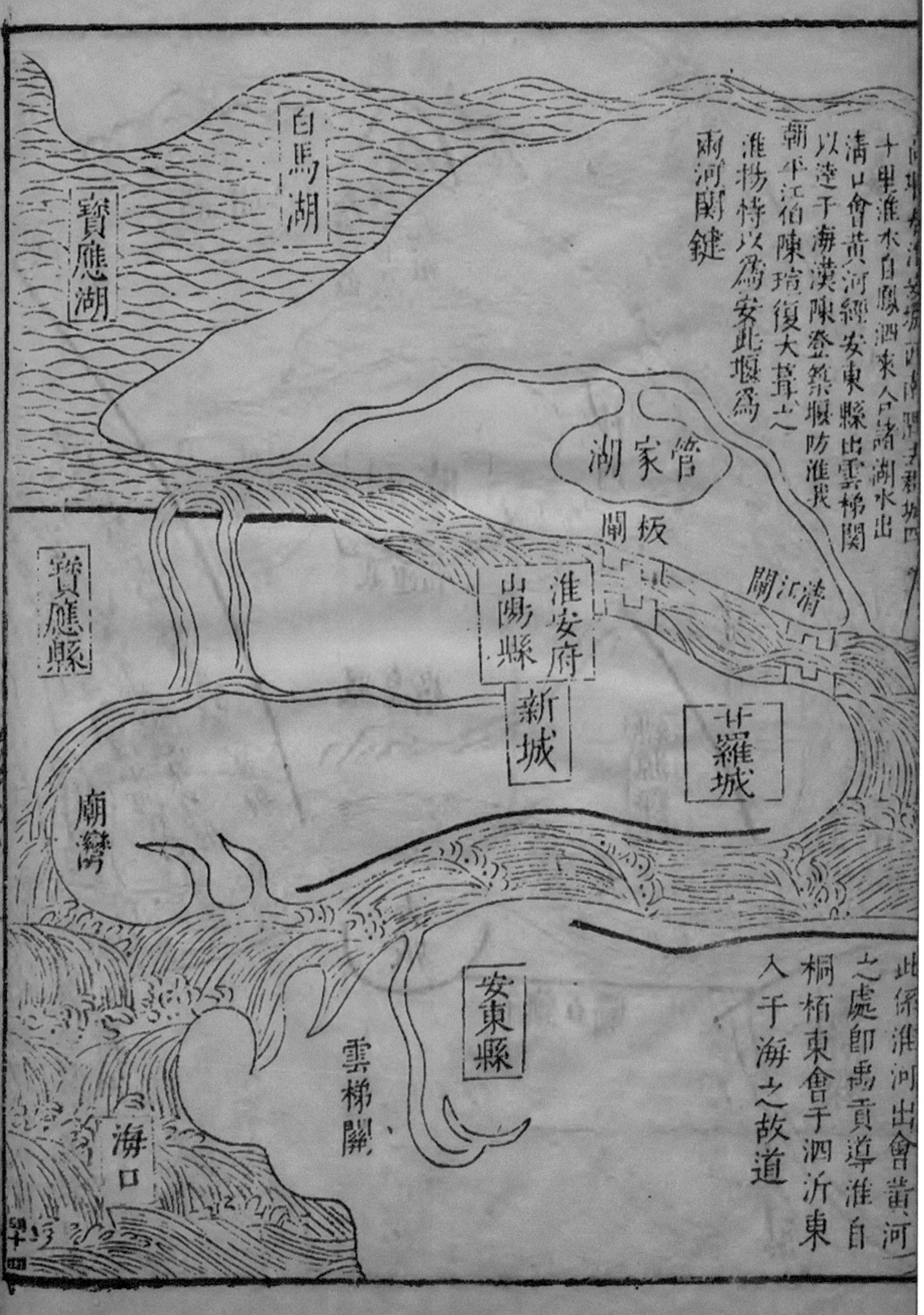
十里淮水自鳳泗來合諸湖水出
清口會黃河經安東縣出雲梯關
以達于海漢陳登築堰防淮我
朝平江伯陳瑄復大葺之
淮揚恃以爲安此堰爲
兩河關鍵
白馬湖
寶應湖
管家湖
板閘
清江閘
淮安府
山陽縣
新城
甘羅城
寶應縣
廟灣
安東縣
雲梯關
海口
此係淮河出會黃河
之處即禹貢導淮自
桐柏東會于泗沂東
入于海之故道

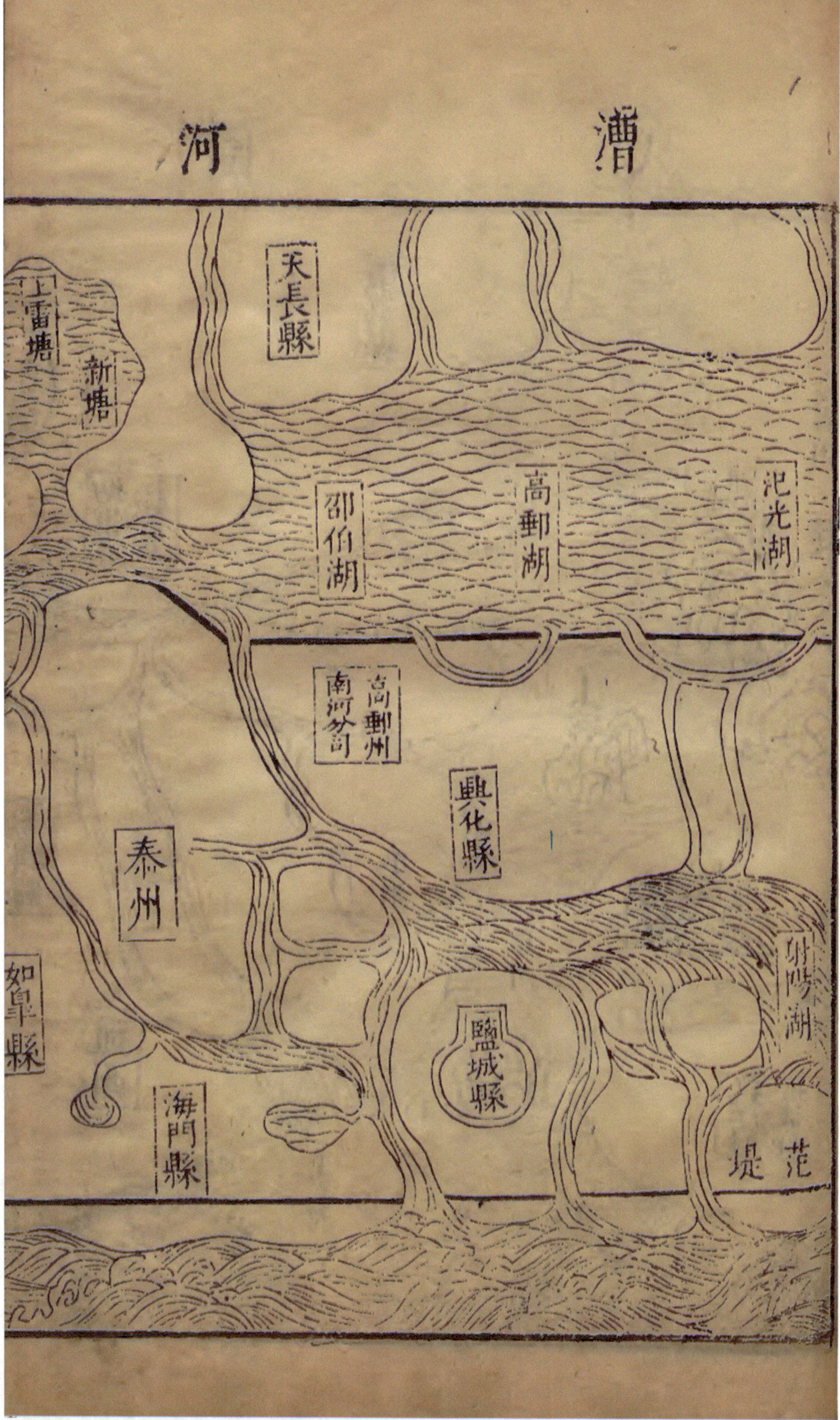
漕河
天長縣
上雷塘
新塘
邵伯湖
高郵湖
氾光湖
高郵州南河分司
興化縣
泰州
如皋縣
射陽湖
鹽城縣
海門縣
范堤

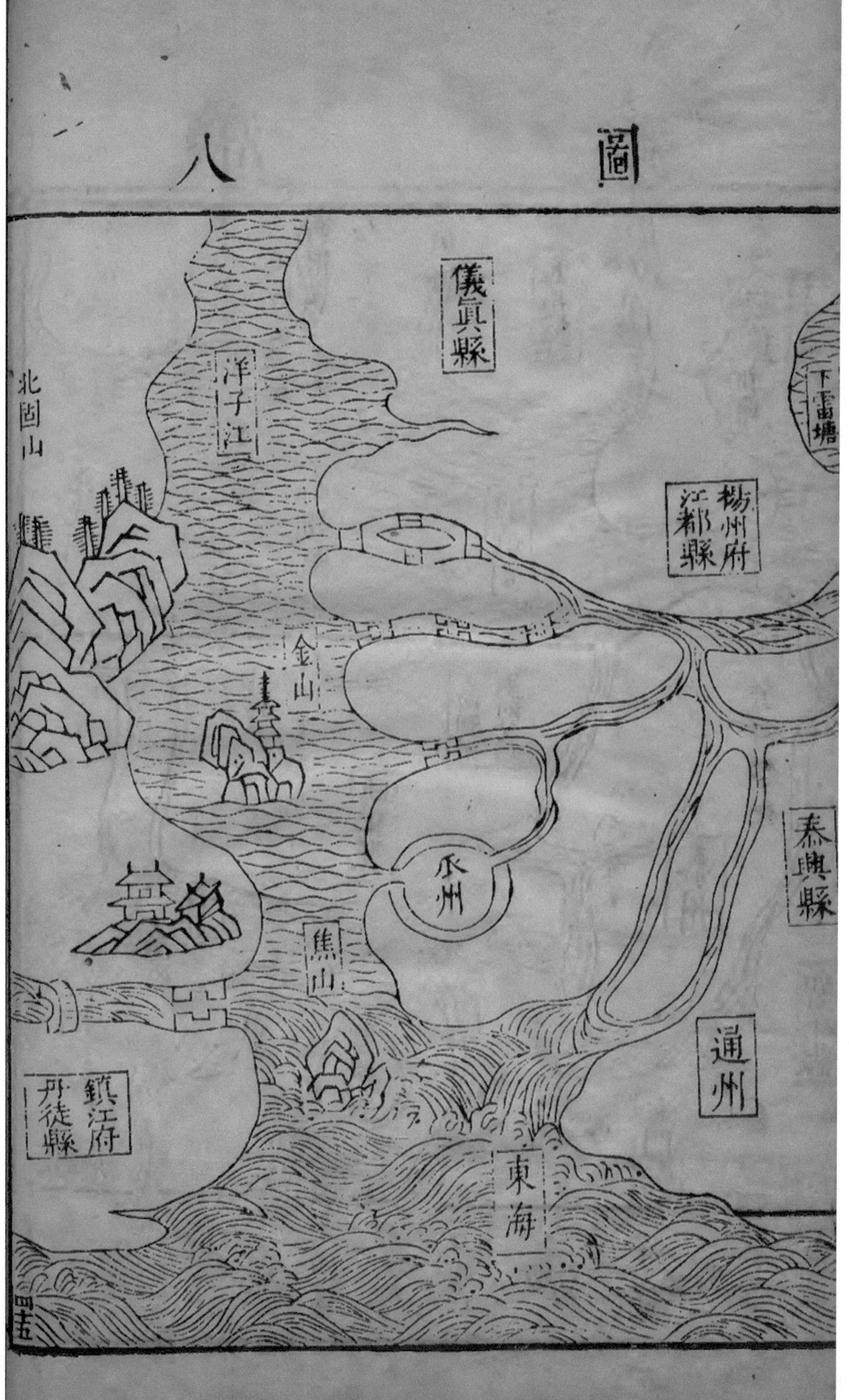
圖八
儀眞縣
洋子江
北固山
下雷塘
揚州府
江都縣
金山
瓜州
泰興縣
焦山
通州
鎮江府
丹徒縣
東海
四五

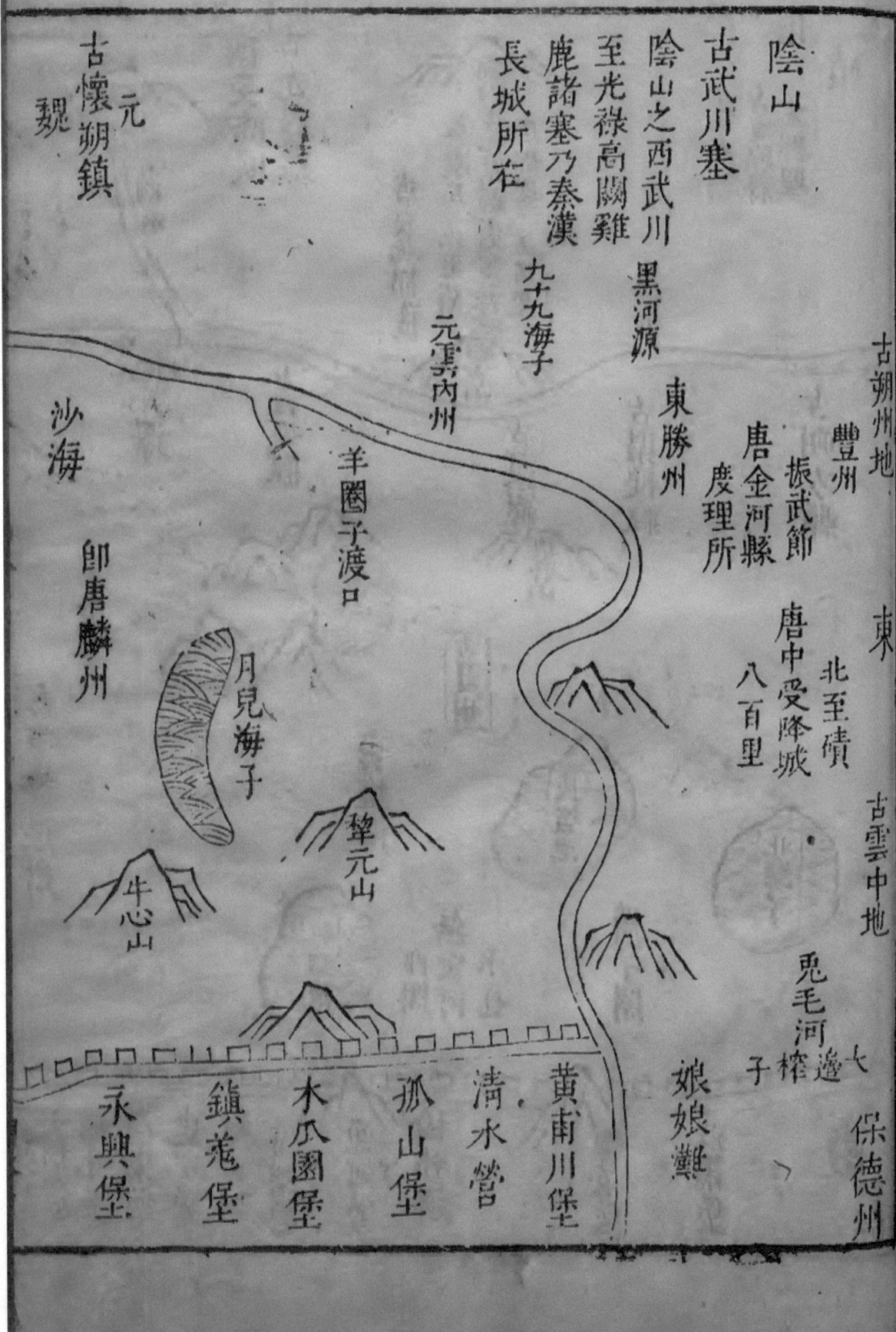

河套

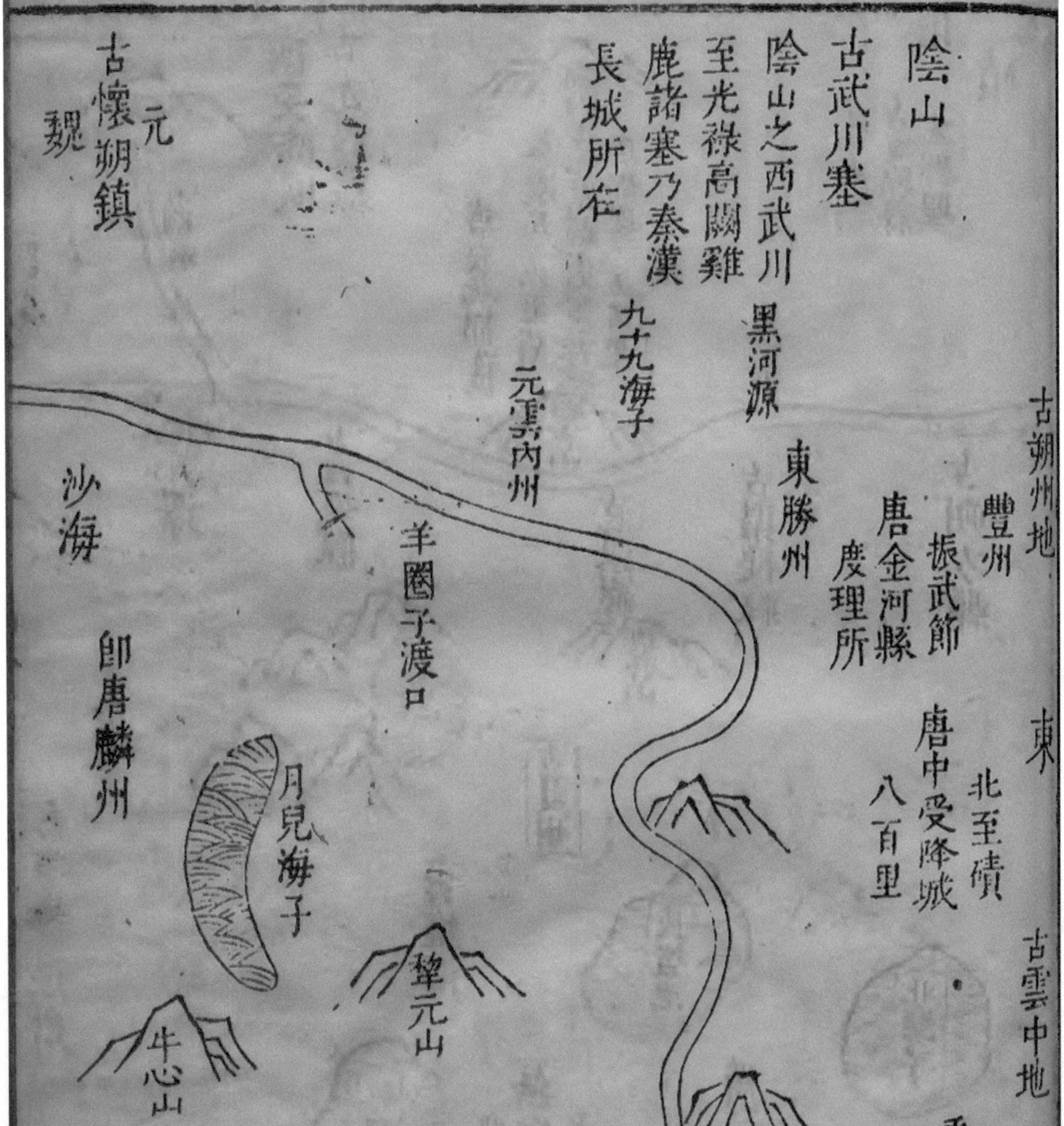

陰山
古武川塞
陰山之西武川至光祿高闕雞鹿諸塞乃秦漢長城所在
古懷朔鎮
元魏
黑河源
九十九海子
元雲內州
東勝州
古朔州地
豐州
振武節度理所
唐金河縣
沙海
羊圈子渡口
卽唐麟州
東
唐中受降城
北至磧八百里
月兒海子
古雲中地
犖元山
牛心山
兎毛河
邊墙子
娘娘灘
保德州
永興堡
鎮羌堡
木瓜園堡
孤山堡
淸水營
黄甫川堡

一　圖

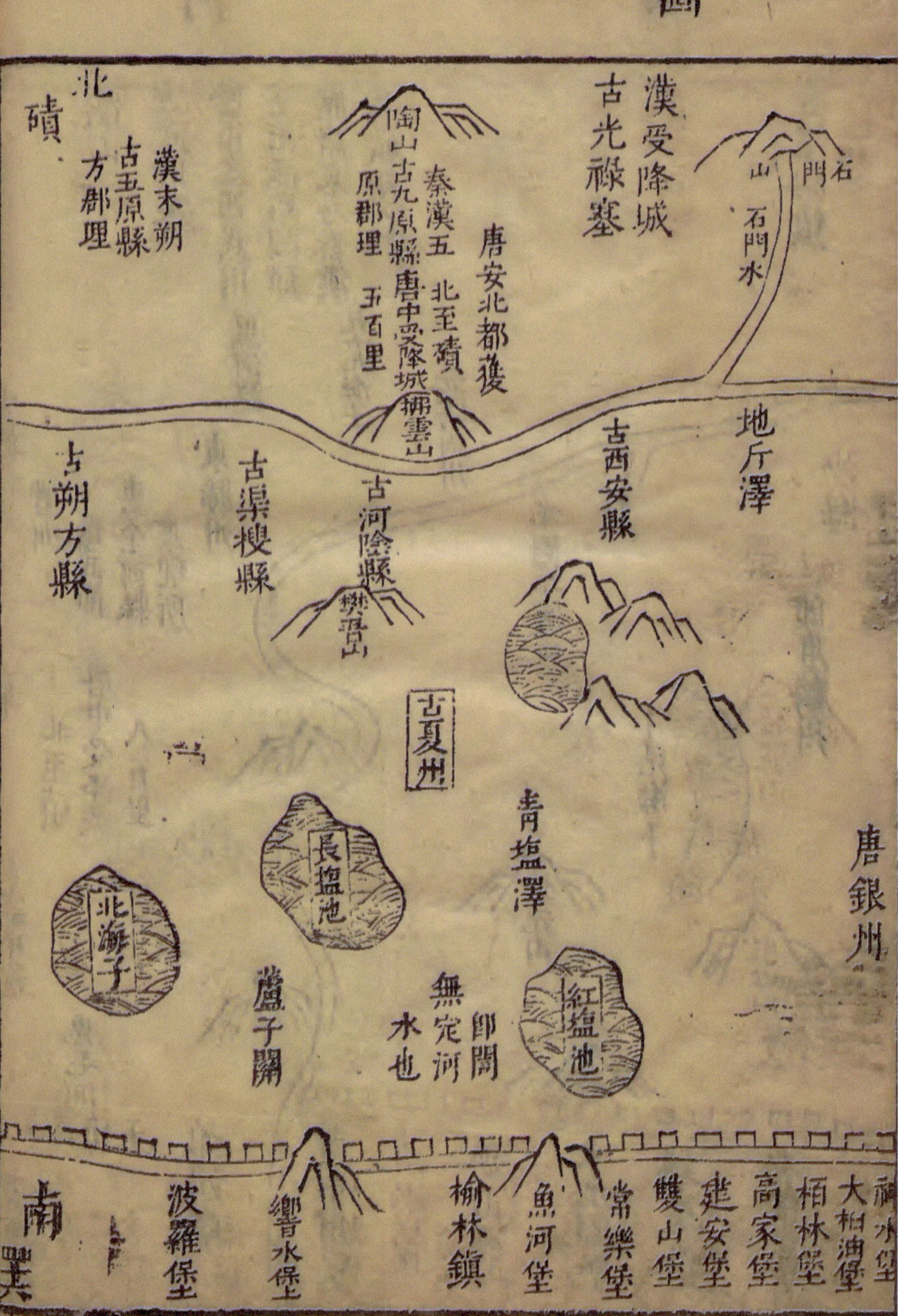

北
磧
漢末朔方郡理
古五原縣
陶山
秦漢五原郡理
古九原縣
北至磧五百里
唐中受降城
唐安北都護
漢受降城
古光祿塞
石門山
石門水
拂雲山
地斤澤
古朔方縣
古渠搜縣
古河陰縣
古西安縣
古夏州
青鹽澤
唐銀州
長鹽池
北海子
紅鹽池
蘆子關
無定河水也
南
波羅堡
響水堡
榆林鎮
魚河堡
常樂堡
雙山堡
建安堡
高家堡
栢林堡
大柏油堡
神木堡

河套

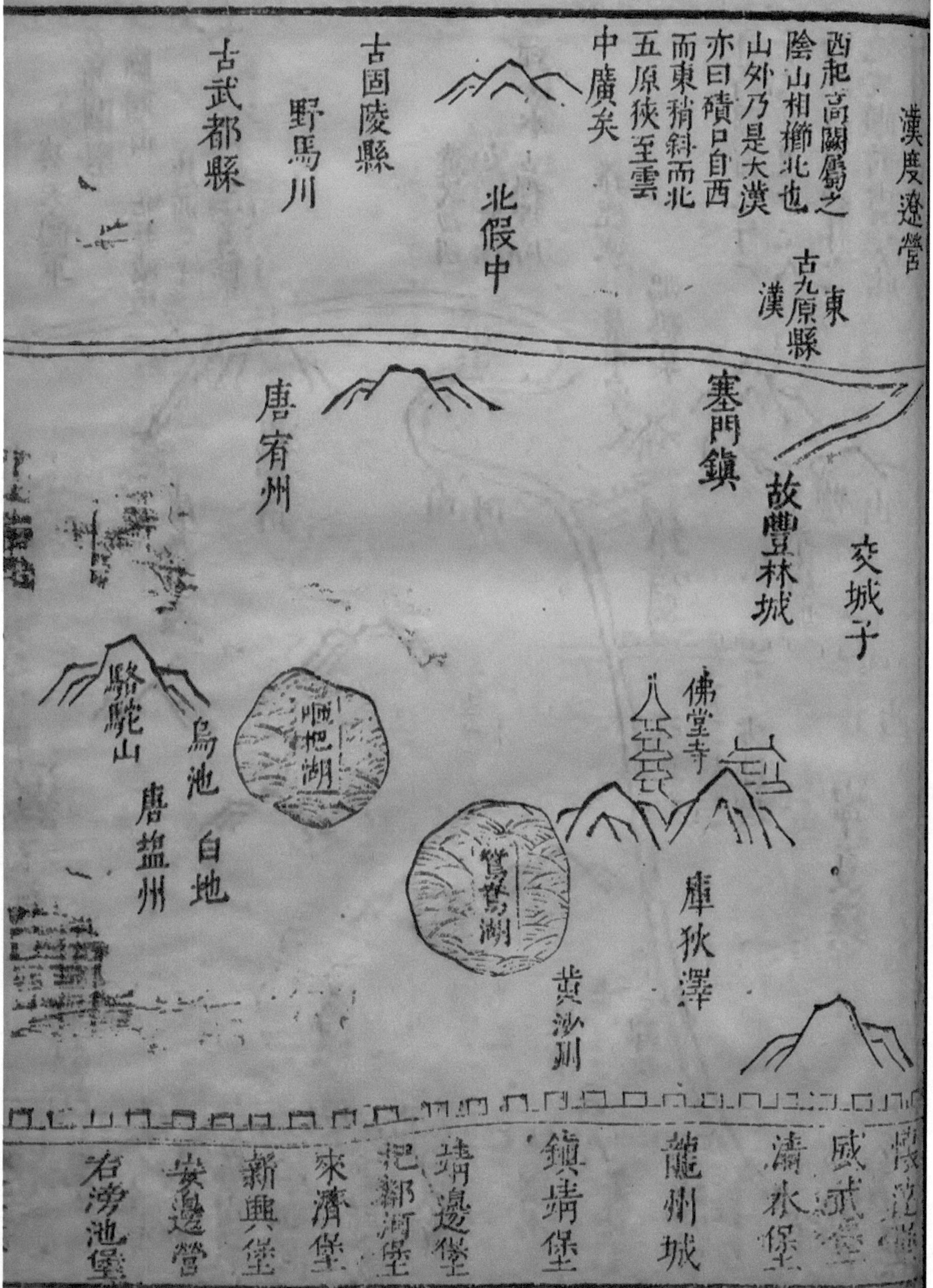

漢度遼營

西起高闕屬之陰山相嚮北也山外乃是大漢亦曰磧口自西而東稍斜而北五原狹至雲中廣矣

東

古九原縣

漢

北假中

古固陵縣

野馬川

古武都縣

塞門鎮

唐宥州

故豐林城

交城子

佛堂寺

駱駝山

烏池

白地

唐鹽州

硒把湖

鴛鴦湖

庫狄澤

黄沙川

懷遠營

威武堡

清水堡

龍州城

鎮靖堡

靖邊堡

把都河堡

來濟堡

新興堡

安邊營

石澇池堡

圖二

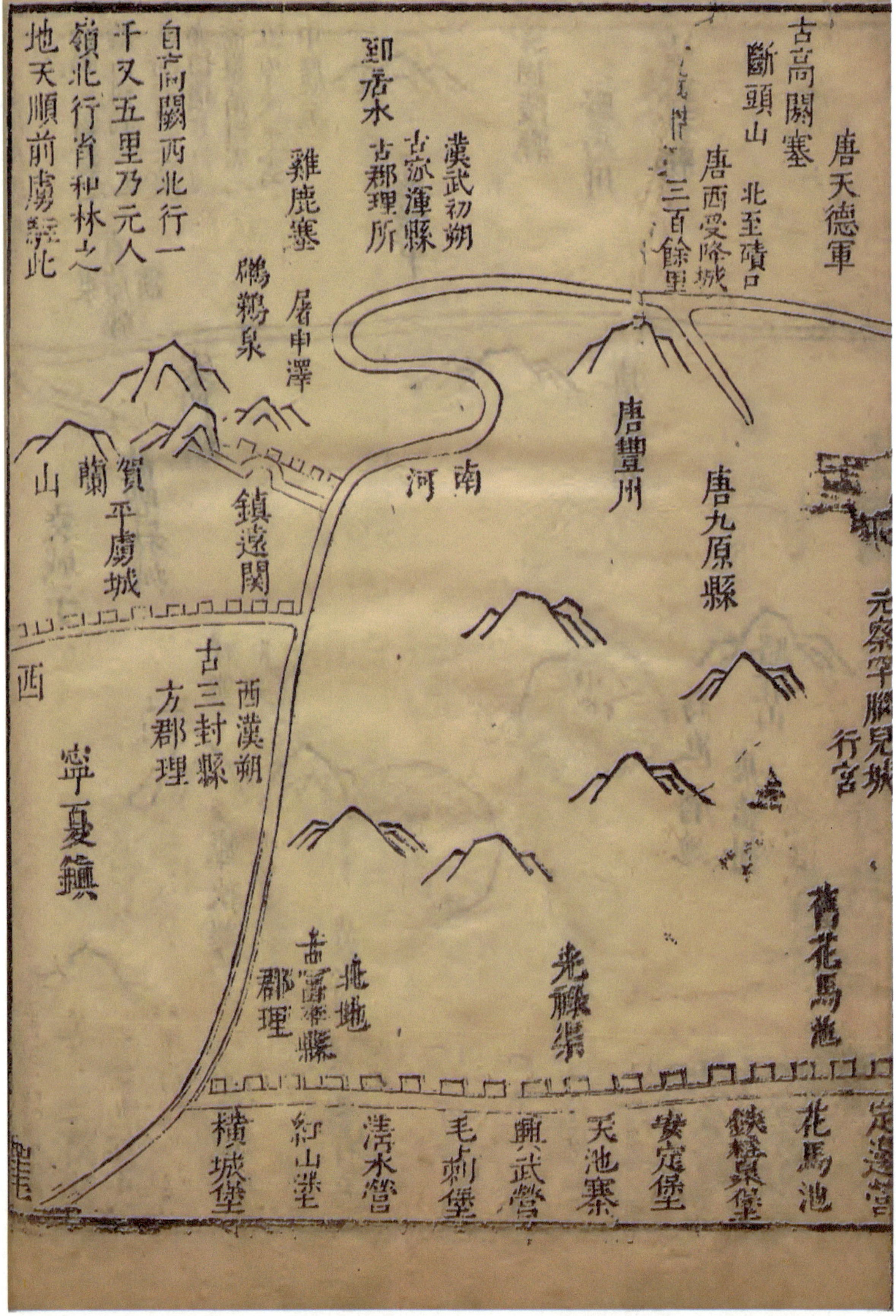

唐天德軍

古高闕塞

斷頭山

北至磧口

唐西受降城

三百餘里

漢武初朔

古窳渾縣

古郡理所

至居水

雞鹿塞

屠申澤

鸊鵜泉

唐豐州

唐九原縣

南河

鎮遠關

平虜城

賀蘭山

自高闕西北行一千又五里乃元人嶺北行省和林之地天順前虜駐此

元察罕腦兒城行宮

舊花馬池

西漢朔方郡理

古三封縣

西

寧夏鎮

光祿塞

北地郡

古富平縣

郡理

定邊營

花馬池

鐵柱泉堡

安定堡

天池寨

興武營

毛卜刺堡

清水營

紅山堡

横城堡

漢	秦	周	禹

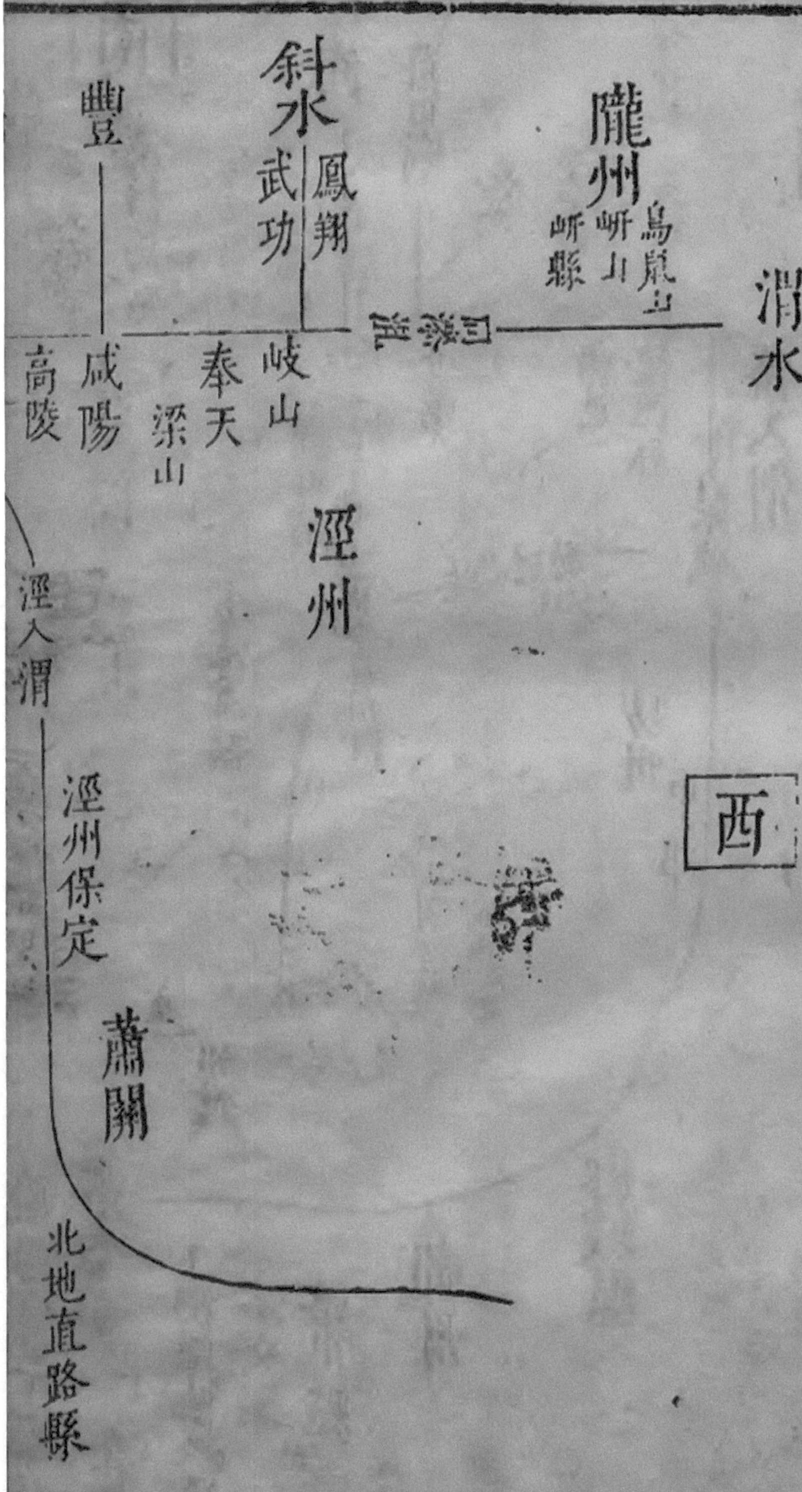

程大昌曰漆沮在雍名凡四出今為之圖以著位置而其說易明矣緜詩之謂漆沮者普潤之漆水也大王文王之都在岐而普潤者岐地故也禹貢之謂漆沮者即富平縣石川河至白水縣入洛而與洛水俱自朝邑入渭者是也以其派在涇下故也若本邠州雖有漆水而其地在邠邠乃公劉所都不與緜詩岐地相應又無派流與岐水相入則決不為緜詩之漆沮矣鄭白二渠自雲陽谷口來入石川河石川河既為漆沮故世亦誤認二渠以為沮漆也

渭水
隴州
烏鼠山
岍山
岍縣
曰漆沮
斜水
鳳翔
武功
豐
岐山
奉天
梁山
咸陽
高陵
涇州
涇入渭
涇州保定
蕭關
北地直路縣
西

五沮漆圖

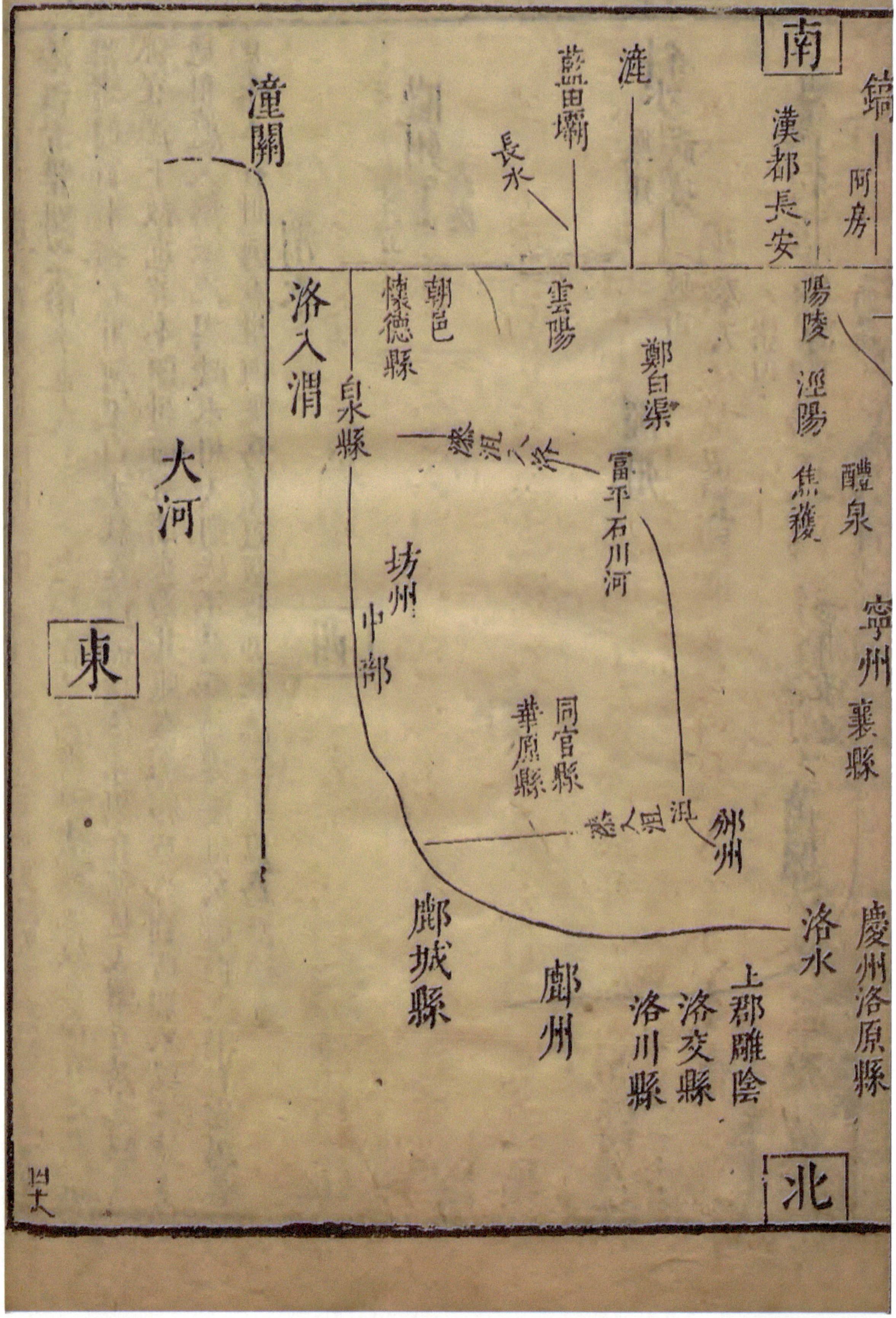

南
東
北
鎬
阿房
漢都長安
滻
藍田壩
長水
潼關
洛入渭
朝邑
懷德縣
雲陽
鄭白渠
陽陵
涇陽
焦穫
醴泉
泉縣
漆沮入洛
富平石川河
大河
坊州
中部
同官縣
華原縣
寧州
襄縣
沮入漆
沮
邠州
洛水
鄜城縣
鄜州
上郡雕陰
洛交縣
洛川縣
慶州洛原縣

禹貢滙疏卷一

吳興茅瑞徵纂并箋　男胤京胤武仝訂

夏書

〔疏〕治水是堯末時事禹得王天下以是功故以爲夏書之首　金氏曰禹貢敘水土在唐虞之際禹謨序功謨在有虞之時舊皆名夏書以夏史之所述也夫子定書升禹謨于虞書以著三聖相傳之道冠禹貢于夏書以明大禹有天下之本也

〔箋〕周語曰禹賜氏曰有夏謂其能以嘉祉殷富生

物也及有天下遂以爲號夫子序書首繫禹貢於夏蓋大禹之功云

禹貢

〔傳〕禹制九州貢法 〔疏〕賦者自上稅下之名謂治田出穀故經定其差等謂之厥賦貢者從下獻上之稱謂以土地生物獻其所有謂之厥貢此不言賦而云貢者取下供上之義貢賦之法其來久矣治水之後更復改新此篇貢法是禹所制非禹始爲貢也 張九成曰此書所紀衆矣而謂之禹貢

其間言篚賦亦詳矣乃不畧及之何哉曰此史官

名書之深意也其意以昔者洪水茫茫九州不辨

民皆昏墊今一旦平定四海使民安居樂土自然

懷報上之心以其土地所有獻於上若人子具甘

旨温凊之奉於慈親焉此民喜悅之心也名篇之

意其在兹乎不及賦篚以言名雖曰賦篚亦非彊

爲科率使民不聊生也其喜悅願輸若貢物然此

所以總名之曰貢也　王氏炎曰九州有賦有貢

凡賦諸侯以供其國用凡貢諸侯以獻于天子挈

貢名篇有大一統之義焉　林氏曰禹貢實典之體貢乃賦税之總稱田賦包篚皆在其中　劉子玄曰堯舜二典直序人事禹貢一篇惟言地理

箋按史記稱禹會諸侯江南計功而崩因葬會稽會稽者會計也禹於貢賦終始煩經畫矣此篇序禹制貢而於治水爲詳葢水土平而後貢賦可定府事修治禹功於是稱大宋程珌曰禹貢謂之夏書以夏史官所録耳　丘氏濬曰禹未治水之前地猶未平物之生者未繁田之闢者未盡至是水

土既平始可以任土作貢分田定稅禹成功後條

九州所有以爲定法孔子刪書特載於夏書之首

以示法天下俾後世有土有民者取民之制視此

爲準焉凡外此別爲名目如後世進奉和買勸借

之類皆非經常之制也

禹敷土隨山刊木奠高山大川刊漢書作栞

（傳）洪水汎溢禹分布治九州之土（疏）左傳云舉

八凱使主后土則伯益之輩佐禹多矣禹必身行

九州規謀設法乃使佐已之人分布治之　周公

職錄云黃帝受命風后授圖割地布九州　吳枋
曰黃帝時畫野分州八家爲井井一爲鄰鄰三爲
朋朋三爲里里五爲邑邑十爲都都十爲師師十
爲州　杜佑曰九州本制起於顓頊辨其疆界始
於禹貢　周虞人之箴曰芒芒禹迹畫爲九州
曾氏曰祭法云共工氏霸九州其來久矣洪水湮
沒禹治水復分別之舜即位分爲十二州分冀東
爲幷東北爲幽分青之東北爲營至商又但言九
圍九有爾雅九州有幽營而無青梁其商制歟周

禮職方氏有幽并而無徐梁營則周制也周以徐梁二州合之於雍青分冀州地以爲幽并　吴萊曰堯遭洪水使禹平治州分爲九及舜攝位冀分爲三青分爲二至禹而後合堯之舊左傳云夏之方有德也貢金九牧則禹登位還置九州　馬端臨曰堯時禹别九州至舜分爲十二州周職方復分爲九州而又與禹異漢承秦分天下爲郡國而復以十三州統之晉時分州爲十九自晉以後爲州衆多所統衆狹且建治之地亦不一所姑以揚州言之自漢以來或治歷陽或治壽春或治曲阿

或治合肥或治建業而唐始治廣陵至南北分裂之後務爲夸大僑置諸州以會稽爲東揚京口爲南徐廣陵爲南兖歷陽爲南豫歷城爲南冀襄陽爲南雍魯郡在禹跡爲徐州而漢則屬豫州所領陳留在禹跡爲豫州而晉則屬兖州所領離析磔裂循名失實而禹跡之九州罙不復可考矣　林氏曰記曰鯀障洪水而殛死洪範曰鯀湮洪水失五行相勝之序土能治水故鯀執此以爲治水之法其施功也惟務以土而湮之障之以與水爭勢

於隄防之間適以激其怒而增其勢若禹治水則不然謂水性潤下惟行其所無事則水得其性矣故敷土而散之順其自然此其所以有成功也

【疏】於時平地盡爲流潦鮮有陸行之路故將欲治水隨行山林斬木通道鄭云必隨州中之山而登之除木爲道以望觀所當治者則規其形而度其功焉【蘇傳】山行多迷刊木以表之且以通道史記云山行表木

【傳】奠定也高山五岳大川四瀆定其差秩【疏】禮

定器於地通名爲奠五岳謂嵩岱衡華恒四瀆謂江河淮濟定其祀禮所視王制云五岳視三公四瀆視諸侯其餘視伯子男　石氏云山川有主名而或自山導或自川導水可得而治矣高山大川如荆岐江漢是也治水者不逆其性惟形勢之順而已形勢以山川爲主山川以高且大者爲主高山大川各定其所而名正則其餘可以類求　墨子曰禹之湮洪水決江河而通九州也名山三百支山三千小者無數禹親自操櫜相而耜雜天下

之川山海經曰天下名山五千三百七十酉陽雜俎曰名山三百六十福地七十二崑崙爲天地之齊周書曰禹渫七十川 釋名曰川者穿地而流也蔡邕月令章句曰衆流注海曰川 張華博物志曰地以名山爲輔佐石爲之骨川爲之脉 酈道元水經注曰凡水出於地溝流於大水及於海者命曰川水也 唐六典云江河自西極達于東溟中國之大川也其餘百三十有五是爲中川桑欽水經所引天下之水百三十七江河在焉其千二百五十有二水斯爲小川酈善長注水經引其支流一千二百五十三 考工記云凡天下之地埶

兩山之間必有川焉大川之上必有涂焉　陳氏經曰定高山大川爲表識乃疆理大規模　羅苹曰廣谷大川風俗之所以分故推其高大者先正之然後九州可別如大山定而山之西爲兖大河定而河之南爲豫此分畫之要也　鄭樵曰州縣之設有時而更山川之形千古不易所以禹貢分州必以山川定疆界使兖州可移而濟河之兖州不能移梁州可遷而華陽黑水之梁州不能遷故禹貢爲萬世不易之書

〔箋〕禹嘗曰予荒度土功而自敘治水大本領不越隨山刊木及决九川等語此云敷土隨刊即禹平日意中語也奠高山大川葢所謂主名山川者大畧神禹治水只是從高處着眼從低處下手舜肇州封濬亦於此種學問煞有理會〇通節順敘不宜分作三項旣有分土即有此高山大川爲之襟帶至懷山襄陵震蕩不寧高卑且易位矣得禹相度疏導高高下下而山高水深各還其故即此是奠不必別煩位置也奠山川方結敷土之局其施

功却從隨刋來　史敘禹治水先言敷土土分則水自洩亦消長之勢也奠高山大川而山澤定位是爲分土刋木者法金克木而隨山時益烈山澤又以火制水此處便見禹善用五行　胡氏瓚曰此是一部總禹貢洪水方割譬如人身處處腫滿敷土隨山是診脉法急則治標先從下流洩水如所謂決九川洰海而後上流漸可施功平土原爲制貢事平之後每州須有冊籍而以成功各冠其前所謂典則也非一州治更治一州而山川纚置

何緣見其脉絡故全舉山川自爲首尾以終奠高山大川之意水者山之液導山止以導川非截然兩事而又總之以九州攸同因以定貢賦而終命篇之意錫土之後繼以祗德歸于本原而又分爲五服總爲四海以終敷土之意堯授時胸中有一幅全天文禹敷土胸中有一幅全地理

楊愼曰禹貢奠高山大川其九州之名以地名州而不以州分地盇荆衡萬古不徙之山而河濟者萬古不泯之水也以故荆兖之名得附河濟荆衡而不滅萬世而下求禹貢九州之域

者皆可得而考也　問禹貢山川多與今不合何

也李夢陽曰自河之入淮也彼滎澤孟諸芒碭諸

陂今皆耕牧地耳流謙變盈滄海而桑田古今能

合哉

程珌曰禹敷土隨山刊木奠高山大川禹錫玄圭

告厥成功史官之辭也若夫自冀州既載壺口以

至訖于四海皆禹自述經行天下與夫用功先後

山川主名草木之生遂土色之黑白田賦之高下

山之首尾水之源泒纖悉登載奏之於堯藏之史

官史官畧加刪潤以成萬世之信書　朱子曰禹貢一書記地理治水曲折意當時事畢總作此書故自冀州王都始禹自言予決九川距四海濬畎澮距川一篇禹貢不過此數語今人説禹治水始于壺口鑿龍門某未敢深信方河水洶湧其勢迅激縱使鑿下龍門恐這石仍舊壅塞又下面水未有分殺必且潰決四出葢禹先決九川之水使各通于海又濬畎澮之水使各通于川使大水有所入小水有所歸禹只是先從低處下手若下面之

水盡殺則上面之水漸淺九川盡通則導河之功已及八分故其嘗謂禹治水當始于碣石九河盖河患惟兖爲甚兖州是河曲處兩岸無山皆是平地所以潰决常在此禹自其决處導之用功尤難孟子亦云禹疏九河瀹濟漯而注之海盖皆自下流疏殺其勢耳若鯀只是築湮之所以九載而功弗成也　歐陽修曰鯀湮洪水九年無功禹得洪範五行之書知水潤下之性乃因水之流疏决就下而水患乃息　蘇氏軾曰禹之行水庖丁之提

刀避衆礙而散其智者也

冀州

傳 堯所都也帝都不說境界以餘州所至則可知

疏 史傳皆云堯都平陽五子之歌曰惟彼陶唐有此冀方兖州云濟河自東河以東也豫州云荆河自南河以南也雍州云西河自西河以西也冀二面距河河自積石東北流入中國則折而南流雍州在其西故曰西河至華陰折而東流豫州在其南故曰南河至大伾又折而西北流兖州在其東故曰東河明東河之西西河之東南河之北是冀州之境也馬鄭皆云冀州不書

其界者時帝都之使若廣大然 詩譜唐地堯禹所都域在古冀州太行恒山之西太原太岳之野魏地舜禹所都域在古冀州雷首之北析城之西南枕河曲北涉汾水 左傳疏曰堯治平陽舜治蒲坂禹治安邑三都相去各二百餘里俱在冀州朱子曰太行山之極高處平陽晉州蒲坂山之盡頭堯舜所都也其地磽瘠人民朴陋儉嗇惟堯舜能都之又曰冀都正是天地中間好風水山脉從雲中發來雲中正高脊處自脊以西之水則西

流入于龍門西河自脊以東之水則東流入于海前面一條黃河環繞右畔是華山聳立爲虎自華來至中爲嵩山是爲前案遂過去爲泰山聳于左是爲龍淮南諸山爲第二重案江南諸山及五嶺又爲第三四重案　鄭樵曰堯始封于唐（今定州唐縣）後徙晉陽卽帝位都平陽天地設險之大者莫如大河其次莫如大江故中原依大河以爲固吳越依大江以爲固中原無事則居河之南中原多事則居江之南自開闢以來皆河南建都雖黃帝堯

舜禹之都於今皆爲河北在昔皆爲河南大河故道自碣石入海碣石今平州也幽薊冀都皆爲河南地

爾雅曰兩河間曰冀州李巡云其氣清厥性相近故曰冀冀近也　釋名曰冀州亦取地以爲名其地有險有易帝王所都亂則冀治弱則冀彊荒則冀豐　春秋說題辭曰州之爲言殊也合同類異其界也　風俗通曰州疇也州有長使之相周足也

周禮職方氏河内曰冀州其山鎮曰霍山其澤藪曰揚紆其川漳其浸汾潞其利松柏其民五男三女其畜宜牛羊其穀宜黍稷東北曰幽州其山鎮曰醫無閭（在廣寧衛西）其澤藪曰貕養（在長廣）其川河泲其浸菑時其利魚鹽其民一男三女其畜宜四擾（馬牛羊豕）其穀宜三種（黍稷稻）正北曰并州其山鎮曰恒山其澤藪曰昭餘祁（在介休）其川虖池（水出鴈門）嘔夷（今名唐河）其浸淶易其利布帛其民二男三女其畜宜五擾（馬牛羊犬豕）其穀宜五種（黍稷菽麥稻）杜佑曰舜以冀

州南北濶大分衛水爲并州燕以北爲幽州其在天官昴畢則趙之分野尾箕則燕之分野兼得秦魏衛之交秦置郡爲鉅鹿邯鄲上谷漁陽右北平遼西河東上黨太原代郡鴈門雲中及三川郡之北境漢武置十三州此爲冀州幽州并州後漢魏並因之通考曰以地在兩谷閒故爲并州亦曰在衛水常山之閒幽州因幽都山以爲名古涿鹿也

〔漢地理志〕河東土地平易有鹽鐵之饒本唐堯所居周成王封弟叔虞唐有晉水及叔虞子燮爲晉侯云魏亦姬姓在晉之南河曲至獻公滅

魏以封大夫畢萬晉至文公始有河內河內本殷舊都周分爲三國詩風邶鄘衛國是也衛爲狄所滅更屬于晉後韓魏趙自立是爲三晉趙地北有信都眞定常山中山又得涿郡之高陽鄚州鄉東有廣平鉅鹿淸河河間又得勃海郡之東平舒中邑文安東州成平章武河以北也南至浮水繁陽內黃斥丘西有太原定襄雲中五原上黨上黨本韓之別郡自趙徙都邯鄲北通燕涿南有鄭衛漳河之間一都會也燕地東有漁陽右北平遼西遼

東西有上谷代郡鴈門南得涿郡之易容城范陽北新城故安涿縣良鄉新昌及勃海之安次皆燕分也樂浪玄菟亦宜屬焉燕薊南通齊趙勃碣之間一都會也上谷至遼東數被胡寇有漁鹽棗栗之饒太康地記云三晉即并冀二州徐堅曰三家分晉自蒲州畧河東至懷州屬魏自澤潞而南至衛州盡太原府巳北屬趙後漢郡國志冀州刺史部郡國九魏郡鉅鹿常山中山安平河間清河趙國勃海并州刺史部郡九上黨太原上郡西河五原雲中定襄鴈門朔方幽州刺史部郡國十一涿郡廣陽

代郡上谷漁陽右北平遼東遼西玄菟樂浪遼東屬國而河內河東二郡爲司隷校尉部　馬端臨曰冀州漢時爲郡國二十四郡則恒山魏鉅鹿河內太原涿上黨河東西河鴈門代雲中定襄上谷漁陽右北平遼西國則趙眞定河間廣平中山信都廣陽　唐地理志河東道古冀州域河中（府即蒲州）絳晉慈隰石太原（府即并州）汾忻潞澤沁遼（州即儀州）爲實沈分代雲朔蔚武新嵐憲（本樓煩監嵐州領之）爲大梁分府二州十九以河東採訪使治蒲州河北道古幽冀

二州境盂以河南府之河陽河清濟源溫租賦入河陽三城使又以汜水益之爲州懷
澶析魏州置衛及魏博相之南境爲娍訾分邢洺惠本磁
州以相洺析置貝冀深趙鎮即常山郡定及魏博相之北境爲
大梁分滄景析滄州置德爲玄枵分瀛莫幽易涿析幽州置
平嬀檀薊營安東上都護府爲析木津分州二十九都
護府一以河北採訪使治魏州初學記曰河東道即并冀南州地西
南距河北盡朔垂幽冀營等三州及兗州北界今並爲河北道南距河東至海北盡幽營杜
佑曰唐分置十五部河東道領河東蒲絳郡絳平
陽晉高平澤上黨潞樂平儀陽城沁太寧隰文城

慈西河汾太原并昌化石樓煩嵐雁門代定襄忻
安邊蔚馬邑朔雲中雲等郡河北道領河內懷汲
郡衛鄴郡相廣平洺鉅鹿邢信都冀趙郡趙常山
恒博陵定河間瀛文安莫饒陽深上谷易范陽幽
順義順歸德燕媯川媯漁陽薊密雲檀北平平柳
城營兼分入都畿河內郡關內道單于宋史冀州升
爲安武軍節度而古冀州境則河北東路府一河
間州四冀莫雄霸軍三乾寧信安保定河北西路
府四眞定中山本定州信德本邢州慶源本趙州州八相

懷衛洺深磁祁保軍四安肅永寧廣信順安河東

路府三太原隆德本潞州平陽州二絳澤代忻汾遼

憲嵐石隰慈軍八慶祚威勝平定岢嵐寧化火山

本嵐州地保德亦嵐州地晉寧陝西路府一河中州一解軍

一慶成及金人以燕京及涿易檀順景薊六州來

歸宣和四年增置燕山府路

班固配十二次自胃七度至畢十一度爲大梁於

辰在酉趙之分野屬冀州費直周易分野起婁十度蔡邕月令章句起胃一度

一自尾十度至南斗十一度爲析木於辰在寅燕

之分野屬幽州費直起尾九度蔡邕起尾四度自危十六度至奎四度爲娵訾於辰在亥衛之分野屬并州費直起危十四度蔡邕起危十度陳卓京房張衡並云昴畢趙冀州尾箕燕幽州營室東壁衛并州 春秋元命苞曰昴畢間爲天街散爲冀州分爲趙國立爲常山箕星散爲幽州分爲燕國營室流爲并州分爲衛國之鎮立爲明山 春秋緯文耀鉤云太行以東至碣石王屋底柱冀州屬樞星 星經 玉衡第三星主冀州常以五戌日候之甲戌爲魏郡渤海丙戌爲

安平戊戌爲鉅鹿河間庚戌爲清河趙國壬戌爲恒山第八星主幽州常以五寅日候之甲寅爲玄菟丙寅爲遼東遼西漁陽庚寅爲上谷代郡壬寅爲廣陽戊寅爲涿郡第九星主并州常以五申日候之甲申爲五原鴈門丙申爲朔方雲中戊申爲西河庚申爲太原定襄壬申爲上黨

盧毓論曰唐虞以來冀州乃聖賢之淵藪帝王之寶地東河以上西河以東南河以北易水以南膏壤千里天地之所會陰陽之所交所謂神州也

武夷熊氏曰冀州北距長城依山爲塞卽北狄之境儼狁匈奴突厥契丹皆居其地有天下者定都建邑長安洛陽之外此亦一都會也

〔箋〕帝都特舉州名不言所至然形勝挾太行之險三面距河首尾燕晉表裏河山故足領袖諸州而雄視五服矣　考一統志古冀州域在山西省則太原（舜分置并州秦置郡治晉陽）平陽（卽堯都以在平水之陽故名）大同（虞周屬并州唐雲州）潞安（潞子國卽商黎國）汾州五府沁澤遼（東抵河南彰德府界）三州在河南省則彰德（魏鄴都唐相州）衛輝（紂都朝歌地）懷

慶即覃懷也三府北直隸則順天虞爲幽州保定河間眞定順德廣平永平舜分冀州東北爲營州即其地商孤竹國七府及延慶保安州幽州北境萬全都司唐武州秦上谷郡地其大名府宋天雄軍則冀兗二州域鄭氏曉曰大名府屬滑縣濬縣開州長垣縣是遼東都司則冀青二州域舜分冀東北爲幽州即今廣寧以西地秦以幽州爲遼西郡

曹學佺曰山西古冀州地禹貢冀州惟西河兗都平陽河正在西故以河爲西河而地曰河之東也山西者太行山之西秦晉兼得而言三家分晉以後秦併吞之則燕秦韓趙魏六國之地皆爲山東

矣國朝以齊爲山東晉爲山西葢自太行首尻處目之云　楊愼曰九州惟冀無所至者舉八州而界自見亦所以別帝都而大一統也九疇之皇極貢法之公田見于此矣

疏九州之次以治爲先後以水性下流當從下而泄故治水皆從下爲始冀州帝都於九州近北故首從冀起而東南次兖而東南次青而南次徐而南次揚從揚而西次荆從荆而北次豫從豫而西次梁從梁而北次雍雍地最高故在後也自兖已

下皆準地之形勢從下向高從東向西青徐揚三州並爲東偏雍州高於豫州豫州高於青徐雍豫之水從青徐而入海也梁高於荆荆高於揚梁荆之水從揚而入海也兖州在冀州東南冀兖二州之水各自東北入海也冀州之水不經兖州以冀是帝都河爲大患故先從冀起而次治兖

〔蘇傳〕堯河水爲患最甚江次之淮次之河行冀兖爲多而青徐其下流被害亦甚堯都於冀故禹行自冀始次于兖次于青次于徐四州治而河患衰矣雍

豫雖近河以下流既治可以少緩也故次乎揚次乎荆以治江淮江淮治而水患平次于豫次于梁次于雍以治江河上流之餘患而雍最高故終焉

羅泌曰堯之水河患爲甚泲次之淮次之江漢次之濁河所被冀兗重而雍輕泲之所被則徐輕而兗豫重冀兗之流皆自其東北走海而冀又上京故治水之急先於河於是發迹壺口隼地之勢自北而南　洪邁曰禹貢敘治水以冀兗青徐揚荆豫梁雍爲次攷地理豫居九州中與兗徐接境

何爲自徐之揚顧以豫爲後乎葢禹順五行而治之耳冀爲帝都旣在所先而地居北方實於五行爲水水生木木東方也故次之以兖青徐木生火火南方也故次之以揚荊火生土土中央也故次之以豫土生金金西方也故終於梁雍所謂彝倫攸敘者此也與鯀之汩陳五行相去遠矣容齋一筆六此說得之魏幾道　王氏曰九州之序禹貢始於冀次以兖而終於雍職方氏則始於揚次以荊而終於并者葢禹貢言治水之序也職方言遠近之序也治水

則自帝都始然後順水性所便自下而上故由兖至雍也以遠近言則周之化自北而南爲遠故關雎鵲巢之詩分爲二南漢廣亦言文王之道被于南國德化所及以遠爲至也始于揚以揚在東南次以荆以荆在正南終於并以并在正北先遠而後近也　林氏曰洪水泛濫其始必相水之大勢順地之高下漸次導之其首尾本末大槩相應下文所紀導山導水之序是也此序九州但各記一州之事及其山川所在施功之曲折非謂先治一

州之水既畢更治一州也

〔箋〕禹貢序九州如今河工告成省直各自分敘一番勞績以及風土彙爲賦役全書先京師而後郡邑循例編次未必遂爲治水之序也至導水導山又合敘相度本末以畧見施功之次第云

既載壺口

〔疏〕漢書地理志壺口在河東北屈縣東南應劭云已有南屈故稱北屈慈州春秋晉州之屈邑禹貢壺口山在焉今吉州大寧縣水經注曰河水南逕北屈縣故城西十里有風

山上有穴如輪風山西四十里河南孟門山淮南子曰龍門未闢呂梁未鑿河出孟門之上大溢逆流名曰洪水大禹疏通謂之孟門孟門卽龍門之上口也實謂黃河之巨浸兼孟津之名矣此石經始禹鑿河中漱廣夾岸崇深傾崖返捍巨石臨危若墜復倚考一統志壺口孟門二山並在吉州西七十里　朱子曰旣者已事之辭載者始有事也聖人做事先識大綱如水則中國莫大於河南方莫大於江涇渭則入河者也先定箇大者則小者便易攷

〔箋〕韋昭云載事也孔傳既載連冀州讀云先施貢賦役載於書正義曰冀州堯所都治水先從冀起爲諸州之首記其役功之法杜佑云載始也禹理水自此而始亦連冀州讀至蔡傳始連壺口讀云經始壺口以殺河勢盖本朱氏之說 山西通志曰鯀治水始於冀州興徒役作九仞之城訖無成功始冀州者理其脊也且堯都平陽冀州爲急禹亦始於冀州然必先導碣石九河以達其入海之路下流既疏則上壅自殺是故龍門可鑿伊闕可

排也　王氏樵曰雍冀之交夾河而南皆山也壺口乃受河之口河自積石北行出塞外阻陰山乃折而東行凡二千里又折而南流壺口當下流之衝此禹冀州于是經始也

治梁及岐

【傳】壺口在冀州梁岐在雍州從東循山治水而西

【疏】梁山在左馮翊夏陽縣西北岐山在右扶風美陽縣西北經於壺口之下言治者鄭云蓋治水從下起以襄水害易也　【蘇傳】嘗時河患上及梁

岐禹通砥柱則壺口平而梁岐自治因河而言非以二山爲冀州地也　爾雅曰梁山晉望也郭璞注晉國所望祭　水經曰河水南出龍門口汾水從東來注之酈道元注曰昔禹導河積石疏決梁山謂斯處也即經所謂龍門矣呂梁洪其巖層[illegible]複澗曲崖深巨石崇竦壁立千仞河流激盪濤湧波襄昔呂梁未闢河出孟門之上益大禹所闢以通河也司馬彪曰在離石縣西今在離石北以東可二百有餘里　山海經曰狐岐之山多青碧勝水出焉而

東北流注于汾水其中多蒼玉　水經注曰汾水南與平陽合水出平陽西壺口山尚書所謂壺口治梁及岐者也其水東逕狐谷亭北又東逕平陽城南東入汾文水東南流與勝水合水出西狐岐之山東逕六壁城南魏朝舊置六壁於其下防離石諸胡因爲大鎮勝水又東合文水東南入于汾水也　陳氏大猷曰魏志梁山北有龍門禹所鑿此最用功處水患莫甚於河河莫險於龍門呂梁鑿闢疑就狹處鑿而廣之　呂氏曰孟子謂禹行

其所無事如鑿龍門析砥柱闢伊闕豈無事哉鑿所當鑿不憚難而止乃是行所無事也若避難就易而謂行所無事可乎

〔箋〕壺口孟門之東山也梁山龍門之南山也禹於壺口之西闢孟門而始事於壺口於梁山之北闢龍門而終事於梁山　梁岐先儒以爲雍州山至蔡傳訂爲冀州爾雅云梁山晉望卽冀州呂梁也及考山西通志曰呂梁山在石州東北一百里俗名穀積山與交城接界狐岐山一名薛頡山在汾州孝義縣

西八十里勝水出於其下與蔡傳正合蔡傳梁山在石州離石縣東北岐山在汾州介休縣大抵壺口在冀西南爲河之下流梁岐在冀西北爲河之上流梁岐壅塞河出孟門之上無處下手先將壺口疏鑿寬廣下流既通則上流水勢自殺梁岐二山始可施功治之以開河道焉二節總重治河不重治山水經注泗水之上有石梁焉曰呂梁疑今徐州呂梁洪與汾州岐山不相及矣羅泌曰呂梁者龍門也而彭城之東亦有所謂呂梁蓋猶夷陵陸渾之龍門云　王氏樵曰凡山之言治者或水道之衡有疏闢之功也或表山以該水土也言蓺者翦

其蓊鬱與民種藝也傳所謂以啓山林也言旅者祭之以爲其川之鎮望記所謂取材出雲爲雨者也

既脩太原至于岳陽（岳漢書作嶽）

傳 高平曰太原今以爲郡名岳太岳在太原西南山南曰陽（水北亦曰陽）

疏 太原即晉陽縣釋地云廣平曰原太岳屬河東郡地理志河東彘縣東有霍太山（彘縣周厲王所奔順帝改永安縣今晉州霍邑）周禮冀州其山鎮曰霍山即此太岳是也山南見日故曰陽（今岳陽縣地堯所都）

揚雄冀州箴曰岳陽是都　爾雅西方之美者有霍山之多珠玉焉鄭玄注四鎮云山之重大者揚州之會稽青州之沂山幽州之醫無閭山冀州之霍山　徐堅曰太原府昔高辛氏子實沈及金天氏子臺駘之所居也又爲唐國帝堯爲唐侯所都　詩含神霧云唐地處孟冬之位得常山大岳之風音中羽其地磽确而收其民儉而好畜此唐堯之所處　山海經曰管涔之山其下多玉汾水出焉而西流注于河　水經曰汾水出太原汾陽縣北管涔山東

南過晉陽縣東晉水從縣東南流注之又南過平陶縣東文水從西來流注之又南入河東界過永安縣西歷唐城又南過平陽縣東堯舜並都之又南過臨汾縣東又西至汾陰縣北西注于河鄭樵曰汾陽今太原治陽曲也汾水出忻州歷太原汾晉絳蒲五州入河班云汾水西南行千三百四十里今太原府有汾河晉地記云陽曲本漢縣黃河千里一曲此當其陽故云

曾氏曰經始治之之謂載因舊治之之謂脩記曰禹能修鯀之功餘州以冀例之

朱子曰他所舉山川皆先地後績者覩成功而言也壺口梁岐及太原皆先績後地者本用

功之始而言也豈治之有難易歟

【箋】河入海汾入河二水原相屬禹自壺口至太岳治河即以治汾但岳陽向爲堯都鯀極意崇防頗有遺蹟可因而壺口梁岐則禹創爲疏鑿耳總之治冀州水以河爲主　太原岳陽帝都所在鯀亦大費經營只因不得要領防遏無益至禹相度源委先疏下流以殺河勢便得大頭腦河流既定太原一帶只脩鯀舊蹟自可奏功此神禹化工手段也并鯀蹟不朽矣　既載既脩凡既字皆據成功

言工力創造曰治沿緒曰修道里附近曰及總括曰至皆書法也　王氏樵曰河兆有縣隄益縣之治河也障之所以害愈甚而功不成若太原岳陽諸處非無可因之功故禹因而脩之河漕通考云開州有縣隄衛州有古伯禹隄博州亦有縣隄又名禹隄歷代築之以禦河患通謂金隄考括地志金隄一名千里隄在白馬縣東五里漢文帝時河決酸棗東潰金隄顏師古注在東郡白馬津九域志大名府有金隄又漢順帝陽嘉中自汴河口以東緣河積石爲堰遏淮曰金堤也　直隸名勝志曰汾河其源有二一出天池一出林溪山隋煬帝避暑之地經交鍋石村合流至古襄陽城又至

縣城西南以入樓煩故交城陽曲太原之境經河
津滎河諸縣注入黄河水經注云桑乾河水潛承
汾陽縣北燕山之天池俗名祁連泊卽管涔山谷
也
覃懷底績至於衡漳漢書作章
〔傳〕覃懷近河地名漳水横流入河從覃懷致功至
横漳〔疏〕地理志河内郡有懷縣在河之北覃懷
共爲一地衡古横字漳水横流入河故云横漳漳
在懷北五百餘里志又云清漳水出上黨沾縣大

黽谷東北至渤海阜城縣入河濁漳水出長子縣東至鄴縣入清漳　曾氏曰覃懷平地在孟津之東大行之西淶水出乎其西淇水出乎其東方洪水懷山襄陵之時平地致功爲難故曰底績水經注拒馬河即淶水也出代郡廣昌縣淶山淇水出林慮山又山海經沮洳之山濝水出焉東至淇縣南流入河謂之淇水口　金氏曰太行爲河北脊其山脊諸州皆山險至太行山盡地始平曠田皆腴美俗稱小江南古覃懷也今懷慶府　山海經曰發鳩之山漳水出焉濁漳東流注于河又東北百二十里曰少山清

漳之水出焉東流于濁漳之水　水經曰濁漳水出上黨長子縣西發鳩山　一云出鹿谷山與發鳩連麓而在南　東過壺關縣北又東過武安縣　清水自涉縣東南來注之所謂交漳口　又東過鄴縣西清漳水出上黨沾縣大黽谷東至武安縣入于濁漳　鄭樵云東北過磁州武安與濁漳合　沈括曰水以漳名者清濁相蹂爲漳章者文也別也謂兩物相合有文章且可別也清漳濁漳合於上黨色如螮蝀數十里方涸如圭璋之合詩云濟濟辟王左右奉璋璋圭體之半也合之則成圭　曾氏曰河自

大伾北流漳水東流注之地形東西爲橫南北爲從河北流而漳東注則河從而漳橫矣馬端臨曰漳水橫流入河在今廣平郡西北肥鄉縣界易氏曰洺州洺水縣本漢斥漳縣地屬廣平國有衡漳故瀆俗名阿難渠漢書溝洫志魏文侯時史起爲鄴令引漳水溉鄴以富魏之河內水經曰濁漳水東北過潞縣北注云縣故赤翟潞子國闞駰曰有潞水爲冀州浸即漳水也世亦謂濁漳爲潞水考山西通志濁漳水經屯留至潞城西交漳村與絳水合流名漳水至襄垣西南合沁州所出漳河又至縣東北合武鄉漳河西流經黎城縣西南入河南林縣地界與淸漳水合潞水在潞城縣東微子城發源西流合濁

漳則漳與潞非一水明矣楊愼曰有東潞西潞東潞今潞河驛西潞山西之上黨

〈箋〉覃懷衡漳從土說到水上恒衛大陸從水說到土上總見水治而邊水之土無不平治也　底績以平地致功爲難禹貢三言之其功較他處固應倍矣衡漳單說濁漳嘗底績之文葢指其旁地言

鯀以績用弗成致殛禹以所至底績受禪帝世考績黜陟之法并見于此　河南通志曰漳河源有二一出山西潞州長子縣發鳩山名濁漳一出山西平定州樂平縣少山名淸漳俱東至林縣合

流經安陽磁州臨漳館陶界入衛河一統志云衛河在館陶縣西二里漢名屯氏河隋疏爲永濟渠亦曰御河源自河南衛輝府輝縣東北流至臨清與會通河合流入海隋煬帝征高麗御樓船過此故名御河見館陶縣志

厥土惟白壤

〔傳〕無塊曰壤水去土復其性色白而壤〔疏〕九章算術穿地四爲壤五壤爲息土則壤是土和緩之名說文壤軟土也顏氏曰柔土曰壤周禮大司空以天下土地之圖周知九州之地域廣輪之數辨其山林川澤丘陵墳衍原隰之名物制其畿疆而溝封之以土

會之法辨五地之物生〔五地謂山林川澤丘陵墳衍原隰〕以土宜法辨十有二壤之物而知其種以教稼穡樹蓺以土均之法辨五物〔五地之物〕九等〔即九等之賦〕制天下之地征以作民職以令地貢以斂財賦〔鄭氏注以萬物自生則言土土猶吐也以人所耕而樹蓺則言壤壤和緩貌〕釋名曰壤瀼也肥濡意也博物志曰五土所宜黃白宜種禾黑墳宜麥黍蒼赤宜菽芋下泉宜稻得其宜則利百倍 鄭玄曰分別五土視其高下若高田宜黍稷下田宜稻麥丘陵阪險宜種棗栗 劉向曰山川汙澤陵

陸丘阜五土之宜聖王就其勢因其便不失其性高者黍中者稷下者秔蒲葦萑蒯之用不乏麻麥黍粱亦不盡　淮南子曰東方地宜麥南方地宜稻西方地宜黍北方地宜菽中央地宜禾　管子曰九州之土爲九十物羣土之長是唯五粟粟土之次曰五沃沃土之次曰五位位土之次曰五藼藼土之次曰五壤壤土之次曰五浮凡上土三十物　周禮草人掌土化之法以物地相其宜而爲之種（雜草而灰之以糞田）凡糞種騂剛用牛赤緹（絳色）用羊墳

墳用麋渴澤故水處用鹿鹹瀉用貆尺勃壤用狐埴壚用豕彊檃用蕡燒麻爲灰輕爂浮用犬並焚其骨爲灰陳氏大猷曰白言色壤言質水患退而後土性復色質辨始可與地利定賦法

〔箋〕九州言厥土而總結以厥土厥土則凡土皆在其中禹貢未嘗有穀土之說也桑土則於兖州特指言之

厥賦惟上上錯厥田惟中中

〔傳〕賦謂土地所生以供天子上上第一錯雜雜出

第二之賦田之高下肥瘠九州之中爲第五先賦
後田殊於餘州不言貢篚亦差於餘州疏賦者
稅斂之名往者洪水爲災九州賦稅蓋亦不行水
災既除土復本性以作貢賦之差鄭玄云此州入
穀不貢是也此時稅俱什一而得爲九等差者人
功有强弱收穫有多少傳以荆州田第八賦第三
爲人功脩雍州田第一賦第六爲人功少是據人
功多少總計以定差此州以上上爲正而雜爲次
等言出上上時多而上中時少也多者爲正少者

爲雜言上上錯者少在正下故先言上上而後言錯豫州言錯上中者少在正上故先言錯而後言上中此九等計大率所得非上料定也冀州自出第二與豫州同時則無第一之賦豫州與冀州等一同時則無第二之賦上言敷土此言厥田者鄭玄云地當陰陽之中能吐生萬物者曰土據人功作力競得而田之則爲之田也餘州先田後賦此州先賦後田當爲田賦以收穫爲差田以肥瘠爲等若田在賦上則賦宜從田田美則宜賦重無以

見人功脩否故令賦先於田也以見賦由人功餘州皆令賦在田下欲見賦從田出　周禮大宰八則五曰賦貢以馭其用　魏了翁曰賦有分須之意以井地所出獻于王也如禹貢之賦與詩賦政于外左氏悉率敝賦凡三等釆地所出之物與丘車之屬盡謂之賦賦是上須其式貢則下以供上賦通人力所出貢止是地所産如士謂之貢士亦謂之充賦皆地所出之人也　朱子曰常出者爲正閒出者爲錯錯在上上之下則閒出第一等也

賦有九等此乃計九州歲入多寡相較以爲之等非科定取民也取民則皆用什一賦入既有常數而又有間出他等之時者歲有豐凶不能皆如其常故有錯法以通之然則雖夏法亦未嘗不通也

羅泌曰孟子言夏后氏五十而貢商人七十而助周人百畝而徹貢者自治其田而貢其税畝五十而以其五貢助者借民之力以治公田畝七十而以其七助而徹則公私合併百畝而取其十畝三代取民雖名不同然取之以什一初不變也夏

商周之授田其數不同者禹時沉菑未遠九州之土固有見而未作作而未乂者人功未足以盡地利而可耕之地尚少故家五十畝而授沿歷商周人力浸廣疆土益闢是故商七十而周則百皇氏劉氏乃謂夏之民多故家五十商民稀故七十周民尤稀故百熊氏則謂夏之政寬故一夫之地稅其半商政稍急乃稅其七至周煩極故盡稅之而賈公彥復取六遂上地與夫司徒四等據地之法爲言謂夏之貢據一易之地家二百畝甸百畝而

荒百畝則二百畝而稅百畝是五十而貢也商之助法據六遂上地甸百畝者萊五十故百五十畝而稅一百畝是七十而助也若周之徹則據不易之地百畝而盡稅之是則古之民常多而後世之民愈少古之稅常輕而後世之稅愈重古之地皆一易而後世之地皆不易豈理也哉今夫九州之貢賦既有每歲之常矣至於他時歲儉復有錯出之賦因時制變凶年豈有取盈之理惟後世不善用之知取必於每歲之常而無雜出他等之時此

其所以爲弊歟

蘇傳賦田所出穀米兵車之類冀州畿内也田中中而賦上上理不應爾必當時事有相補除者豈以不貢而多賦耶　林氏曰冀州先賦後田者冀王畿之地天子所自治併與塲圃園田漆林之類而征之如周官載師所載賦非盡出於田也故以賦屬于厥土之下餘州皆田之賦也故先田而後賦　新安陳氏曰塲圃等之征載師掌之材木蒲葦等林衡澤虞掌之金錫禽魚卯人牧之畧人掌

之他以類推周官九貢致邦國之用用於諸侯王畿則止於九賦斂財賄亦此意也　臨川吳氏曰賦之九等以各州歲入總數較其多寡而爲高下也數之最多者爲上上田之九等以各州土地所宜較其肥瘠而爲高下也地之最腴者爲上上胡氏曰民力厚薄由田土肥瘠自古當然而禹貢九州所出之賦乃輕重不同何哉冀州土厚水深號爲沃野豫州天地之中商賈所集揚州東方之都會荆州南夏之名區故冀豫爲羅綺之鄉荆揚

爲魚鹽之海他物所出利倍於田此所以田輕而賦重也青徐海上僻陋之邦土狹民瘠雍梁西鄙控扼之國地險患多田土之外雜出不厚此所以田重而賦輕也

神農始造田謂之田祖詩疏　黄帝始經土設井田以塞爭端立步制畝以防不足使八家爲井閒爲四道此井田之原也其法肇於黄帝成于大禹備于周壞于秦也通典　后稷始甽田以二耜爲耦廣尺深尺曰甽長終畝一畝三甽漢食貨志　釋名曰田

塡也五稼塡滿其中　觀射父曰天子之田九畡九州之內有畡數也以食兆民　〈漢書食貨志〉理民之道地著爲本故必建步立畮正其經界六尺爲步步百爲畝民年二十受田六十歸田種穀必雜五種以備災害　鹽鐵論曰古者制田百步爲畝什而藉一漢憐百姓衣食不足制田二百四十步而一畝率三十而稅一顔野王云秦孝公以二百三十步爲畝　董仲舒曰古者稅民不過什一其求易共使民不過三日其力易足至秦用商鞅之法除井田民得賣買富者

田連阡陌貧者無立錐之地又加力役三十倍於古田租口賦鹽鐵之利二十倍于古或耕豪民之田見稅什五故貧民常依牛馬之衣而食犬彘之食古井田法雖難卒行宜少近古限民名田以贍不足塞并兼之路 貢禹以爲古民無賦算口錢起武帝征伐四夷重賦于民鄭樵志秦孝公十三年初爲賦 林駉曰漢自田賦之外有口賦有算賦口賦者民自年三歲出口錢二十至年十四而止自年十五歲出算錢百二十至五十六而止至武帝增口錢之

三以補車騎馬而口賦始二十三爲率是口賦已重於田賦　唐制度田以步其濶一步長二百四十步爲畝百畝爲頃凡民二十一爲丁六十爲老授田之制人一頃其八十畝爲口分二十畝爲永業凡授田者丁歲輸粟二斛稻三斛謂之租丁隨鄉所出歲輸絹二匹綾絁二丈有加五之一綿三兩麻三觔非蠶鄉則輸銀十四兩謂之調用人之力歲二十日閏加二日不役者日爲絹三尺謂之庸其法以人丁爲本自開元以後天下戶籍久不

更造田畝賣易代宗時始以畝定稅而斂以夏秋至德宗相楊炎遂作兩稅法夏輸無過六月秋輸無過十一月田稅視大曆十四年墾田之數爲定唐食貨志

衕坦曰租賦田桑所出也自禹定制不使貢其所無今之取民視古什一何啻數倍穀帛之外又折估而使輸錢焉吏又先期以趣之斯民益不堪命也古者山虞不賦魚鼈川衡不貢材木

馬端臨曰禹貢八州皆有貢而冀州獨無之甸服有米粟之輸而餘四服俱無之說者以爲王畿之

外八州俱以田賦所當供者市易所貢之物故不輸粟然則土貢即租稅也漢唐以來任土作貢無代無之著之令甲猶曰當其租入然季世苛橫往往租自租而貢自貢矣又曰隨田之在民者稅之而不復問其多寡始於商鞅隨民之有田者稅之而不復視其下中始于楊炎三代井田之良法壞於鞅唐租庸調之良法壞於炎　蘇轍曰三代之君開井田畫溝洫謹步畝嚴版圖因口之衆寡以授田因田之厚薄以制賦經界既定仁政自成下

及隋唐風流已遠然其授民田有口分永業皆取之於官其斂民財有租庸調皆計之於口其後世亂法壞變爲兩税户無主客以見居爲簿人無下中以貧富爲差田之在民其漸由此貿易之際不可復知貧者急於售田則税多而田少富者利於避役則税少而田多僥倖一興税役皆弊故丁謂之記景德田況之記皇祐皆以均税爲言矣然嘉祐中薛向孫琳始議方田量步畮審肥瘠以定賦税之入熙寧中吕惠卿復建手實狀私隱祟告訐

以實貧富之等元豐中李琮追究逃絶均虚數虐

編户以補失陷之税此三者皆爲國斂怨所得不

補所失事不旋踵而罷　鄭介夫曰自古天下之

田無不屬官先王使貧富强弱無以相過各有其

田得以自耕故天下無甚富甚貧之民至成周時

其法大備畫地爲井八鳩五規二牧九夫以等其

高下溝洫畎澮川涂畛徑以立其堤防疆井旣定

無得侵奪商鞅開阡陌乃有豪强兼并之患然猶

不明説田在民也官不得治而民得自占爲業耳

迄于漢亡兵火之餘人稀土曠當時天下之田既不在官亦終不在民以爲在官則官無人收管以爲在民則又無簿籍契券但隨力所能至而耕之元魏行均田稍亦近古唐因而損益之爲法雖善然令民得賣其口分永業始有契約文券日漸一日公田盡變爲私田先王之法由是大壞天下紛紛互相吞併而井田永不可復矣

〔箋〕王畿之賦兼貢言故異其文而先于田且不欲示賦額爲諸州殿也然有時而錯亦不盡民力之

意　國家賦額雖定尤以臨期會計爲准如某處災荒量減卽於某處派抵此卽禹貢所云錯法也

陸樹聲曰禹貢九州言田賦者九曰篚者三曰包者二匭者一曰貢者八而冀州則獨言田賦而不言貢者葢冀爲天子所都餘八州諸侯分封之國諸侯各以歲時致其田之所有以獻於王者之謂貢冀爲天子畿內之地其物之所有皆屬于王則虞衡澤虞牧人咎人掌之何貢之爲周官一書紀行人之職曰王畿之外五百里曰甸服始貢器

物其次貢祀物以至要服各貢其所出之物而王畿之內則太宰掌其九職九賦而已亦未嘗言貢也　陸深曰禹貢八州皆有貢物而冀州獨無之冀即今之山西土瘠天寒生物鮮少蓋自古爲然

董穀曰古以百步爲畝以今弓准之一畝當今四分强耳后稷爲田一畝三畎廣尺深尺是横過一弓直長一百弓也古一夫百畝當今四十一畝播種之區一畝三畎通計百畝三十丈濶六十丈長耳　丘氏濬曰案馬端臨言賦稅必視田畝乃

一古今不易之法三代之貢助徹亦只是視田而賦之未嘗别有戶口之賦兩稅以資産爲宗未必全非也但立法之初謂兩稅外不許分毫科率然兵興費廣不能不於稅外别有徵求此時弊非法弊也我朝稽古定制以天下之墾田定天下之賦稅因其地宜立爲等則夏稅秋糧歲有定額惟逐戶編爲里甲十年一度輪差其法一定而可守近日亦不免稅外徵求矣

恒衛既從大陸既作史記作爲

〔傳〕二水已治從其故道大陸之地已可耕作〔疏〕地理志云恒水出常山上曲陽縣東入滱水衛水出常山靈壽縣東北入滹沱大陸在鉅鹿縣北釋地十藪云晉有大陸孫炎等皆云今鉅鹿縣北廣阿澤也春秋魏獻子畋于大陸焚焉還卒于寗杜氏嫌鉅鹿絕遠以爲汲郡脩武縣吳澤寗卽脩武

今按恒水在眞定縣出恒山北谷西南流至眞定府行唐縣衛水在靈壽縣東北十里俗呼雷溝河見眞定府志大陸卽吳澤見水經注考史記正義曰大陸澤在邢州及趙州界一名廣阿澤一名鉅鹿澤也寰宇記云一名沃洲今俗名葫蘆河趙武靈王曰吾國東有河薄洛之水或其訛轉云

水經曰滱水出代郡靈丘縣高氏山南過廣昌縣南又東南過中山上曲陽縣北恒水從西來注之

水出恒山北阜東北流注于滱水薛氏曰恒水東入滱水至瀛州高陽縣衛水合滹沱河過信安軍並入易水寰宇記云大茂山在真定縣西南界郎恒山之別名也禹貢恒水所出俗謂之太白山易水出涿郡故安縣西山寬中谷南注濡水流合巨馬水爲北易其出代郡廣昌縣郎山南會渾波俗謂雹河出北新城東合滱水謂之南易詳水經注 釋名曰高平曰陸陸漉也水流漉而去也 杜佑曰大陸澤在今鉅鹿趙郡饒陽郡界蔡傳謂禹河自澶相以北皆行西山之麓及其已過信洚漢志冀州信都縣有洚水則西山勢斷

曠然四平此地謂之大陸杜佑李吉甫以邢趙深三州爲大陸者得之考眞定府志趙州東南一百里曰隆平卽禹貢所云大陸者〔蘇傳〕水已復故道則大陸之地可耕作

〔箋〕冀州於田賦後更附此條說者以爲成功獨遲固也乃余於此得帝王經畫畿輔之深意葢當是時京師無漕輓之仰給而坐擁千里以自贍使地利不盡而野多曠土何以佐經費而賦額又最重寧恐厲民以取盈如覃懷大陸一帶彌望沃野皆堪耕作而洪水初退之餘因之樹藝其收必倍史

臣大書特書以見所在之盡地利而重農力穡以爲天下倡亦以實京師而壯根本非如後世之虛口仰食也觀虞書於禹平水土後申命稷以播蒔百穀而此處於覃懷大陸一則曰底績再則曰既作不嫌重複其詞意可思已乃語連衡漳恒衛豈冀州水無大此者蓋大河之旁其地最苦崩嚙橫決而得一二支水疏引穿渠以便溉灌尤於耕作爲易故連及之耳禹不云乎濬畎澮距川此又紀衡漳恒衛之旨也　按衛水出靈壽入滹沱大學

士石瑶滹沱河記曰恒山之陽有鉅川焉曰滹沱
出代郡泰戲山下滙爲三泉流稍延曼循大行掠
晉冀蜿蜒而東注之海班固敘九河所謂徒駭者
太行以東地下河淤旁無潤壑以泄其怒諸流洶
湧至敗城郭没田廬若是則冀州水無大滹沱矣
經何以舍旃而稱恒衛也今恒衛二水郡志頗畧
而衛河源出輝縣之蘇門山會淇漳諸水過臨漳
分爲二其一北經大名至武邑以入滹沱其一東
流經大名出臨清至直沽會白河入海豈即經所

云衛水與郡志稱滹沱南入寧晉會衛河入海又謂滹沱源發于鴈門繁峙東南至靈壽而眞定適當其衝併識以俟考　直隸名勝志曰東鹿縣本禹貢大陸地以滹沱水環之故名西漢曰陸成盖麓陸古字通用脩堤記云東鹿治眞定之東滹沱河經靈壽平山晉州深州至直沽入海而東鹿間於晉深二州間滹沱之來滋大又曰大陸城在寧晉縣東南十里本漢廣阿縣隋改爲大陸郎禹貢地大河所經受滏沛諸水夏潦時漳水滹沱南北

交注其澤東西經三十里直接隆平任縣俱百餘里滹滏二水遠徙可以耕種　陶望齡曰恒山滹沱之間專曰冀禹之敷土也至於恒衞從大陸作而冀方乃寧矣管子言恒山之野五穀蕃熟四種五穫　秦繼宗曰經文有兩旣字傳云成功於田賦之後非與工獨後也或謂田賦定後治恒衞大陸非矣

島夷皮服島漢書作鳥

〔傳〕海曲謂之島居島之夷還服其皮明水害除馬云

島夷北夷國【疏】孔讀鳥爲島島是海中之山海曲有山夷居其上常衣鳥獸之皮爲遭洪水衣食不足今還得衣其皮服以明水害除也鄭玄云鳥夷東方之民搏食鳥獸者也王肅云鳥夷東北夷國名釋名曰海中可居者曰島島到也人所奔到也亦言鳥物所赴如鳥之下也　大戴禮曰東辟之民曰夷精以僥至于大遠有不火食者矣　白虎通曰東方九夷夷者傳狄無禮義　後漢書云夷有九種畎夷于夷方夷黃夷白夷赤夷玄夷風夷陽夷　王氏炎曰北地寒故服用皮

南地暖故服用卉此第志其服與中國異聖人亦因其俗而不華爾・林氏曰衣皮夷性不必水平乃得服諸夷不責其貢欲効誠亦不拒也如蠙珠織皮之類

〔箋〕冀東北邊夷如今遼東鄰近朝鮮海西地界島中有夷聚居以皮服來貢因俗以示羈縻亦見王者無外之象

夾右碣石入于河

〔傳〕碣石海畔山〔疏〕地理志碣石山在北平驪城

縣西南。〔蘇傳〕河自碣石山南渤海之北入海夾挾也自海入河逆流而西右顧碣石如在挾掖也朱子曰碣石山負海當河入海之衝自海道夾出碣石之右然後入河而達帝都也冀州三面距河其建都實取轉漕之利朝會之便故九州之終皆言達河以紀其入帝都之道冀實帝都亦曰入河者爲北境絕遠者言之以明海道亦可至也山海經曰碣石之山繩水出焉而東流注于河河之入海舊在碣石今川流可導非禹瀆也周定王五年河徙故瀆故班固曰商碣周移也、水經注曰大碣石山在驪城縣西南漢武帝嘗登之以望巨海勒石於此今枕海有石如甬道數十里當山頂有大石如柱形立於巨海之中潮水大至及退不動不沒不知深淺世名之天橋柱也狀若人造要亦非人力所就韋昭亦指此以爲碣石也韋昭以爲碣石舊在河口海濱歷世既久爲水所溢漸淪入海已去岸五百餘里矣通典云碣石山在漢樂浪郡遂城縣長城起於此東截遼水而入高麗禹貢右碣石在平州南三十餘里楊慎云郎河赴海處則高麗中爲左碣石水經注蒙恬築長城起自臨洮至于碣石永平府志云碣石山在昌黎西北二十里　朱子曰混同江斜迤東南流入海其下爲遼海遼東遼西指此水而分也

〔箋〕按關鎮志碣石在山海關山自居庸而東其勢漸南海自直沽而東其勢漸北轉入遼境金復州南岸即登萊二府界也　國初尚通海運山東一省錢鈔布花由海道給遼今山海城南泊舟遺址猶存而運道久廢不復講矣　唐神龍中滄州刺史姜師度於薊州北漲水爲溝以備契丹奚之入

寇又約舊渠旁海穿漕號平虜渠以避海難　吳寬曰元之漕由海道而來海舟鉅甚至直沽易以小舟始達城下　丘氏濬曰國家都燕極北之地而財賦之入皆自東南況自古皆是轉般而以鹽爲傭直今則專役軍夫長運而加以兑支之耗歲歲常運積糧雖多戍卒日少請尋元人故道別通海運與河漕並行江西湖廣江東之粟照舊河運而以浙西東瀕海一帶浙江布政司及常州蘇州松江三府由海通運使人習知海道一旦漕渠少有滞塞此不來而

彼來是亦思患預防之計也又曰唐杜牧言禹畫九州一曰冀州舜以其分太大離爲幽州其人沈鷙多才力能音耐辛苦復産健馬下者日馳百里兵馬之强在昔然矣且其地瀕大海秦始皇起黃腄琅琊負海之粟轉輸北河是時海運已通杜甫謂漁陽豪俠之地雲帆轉遼海粳稻來東吳則唐時又通東吳之粟于此元盛時漕東南粟于燕歲幾至四百萬石天生鉅海以爲國家餽道不假通渠轉漕者　鄭氏曉曰禹貢貢道皆曰浮于惟冀

州無貢道止書島夷皮服夾右碣石入于河蓋島與碣石字相聯書卻爲海夷貢道又曰碣石有二一在廣東南海口一在冀州北海口北碣石在海中如河中砥柱當河入海之衝鎖中國水口眞天造也河旁地淪于海碣石遂去岸五百里其地今爲遼東西南小海其西即冀河入海故道山海關至薊州豐潤一帶是也未有小海時遼東亦不屬兖者蓋須入山海關從永平薊州方至兖遠矣若屬青州片帆可達故唐虞時遼東今遼陽屬青遼

西今廣寧屬冀自九河淪海而兖地甚狹又按禹之治水始于西北壺口岐梁之山遂至太原而南盡太岳之陽諸山皆列峙于大河之東與雍州隔境自此而又東則有覃懷之地衡漳之水盇平曠之區而非山麓之阻大抵與豫州對境若乃恒衛大陸又皆直在帝都之東境而與兖州接壤矣考自堯都平陽歷舜禹並在冀方即今山西河東道所轄 國家定鼎幽燕亦冀州境則近黃帝涿鹿之阿矣元學士郝經云燕都東控遼碣西連三

晉背負關嶺瞰臨河朔南面以臨天下誠爲海內形勝要區乃今日轉漕全仰給東南以會通河爲咽喉萬一運道中梗危證立見先年併通海運有遮洋一總遺意尚存似宜及時講究以佐緩亟而西北水田向議開墾旋行旋罷終鮮實心任事者若能多方設法耕治彌望田疇不特可漸省轉漕兼得增脩地險以限戎馬之足固 帝都萬世永利也

魏太常校曰大地之脉咸祖崑崙而南北二絡最大北絡發于崑崙之陰折而東行其背爲

北狄其面爲中國而其餘氣爲東夷東夷氣散而弱世爲不侵不叛之臣北狄廣漠萬里龍氣粗頑其性殺伐陰山横亘千餘里固天所以限華夷也控御北番至爲要害南面爲中國其中結爲冀都其左結爲燕京冀都則恒山祖脉若從天降下爲平陽而大河三面環之以截龍氣天文北極不動而衆星共焉冀都正北南面以臨天下上應薇垣此第一都會也堯舜禹由是興焉北絡極于幽燕而大河至此入海與鴨緑江會東夷爲其下沙此

山水一大交會也其北崇岡千疊而其前平夷千有餘里泰山聳于南誠國家萬年之基也但河徙而南氣不交固今其勢且北而以害于漕河則障之使南且　國家北都燕而遠漕江南粟民力易罷地則有遺利矣以漕河故多逆水性大河淮泲皆拂經是于天時人事無乃有未盡乎　帝都論云北龍有燕山即今　京師也以燕然山脉盡於此故曰燕山其龍發崑崙之中派綿亘數千里至丁闐歷瀚海出夷入貊又萬餘里始至燕然山入

中國爲燕雲北京爲山前曰燕大同爲山後曰雲復東行數百里起天壽山乃落平洋方廣千餘里遼東遼西兩枝關截黄河前遶鴨緑後纏而陰恒太行諸山與海中諸島相應近則灤河潮河桑河易河并諸小水夾身界限分明桂文襄公謂扆山帶海有金湯之固薊眞定以北至永平關口不下百十而居庸紫荆山海喜峰古北黄花鎭險阨尤著會通漕運便利天津又通海運誠萬世帝王之都也又云黄帝都幽州之涿鹿堯舜都冀州之蒲坂我

成祖遷都燕京葢復黄帝堯舜之故都于千八百年之後左環滄海右擁太行北枕居庸南襟河濟形勝甲於天下唐虞之都以河溢爲患周洛邑以備守之難大梁平夷無險臨安僻處一隅金陵形勝雖優而垣氣多泄兩淮龍氣大盡而地勢卑下東魯中幹最尊而已鍾孔聖且今河水穿龍皆非建都之宜他如武昌成都又不足論矣故惟　京師爲上關中次之東漢所都之洛又次之　丘氏濬曰石晉所賂契丹十六州地幽今順天薊瀛莫今任丘縣

涿檀今密雲縣順今順義縣七州在山前新今保安州嬀今隆慶州儒今永寧縣武在今朔州西境雲今大同應寰今馬邑縣朔蔚九州在山後合契丹所自取營今昌黎平今永平二州通計之蓋十有八州也自是中國非但失其土地人民乃并其關隘而失之宋承其後遂以白溝河爲界今山前山後皆吾中國地山前七州今爲畿甸太行西來連岡疊嶂北歷居庸而東極于醫無閭以爲內藩籬山後諸州自永寧四海冶以西歷雲代重關列戍以爲外藩籬苟得人守禦可保無外患惟昌

平以東遵化永平一帶往者有大寧都司興營義會等衛在山後爲外障其後移入內地京師東北藩籬單薄異時外患未必不出于此嘗觀元人進金史表曰勁卒擣居庸關北搤其背大軍出紫荆口南搤其吭此古今都燕者防患之明鑑也漢邊在北咸陽去朔方餘千里唐邊在西長安去吐蕃亦幾千里今　京師北抵居庸東北抵古北口西南抵紫荆關近者百里遠者不過三百里所謂居庸則吾之背也紫荆則吾之吭也據關中者將以

搤中國之吭而拊其背都幽燕者切近北狄又恐其反搤我之吭而拊吾之背焉又曰漢唐宋皆並建兩京然漢唐皆以長安爲西京洛陽爲東京宋以汴爲東京洛爲西京其地皆接壤惟我　朝跨

江南北而各爲一大都會

高皇帝定鼎金陵天下萬世之大利也

文皇帝遷都金臺天下萬世之大勢也蓋天下財賦出于東南而金陵爲其會戎馬盛于西北而金臺爲其樞並建兩京爲四方極用東南之財賦統西

北之戎馬無敵於天下矣

元泰定中虞集爲翰林直學士進言曰京師之東瀕海數千里北極遼海南濒青齊萑葦之塲也海潮日至淤爲沃壤請用浙人之法築隄捍水爲田聽富民欲得官者合其衆分授以地官定其畔以爲限能以萬夫耕者授以萬人之田爲萬夫之長千夫百夫亦如之察其惰者而易之三年後視其成以地之高下定額以次漸征之五年有積蓄命以官就所儲給以祿十年不廢得以世襲如軍官

之法則東海民兵數萬可以近衛京師外禦島夷遠寬東南海運以紓疲民丘文莊公曰集此策當時不行及其末世海運不至謀國者思集言于是有海口萬戶之設大畧宗之每年得數十萬石以助國用亦已晚矣嘗聞爲海田者必築隄岸以攔鹹水之入疏溝渠以導淡水之來今由白河以至潞渚觀其入海之水最大之處無如直沽然其直瀉入海灌漑不多請于將盡之地依禹貢逆河法截斷河流橫開長河一帶收其流而分其水然後

于沮洳盡處築爲長隄隨處各爲水門以司啓閉外以截鹹水俾其不得入内以洩淡水俾其不至漫如此則田可成矣于凡有淡水入海所在皆依此法行之則沿海數千里無非良田非獨民資其利而官亦賴其用矣　元順帝時脱脱言京畿近水地召募江南人耕種歲可收粟麥百餘萬石不煩海運京師足食於是立分司農司西自西山南自保定河間北抵檀順東及遷民鎮凡官地及原管各屯田悉從分司農司立法佃種給鈔五百萬

錢以供工價牛具農器穀種之用又畧倣前學士
虞集議於江淮召募能種水田及脩築圍堰之人
各千人爲農師　王氏樵曰宋時自雄州東際于
海多積水戎人患之不敢由此路入寇順安軍至
北平二百里地平廣無隔閡每歲胡騎多由此入
議者謂宜度地形高下因水陸之便建阡陌濬溝
洫葢樹五穀所以實邊廪而限戎馬葢宋失燕薊
以内地爲邊故恃塘濼以設險亦因以溉田而積
穀今塘濼或不必盡如宋時而所謂因水陸之便

建阡陌濬溝洫以興農而制虜者則歷世不刊之長策也今　京師西山稻田皆引泉以溉灌用江南種法北方但地平廣有水泉可引處皆可種稻周官設稻人掌稼下地益爲此

禹貢滙疏卷一　終

禹貢滙疏　二之四

禹貢滙疏卷二

吳興茅瑞徵纂并箋　男備京、備武仝訂

濟河惟兖州（濟漢書作泲史記作沇沇即兖字釋名曰兖州取兖水以爲名）

傳東南據濟西北距河　疏據謂跨之距至也濟河之間相去路近兖州之境跨濟而過東南越濟水西北至東河也李巡曰濟河間其氣專質厥性信謙故云兖兖信也　周禮職方氏河東曰兖州其山鎮曰岱山其澤藪曰大野（漢書作泰壄）其川河泲其浸盧濰其利蒲魚其民二男三女其畜宜六擾

馬牛羊豕犬雞其穀宜四種黍稷稻麥杜佑曰兗之爲言端也信也共在天文營室東壁則衛之分野兼得魏宋齊趙之交秦置爲東郡碭郡之東北境齊郡之北境鉅鹿上谷二郡之東境漢地理志今東郡及魏郡黎陽河內之野王朝歌皆衛分也衛爲狄滅徙封楚丘成公徙於帝丘今之濮陽本顓頊之虛故謂之帝丘秦滅濮陽置東郡衛地有桑間濮上之阻聲色生焉故俗稱鄭衛之音後漢郡國志兗州刺史部郡國八陳留東郡東平任城泰山

濟北山陽濟陰　馬端臨曰漢時爲郡國九郡則東魏泰山濟陰平原清河渤海千乘國則東平漢光武併十三州兖治昌邑（今金鄉縣）晉武帝太康元年平吳分十九州兖治廩丘（雷澤縣）唐地理志河南道古兖州域濮爲大火分兖爲降婁分齊棣（析滄州置）爲玄枵分滑爲娵訾分隸河南採訪使　杜佑曰唐分置十五部兖州爲河南道靈昌（滑）濮城（濮）濟陽（濟）東平（鄆）等郡河北道魏郡（魏）博平（博）平原（德）樂安（棣）景城（滄）清河（貝）等郡　宋京東路則濟

南府本濟州分轄京東西路則濮州京西北路則滑州河北東路則大名本魏郡開德本澶州二府滄博今東昌府棣德濱恩六州及永靜軍即景州河北西路則濬州本通利軍馬端臨曰宋時爲州十四滑濮濟魏博鄆德棣濱滄貝即恩州澶景端拱初以滑州黎陽縣建通利軍屬河北路

班固配十二次自軫十二度至氐四度爲壽星於辰在辰鄭之分野屬兗州費直起軫七度蔡邕起軫六度陳卓京房張衡並云角亢氐鄭兗州春秋元命苞曰五

星流爲兖州分爲鄭國　春秋緯文耀鉤云兖州青州屬機星（星經）玉衡第五星主兖州常以五辰日候之甲辰爲東郡陳留丙辰爲濟北戊辰爲山陽泰山庚辰爲濟陰壬辰爲東平任城　武夷熊氏曰兖州當河之下流西距河東距濟北濱海南接徐豫之境　林氏曰自兖而下八州皆以高山大川定州之疆界所謂奠高山大川也鄭漁仲謂禹貢以地名州爲萬代地理家成憲　王氏炎曰周定王五年河徙已非禹之故道漢元光

三年河徙東郡更注渤海繼決瓠子又決魏之館陶遂分爲屯氏河大河在西屯河在東二河相並而行元帝永光中又決清河靈鳴犢口則河分流入于博川屯河始壅塞不通後又決於平原則東入濟入青以達于海而下流遂與漯爲一王莽時河遂行漯川夫河不行於大伾之北而道於相魏之南則山澤在河之瀕者支川與河相貫者悉皆易位而與禹貢不合矣　章俊卿曰黄河舊道三代以前自宋衛州之黎陽縣境折而北流故北京

及河北東路諸州在河之東即古兖州之域自周定王時舊道湮塞秦漢以還河堤屢壞乘上游之勢決而東下故兖州之域隔在河北而河東之名乃移在并州

〔箋〕清濟濁河足以爲固此王公所以設險也然以兩巨浸并一州境水患可望而知已　導山導水各條正所謂隨山刊木奠高山大川者林氏專指濟河惟兖州等句爲奠山川未是　按濟古文作泲說文註此兖州之濟即沇水也其從水從齊者

自出房子縣贊皇山入泜非四瀆之水然水經注云二濟同名則泲之訛爲濟舊矣　考一統志古兗州今山東省東昌府（齊西鄙聊攝境）兗州府則徐兗二州域北直隸大名府則冀兗二州域河南省開封府則兗豫二州域　鄭氏曉曰今山東東昌府濟南府所屬齊河禹城臨邑長清肥城青城陵縣泰安州新泰萊蕪德州德平平原武定陽信海豐樂陵商河濱州利津霑化蒲臺兗州府所屬陽穀東阿平陰東平汶上壽張直隸大名府所屬元城大

名南樂淸豐內黃開州長垣東明魏縣河南開封府所屬延津封丘原武陽武胙城古黃河故道雖在開長之南亦非禹時故道矣其在山東亦如之考徐州曰東原底平則東平恐應入徐州詩譜曹封域在雷夏菏澤之野則曹縣定陶等地應爲兗豫二州域

曹學佺曰郡沿革志禹貢之兗界在濟河今日畧及海岱故其東南郡邑屬徐州域者十之七八西北郡邑屬兗州域者十之一二益宅徐之方而受兗之名然府治實春秋及漢之曾國與秦之薛郡

九河旣道

傳 河水分爲九道在此州界平原以北是九河徒駭一太史二馬頰三覆釜四胡蘇五簡六絜七鉤盤八鬲津九曲爾雅李巡曰徒駭禹疏九河以徒衆起故云徒駭太史禹大使徒衆通其水道故曰太史馬頰河勢上廣下狹狀如馬頰也覆釜水中多渚形如覆釜胡蘇其水下流故曰胡蘇胡下也蘇流也簡大也河水深而大也絜言河水多山石治之苦絜絜苦也鉤盤言河水曲如鉤屈折如盤也鬲津河水狹小可鬲以爲津也孫炎曰徒駭禹疏九河用功雖廣衆懼不成故曰徒駭胡蘇水流多散胡蘇然餘同

疏 河從大陸東畔北行而東北入海冀州之東境至河之西畔冰分大河東爲九道漢成帝時河隄都尉許商上書

曰古記九河之名有徒駭胡蘇鬲津今見在成平東光鬲縣界中自鬲津以北至徒駭其間相去二百餘里是知九河所在徒駭最北鬲津最南蓋徒駭是河之本道東出分爲六枝徒駭在成平胡蘇在東光鬲津在鬲縣其餘不復知也爾雅九河之次從北而南既知三河之處則其餘六者太史馬頰覆釜在東光之北成平之南簡潔鉤盤在東光之南鬲縣之北也其河塡塞時有故道鄭玄云周時齊桓公塞之同爲一河今河間弓高以東至平

原鬲津往往有其遺處春秋緯寶乾圖云移河爲界在齊呂塡閼八流以自廣盡塞其東流八枝并使歸於徒駭也蔡傳九河合簡潔爲一而謂其一爲河之經流王氏樵云今南皮縣明有潔河未聞與簡河爲一朱子孟注仍爾雅呂祖謙曰禹不惜數百里地疏爲九河以分其勢善治水者不與水爭地也新安陳氏曰禹疏九河不過因河之勢自分而疏通之耳余闕曰多其委使河之大有所瀉而其力有所分此禹治河之道也自周定王時河始南徙訖于漢而禹之故道失矣故西京時受患

特甚自瓠子再決流爲屯氏諸河其後河入千乘而德棣之河又播爲八漢人指以爲太史馬頰者大抵偶合于禹迹故訖東都至唐河不爲害者千數百年至宋而河又南決乃由彭城合汴泗東南以入淮　古河辨曰河過大陸趨海勢大土平遷徙不常自播爲九禹因而疏之非河獨行經流爲於旁近疏鑿以殺其溢也禹後歷三代至齊桓時千五百餘年矣支流漸絶經流獨行亦理勢如此非齊桓冒曲防之禁故塞九河實九河自爲平陸

可樹蓺耳至定王五年河遂南徙砱礫漢世漸決而南元帝永光中決于清河分流入博州後又決于平原乃東入青齊之境遂由漯川與濟並行入海宋紹熈以後乃南連大野并泗入淮金初又改由渦近歲復由泗入淮河濁淮泗俱清清淮勢大可以吞伏故下流無淤塞之患

漢書溝洫志成帝時清河都尉馮逡奏言禹非不憂民力以地形有勢故穿九河今旣滅難明屯氏河不流行七十餘年新絕未久可復浚以助大河

泄暴水備非常哀帝初平當使領河隄奏言九河今皆寘滅按經義治水有决河深川而無隄防雍塞之文河從魏郡以東北多溢决水迹難以分明宜博求能浚川疏河者王莽徵能治河者以百數長水校尉平陵關並言河决率於平原東郡左右其地形下而土疏惡聞禹治河時本空此地可勿以爲官亭民室而已御史臨淮韓牧以爲可畧於禹貢九河處穿之縱不能爲九但爲四五宜有益大司空掾王横言河入勃海地高往者天甞連雨

東北風海水溢西南出寖數百里九河之地已爲海所漸矣禹之行河水本從西山下東北去杜佑曰西山則大行恒山周譜云定王五年河徙則今所行非禹之所穿也又秦攻魏決河灌其都決處遂大不可復補宜卻徙完平處更開空使緣西山足乘高地而東北入海乃無水災杜佑曰河自周定王五年徙流禹之所道漸以湮塞至秦攻魏決河灌其都則今陳留郡漢武元封三年春河又徙頓丘東南流入渤海即今景城郡地其下決於瓠子東南通

于淮瓠子在今濮陽縣西界時丞相田蚡食邑鄃在河北決而南卽鄃無水災邑收多入鄃卽今平原郡平原縣也有以知自周及秦至漢其河已在今魏郡平原之境九河其徒駭鬲津鉤盤胡蘇竝在今景城郡界馬頰覆釜二河竝在今平原郡界其太史簡潔三河未詳又曰古鉤盤河在樂陵縣東南鬲津河在饒安縣胡蘇河在東光縣竝屬滄州　鄭樵曰按圖志瀛州有成平故城又有徒駭河永靜軍有東光縣東連滄州有胡蘇亭葢因河

命名而滄州復有鬲津鉤盤太史河之名鬲縣故城在德州與滄比境鄭氏云九河齊桓公塞之而北瀆至王莽時亦絕故世謂王莽河今在永靜軍然每疑禹所道無二河按禹貢文東過洛汭至于大伾北過降水至于大陸又北播爲九河同爲逆河入于海又按武帝元封三年春河水徙從頓丘東南流入渤海是爲朝城之漯河降水東北過濮陽縣別出爲瓠子河漢武帝時河决瓠子水注鉅野通于淮泗發卒塞之又東北過東武陽今大名朝城也而爲漯河又東北過大名館陶縣別出爲屯氏河又東北過淸河靈縣別出爲鳴犢河今皆絕矣舊說禹道

河至頓丘分爲二渠一曰漯川出武陽至千乘入渤海一曰北瀆出貝丘至大陸北播爲九河同爲逆河入于海

然則今河之入海者入渤海爾禹貢所謂入于海者由碣石之海碣石今在平州北瀆者乃禹所道之河其後河奔漯川入于渤海故瀆遂絕九河不復通蓋故瀆在北漯川在東河決而東勢則然也恐非齊桓公所塞自河決漯川之後北瀆遂微九河皆絕但王莽河上承北瀆下入逆河爲一河微通奈北勢高故後亦絕但由漯川爾　蔡傳漢以來講求九河皆似是而非至顯然謬誤者

則班固以滹沱爲徒駭樂史馬頰乃以漢篤馬河當之鄭氏又以爲齊桓公塞其八流以自廣夫曲防齊之所禁塞河宜非桓公之所爲也惟程氏以九河之地已淪於海引碣石爲九河之證謂今滄州北與平州接境相去五百餘里禹之九河當在其地後爲海水淪没上文言夾右碣石則九河入海之處有碣石在其西北岸今平州正南有山名碣石尚在海中去岸五百餘里則是古河自今以爲海處向北斜行始分爲九其河道已淪入於海

明矣　宋太祖下詔曰夏后所載但言導河至海

隨山濬川未聞力制湍流廣營高岸自戰國專利

堙塞故道九河之制遂隳歷代之患弗弭其後著

作佐郎李垂上導河形勝書畧曰兩漢而下言水

利者屢欲求九河故道而疏之今考圖志九河並

在平原而北且河壞澶滑未至平原而上已决矣

則九河奚利哉

（箋）此兖州最大之水亦禹最施功處故首及之大

畧禹治水先從河起下則疏九河上則治壺口梁

岐皆是最要着數　九河禹所播爲九者道即禹新開之道葢河只一派自大伾北折而入兗乘高而來更挾渭洛汾洚而益大兗獨受全河之水而又地半曠無高山崇岡以爲之限尤易潰齧禹故不惜數百里之地播爲新河者八并河身而九以殺其入海之勢今旣順其道所謂禹之治水水之道耳長江萬里吞納百川以兩岸有山爲限故不聞潰决惟河自大伾而下行于平地勢旣悍猛而平地土疏非隄防所能捍禦到此不得不分禹因

其勢之自分而相機疏導使有入海之路此所以爲行所無事而稱大智也　潘季馴曰九河非禹所鑿特疏之耳蓋九河乃黄河必經之地勢不能避故疏之而禹仍合之同爲逆河入于海其意可想也蓋天地開闢之初卽有百川四瀆原自朝宗于海高卑上下脉絡貫通不假人力歲久湮淤至堯時泛濫之極禹不過審其高卑上下之勢去其壅塞湮淤以復天地之故道耳固未嘗𢯱掘一河也　鄭氏曉曰此處河流下趨海潮上壅勢必激

盡須分爲九河在滄州之北平州之南山東通志云九河在濟南者五亦無確據大明一統志曰禹貢九河今新舊志所載有鬲津枯河自齊河縣經禹城平原德州德平樂陵東北至海豐入海又有鉤盤枯河自德州經德平東北至陽信縣又有覆鬴枯河自慶雲經海豐縣南入海又濟陽縣東北商河縣有馬頰枯河或云徒駭在滄州廢清池縣太史在南皮縣治北馬頰在東光縣界胡蘇在慶雲西南簡潔在南皮城外鉤盤在獻縣東南鬲津在慶雲又在樂陵西二十里考書多不合又鬲津馬頰河一云亦在德州南及閱范縣志馬頰河在縣北三里自直隸清豐縣過觀城迤邐而東云

直隸

名勝志曰寰宇記云大河故瀆在大名縣東南三里俗名王莽河水經注云故瀆經元城西北至沙丘昔禹播為九河自此始也大河故瀆北出為屯氏河漢書溝洫志曰自塞宣房河復北決于館陶分為屯氏廣深與大河等俗名毛河按即衛河也發源河北輝縣百泉山自淇門入濬縣界受淇湯諸水文經內黃為漳水所合東北至縣境又東北注三角潭達臨清下流與滹沱河合至直沽入于海韓邦奇曰九河故道今永平府撫寧縣西有

碣石山去海三十里遠望穹窿如塚中有石特起如柱在海東南之灣與諸家所載碣石之狀甚合則九河在滄平間無疑九河止將一河分九派以殺黄河之勢今河身既徙而南則九河平地又何形跡之可求乎河之故道自華縣歷懷衛彰順洺眞數郡今止長垣開州濮豐略見其迹然亦非禹時故道也　王氏樵曰按九河在今滄瀛景德之間或者求于此而不得則以爲淪入于海殊不知河昔北流故分爲九河自周定王五年河道既改

則九河漸湮乃必然之理豈得經流既息而枝流仍在乎縱非海水淪沒其故迹亦豈可得而復求乎大率河底常高今于開封境測其中流冬春深僅丈餘夏秋亦不過二丈餘水行地上初無長江之淵深故自古瀕河之地每有異常之水河必驟盈盈則決每決必瀰漫橫流深者成渠以漸成河淺者淤澱以漸成岸數年之後下流淤塞則中流河底又以漸而高而河又不容于不徙矣既徙之後則其丈餘深之故槽風塡沙塞復爲平陸無足

怪者此九河之故迹所以不可復尋也今慶雲縣尚有古黄河廣可三里許兩岸隄皆高丈餘居人歷歷能道之慶雲距滄州百四十里距天津三百餘里九河非海湮其理明甚　楊慎曰恒山之陽有巨川曰滹沱班固敘禹貢九河所謂徒駭者也至宋蔡沈疑之蓋惑於夾右碣石入於河之説遂以九河淪於海滹沱中高不與大河相涉然所謂九河者亦猶九川云爾豈謂大河播爲九乎

雷夏既澤

〔傳〕雷夏澤名〔疏〕洪水時高原亦水澤不爲澤今高地水盡此復爲澤也地理志云雷澤在濟陰城陽縣西北按括地志在濮州雷澤縣西北杜佑曰雷澤漢郕陽縣郭緣生述征記云堯冢在縣東南有雷夏澤河圖曰大迹在雷澤華胥履之而生伏羲山海經曰雷澤中有雷神龍身而人頰鼓其腹則雷在曹州東北六十里今涸見山東通志馬端臨曰舜漁于雷澤即此地本夏澤以其有雷神故名古郕伯國水經瓠子河出東郡濮陽縣北河注瓠河左逕雷澤北陳師道云黃河故道今呼爲沙河鄭氏大司徒註水鍾曰澤釋名曰下而有水曰澤言潤澤也　風俗通云

傳曰水草交厝名之爲澤澤者言其潤澤萬物以

阜民用也春秋左氏傳曰澤之萑蒲舟鮫守之

〔箋〕濟水經雷夏陂南此濟水所鍾濟治而雷夏始

成其爲澤非復前此之横溢也　直隸名勝志曰

瓠河左逕雷澤北河以形似而名發源魏郡白馬

此其下流也在濮州東南七十里據酈道元以鄄

河水所反入者志云黄河自州治東南三十里合

瓠子河東北流入于會通河　王綱振曰雷夏大

野菏澤孟豬滎皆泲水也或爲所絶或爲所經或

爲所溢然實分二派一派出河入海而會于汶此兗州雷夏豫州菏澤孟豬之濟也一派從淮入海而合于泗此徐州大野之濟也

濰沮會同

〔傳〕濰沮二水　爾雅云水自河出爲濰濟爲濋川音楚　水經曰汳水出陰溝于浚儀縣北又東至梁郡蒙縣爲濰水陰溝卽蒗蕩渠睢水出梁郡鄢縣地理志睢水首受陳留浚儀蒗蕩水經言出鄢非矣又東過睢陽縣南　許愼曰汳水受陳留浚儀陰溝至蒙爲濰水東入于泗[illegible]經

汳水出陰溝東至蒙爲狚獾音睢歡則濉水卽溲水也濉之下流入于睢水地志睢水出沛國芒縣其沮水歟 水經注曰陳留風俗傳云浚水又東汳水出焉汳水又東逕雍丘縣故城北西征記云雍丘縣界汳水又東有故渠出焉南通睢水汳水又逕外黃縣南汳水又東龍門故瀆出焉瀆舊通睢水汳水又東逕寧陵縣之沙陽亭北故沙隨國矣又東逕梁國睢陽縣故城北又曰睢水出陳留縣西蒗蕩渠東北流又東逕雍丘縣故城北又東分

爲兩瀆謂之雙溝東合洛架水㠯水上受汳水謂之洛架水東南流入于睢水又東逕寧陵縣又東逕睢陽縣故城南又東逕靈壁又東逕睢陵縣故城北又東南流逕下相縣故城南下相是睢水別名也東南流入于泗謂之睢㠯　王氏炎曰沮出濮陽灉出曹州二水勢均故曰會同　周氏曰會同朝宗皆諸侯見天子之禮而以爲喻時見曰會殷見曰同周禮文　陳氏經曰兖碁不及山知多平地河患爲甚也

〔箋〕河濟爲兖州二大水灉沮其支流也二水并治而兖境無復水患矣孔傳謂灉沮會同于雷澤大誤　鄭氏曉曰沱潛灉沮乃江漢河濟支流兖多灉豫多沮梁多沱荆多潛　韓邦奇曰今考汳水乃河之別流在豫州者浚儀陰溝在河南祥符縣蒙在陰溝之東汳流至此名爲灉即曹縣之黄水東歷徐州境入泗水出兖州府泗水縣陪尾山歷濟寧徐州至邳州宿遷縣入淮古時汳泗皆在河之東南故灉入泗今河徙而南灉在河西泗在河東

灉爲河截斷今入河矣雎水一在開封府陳留縣經雎州寧陵縣一在夏邑縣經永城縣至南直隸宿州皆流入泗今一入河一入淮二水皆豫徐之水去兖尚遠經所謂灉沮會同灉乃河之別流出于兖州者正如沱潛二水或出荆或出梁也河既徙而南則灉爲平地矣山東濟南府固有濟之別流小淸河是也則别是一灉沮也㳕音汴非汴水今章丘縣有漯水入小淸河亦河之別流與灉異稱者或稱漯或稱灉一水也此其兖之灉沮會同

歟兗州府志云濉河在曹州南二十五里直隸名勝志曰水經云

睢水東逕睢陽縣南汴水從北來注之寰宇記云

睢水在縣南汴水在縣北梁孝王廣睢陽城七十

里開汴河後汴水始經城南積而為蓬池澤水經注作逢洪波

桑土既蠶是降丘宅土

〔傳〕地高曰丘大水去民下丘居平土就桑蠶〔疏〕

降丘宅土與既蠶連文鄭玄云此州寡山而夾於

兩大流之間遭洪水其民尤困水害既除於是下

丘居土以其免於厄尤喜故記之詩譜邶鄘衛紂畿內地其封域在禹貢冀州大行之東北踰衡漳東及兗州桑土之野孔穎達曰今濮水之上地有桑間者杜預注帝丘云今東郡濮陽縣也濮陽在濮水之北是有桑土矣郡縣志濮水在曹州南桑間濮上實惟桑土見山東通志禮記桑于公桑風戾以食之鄭氏注及早涼採風戾之使露氣燥乃以食蠶蠶性惡溼爾雅蟓音象桑繭郭璞注食桑葉作繭者即今蠶淮南子云蠶食而不飲淮南王蠶經云黃帝元妃西陵氏始蠶

皇圖要紀云伏羲化蠶爲絲羅泌路史鄭玄曰云黃帝命西陵氏勸蠶稼親蠶始此蠶爲龍精月值大火則浴其種嵇康曰火蠶十八日寒蠶三十日荀卿賦云此夫身女好而頭馬首者與有父母而無牝牡者與冬伏而夏游食桑而吐絲喜溼而惡雨蛹以爲母蛾以爲父三俯三起事乃大已夫是之謂蠶理　秦觀蠶書曰考之禹貢揚梁幽雍不貢繭物兗篚織文徐篚玄纖縞荆篚玄纁璣組豫篚纖纊青篚檿絲皆繭物也而桑土既蠶獨言於兗然則九州蠶事兗爲最乎游濟河之閒見一

婦不蠶比屋詈之故知兗人可爲蠶師也　史記曰齊魯千畝桑其人與千戶侯等　王盤農書曰桑種甚多世所名者荆與魯也荆桑多椹魯桑少椹葉薄而尖其邊有瓣者荆桑也凡枝幹條葉堅勁者皆荆之類也魯桑圓厚而多津者魯桑也凡枝幹條葉豐腴者皆魯之類也荆之類根固而心實能久遠宜爲樹魯之類根不固心不實不能久遠宜爲地桑然荆之條桑不如魯葉之盛茂當以魯桑條接之則能久遠而又盛茂也魯桑宜飼大蠶

荆桑宜飼小蠶　王氏炎曰今德博河間産絲最多漢志稱齊人織作氷紈綉綺號爲冠帶衣履天下其地宜桑可知識之者農桑衣食之本故也

應劭曰堯遭洪水萬民皆山棲巢居以避其害禹决江疏河民乃下丘營度爽塏之塲而邑落之故丘之字二人立一上一者地也四方高中央下像形也　爾雅云非人爲之曰丘地自然生天下有名丘五其三在河南二在河北廣雅曰小陵曰丘方言曰冢大者謂之丘

箋聖王之利天下其大農桑二者而已史序成功於冀曰既作於兗曰既蠶當堯之時水土初平率天下耕而食織而衣即冀兗之疆自饒辨之亦寧事東吳之秔稻蘇杭之杼軸哉輓近燕趙齊魯之區率事媮惰不復問農桑爲何業而西北之水田空煩規畫東南之織造動費調停葢緣民間不講厚生長策而所在地有餘利人有餘閒也余每讀大東之詩爲之太息　孟子論王政曰樹墻下以桑孟鄒人也其於蠶桑固所素習宜毋向人津津

道之　桑土二句順文説下二土字畧相關蓋桑土既蠶則土可安居矣是降丘宅土所謂得平土而居之不必云就桑蠶也　閒考山海經云帝女之桑大五十尺其枝四衢及拾遺記員嶠山有木名猗桑煎椹以爲蜜有氷蠶長七寸黑色有角有鱗以霜雪覆之作繭長一尺其色五彩織爲文錦入水不濡投火不燎唐堯之世海人獻堯以爲黼黻斯並近于誕矣　濮州志曰兖之桑濮爲上入其境蔭蔽阡陌當蠶而治絲帛者比鄰至不相往

還帛成可以衣舉・至其餘則貿之衛稱抱布貿絲
薹自昔而已然歟　王綱振曰九州惟兖雍言宅
薹雍最高兖最下故舉以包餘州兖州水治後歷
數其土可桑可蠶可宅可作備言民生衣食居止
之利此後有單言作單言宅者
厥土黑墳厥草惟繇厥木惟條
傳色黑而墳起　馬云有膏肥也　繇茂條長也　疏九州惟
此州與徐揚言草木者三州偏宜之也宜草木則
地美矣而田非上者爲土下濕故也　陳氏大猷

曰兖徐揚居河濟江淮下流水未平則爲下濕於草木非宜水旣平則爲沃衍於草木尤宜故以三州言草木

〔箋〕兖無高山而平地河患爲甚今且可蠶可居而草木亦因之茂蔚水消而土出害除而利興大河之濵廣幾稱樂土矣而土色獨黑豈以久受水之故耶　田汝成曰墳土之大而高者九州惟兖青徐三州稱墳　關鎮志曰西北之風雄以烈其土燥以墳其産朴以悍東南之風雌以順其土沃以

濕其產靡以從故君子首西北而尾東南

厥田惟中下厥賦貞作十有三載乃同載馬鄭本作年

傳田第六貞正也 疏周易彖象皆以貞爲正諸州賦無下下貞即下下爲第九金氏謂貞字乃篆書下下字之誤

蘇傳貞正也賦當隨田高下此其正也此州田中下賦亦中下兗州河患最甚故功後成至于作十有三載 蔡傳兗賦最薄言君天下者以薄賦爲正也 陳氏雅言曰洪水之害兗州尤甚故田雖在第六而其賦比於八州爲最下賦雖在第九

而兖必至十有三載然後同於他州也葢地利之美有未闢故田稍高而賦爲至下人工之脩有未齊故賦旣薄而其入兖後朱子曰洪水之患意者只是如今河决之類故禹之用功處多在河所以於兖州下記作十有三載乃同此言專爲治河兖州是河患甚處正今之澶衛州也又曰兖州水患最深作治十三年乃有賦法與他州同按禹治水八年此言十三載者通始治水八年言之則此州水平其後他州五年歟　王氏炎曰水患未盡

去則賦難定其等故十三載始較所收而定其賦之下下州界旣狹又有浸灌之患賦所以最少

朱氏曰貞者隨所卜而後定之名也兖地最早水患雖平盈虛未卜故必作十有三載歷歷試之按史記太歲在子旱明歲美至卯穰明歲衰惡至午旱明歲美至酉穰明歲衰惡葢歷十二辰而豐儉可定始可得其大同之法也

〔箋〕兖接冀境經賦不宜天淵然兖境最狹且迫河患而土曠産薄宜其懸矣歲星十二年一周爲一

紀天道既變地力漸復故以十有三載爲期　鄭氏曉曰以人事言生聚以十年而復以天時言氣化以一紀而周矣今猶緩之至十又三年而後取

胡氏瓚曰兖州界既狹而又有浸灌之患受病最深生理以漸而復故必遲以十有三載之久瘡痍之人倍加調攝僅得同于常人起居耳　王氏樵曰史臣敘兖之成功其文異于他州者有二記桑土一也記賦貞十三載乃同二也皆以河患故也

厥貢漆絲厥篚織文篚漢書作棐

傳地宜漆林又宜桑蠶織文錦綺之屬盛之筐篚而貢焉小爾雅云治絲曰織疏周禮載師云漆林之征鄭玄云貢者百功之府受而藏之其實于篚者入於女工故以貢篚別之漢世陳留襄邑縣置服官使制作衣服是兗州綾錦美也　周禮太宰以九貢致邦國之用一曰祀貢二曰嬪貢三曰器貢四曰幣貢五曰材貢六曰貨貢七曰服貢八曰斿貢九曰物貢鄭玄注嬪貢絲枲器貢銀鐵石磬丹漆也

古今注曰漆樹以斧斫其皮開竹管承之汁滴管中卽成漆　韓子曰舜作食器黑漆其上禹作祭器黑漆其外朱畫其中　顏師古曰抽引精繭出緒者曰絲釋文絲蠶所吐也一蠶爲忽十忽爲絲蠶眠成繭二繰成絲　鄭氏詩箋云季春始蠶孟夏賣絲　朱子曰貢者諸侯貢天子故畿外八州皆有貢織文綾羅之屬　九州要記云雎渙之間出文章天子郊廟御服出焉所謂厥篚織文也水經云雎渙二水出浪宕渠述異記云沮渙二水波文皆若五色彼人多文章故一名績水

淮南子曰伯余之初作衣緂麻索縷手經指絓其成猶網羅後世爲之機杼勝複以便其用葢織之始也伯余皇帝臣世本曰伯余制衣裳　神農之法曰丈夫丁壯而不耕天下有受其饑者婦人當年而不織天下有受其寒者　顔師古曰錦織綵爲文也繡刺綵爲文也　林氏曰八州之貢兖兖雍最寡荆揚最多

箋按兖厥木惟條故貢漆桑土既蠶故貢絲而織文又絲所成者篚而入貢以示敬凡幣帛之屬皆盛以篚而球琳不與焉或謂精者入篚非也禹制

貢皆服食器用斯稱惟正之供者乎 記稱舜作漆器諫者十餘人則漆非聖世所尚矣而堯豫並貢漆何爲蓋世漸遠於茅茨而踵美增華宗廟宮室有宜于增飾者卽聖人不廢也但不欲過爲繁縟如丹楹刻桷春秋且刺譏矣織文織貝並入篚貢以備服物采章之用山龍華蟲帝以彰采世運曷嘗不日趨于文哉

浮于濟漯達于河

傳順流曰浮濟漯兩水名因水入水曰達 疏地

理志云漯水出東郡東武陽縣至樂安千乘縣入海此云浮于濟漯達于河從漯入濟自濟入河正義云濟漯二水上承黄河並淄青之北流入海水經曰浮水故瀆東北入東武陽東入河漯水出焉漯水東北逕清河縣故城北又東北逕文鄉城東南又東北逕博平縣右與黄溝同注川澤黄溝又東北逕左與漯水隱覆勢鎮河陸東出於高唐縣大河右迤東注漯水矣漯水又逕高唐縣故城東又東北逕漯陰縣又東逕鄒平縣故城北又東北逕千乘縣桑欽地理志曰漯水

出高唐今漯河在高唐州西二里即黄河支流見東昌府志羅泌曰漯自濟泒至東武陽入河今莘縣北　伏琛曰千乘城齊城西北一百五十里隔會水即漯水之別名風俗記曰漯水東北至千乘入海河盛則通津委海水耗則微涓絕流書浮于濟漯亦是水也　唐高宗問許敬宗書稱浮于濟漯今濟與漯絕不相屬何故而然敬宗曰禹導流水東流爲濟入于河今自漯至溫而入河水自此洑流過河而南出爲滎古者水官能辨味與色潛而出合而分皆能識之

〔箋〕濟入河而南出漯則河之支流也二水皆與河通兗之貢賦浮濟浮漯各從其便達河卽達帝都矣孟子曰瀹濟漯而注諸海蓋此水歟　鄭氏曉曰濟自河南滎澤縣伏于地中歷鄭州中牟祥符陳留杞縣歸德北抵山東至定陶方出去河數百里方能達河　王氏樵曰漯爲河之枝流史記禹釃二渠引河其一漯也西漢末河併行漯川其後河徙而漯亦不復存矣或曰漯卽濟水泛溢滿漯無涯因名曰漯二水東北與汶合流而入于海

大明一統志曰漯河在章丘縣東北七里源出長白山西北流入小清河小清河一名濼水即濟之南源　山東名勝志曰濟河從長清縣東北界分流入漯水穆天子傳天子東征釣于漯水此也圖經漯河發源頓丘出東武陽縣經博平至州境

考兗州今爲郡而河濟爲運道所經時苦旁决乃蠶桑之利不及吳會遠甚而織文不列貢篚亦久矣唯是民貧賦薄如故撫今追昔爲低徊不置云

禹貢滙疏卷二終

禹貢滙疏卷三

吳興茅瑞徵纂幷箋　男衡京 衡武仝訂

海岱惟青州

〔傳〕東北據海西南距岱岱泰山也〔疏〕海非可越而言據者東萊東境浮海入海曲之間青州之境非至海畔而已漢末有公孫度竊據遼東自號青州刺史越海收東萊諸郡堯時青州當越海而有遼東舜爲十二州分青州爲營州卽遼東也　風俗通曰泰山一曰岱宗岱始也宗長也萬物之始陰陽

交代故爲五岳長王者受命恒封禪之白虎通曰萬物相代於東方五經通義云岱宗言王者受命易姓報功告成必於岱宗也史記泰山之陽則魯其陰則齊應劭曰雲觸石而出膚寸而合不崇朝而徧雨天下其惟泰山乎司馬遷曰齊自泰山屬之琅琊北被于海膏壤二千里洋洋乎固大國之風也晉地理志青州蓋取土居少陽其色爲青故名金氏曰青州于中國爲正東故名從東方之色岱起東方爲中國水口表鎮連延而生諸山北即

原山濰水出其西淄水出其東東郎蒙艾爲沂水諸源又東濰山濰水所出西南郎泗水所出

周禮職方氏正東曰青州其山鎮曰沂山其澤藪曰望諸其川淮泗其浸沂沭其利蒲魚其民二男一女其畜宜雞狗其穀宜稻麥

詩譜齊古少皞之世爽鳩氏之墟周封呂望於齊都營丘孫琰曰今營丘淄水過其南及東以丘臨水謂之臨淄漢書地理志云臨淄縣師尚父所封也成王時齊受上公更方五百里其封域東至于海西至于河南至于穆陵北至于無棣

齊乘曰武王克商封

太公于齊未得薄姑之地成王時薄姑與四國作亂滅之益封太公遂有全齊漢志曰齊所以爲齊以天齊也蓋臨淄有天齊淵以此建國命名耳蘇秦曰齊南有泰山東有瑯琊西有清河北有渤海四塞之國也　元和郡縣志曰舜時以青州越海遼遠分爲營州武王封師尚父於齊營丘今昌樂縣後爲秦所滅置齊瑯琊二郡漢爲臨淄郡　杜佑曰青州之界從岱山東歷密州東北歷海曲萊州越海分遼東樂浪三韓之地西抵遼水也周以徐州

合青州其土益大在天官虛危則齊之分野秦置郡爲齊郡瑯琊之東境遼東項羽以其地爲國曰膠東齊濟北漢武置十三州爲青州後漢晉魏因之〔漢地理志〕齊有淄川東萊瑯琊高密膠東南有泰山城陽北有千乘清河以南勃海之高樂高城重合陽信西有濟南平原皆齊分臨淄海岱之間一都會也其中具五民云〔後漢郡國志〕青州刺史部郡國六濟南平原樂安北海東萊齊國馬端臨曰漢時爲郡國十二郡則北海濟南齊瑯

琊東萊遼東樂浪玄菟國則高密膠東淄川城陽

唐地理志河南道古青州域青淄密登萊齊爲玄枵分河南採訪使領之 杜佑曰古青州唐爲河南道北海青濟南齊淄川淄東萊萊高密密東牟登諸郡河北道則安東府 宋爲京東東路濟南府青淄濰萊登密六州 馬端臨曰宋分青州爲青冀二州青領郡九理臨淄冀領郡九理歷城

今濟南郡縣

班固配十二次自須女八度至危十五度爲玄枵

於辰在子齊之分野屬青州費直起女六度蔡邕起女二度陳卓京房張衡並云虛危齊青州　春秋元命苞曰虛危之精流爲青州分爲齊國立爲萊山

武夷熊氏曰遼東朝鮮等處皆青州境其地曠隔故分爲營州青齊乃東方形勝要害之地世號爲東西秦秦得百二齊亦得十二蓋可見矣大抵齊地最富强近利

箋青州枕海據岱自饒鑄山煑海之利而形勝亦最號扼險　國初遼東一鎮原附山東省遼士入

試並附藉焉尋以不便改隸　京師然登州海道固相屬也　考一統志古青州爲今山東省濟南青州（漢北海郡）登州（古斟尋國）萊州（春秋萊子國齊遷國之東曰東萊）四府其遼東都司爲冀青二州域（舜分青東北爲營州即今廣寧以東地秦以營州爲遼東郡）　鄭氏曉曰今山東青登萊三府濟南所屬歷城章丘鄒平淄川長山新城濟東濟陽及遼東之遼水以東遼陽一路是　青州府志曰今青州屬縣諸城東南近海太公四履所謂東至於海是也樂安壽光北岸海則漢書所謂北海也古

稱曰小海本謂之渤海亦謂之渤澥海別枝名也

齊乘云太行恒嶽北徼之山循塞東入朝鮮海隈塞山有此一曲北自平州碣石南至登州沙門島是謂渤海之口濶五百里西入直沽幾千里焉今沙門島對岸之鐵山正當渤海之口以是知沙門大海以西皆爲青州北海云　大明一統志曰登州四面皆海惟西南一隅地接萊州府城北去海五里春夏時遥見水面有城郭市肆人馬往來若交易狀土人謂之海市　陸釴曰山東三面瀕海

登萊二府島嶼環抱其在青濟則樂安日照濱州利津霑化海豐諸境皆抵海爲界稱渤海云說文曰東海之別有渤澥故稱渤海列子曰渤海之東有大壑名曰歸墟歸墟者即所謂尾閭也夫東方之極自碣石逼朝鮮諸國直抵扶桑一望無際外控夷落內衛中夏則山東形勢實稱險絕

嵎夷既略

【傳】嵎夷地名用功少曰略【疏】嵎夷即堯典宅嵎夷略是簡易之義羅泌曰嵎夷在遼西今文尚及帝命驗作禺鐵一作嵎銕

齊乘曰寧海州爲禹貢嵎夷　左傳云天子經畧諸侯正封古之制也封畧之內何非君土　又云封畛土畧杜氏註畧界也魏了翁云畧字從田從各謂王畧封畧有界限分明

〔箋〕按嵎夷今登州所轄蔡傳經畧爲之封畛只是水去而其地已畧可整頓封植以正疆界開畛以墾田畝　楊愼曰左傳經畧注聚土爲封曰畧經謂巡行畧謂邊界書云嵎夷旣畧謂立邊防以界嵎夷正天子經畧之事也孟子曰此其大畧也畧字本喻言謂得其邊而未盡其中　王氏樵曰他

州皆先水而後土此以嵎夷爲青州邊界之地無預于淄濰故先言之

濰淄其道

〔傳〕濰淄二水復其故道〔疏〕地理志云濰水出琅邪箕屋山北至都昌縣入海淄水出泰山萊蕪縣原山東北至千乘博昌縣入海水經注曰淄水出萊蕪縣西南山下世謂之原泉括地志云密州莒縣山濰水所出淄州淄川縣東北原山淄水所出俗傳禹理水功畢土石黑數里之中波若漆故謂之淄水也今淄水流經臨淄益

都壽光界入濟水見山東通志又青州府志云濰水東北逕諸城高密又西北至安丘合汶水北至昌邑入于海漢志濰作淮今俗名一曰淮河　齊乘曰水經云濰水出琅邪箕縣濰山許慎云箕屋山淮南子云覆舟山實一山也在莒州莒縣北百里古人堰濰水以漑田淄水按地志水黑爲淄出今益都縣東南二十五里岳陽山東麓地名泉河古萊蕪地岳陽即原山也東北流逕萊蕪谷又北漸臨淄東城又東北逕樂安縣又北入巨淀今淸水泊又北出注馬車瀆入海淄多伏流俗謂上下有十八漏　林氏曰河濟

下流兗受之淮下流徐受之江漢下流揚受之青雖近海然不當衆流之衝但濰淄二水順其故道則其功畢矣

箋青州先土後水與他州異以青受水患最淺地平不盡由水治也　山東名勝志曰古臨淄城卽齊城也淄水在城南澠水在城北易牙別二水之味卽此　鄭氏曉曰青之西南雖距岱而無羣山之險故嵎夷畧而瑯琊左右皆樂土東北雖至海而非橫流之衝故濰淄道而濟汶上下皆安流青

視他州施功爲甚易而成功爲甚速也

厥土白墳海濵廣斥漢書作瀉

傳濵涯也言復其斥鹵鄭云斥謂地鹹鹵　疏說文云鹵鹹地也東方謂之斥西方謂之鹵海畔迥潤地皆斥鹵故云廣斥言水害除復舊性也　方言云青幽之間凡土高且大者謂之墳　顏師古曰鹽生於鹹水者也古者夙沙氏初煑海爲鹽其後又出河東大鹵臨邛火井焉今則處處有之　王逵曰水味鹹水性然也而海水獨苦鹹蓋亢極而反之

義也水極則反火乃爲鹹苦然遇土而煎熬爲鹽則純鹹矣是藉土以制其太過遂復本性云蠡海集

林氏曰此州土有二種平地之土色白而性墳海濱之土彌望皆斥鹵

〔箋〕州境邊海者三而青土獨別舉海濱以鹽利早開故特標土產爲貢鹽志其始也

厥田惟上下厥賦中上

〔傳〕田第三賦第四

厥貢鹽絺海物惟錯岱畎絲枲鉛松怪石萊夷作牧

厥篚檿絲史記作酓絲

周禮鹽人掌鹽之政令以共百事之鹽祭祀共其苦鹽不煉治者散鹽煑水爲之賓客共其形鹽形象似虎散鹽王之膳羞共飴鹽今戎鹽　齊語桓公通齊國之魚鹽於東萊使關市幾而不征諸侯稱廣焉　管子曰海王之國謹正鹽筴又曰楚有汝漢之黃金而齊有渠展地名之鹽燕有遼東之煑此陰王之國也呂祖謙曰三代之時鹽雖入貢與民共之自管仲始興鹽筴以奪民利漢興除山澤之禁至孔僅桑

弘羊祖管仲之法鹽始禁榷昭帝召賢良文學論民疾苦請罷鹽鐵弘羊反覆論難不能廢元帝雖暫罷以用不足復建自此之後禁榷與古今相爲終始　史記貨殖傳云山東食海鹽山西食鹽鹵嶺南沙北往往出鹽　宋史食貨志鹽類有二引池而成者曰顆鹽周官所謂盬鹽也鬻海鬻井鬻鹻而成者曰末鹽周官所謂散鹽也解州解縣安邑兩池墾地爲畦引池水沃之謂之種鹽水耗則鹽成籍民力爲畦夫歲二月一日墾畦四月始種

八月乃止安邑池歲種鹽千席　方勻曰水性以潤下爲鹹其勢不曲折則終不可成鹽安邑鹽池以濁河曲折故因終南山南風以成若明越溫杭秀泰滄等州爲海水隈奥曲折故可成鹽其數亦不等唯隩奥多處則鹽多　沈括曰鹽品至多今公私通行者四種一者末鹽海鹽也河北京東淮南兩浙江南東西荆湖南北福建廣南東西十一路食之其次顆鹽解州鹽澤及晉絳路澤所出京畿南京京西陝西河東褒劍等處食之又次井鹽

鑿井取之益梓利夔四路食之又次崖鹽生於土崖之間階成鳳等州食之唯陝西路鹽有定課太約歲入二千餘萬緡唯末鹽供河北邊糴其他皆給本處經費而已緣邊糴買仰給於度支者河北則海末鹽河東陝西則顆鹽　段成式曰昆吾陸鹽周十餘里無水自生末鹽月滿則如積雪味甘月虧則如薄霜味苦月盡則全盡　鄭公虔云琴湖池桃花鹽色如桃花隨月盈縮在張掖西北按鹽有赤鹽紫鹽黑鹽青鹽黃鹽亦有如虎如印如

纖如石如水精狀者宋史食貨志唐第五琦爲鹽鐵使變鹽法劉晏代之當時舉天下鹽利歲纔四十萬緡至大曆增至六百餘萬緡天下之賦鹽利居半元祐間淮鹽與解池等歲四百萬緡比唐舉天下之賦已三分之二紹興末年以來泰州海寧一監三十餘席爲鈔六七百萬緡則是一州之數過唐舉天下之數矣

傳絺細葛錯雜非一種鄭玄曰海魚種類尤雜蘇傳魚鰕之類小爾雅曰葛之精者曰絺麄者曰綌周禮

掌葛掌以時徵絺綌之材于山農

【傳】畎谷也怪異好石似玉者岱山之谷出此五物皆貢之

【疏】釋水云水注川曰谿注谿曰谷谷是兩山之間流水之道畎去水故言谷枲麻也有子曰枲無子曰苴周禮大宰九職七曰嬪婦化治絲枲 賈公彥典枲疏云案喪服傳牡麻者枲麻也則枲是雄麻對苴是麻之有蕡實者 鹽鐵論曰古者庶人耋老而後衣絲其餘則麻枲而已故命曰布衣及其後則絲裏枲表 說文鉛青金也錫之類能

殺蟲毒錫銀色而鉛質也古稱鉛爲黑錫　博物志曰石者金之根甲石流精以生水水生木木含火又曰土山多雲鐵山多石　物理論云土精爲石石者氣之核也氣之生石猶人筋絡之生爪牙也又地以石爲骨

〔傳〕萊夷地名可以放牧　〔蘇傳〕春秋夾谷之會萊人以兵劫魯侯以是知古者東萊之有夷海水患除始芻牧也爾雅檿桑山桑惟東萊出此絲以織繒堅韌異常萊人謂之山蠒萊夷作牧而後有此

故書篚在牧之後　章俊卿曰上古牧養之盛在於海岱之閒故禹貢獨稱萊夷作牧今登萊之閒是也按地理志黃縣有萊山〔傳〕檿桑蠶絲中琴瑟弦〔疏〕檿山桑郭璞曰柘屬檿絲是蠶食檿桑所得絲韌中琴瑟弦也今萊有檿絲繭生山桑不浴不飼土人取爲繒帛尤堅韌難敝爾雅註檿似桑材中作弓及車轅詩疏檿材中爲弓冬官考工記云弓人取幹柘爲上檿桑次之　朱子曰萊夷及揚之島夷間於貢篚之間意時貢土物以見來王之意歟　孫氏曰檿絲出於萊夷玄縞出於淮夷織貝出於島夷故青揚徐敘厥篚於

三夷之下今按青揚徐序厥篚並與厥貢對指適州言厥絲之貢雖出東萊實附通州貢內非萊夷以此貢也蔡氏元度曰貢物不以精麤爲敘而以多寡爲敘青州鹽居多故敘於先他倣此林氏曰凡貢不言所出以一州所出皆可貢也言所出者以此地所出爲良也

箋今考青州鹽利不及兩淮海錯不及閩粵絲枲不及三吳怪石不及徐碭蓋自三代而下利孔日闢所在出奇無窮貢額絕異將山川物產亦多遷變也鹽貢始見於青遂開煑海富齊之端鹽斥

地所出古者鹽人掌其政令而已自太公始通魚鹽而管仲遂用鹽筴霸齊然亦止青齊一隅耳乃漢世桑弘羊孔僅之徒推其法天下而權利日盛至唐第五琦始榷鹽以佐軍用劉晏益增其課於江淮而沿至今日兩淮鹽引踰七十萬浙次之河東又次之東省反出其下遠甚閩廣滇蜀無地不榷鹽鹽亦不必盡出於海歲額幾同正賦自開中改爲納價而常股存積之法並壞餘鹽行而正鹽壅私鹽熾而官鹽滯邊商內商守支坐困而鹽政

亦日敝矣　余嘗過岱所稱秦松封五大夫者今非復故種而泰安州東嶽祠漢栢頗離奇偉特當是千百年物石亦森列左右多異質豈所稱恠石者與　王者不尚琛恠而恠石入貢豈聊供耳目清玩乎艮嶽花石固炫奇之濫觴耳　按絲之貢專言兖州而青州則貢於岱畎又檿絲入篚皆今山東境內也史稱齊俗侈織作氷紈綺綉純麗之物號爲冠帶衣履天下而魯地頗有桑麻之業葢是時絲利遍於齊魯閒今獨湖絲最著而山東以

蠒紬特聞本出山蠶尚存縻絲之遺意云 馬理

曰伏羲氏教佃漁豢養和以池鹽民始獲肉食焉

神農氏教民稼穡和以海鹽民始獲穀食焉 陝西舊志

丘氏濬曰宋端拱二年置折中倉聽商人輸粟

京師優其直給江淮鹽此後世召商中鹽之始我

朝於天下產鹽之地設轉運司者六提舉司者七

鹽課各有定額行鹽各有地方不許過界每引以

三百觔爲袋帶耗五觔凡遇開中鹽糧量所在米

價貴賤及道路遠近險易定例出榜召商中納

聖祖以來鹽司每歲收貯歲課存積在官各商執引照支各有次第謂之常股鹽近因邊儲急用增直召商中納不依資次人到即與支給謂之存積鹽存積既興常股遂掛　鄭氏曉曰國初召商中鹽量納糧料實邊不煩轉運而食自足謂之飛輓後因積納數多價值亦賤興利之臣遂改議上納折色行之既久習以爲常彼時改折糧料有餘而價亦賤計似所入爲有羸利未爲不可近來糧料不足價亦騰貴徒煩轉糴邊用索矣　王氏樵曰漢

時齊有三服官又稱織作氷紈綺綉氷謂布帛之細其色鮮潔如氷紈素也禹時貢絺其亦此類也夫海物有關服食器用者其種非一故以惟錯總之今人所謂海錯非怪奇耳目之玩則魚蛤蔬甲之微非古人之意也然海錯今盛于嶺粤而海岱則微鹽利今盛于淮滄而海岱亦不逺矣　秦繼宗曰海物惟錯錯字當與上上錯錯字意同此句與上一句相關葢鹽絺常貢也海物不可常得則錯雜于鹽絺之間而間一貢之耳　胡氏瓚曰泰

山之谷有此五種美于他方故以制貢北土無松泰封五大夫徂徠之松亦與岱相望則岱畎之産可知惟石如文登之文石徐州之碭石物産自奇然亦取爲器用非如宋之花石綱也

浮于汶達于濟

〔疏〕地理志云汶水出泰山萊蕪縣原山西南入濟蔡傳淄水出原山之陰東北入海汶水出原山之陽西南入濟水經曰汶水出原山西南過羸縣南又東南過奉高縣北又西南過壽張縣北又西南至安民亭入于濟酈道元注

汶水自桃鄉四分謂之四汶口又西南合爲一

曹氏曰汶水許氏以爲出琅琊朱虛縣東泰山淮南墬形訓汶出弗其流合于濟注弗其山在北海朱虛縣東東至安丘入濰桑欽以爲出泰山萊蕪縣原山西南入濟班孟堅兩存其說閔子騫曰吾必在汶上矣說者主桑欽義以爲汶在齊南魯北在汶上者欲北如齊也

曾氏曰汶水有二出萊蕪縣原山入濟者徐州之汶也出朱虛泰山北又東南入濰者青州之汶也

董氏曰出萊蕪者今須城之汶是出朱虛者今濰之東南有大汶小汶是

齊乘曰入濟之

汶見禹貢論語之汶上書傳謂之北汶即今大淸河入濰之汶見漢書入沂之汶見水經齊有三汶淸河爲大述征記泰山郡水皆名汶有北汶瀛汶柴汶牟汶皆源别流同又在三汶之外又曰大淸河古濟今汶水經註濟枯渠注巨野澤澤北則淸水巨野今梁山泊也北出爲淸河濟水出陶丘北南瀆被孟豬北瀆注巨野至王莽時枯竭所謂濟枯渠注巨野者也其自巨野北出至四瀆津與河合流者乃齊之淸河古自壽張縣安民亭亭北對安民山今曰安山合汶水汶出泰安萊蕪縣原山之陽水經謂之北汶西南逕徂徠山陰又西逕泰山之陽漢武明堂遺跡臨

水謂之石汶又西逕汶上縣北又西逕東平城南其西即安山閘閘下河口有古安民亭遺趾清濟與汶合處今聞清水南導任城則清濟不入汶汶自行古清河矣汶水又北逕漁水東即瓠子歌之吾山有安山東有漢隄遺跡自西而東屬之麓山西曹子建冢山東漢黃河故渠又北逕陽穀縣西流水合狼水入焉又東北逕東阿縣道元云縣東北有清亭春秋隱四年遇于清以河得名也又東北逕平陰縣又北逕巫山齊侯登以望晉師者清

水過此古爲淯湖又東北逕齊河縣南沙溝水出山茌平縣南來入焉今肥城縣東南有沙溝鎮又北逕上濼橋北濼水分響河入焉古名聽水又東北逕華不注山陰又東逕下濼堰濼水舊入濟處堰南即小淸河又北逕臨邑縣又北逕齊東縣又東北逕蒲臺高苑又北逕利津縣城東又東北入于海　水經注曰汶出牟縣故城西南阜下俗謂之胡盧堆淮南子曰汶出弗其高誘曰山名或斯阜也牟縣故城在東北古牟國俗謂是水爲牟汶也又西南逕奉高

縣故城而西南流注于汝汝水又南右合北汝水出分水嶺東南流逕太山東右天門下谿水東流逕龜陰又合環水東南流逕南明堂下漢武帝作明堂於汝水古引水爲壁雍處基瀆存焉世謂此水爲石汝汝水又西南流逕徂徠山南逕博縣故城東又西南逕陽關故城西又南左會淄水又西南逕柴縣故城北世謂之柴汝矣（浯水出浯山東北入濰說文言水出靈門山世謂之浯汝）

〔蘇傳〕諸州之末皆記入河水道以堯都在冀而河

行於冀也雖不言河濟固達河也　余闕曰比者河北破金堤踰豐沛曹鄆諸郡大受其害或者以爲當築堤起曹南訖嘉祥東西三百里以障河之北流則漸可圖以導之使南以爲河北則會通之漕廢其係甚重余則以爲河北而會通之漕不廢何也漕以汶而不以河也河北則汶自彭城以下必微微則吾有制而相之亦可以舟以漕書所謂浮于汶達于河者是也

〔箋〕間按　國朝轉漕山東一路全倚汶水濟運禹

貢所謂浮汶達濟今日正倣其法而顯用之　胡
氏瓚曰自河南徙而濟水中枯止汶水北流今過
之南接淮泗北通漳衛以濟漕所謂會通河也張
秋北有鹽河通會城是浮汶之故道　王氏樵曰
青州有濰淄二水不通河惟汶入泲可以達河濰
去汶遠惟淄與汶俱出原山而貢道由汶者入泲
故也　大明一統志曰濟河在汶上縣北一名大
清河禹貢濟水東北會于汶今濟伏流不見惟汶
水由濟河以入海又云泰山之傍有仙臺嶺汶水

發源于此西南流與徂徠山陽小汶水合又西南流注洸河入濟　徐州洪志曰汶河一出萊蕪縣原山之陽一出萊蕪縣界寨子村一出泰山之陰仙臺嶺俱名汶水至靜封鎮合流經泰安州寧陽縣分爲二支一支自東平州戴村鎮西南流至汶上縣會白馬河鵝河凡八十里出分水河口南流經嘉祥鉅野凡一百里至濟寧州城南天井閘東與泗沂二水合流而南一支自寧陽縣堽城壩西南流別名洸河經滋陽濟寧之境合泗沂二水凡

一百餘里至濟寧州城南天井閘東合分水河口流來汶水又南流經鄒縣魚臺沛縣凡四百十里至徐州合泗水東南入于淮

宋樂史謂東平濟南淄川北海界中有水流入海謂之清河今按濟水在漢時伏流不見惟汶水自泰安州出者由故道東北流入海自元人引汶入洸爲運河　國朝因之凡汶水入海處皆築堰壩以遏其流而入海之道遂多湮塞今所謂大清河乃汶水出洸河者復從張秋分流而入會濟東南

諸山泉溝澤北經長清齊河至歷城會濼水經濟陽齊東武定青城濱州蒲臺利津諸州縣界入海實濟河之故道也汶水泰安州出由故道自寧陽界西南流至汶上縣北泗汶村至東平州南西北流入東阿縣界又東北經長清齊河歷城濟陽齊東武定青城濱州蒲臺利津等州縣入海自元時於寧陽縣東築堽城壩遏汶水入洸以通運河　國朝永樂間又於東平州東築戴村壩盡遏汶水入會通河於是入海之道多塞汶水既入運河者又從張秋分流復由故道會諸州縣溝泉之水合小清河東北注海所謂小清河即濼水發源濟南趵突諸泉至城北大明湖出而合之由華不注山下東流會巨合水又東經章丘會淯河又會漯河

三水合流經鄒平長山新城又會孝婦河又東經高苑入博興樂安界合於烏河又北至馬車瀆入海俗名鹽河海場鹽舟由此南上或云古濼水自華不注山東北入爲大清河僞齊劉豫導之東行始爲小清河云山東通志　續博物志云濟水東北濼水出焉濼水出歷縣舊水涌若輪齊侯會于濼是也此即小清河矣

東阿縣志曰大清河者故濟瀆也考水經濟水至乘氏分而爲二其東北流者過壽張縣西界安民亭南汶水從東北來注之汶水出泰山萊蕪縣原山西南至安民亭入於濟二水合流又北

過須昌縣西又東北過魚山東左會馬頰水馬頰
者濟之支津也又北逕清亭東又北逕穀城縣西
又北逕臨邑縣東臨邑者王莽謂之穀城亭又北
逕平陰盧縣西又東北濼水出焉濼水者濟南趵
突泉也謂之小清河濟水伏流至是出與大清合
皆謂之濟葢大清爲濟正瀆挾汶入海故漢以前
不謂之汶而謂之濟杜佑曰濟水自王莽末渠涸
不復截河過今東平濟南界中有水流入海謂之
清河實菏澤汶水合流因舊名稱濟非濟水也至

漢以來汶所由道則自岡城西南流至汶上之北四汶口又西北流過東阿縣西又東北流五百里入於海至元二十年開濟州河渠遏汶入洸至任城會源閘而分會源閘者今濟寧天井閘也會源閘之水分而北流者至須城之安民山入清濟故瀆由東阿之棘家廟西旺湖薛家橋入於大清河以通海運而其上流出東平界者但言其北流入海而不著所由當亦入濟故瀆矣其後開會通河自安民山達於臨清而汶水始會於漳不由濟瀆

入海故元初海運謂之引汶入濟濟者濟故道也其後開會通河謂之引汶絕濟絕者濟爲漕河所遏不得東也而大清河自漢以來不謂之濟而謂之汶矣及考今河流其源出東平北蘆山之陽謂之蘆泉合東山諸泉水西南流逕東平城北而坎河水從南來會之坎河者汶之下流也 國初開元故會通河於坎河之南築戴村壩以遏汶水北流之道使南入於運然每秋水泛溢决戴村壩而西至東平城南又折而西北入於大清河歷邑境

之西南流至魚山南麗家口小鹽河水從西來注之小鹽河者運河所出汶支流也汶水由戴村壩南流逕汶上之北至南旺而分其分而北者由沙灣五空橋洩之而東與黑龍潭水合流至麗家口而入大清河也大清河又北逕魚山西又北逕舊城西龍溪水從南來注之又東北逕艾山滑口而入平陰境又東北由長清齊河過濟南之北至利津入海也春夏旱暵坎河水西來者少則蘆泉諸水獨行大清之渠以會沙灣諸流故今所謂大清

河者第得汶之首尾而實以東平諸泉由濟故瀆入海葢亦不得專謂之汶矣海上諸鬻鹽者至濼口放關由大清河而上泊於魚山又南則由河渠至於東平西則由小鹽河至於張秋故大清河謂之鹽河

宋初都汴京東之粟歷曹濟及鄆入五丈渠至京師眞宗時京東分廣濟河由定陶至徐州入清河歷呂梁灘積之險至理宗時於堽城作斗門以遏汶流益泗漕以餉邊泉而漕渠開矣元初開濟州

泗河至新開河由大清利津諸河入海旣而海口沙壅復從東阿陸輓至臨清入御河又開膠萊新河以通海道勞費不貲伯顔始創海運與濟州河並行未幾又用韓仲暉等言自安民山開河北抵臨清引汶絕濟直屬漳御名會通河夫汶水自古東北入海以智力導引使南接淮泗北通白衛實自元人始然河渠淺澁舟不負重歲運不過數十萬石終元之世海運不能廢也　國初給餉遼卒海運如故永樂徙都于北亦嘗行之後尚書宋禮

等復濟會通河於是漕利通而海運罷膠萊故道亦遂湮廢（山東通志）于慎行漕渠圖說曰汶水由東平北流合北濟故瀆以入于海泗水由曲阜南流合南濟故瀆以入于淮此水經故道也自元憲宗七年濟倅畢輔國始于汶水之陰堽城之左作斗門一所遏汶南流至任城入泗以餉宿蘄戍邊之衆謂之引汶入濟此堽城壩所由始也世祖至元二十年以江淮水運不通自任城開渠達於安山凡百五十里爲一牐於奉符（即堽城壩）以導汶水入洸爲一

歸於兖州（卽金口壩）以遏泗水會洸合而至任城會源牐南北分流此天井閘所由始也二十六年又用壽張尹韓仲暉言復自安山西南開河由壽張西北至東昌臨清直屬御漳（凡二百五十里建牐三十有一）謂之引汶絕濟此會通河所由始也 國初河決原武會通河塞永樂九年命尚書宋禮等濬其故道（自濟寧至臨清三百八十五里）遏汶水全流南出汶上之西（築壩于東平戴村橫亘五里遏汶水入海之路）入於南旺分而爲二六分北流以達御漳入海四分南流以接沂泗入淮此南旺所由分也

北舊河北徙幾二十里又於戴村北留坎河口溢則決之以入海涸則塞之以濟運由是汶水不復入洸而會通河復矣然當會通初開未受河患行之百年安流無警至正統景泰以後河往往決祥符黃陵諸口橫貫張秋運渠東流入海而運受河患於北於是徐有貞由張秋西岸達於竹口謂之廣運渠劉大夏築黃陵岡隄以治上流旋於張秋兩岸塞決口九十餘丈又于舊決之南爲減水石壩以蓄洩漕渠之水改名安平鎮相繼築塞此張秋決河所由平也正德嘉靖以後往往決曹單諸口直貫魚臺塌場口東南入淮而運受河患於南於是盛應期朱衡相繼治之遂於昭

陽湖東岸（夏鎮至留城）開渠百四十里以避河水之險而運道始安此夏鎮新河所由成也總之漕在東省出入郡境十居其七而沂泗汶洸諸水挾百八十泉之流互相輸轉以入於運 國家金口之堰脩而泗水盡入於漕戴村之堰脩而汶水盡入于漕張秋之功成而河之北決塞夏鎮之功成而河之南道徙故漕之利在汶與泗其要害在河可坐而策也（按汶水西流其勢甚大而元人於濟寧分水遏汶於堽城非其地矣每遇水發西奔坎河洸流益微運道或壅故元時會通歲漕不過數十萬至 本朝於戴村遏汶南旺分水而汶始

以全流
濟運矣
程敏政曰泗沂洸汶之水畢會于濟寧而分流于
南北汶之支爲洸泗之合爲沂見兗志劉夢陽曰汶水發源于
泰山諸泉至汶上縣南旺湖之口南北分流爲漕
河南至徐沛合河沁以入淮北至臨清會衛河以
達海泉微流澁故建閘當縮而節用之臨清閘北
流之脅尤要焉過是則衛河承之無留行矣兗州府志
曰臨清而北衛水之流盛徐沛而南河水之流盛
惟自臨清南歷張秋南旺濟寧以至茶城數百里
賴汶泗沂洸諸泉之水以
濟此會通河所由開也

潘季馴曰山東泉源屬濟兖二府一十六州縣共一百八十泉分爲五派以濟運道新泰萊蕪泰安肥城東平平陰汶上蒙陰之西寧陽之北九州縣之泉俱入南旺分流其功最多關係最重是爲分水派也泗水曲阜滋陽寧陽迤南四縣之泉俱入濟寧關係亦大是爲天井派也鄒縣濟寧魚臺嶧縣之西曲阜之北五州縣之泉俱入魯橋是爲魯橋派也滕縣諸泉近入獨山呂孟等湖以達新河是爲新河派也又沂水蒙陰諸泉與嶧縣許池泉

俱入邳州徐呂而下黄河經行無藉于此是爲邳州泒也酌其緩急則分水天井閘橋之泒均屬漕河命脉　王氏樵曰　國初漕運原不資于黄河有山東諸泉爲之命脉然今漕輓之道南自淮陰北抵海口道路三千餘里而山東泉水之通運河者不過汶泗諸流耳當黄河之未南徙也以汶泗諸流濟三千餘里而未嘗不足及河之決而入運河也不憂其泛濫則虞其淤塞雖有山東諸泉不復爲運河之利何也葢黄河未來之時運道命脉

全在諸泉故當時建閘築堰以節宣之尺寸之水盡爲漕用黄河既來而運道不資于泉故泉政日弛泉流日微或爲豪强侵占或爲砂礫阻塞譬猶人身精神愛養則常盈耗散則隨竭無足怪也

黄承玄曰會通河以汶泗爲源今所受者獨一汶耳元人用汶而未能收全汶之用國初全用汶而未能全收汶之利故時引黄濟漕延盜入室沙灣張秋之決貽患幾數十年自黄陵之功成而河水一涓滴不入於漕迄今百有餘年一水盈盈若行堂

輿則獨資全汶之利也　鹿園萬表論曰漕河本
不用黄河之水惟用洸汶沂泗諸泉足以濟之渡
淮而西皆是淸水故名淸河正統十三年黄河決
滎陽至陽穀入漕河潰沙灣以達于海景泰四年
徐有貞塞治之乃分流自蘭陽東至徐入漕河以
疏殺之而黄河始合于漕然黄流尚微至正德六
年水勢方盛行浸漫而衝洗之矣先是黄河未衝
之時自淮達濟一路隄防正恐黄河衝入爲害今
徐洪以下一向反用黄河之水而忘其故及水不

來則用工挑濬以引之此所謂以病爲藥也

考古青州控引海岱如登萊濟南皆其域也齊通

魚鹽冨饒甲於海内今青州尚號爲雄郡而利權

物産遠不逮古自遼左淪爲左袵而登萊勢切震

鄰兼有防海之師悉索敝賦東土騷然苦煩費矣

禹貢滙疏卷三終

禹貢滙疏卷四

吳興茅瑞徵纂并箋　男 胤京 胤武 仝訂

海岱及淮惟徐州

傳東至海北至岱南及淮　林氏曰一州之境有四至七州皆止二至盎以鄰州互見至此州獨載三邊者止言海岱則嫌于青止言淮海則嫌於楊必曰海岱及淮而徐州疆境始别也　爾雅濟東曰徐州李巡云淮海間其氣寬舒禀性安徐故曰徐徐舒也

魯少昊摯之墟國中有大庭氏之庫成王封
周公元子伯禽於魯其封域在禹貢徐州大野蒙
羽之野又武王以陶唐氏火正閼伯之虚封微子
啓宋公爲商後其封域在徐州泗濵西及豫州盟
豬之野　李白曰風姓之後國爲任城在禹貢則
南徐之分魯境七百里郡有十三縣任城當其衝
東盤瑯琊西控鉅野　元和郡縣圖曰禹貢徐州
之域春秋時宋滕薛小邾偪陽之地六國時屬楚
秦并天下爲泗水郡　杜佑曰周併徐州屬青州

今分入兖州之域葢取舒緩之義或云因徐丘以爲名在天文奎婁則魯之分野兼得宋齊吳之交秦并天下置郡此爲泗水瑯琊之西境薛郡漢又加置東海郡武帝置十三州還以其地爲徐州後漢因之　史記貨殖傳云自鴻溝以東芒碭以北屬巨野此梁宋也陶睢陽亦一都會也（漢地理志）魯地東至東海南有泗水至淮得臨淮之下相睢陵僮取慮皆魯分宋地今之沛梁楚山陽濟陽東平及東郡之須昌壽張皆宋分也濟陰定陶詩

風曹國一云東平須昌壽張皆在濟東屬魯　後
漢郡國志徐州刺史部郡國五東海瑯琊彭城廣
陵下邳　馬端臨曰漢時爲東海臨淮山陽魯郡
而瑯琊郡南境是泰山郡南境是沛郡東境是附焉國則
楚泗水　唐地理志河南道古青州域宋碭山單父徐
宿析徐泗置鄆曹爲大火分兗海沂泗爲降婁分濠鍾離
郡爲星紀分河南採訪使領之　杜佑曰古徐州
唐爲彭城徐臨淮泗魯郡兗東海海瑯琊沂五郡
並屬河南道　宋京東東路則沂州淮揚軍京西

西路則襲慶（本兗州）東平（本鄆州）二府徐單二州淮南

東路則宿海泗三州漣水軍

班固配十二次自奎五度至胃六度爲降婁於辰

在戌魯之分野屬徐州（費直起奎六度　蔡邕起奎八度）陳卓京

房張衡並云奎婁胃魯徐州　春秋元命苞曰天

氐星主司弓弩流爲徐州別爲魯國　春秋緯文

耀鉤云徐揚之州屬權星　星經玉衡第一星主

徐州常以五子日候之甲子爲東海丙子爲瑯琊

戊子爲彭城庚子爲下邳壬子爲廣陵

武夷熊氏曰徐州沂泗諸水在其前冀東與兖豫
之地皆可接引而在懷抱拱揖之內亦東方一形
勝也徐即魯境地連淮海東夷其俗有二曲阜沂
泗則禮義文雅之邦而彭城則其俗又雄傑鷙悍
自負劉項起於豐沛朱全忠亦碭山人淮夷徐戎
皆在其地牧守之任亦不可不慎也　孔平仲曰
楚地博大按貨殖傳則今之徐州沛縣及陳州等
西楚也自徐州以東至海州揚州是東楚也江南
湖南兩浙是南楚也文穎曰彭城故東楚項羽都之謂之西楚孟康曰舊名江

陵爲南楚陳爲東楚彭城爲西楚　王玄謨曰彭城南屆大淮左右清汴表裏京甸捍接邊境　後山陳氏曰南守則畧河南山東北守則瞰淮江於兵家爲守攻之地　蘇氏軾曰徐州爲南北之襟要其地三面被山獨其西平川數百里西走梁宋使楚人開關而延敵材官騶發突騎雲從眞若屋上建瓴水也

箋按兗青徐壤地相錯商并青於徐周并徐於青

國朝兗青並隸山東省爲郡而徐爲州係南直隸所轄又考禹時淮北爲徐州淮南爲揚州周淮北

爲青州春秋時淮北爲曾爲齊爲宋南爲吳後屬越越後有淮南及楚東侵泗上而淮之南北皆爲楚矣　晉分淮北爲北徐州南爲南徐州見南畿志又按晉謝玄旣敗苻堅次彭城平兖州用督護聞人奭堰呂梁水以利漕運徐州運道自此始也考一統志古徐州爲今直隸徐州古大彭國堯封籛鏗于此而兖州府爲徐兖二州域　鄭氏䟽曰今南直隸徐州所屬淮安府海邳州所屬及桃源沭陽淸河安東山東之青州府所屬莒州沂水日照安丘諸

城棠陰兗州府所屬金鄉魚臺城武單縣濟寧州嘉祥鉅野鄆城曹州南境曹縣定陶揚徐二州當以淮爲界　曹學佺曰淮安府跨淮南北山陽鹽城居淮南古揚州域海邳二州及清河桃源等七縣居淮北古徐靑二州域　章潢曰洪水之害淮河爲大禹于其下流施功爲多故建徐州周時碣石淪于海正東之地不及于虞故有靑兗則雖華徐州而東方爲無空也　漢揚雄徐州牧箴曰海岱伊淮東海是豬徐州之土邑于蕃宇大野旣瀦

有羽有蒙孤桐蠙珠泗沂攸同按寰宇記云沂山
及沂泗淮三水今在青州大野今在兖州一統志
云沂泗大野又俱屬兖州府地而徐裂矣名勝志
于慎行曰余覽古圖經脉地勢所由高下蓋北紀
諸山負地絡之陰並太行王屋東踰常山至醫巫
閭而止南紀諸山負地絡之陽連桐柏熊耳入於
甌越江淮河濟東下如建瓴矣岱宗獨立海上西
向而揖羣山汶洸沂泗出其支麓旋之如帶以入
於海其狀若負扆云在河流燕齊閒由岱之北挾

濟入海今徙徐方顧反出岱嶽南挾淮入海斯地道所變遷也　徐州志曰徐之東沁汴汶泗諸水合流又河爲運道南北二京之衝而東連海岱西走關梁蕭碭豐沛附屬于外隱然如玦缺者此水也　汴河一名沁河一名小黄河按一統志汴河源出河南滎陽縣大周山東流至中牟縣入黄河沁河出山西沁源縣綿山東流至河南懷慶府入黄河又按漕河志河居中汴居南沁居北河南徙則與汴合北徙則與沁合中都志云汴水出滎澤縣廣武山　丘氏濬曰彭城乃南北之要衝在今日則兩京之間運道所必經之地南出數百里則爲　帝鄉　祖宗陵寢所在

請於此處立爲大鎮一以守護漕運一以屏蔽皇陵而一方盜賊亦藉是鎮遏之則宗社安如磐石矣 唐樞曰欲聯屬兩京以制天下於揚州臨淸徐州置重臣鎮之其聯屬徐臨而執其中則濟寧爲之要轄其聯屬揚徐而執其中則淮安爲之要轄臨爲梁冀青兗之會揚爲江淮汴海之交徐爲梁冀青兗江淮汴海之限

淮沂其乂

〔傳〕二水已治 釋詁云乂治也

〔疏〕地理志云沂水出泰山

葢縣臨樂子山南至下邳入泗淮出桐栢山發源遠矣於此州言之者淮水至此而大爲害尤甚喜得其治故於此記之　周職方氏青州其川淮泗其浸沂沭（音術）周無徐州兼之於青青即徐也　水經曰沂水出泰山葢縣艾山南過瑯琊臨沂縣東又南過鄉縣西又南過下邳縣西南入于泗　鄭玄云沂水出沂山亦或云臨樂山水有二源南源所導世謂之柞泉北水所發俗謂之魚窮山（一作泉）俱東南流合成一川小沂水出黄孤山西南流逕

故東莞城北西南注于沂沂水又南逕臨沂縣故城東許愼說文云沂水出東海費縣東西入泗俗謂爲小沂水沂水於下邳縣北西流分爲二水一水於城北西南入泗一水逕城東屈從縣南亦注泗謂之小沂水也水經注又沂水出魯城東南尼丘山西北齊乘曰鄭康成云沂水出沂山按今蒙陰縣東北地名南河川小阜下有泉疑臨樂山此沂源也東南逕馬頭固山有泉東流與之合北望沂山五十里殊無別源疑沂山水源古流今竭耳沂水過馬頭固南流逕

蓋縣故城又南至沂水縣城西桑泉水西來入焉通名洨河東注沂沂水又南至沂州城東小沂水西來入焉小沂出蒙山西東過費縣神山納祊水至沂州城北入沂沂水又南分流入三十六穴湖東過沭水沭東沂西夾山而行山峽間有池俗云禹鑿沂水由三十六穴湖貫此峽口與沭相通又南至沭陽縣入桑墟湖由湖東出入于海沭水至此正名漣水又南逕古郯城又南至下邳入泗　金氏曰淮水出唐州桐栢山行千七百里至海州入海徐之水以沂名者非一其出兖州泗水縣尼丘山過曾城南入泗者曾

黙溶沂之沂也海州沭陽縣有沂河卩周禮沂沭之沂也出沂州新泰縣艾山西南至淮陽丁邳入泗者爲最大此禹貢之沂也

〔箋〕治徐州水以淮爲主而沂次之此並舉淮沂勢若兩大至導淮云東會于泗沂便分主客矣 圖經淮河四瀆之一在淮安府治西南五里詳自泗州龜山東北流與汴河合東北入于海即長淮也

中都志曰淮河在懷遠縣東南歷荊塗二山硤間乃神禹所鑿今名洪頭有巨石橫梗若門限每

冬水淺則見盡未鑿之前淮水從荆山西麓迂廻以入于渦麓高水滙爲患故禹疏而導之使出二山間水乃安流梁武帝嘗於此堰之以灌壽陽又曰淮水出荆山之左塗山之右二山對峙爲一脉禹以桐栢之水泛溢爲害鑿爲二以通之今兩崖間鑿痕猶存　徐州洪志曰徐州洪舊名百步洪直州城東南二里許不知何人開鑿趙孟頫碑云徐州之水合於呂梁而入于淮近世乃兼受河之下流徐州之山自西南來亂流而東復起爲岡巒

纍纍不絕水中橫石數百步其縱十倍高出於水上者象人齒牙水勢少殺則悍急尤甚舟行幾於登天凡東南貢賦皆道此其曰洪者洪水也有中洪外洪裏洪　胡氏瓚曰沂水其源有二一出曲阜尼山之麓在東南六十里西流至兗城東與泗合注濟寧即酈道元所謂水出尼丘山西北經魯雩門者是也一出沂水艾山會沂蒙諸泉與沂山之汶合流至邳州入淮即地志所謂水出泰山郡蓋縣艾山者是也兗州府志曰沂河出蒙陰縣西北一百二十里艾山水經蓋縣

艾山郎此南流至沂水縣城西潘季馴曰邳州州東南六十里有直河以宣泄蒙沂諸山之水

皇輿考曰清河泗水下流源出泰安州經徐州至邳州東爲直河境西爲沙河又南而下至縣西北三汊河口分大小二清河達淮淮安府志曰清河在邳州治西一里許自山東沂州南流至下邳西南入泗河中都志云沙河郎潁水也

蒙羽其藝

〔傳〕二山已可種藝〔疏〕地理志云蒙山在泰山蒙陰縣西南羽山在東海祝其縣南詩云藝之荏菽故藝爲種也後漢郡國志祝其有羽山注𨒟縣之山博物記云俗謂爲懲父山方輿勝

畧云羽山在贛榆其地有祝其城詩奄有龜蒙蒙山與龜山相連其陽爲費縣其陰爲蒙陰縣蒙羽二山淮水所經也考兗州府志蒙山在費縣西北羽山在郯城縣東北青州府志蒙山在蒙陰縣東山頂産雲芝之茶齊乘曰蒙山在龜山東二山連屬長八十里邢昺曰顓臾主祭蒙山在東故曰東蒙羽山地記在朐山縣西北九十里今所屬沂州東南百二十里殛鯀山也前有羽潭左傳鯀化爲黃能入于羽淵即此郭璞云羽山即殛鯀處鄭氏曉云布登州蓬萊縣方勻云自州岸一潮渡海即至島島有五所即禹貢羽山蘇傳二水既治則二山可種

周禮樹蓺鄭氏註云蓺猶蒔也賈公彦疏樹是植
木蓺是黍稷后稷教民樹藝之法曰五時見生而
樹生見死而穫死又曰五穀生於五木汜勝之曰
黍生於榆大豆生於槐小豆生於李麻生於楊大
麥生於杏小麥生於桃稻生於柳五木自天生五
穀待人生故五穀候於五木也故曰見生而樹生
也靡草死而麥秋至草木黄落禾乃登故曰見死
而穫死也　淮南子曰先王之政昬張中則務種
穀大火中則種黍菽虛中則種宿麥昴中則收斂

畜積伐薪木

箋 山之可種藝者衆矣而獨舉徐之蒙羽與梁之岷嶓以例餘州岷嶓江漢所出其山最高蒙羽非其匹也而爲淮水所經意其壤地沃饒亦畧有同者與經云徐田上中齊乘稱沂州東南芙蓉山下有湖溉田數千頃香粳鍾詠古稱瑯琊之稻元和志承縣界有陂十三所今沂嶧二州仰泇承二水溉田青徐水利莫與爲匹皆十三陂之遺跡則蒙羽爲沃壤可知今近徐諸山彌望荒㰐矣　其藝

與既蓺亦別既蓺言已開墾其蓺則可施功種蓺也

大野既豬史記作都

傳大野澤名水所停曰豬　疏地理志云大野澤在山陽鉅野縣北鉅即大也檀弓云汚其宮而豬焉徃前漫溢今得豬水爲澤也　水經曰濟水東至乘氏縣西分爲二南爲菏水北爲濟瀆酈道元注一水東南流一水東北流入鉅野澤　曾氏曰職方河東曰兖州其澤藪曰大野大野濟水之所

絕禹時蓋在徐之西兗之東也周無徐故專屬兗

周必大曰濟水貫兗與徐居古九州之二其在四瀆得天地質信寛徐之氣其澤曰大野是爲十藪之首　孫氏曰既澤向未爲澤今始爲澤既豬向已爲澤今復舊也

〔箋〕大野或云西狩獲麟於此澤日記以爲南旺湖今當以郡志爲確據　兗州府志曰大野澤在鉅野縣城北濟水故瀆所入也亦曰巨澤南北三百里東西一百餘里漢武帝元光中河決瓠子東南

注鉅野通於淮泗是也何承天曰鉅野湖澤廣大南通洙泗北連清濟舊縣故城正在澤中五代以後河水南徙滙於鉅野連南旺蜀山諸湖方數百里齊乘曰鉅野今梁山泊也北出爲淸河南旺湖在運河西岸卽鉅野澤東畔也蜀山湖在運河東岸卽南旺東湖河紀云南旺河地特高汶水西南流至此而分宋時與梁山濼水滙而爲一及會通河開始畫而爲二漕渠貫之泉河史曰宋禮陳瑄經營漕河旣成乃建議設水櫃以濟漕渠在汶上曰南旺在東平曰安山在濟寧曰馬塲在沛縣曰昭陽名爲四水櫃卽湖也漕河水漲則

減水入湖水涸則放水入河各建閘壩以時啓閉漕河考云閘漕以汶爲主而諸湖輔之若蜀山馬踏南旺安山沙灣諸湖皆輔汶北流者也獨山微山昭陽呂孟諸河皆輔汶南流者也　潘季馴曰南旺分水地形最高所謂水脊也當春夏糧運盛行正汶水微弱之時分流則不足合流則有餘宜效輪番法如運艘淺于濟寧之間則閉南旺北閘令汶盡南流以灌茶城如運艘淺于東昌之間則閉南旺南閘令汶盡北流以灌臨清當其南也

更發濵南諸湖水佐之當其北也更發濵北諸湖水佐之泉湖兼注南北合流即遇旱暵克有濟矣

李化龍曰南旺分水嶺據地之最高其北爲安山湖鉅嘉以北諸水注之而出於張秋其南爲南旺湖鉅嘉以北諸水注之而出於魚臺此天所以限南北也河決自河南之蘭陽以上經東長濫曹濮則橫截張秋爲運道上段之害夫是以先年有黄陵岡之役其策在以河避運河決自單縣以下則橫截穀亭沽頭而入昭陽湖爲運道中段之害

夫是以先年有南陽新河之役其策在以運避黄
南旺論曰禹治水時大野旣鍾洙泗濟水而成
而泗通于淮濟通于汶淮通于沂汶通于洸而泗
之上源又自大野而通于濟則是大江以北中原
諸水縱横交織皆于大野相聯而當時入貢之路
若青之浮汶兗之浮濟徐與揚之浮于淮泗亦皆
于大野相關是大野在古巳爲貢道之要會矣
王氏樵曰雷夏小故曰旣澤彭蠡大故曰旣瀦洞
庭浩渺方八百里又非他比故特異其文曰孔殷

震澤震動難定故曰底定大野大于雷夏等故亦曰既潴

東原底平

傳東原致功而平言可耕　疏東原即今之東平郡　爾雅曰廣平曰原又曰可食者曰原　春秋說題辭曰原端也平而有度也　蔡傳東原漢東平國今鄆州在徐西北而謂之東者在濟東也東平國景帝亦謂濟東國大野東原所以志濟也　徐無泲泲之分流入大野而東原在其東故謂以志泲

〔箋〕其乂其蓺語意相對旣瀦底平有相因意　今東平爲州屬兖州府與鄆城縣相近鉅野爲縣亦屬兖州府轄云　兖州府志曰東平州唐太平節度所據自宋元來獨爲一路城東地肥饒蘆泉之沃頗宜粳稻其西安山陂澤當汶水下流畜而不能洩輒成巨浸

厥土赤埴墳草木漸包

〔傳〕土黏曰埴漸進長包叢生　〔疏〕考工記用土爲瓦謂之摶埴之工是埴爲黏土故土黏曰埴易漸

卦彖云漸進也釋言云苞稹也孫炎曰物叢生曰苞齊人名曰稹　釋名曰土黄而細密曰埴埴膱也黏昵如脂之膱也又曰赤赫也太陽之色也王氏樵曰埴土性之美者也而又墳起最宜于生物故草木漸包

厥田惟上中厥賦中中

〔傳〕田第二賦第五

〔箋〕徐州土美故田第二凡賦卑於田者以壤地狹或人工未脩也　胡氏瓚曰土黄爲上赤次之白

又次之青黑爲下水之象也土稟沖和之氣故壤爲上太爍者不凝故墳次之墳膏起也青在壤上者以有斥鹵之利豫壤同而先冀者或田賦遞爲上下也色性相絫而三壤則矣

厥貢惟土五色羽畎夏翟嶧陽孤桐泗濱浮磬淮夷蠙珠暨魚厥篚玄纖縞暨魚史記作臮魚索隱曰臮古暨字

〔傳〕王者封五色土爲社建諸侯則各割其方色土與之使立社燾以黃土苴以白茅茅取其潔黃取王者覆四方〔疏〕燾覆也四方各依其方色皆以

黄土覆之，其割土與之時苴以白茅，用白茅裹土與之。必用白茅者，取其潔清也。易稱「藉用白茅」，茅色白而潔美。韓詩外傳云：天子社廣五丈，東方青，南方赤，西方白，北方黑，上冒以黄土。將封諸侯，各取其方色土，苴以白茅，以爲社。明有土謹敬潔清也。蔡邕獨斷云：天子大社，以五色土爲壇，皇子封爲王者，授之太社之土，以所封之方色，苴以白茅，使之歸國以立社，謂之茅社。（蔡傳）徐州土赤，而五色之土亦間有之，故制以爲貢。

〔傳〕夏翟翟雉名羽中旌旄羽山之谷有之〔疏〕釋鳥云翟山雉此言夏翟則夏翟共爲雉名周禮立夏采之官取此名也周禮司常云全羽爲旞析羽爲旌用此羽爲之雉具五色而有文章故謂之夏染者象之謂之染夏夏翟出于羽山之畎山以此名賈公彦夏采疏云按爾雅伊洛而南素質五采皆備成章曰翬江淮而南青質五采皆備成章謂之鷂此則夏翟之羽色夏即五色也後世無夏翟故鍾氏染鳥羽象鳳凰色以爲之師曠禽經曰五采備曰翬亦曰夏翟張華注雉尾至

夏則光鮮也　左傳杜氏註五雉云西方曰鷷東方曰鶅南方曰翟北方曰鵗伊洛之南曰翬

【傳】孤特也嶧山之陽特生桐中琴瑟　【疏】地理志云東海下邳縣西有葛嶧山（胡氏瓚云嶧是鄒嶧）京相璠曰地理志嶧山在鄒縣北繹邑之所依爲名也山東西二十里高秀獨出積石相臨殆無土壤石間多孔穴洞達相通往往有如數間屋處其俗謂之嶧山北有絕巖秦始皇登嶧山令李斯以大篆勒銘郭景純曰繹山純石積構連屬如繹絲然故

以爲名禹貢作嶧貢其名也曾頌作繹取其義也一名鄒山記云鄒山古之嶧陽魯穆公改爲鄒今其地猶多桐樹　管子曰五沃之土其木爲桐林氏曰桐以向日孤生者爲良猶言孤竹之管陸農師曰桐性宜濕地不生於岡詩傳曰梧桐不生高岡太平而後生朝陽以此觀之生山陽難得而生孤者尤難得也　桓譚新論曰神農始削桐爲琴繩絲爲絃　齊民要術曰梧桐山石間生者爲樂器則鳴

【傳】泗水涯水中見石可以爲磬【疏】石在水旁水中見石似若水上浮然此石可以爲磬故謂之浮磬也貢石而言磬者此石宜爲磬猶如砥礪然

張澹巖論石品云靈璧出於泗濱本樂石所用書云泗濱浮磬是也頎厚清越如被塗澤而乏煙雨蔥蒨之姿思溪近出於太末深在土中堅貞溫潤文質俱勝扣之如鐘四面皆可觀其姿裁明秀體氣高妙夐出諸石之上視靈璧猶傖父也　荀卿曰磬似水則磬以清爲貴傳曰輕清上浮則知石

之浮者其音清也　陳氏大猷曰磬聲清越取輕浮者良　黄帝使伶倫造磬通禮義纂　白虎通曰磬者夷則之氣也象萬物之盛也其氣磬故曰磬有貴賤焉有親疎焉有長幼焉朝廷之禮貴不讓賤所以有尊卑也鄉黨之禮長不讓幼所以明有年也宗廟之禮親不讓疎所以有親也此三有行然後王道得王道得然後萬物成天下樂用磬也

〔傳〕淮夷二水出蠙珠及美魚鄭云淮水之夷民　〔疏〕蠙是蚌之别名此蠙出珠遂以蠙爲珠名淮出唐州百餘里內淺而

多潭有蠙珠潭今其地凡十四潭不復生珠矣魚今淮白魚〔蘇傳〕詩有淮夷知古者淮有夷也淮夷有珠暨魚如萊夷之有厭絲　說文班夏書從賓從虫宋弘云淮水出班珠珠之有聲者　淮南子曰蛤蟹珠龜與月盛衰又曰水圓折者有珠方折者有玉淸水有黃金　張華曰淵生明珠而岸不枯　述異記曰凡珠有龍珠龍所吐者蛇珠蛇所吐者越人諺云種千畝木奴不如一龍珠越俗以珠爲上寶　南越志曰珠有九品寸五分以上至寸八九分爲大品有光彩

一邊小平似覆釜者名璫珠璫珠之次爲走珠走珠之次爲滑珠滑珠之次爲磊螺珠磊螺珠之次爲官兩珠官兩珠之次爲稅珠稅珠之次爲葱珠管子曰珠者陰之陽也故勝火　陳氏雅言曰貢物不詳其地者一州所出皆可爲貢也獨徐之貢夏翟而必曰羽畎孤桐而必曰嶧陽浮磬而必曰泗濱珠魚而必曰淮夷指其物而詳其地者蓋惟此地所産爲善非徐州之産皆可充此貢也

〔傳〕玄黑繒縞白繒纖細也纖在中明二物皆當細

方言曰繒帛之細者謂之纖　小爾雅曰繒之精者曰縞　新安胡氏曰玄纖縞三色繒也

〔箋〕厥貢厥篚並指通州言貢物各詳其地不責以所無乃見聖人厎慎意嶧陽爲鄒嶧泗濱爲今泗水縣自無可疑今桐與磬遺蹟尚存杜綰石譜以靈壁縣有磬山石產土中叩之有聲云即泗濱浮磬旣曰產土中不得謂之浮磬矣淮夷徐戎見費誓不必以詩爲證也　此州制貢大畧並供禮樂之用　禹濬畎澮不遺窮谷以岱畎羽畎知之　徐

州土五色雉羽亦五色物華土產適相符合豈天壤靈氣有獨鍾而禽鳥亦得氣之先也與考徐州北二十五里有赭土山貢土卽此　雍大記曰耀州東五里有磬石山山青石唐天寶中取爲磬其後郊廟樂遂廢泗濵磬　曹學佺曰浮磬今泗水中無此石其下邳西南磬石山在泗水南四十里采磬石以供樂府大小聲皆清越　中都志曰文獻通考磬石山在泗州玉海註下邳有磬石山古取磬地按靈璧東漢下邳唐宋以來泗州也磬石山北距泗水五六十

里禹時洪水横流未必不經此山之下又曰泗州名蠙城蠙珠母也淮泗所産故名　王氏樵曰蠙珠近取淮夷與海錯義同大抵古人不貴遠物異物任土作貢貢土所有惟服食器用故以金三品瑶琨怪石球琳琅玕蠙珠橘柚之類雖唐虞時亦已有之末流之濫乃有如合浦珠官荔枝驛騎此如作酒爲祭祀而後人至以沉湎喪邦故明王投珠抵璧而示弗貴周公之法羣飲者殺然周公何嘗以商紂而廢酒致美乎黻冕何嘗廢飾也㬥經

白緯曰纖玄之用三爲衮以祭爲端以齊爲冠以居所謂玄冠也衣有襦裳曰端所謂玄端也記曰有虞氏縞衣而養老又古者祥而縞禫而纖禫除服祭名

浮于淮泗達于河說文作菏云水出山陽湖陵

〔疏〕地理志泗水出濟陰乘氏縣東南至臨淮睢陵縣入淮行千一百一十里　水經注曰泗水出魯卞縣蔽城東南桃墟石穴吐水五泉俱導泉穴各徑尺餘泗水西南逕魯縣北爲洙瀆南則泗水二

水交於曾城東北自城北南逕曾城西南合沂水

括地志云泗水源在兖州泗水縣東陪尾山其源有四道因以爲名今考泗水四源並發循城北八里始合爲一西流至曲阜縣經滋陽縣城東五里與沂水合同入金口堰又南流三十里至濟寧州東城下與汶水合入會通河見山東通志　許愼曰汳水受陳留浚儀陰溝至蒙爲灉水東入于泗則淮泗之可以達于河者以灉至于泗也又曰泗受泲水東入淮蓋泗水至大野而合泲然則泗之上源自泲亦可以通河也　蘇傳自淮泗入河必道于汴世謂隋煬帝始通汴入泗

禹時無此水道以疑禹貢之言按漢書項羽與漢約中分天下割鴻溝以西爲漢以東爲楚文頴注云於滎陽下引河東南爲鴻溝以通宋鄭陳蔡曹衛與濟汝淮泗會於楚即今官渡是也魏武與袁紹相持於官渡乃楚漢分裂之處葢自秦漢以來有之安知非禹迹耶禹貢九州之末皆記入河水道而淮泗獨不能入河帝都所在理不應爾意其必開此道以通之其後或爲鴻溝或爲官渡或爲汴上下百餘里間不可必然皆引河水而注之淮

泗也故王濬伐吳杜預與之書曰足下既摧其西藩當徑取秣陵討累世之逋寇釋吳人於塗炭自江入淮逾于泗汴泝河而上振旅還都亦曠世一事也王濬舟師之盛古今絕倫而自泗汴泝河可以班師則汴水之大小當不減於今又足以見秦漢魏晉皆有此水道非煬帝創開也自唐以前汴泗會于彭城之東北然後東南入淮近歲汴水直達于淮不復入泗矣吳王夫差闕溝通水與晉會于黃池而江始有入淮之道禹時則無之故禹貢

曰沿于江海達于淮泗明非自海入淮則江無通淮之道今直云浮于淮泗達于河不言自海則鴻溝官渡汴水之類自禹以來有之明矣　羅泌曰帝都中冀居河下流而八州貢賦必繇河達帝所葢堯舜重於用民故九州各有入河之道所以通朝貢來商旅而便轉輸也惟淮與河獨不相及而言浮于淮泗達于河者葢繇淮以入汴泝汴而入河也使其無汴淮泗奚自而達河哉史謂渠隄自滎陽而東則上疑其爲鴻溝下疑其爲官渡今汴

渠自西而東鴻溝乃橫亘南北而官渡直黄河爾張洎云禹於滎澤下分大河爲陰溝引注東南以通淮泗至大梁浚儀縣西北復分二渠一渠東經陽武縣中牟臺下爲官渡水一渠始皇疏鑿以灌魏都謂之鴻溝程氏曰鴻溝蘇秦嘗言之不待始皇有也莨菪渠自滎陽五池口東注之其鴻溝亦曰莨菪渠

箋淮在徐之南泗自北而南入淮徐州貢賦浮于淮以入泗可一航而至但泗不與河通故或由灉或由泲並逆流以上方能達河以至帝都今運河

亦從淮合泗而接流會通河必經于泲此取道山東路者也蘇子瞻所指汴水蓋自宋都河南一路言之豈所謂汳水由灉入泗者歟　王氏樵曰泗入淮淮泗不與河通而云浮于淮泗達于河何也蓋灉水出于河而入于泗者也由泗而遡灉由灉而遡河此一道也泲入河而南出而泗則至大野而受泲之合者也由泗之上源以遡泲由泲而達河此又一道也　鄭氏曉曰灉是西路泲是東路　大學士商輅記畧曰汶泗二水分流南北不相通自古浮于汶者

自兖北而止浮于泗者自兖南而止元時南方貢賦之來至濟寧舍舟陸行數百里由衛水入都至元二十年始自濟寧開渠抵安民山引舟入濟寧陸行二百里抵臨清入衛二十六年復自安民山開渠至臨清乃于兖東築金口堰障泗水西南流兖北築堽城堰障汶水南流而二水悉歸漕渠于是舟楫往來無阻因名曰會通河　潘季馴曰黃河踰關陝山西河南經豐碭出徐州始為運道會泗沂之水蟺蜿而至清河縣之清口又名南河口

會淮而東運河自瓜儀至淮安則南資天長諸山所瀦高寶諸湖之水西資清口所入淮黃二河之水由清口至鎮口閘則資黃河與山東汶泗之水由鎮口閘以至臨清則資汶泗之水即泰安萊蕪徂徠諸泉也然汶河由南旺南北分流並濟故天阜泉微弱不足由臨清至天津則資汶河與漳衛之水由直沽入海而自天津至張家灣則資潞河白河桑乾諸水矣此運河之大畧也

考古徐州如大野東原嶧陽泗濱並在今兗州府

境而南指淮安所襟帶固已遠矣今頗裂其地爲郡縣僅以一州斗絶自立乃綰轂水陸實爲南北咽喉而山川險阻俗多彊悍自昔號爲四戰之國芒碭之雲氣時聚得無驕語而生心者乎須河水横嚙比閭惟其魚之憐勞來還定蒿目無策雖洳河改運脉絡别有關通而彭城形勝奸雄不無睥睨有土者所宜深慮也

(明)茅瑞徵 纂輯 明崇禎五年刊

禹貢匯疏

2

鳳凰出版社

第二册

禹貢滙跡

五之六

禹貢滙疏卷五

吳興茅瑞徵纂并箋　男胤京 胤武 仝訂

淮海惟揚州

傳北據淮南距海　洪邁曰揚爲州最古南傳海北揵淮并而方之葢萬里後世華離瓜析殆且百郡獨廣陵得冐其名故常稱巨鎮　武夷熊氏曰揚州在地東南隅以地勢言也山必起於西北澤必滙於東南經言淮海惟揚州北距淮東至南海閩粵雖上古未通亦當在要荒之服禹會諸侯於

塗山會稽又禹迹之所至矣西抵荆州之境淮之西當在桐栢荆州之界江之西當在衡漳之界其地乃淮東西江東西及兩浙之地建都於江南者金陵豫章亦都會然晝江淮以自保僅可以偏覇欲以規恢中原奄有四海則古未之有也　爾雅江南曰揚州李巡注其氣燥勁厥性輕揚故曰揚揚輕也　釋名曰揚州州界多水水波揚也　太康地記曰揚州漸近太陽位天氣奮揚履正含文故取名焉

周禮職方氏東南曰揚州其山鎮曰會稽其澤藪曰具區其川三江其浸五湖其利金錫竹箭其民二男五女其畜宜鳥獸其穀宜稻　杜佑曰揚州在於天文斗則吳之分野兼得楚及南越之交亦古荒服之國春秋時屬吳越戰國時屬楚秦兼天下置郡此爲九江鄣會稽閩中南海郡之東境漢武帝置十三部此爲揚州後漢因之　漢地理志吳地今之會稽九江丹陽豫章廬江廣陵六安臨淮郡盡吳分壽春合肥受南北湖皮革鮑木之輸

亦一都會也漢淮南王都壽春本吳粵與楚接比數相并兼吳東有海鹽章山之銅三江五湖之利亦江東之一都會也　後漢郡國志揚州刺史部郡六九江丹陽廬江會稽吳郡豫章　順帝永康四年分浙江以東爲會稽郡以西爲吳郡此兩浙分疆之始然猶並屬揚州　通鑑劉宋孝建元年分揚州之浙東五郡爲東揚州浙江之西爲揚州至此遂有二揚州　唐地理志淮南道古揚州域揚楚滁和廬壽舒爲星紀分安黃申光蘄爲鶉尾分州十二以淮南採訪使治揚州江南道古

揚州南境潤昇江寧郡以潤州之江寧縣置常蘇湖杭睦越明衢處婺溫台福建泉汀漳爲星紀分以東道採訪使治蘇州宣歙新安郡池洪豫章郡江饒虔吉袁信析饒衢置撫亦星紀分岳鄂潭衡永道郴邵爲鶉尾分以西道採訪使治洪州黔辰錦施敘本巫州亦曰沅州奬龍溪郡夷播思費南溪溱亦鶉尾分以黔中採訪使治黔州其嶺南道亦古揚州之南境韶廣康端封梧藤羅雷崖以東爲星紀分桂柳鬱林富昭蒙龔繡容白羅而西及安南爲鶉尾分州七十有一以嶺

南採訪使治廣州初學記曰揚州自江巳北爲淮南道東偏爲江南道南偏爲嶺南道浙江名勝志曰唐明皇分天下爲十五道採訪兩浙諸郡並隸江南東道至肅宗乾元元年置浙西道節度使領昇潤等十州浙東道節度使領睦越等八州而浙東浙西之名始立馬端臨曰漢時爲郡國七郡曰廬江九江會稽丹陽豫章國曰廣陵六安又爲臨淮南境是江夏東境是南海郡東境是杜佑曰唐分置淮南道領郡十廣陵揚廬江廬蘄春蘄同安舒永陽滁鍾離濠壽春壽淮陰楚歷陽和弋陽光江南道領郡二十丹陽潤晉陵常吳郡蘇餘杭杭會稽越餘姚明東陽婺新

定婺信安衢吳興湖縉雲處臨海台永嘉温新安歙長樂福清源泉建安建臨汀汀漳浦漳潮陽潮

江南西道領郡八宣城宣鄣郡洪鄱陽饒南康虔臨川撫廬陵吉潯陽江宜春袁又分宣州爲池置秋浦郡自晉宋後歷代史皆云五嶺之南至于海並是禹貢揚州之地按禹貢物產貢賦職方山藪川浸皆不及五嶺之外又按荆州南境至衡山之陽若五嶺之南在九州封域則以隣接宜屬荆州豈有捨荆而屬揚斯不然矣此則近史之誤也

宋淮南東路爲揚楚通泰滁眞等州軍一高郵淮南西路爲壽即壽春府濠廬舒蘄和光等州軍二六安無爲而揚州大都督府治廣陵兩浙路府二平江鎮江州十二杭即臨安府越湖婺明常溫台處衢嚴秀江南東路府一江寧州七宣即寧國府徽江池饒信太平軍二南康廣德江南西路州六洪即隆興府虔即贛州吉袁撫筠即瑞州軍三南安臨江建昌南渡後稍復更置云　馬端臨曰宋時爲州五十九兼有建寧府福泉漳汀南劍州邵武興化軍潮州梅州其廣

南東西路大畧荆揚二州之域

班固配十二次自南斗十一度至須女七度爲星紀於辰在丑吳越之分野屬揚州費直起斗十度蔡邕起斗六度

陳卓京房張衡並云斗牽牛須女吳越揚州天官書斗江湖春秋元命苞曰牽牛流爲揚州分爲越國立爲揚山【星經】玉衡第六星主揚州常以五巳日候之乙巳爲豫章辛巳爲丹陽巳巳爲廬江丁巳爲吳郡會稽癸巳爲九江

張華曰吳左洞庭右彭蠡後濱長江南至豫章水

戒險阻之國也　諸葛亮至京口因覩秣陵山阜歎曰鍾山龍盤石城虎踞此帝王之宅　山謙丹陽記曰京師南北並有連嶺而蔣山獨隆崛峻異其形象龍實揚都之鎮也　王阮曰臨安蟠幽宅阻面湖背海膏腴沃野足以休養生聚其地利於休息建康東南重鎮控制長江呼吸之間上下千里足以虎視吳楚應接梁宋其地利於進取　初學記曰江寧縣楚之金陵邑也吳晉宋齊梁陳六代都之　陸游曰江左有變必先固守石頭真控

扼要地今都城徙而南秦淮乃橫貫城中然大江天險都城臨之金湯之勢比六朝爲勝豈必依淮爲固耶說者以爲鍾阜艮山得庚水爲宗廟水秦鑿淮水欲破金陵王氣然庚水反爲吉天下事信非人力所能勝也　章俊卿曰自淮而東以楚泗廣陵爲之表則京口秣陵得以蔽遮自淮而西以壽廬歷陽爲之表則建康姑熟得以襟帶江淮之險天地所以限南北也而長淮又所以蔽長江也立國於南則守江以爲家戶備淮以爲藩蔽又曰

自丹陽而抵廣陵自廣陵而抵淮陰盱眙此全淮之右臂也自采石而抵歷陽自歷陽而抵鍾離蘄春此全淮之左臂也　林駉曰淮之東根本在廣陵而以山陽盱眙爲門戶淮之西重鎮在合肥而以鍾離壽春爲捍蔽　眞氏曰淮東要害在淸河之口淮西要害在渦潁之口欲固兩淮先防三口

李綱曰淮南者江南之屏蔽也六朝所以能保有江左者以强兵巨鎮所以爲藩籬盡在淮南故以魏武之雄符堅石勒之衆宇文跡跋之盛卒不

能窺江表後唐李氏有淮南則可以都金陵其後淮南為周世宗所取遂以削弱此必至之理也

唐氏曰自古天下裂為南北其得失皆在淮南唐淮南軍西蔽蔡壁壽春有團練使北蔽齊壁山陽有團練使節度使居中統制護餉道見杜牧記

魏了翁曰考自江北以謀南牧聲勢力量無如曹魏之老瞞元魏之佛狸女真之逆亮老瞞敗於赤壁佛狸困於瓜步逆亮衂於釆石

隋地理志江南之俗火耕水耨食魚與稻以漁獵為業雖無蓄積之資然而亦無饑餒其俗信鬼神好淫祀父子

或與居京口東通吳會南接江湖西連都邑亦一都會也

箋九州如濟河如淮海如黑水西河並直指兩大川不必並舉名山也青州言海岱徐州言海岱及淮揚州言淮海便見三州接壤有聯絡首尾之勢彭蠡江右境也三江震澤浙直境也此揚州之見於經者而必旁引閩粵以入四履非其實矣

九州疆境繡錯而冀兖徐豫尤爲接壤難辨如鄭州以爲兖曹單又以爲豫兖州曾郡且入徐州夫

徐州曰東原底平則鄆果專屬兖乎岱爲青之鎮山則曾郡果專屬徐乎單爲碭山魚臺之境又果專屬豫乎至黃州本荆也而唐十道圖以爲揚陜虢近雍也而通考以爲豫商州近豫也而通畧通考並以爲梁宋史又以爲雍若大名一府分屬冀兖此誰爲確據乎當禹時閩廣滇黔遠在荒服而揚州自震澤底定外不置一語則兩浙爲吳越之境亦未列王會也今以閩浙附入揚州已爲影響唐十道圖至以鄂潭衡永澧朗辰錦等州並入揚

州南境而嶺南一道東南際海西極羣蠻凡七十州亦以揚州南境括之可謂殽雜棼沓靡所適從矣自杜佑於古九州外别分南越一條庶幾近之馬氏通考歷代沿革圖尤爲明晳今考九州準的于此間有異同請質以臆　考一統志古揚州爲今南直隸應天鳳陽古塗山國蘇州松江常州鎮江揚州漢廣陵國淮安廬州漢廬江國安慶春秋皖國太平寧國池州山州各府廣德和滁三州浙江省則杭州嘉興湖余嚴州金華衢州越西鄙姑蔑地處州紹興寧波台州温

州各府江西省則南昌唐洪州吳楚之交饒州楚東境廣信建昌吳南境撫州臨江瑞州袁州贛州南安各府而南康九江吉安三府爲荆揚二州之域鄭氏曉曰淮安府所屬山陽鹽城南康九江府北境是其福建省福州泉州建寧延平邵武汀州興化漳州各府漢屬會稽郡並宜入揚州廣東省則廣州南雄惠州肇慶四府皆揚州南境潮州府亦古閩越地廣西南寧府爲揚州西南境

曹學佺曰今中都鳳陽府跨禹貢徐揚豫三州鳳陽臨淮定遠盱眙天長壽州霍丘爲揚域懷

遠五河虹泗宿二州靈璧蒙城爲徐域潁州潁上

太和亳州爲豫域云　丘氏濬曰自古帝王之都

多在江以北江南形勢之地莫若金陵自孫吳都

此繼以東晉宋齊梁陳終於南唐凡七代皆偏安

一隅惟

聖祖始混一天下建都于此

高皇帝閱江樓記曰古稱中原大概偏北今創業金

陵西南有疆七千餘里東北亦然西北疆五千之

上東南亦如之北際沙漠南與相符猗與盛哉

唐樞曰江淮之形合則表裏之勢成壽春合肥之守堅則南北限而江淮互爲蔽故魏得壽春合肥而吳不敢窺後出廣陵吳乃可以爲擒東晉至陳彭城盱眙江東廬壽皆入南境及陳宣帝盡以歸周而陳亡　鄭氏曉曰江西三面距山背沿江漢實爲吳楚閩越之交南昌浙江滙湖右江左浙艑檣所集江南一都會也

彭蠡既豬

【傳】彭蠡澤名　張勃吳錄云今名洞庭湖按今在九江郡界　【疏】彭蠡是

江漢合處下云東滙爲彭蠡是劉歆云湖漢等九水入彭蠡贑水與鄱水合水出鄱陽縣東西逕其縣南又西流注于贑東北逕昌邑而東出豫章大江其水總納十川同奏一瀆俱注于彭蠡也班固稱南野縣彭水所發東入湖漢水即貢水東江也發源汀州府之新樂山庾仲初謂大庾嶠水北入豫章注于江地理志曰豫章水即章水西江也漢志名彭水出贑縣西南而北入江蓋控引衆流總成一川矣水經注○通典虔州贑縣有章水貢水合流曰贑又考章水源出南安府聶都山東北至大庾縣經南康而滙豫水是爲豫章水至贑州

又會貢水是爲贛水 王應麟曰彭蠡在江州潯陽縣六典注一名宮亭湖俗謂之鄱陽湖在南康軍星子縣南江州彭澤縣西郡縣志在都昌縣今屬南康軍西六十里與潯陽縣分湖爲界九江記湖心有大孤山 金氏曰彭蠡今鄱陽湖自洪宮亭受江西嶺北江東諸水在江饒南康興國之間至池州湖口入江漢志所謂湖漢九水者今按江西通志湖在鄱陽縣西四十里即彭蠡也隋以鄱陽山相接改今名延袤數百里跨南昌南康饒州三郡 呂覽曰禹疏河決江爲彭蠡之障乾東土所活者千八百國 郡國志云彭蠡湖

周廻四百五十里內有石高數十丈大禹刻石以記功焉　眞德秀曰豫衡岳而南亘大江東西穹山崇巘靡迤相屬而廬阜爲之最岷江西來至大別與漢合洪濤掀天呑吐日月蕩漾萬里而宮亭楊瀾左里爲之最　章俊卿曰豫章西江與鄱陽之浸浩瀚呑納而滙於湓口則九江爲之都會

〔箋〕九州唯兖與揚並不及山揚州淮海而外有三江以暢其支而更有彭蠡震澤以爲之整此以稱東南澤國也　大明一統志曰彭蠡湖在南康府

東南一名宮亭一名揚瀾左里一名鄱陽澗四十里長三百里巨浸瀰浸中有鴈汨小西河接南昌東抵饒州北流入于江圖經入都昌界爲宮亭湖胡氏瓚曰彭蠡發源章贛匯爲一湖而江過之故敘揚州之功以彭蠡爲大彭蠡以彭磯左蠡而得名今彭澤縣北彭浪磯與小孤山相對都昌縣西北有左蠡山見江西志李琯曰章江發源于贛達郡城西北流入西鄱湖俗名河西是也撫河發源于盱遶郡後東北流入鄱湖即宮亭湖也兩水爲郡之經而鄱湖爲水之聚琯豐城人

〔疏〕五

陽鳥攸居漢書作逌居

〔傳〕隨陽之鳥鴻鴈之屬張華禽經注云大曰鴻小曰鴈〔疏〕曰之行也夏至漸南冬至漸北鴻鴈之屬九月而南正月而北左思蜀都賦所云木落南翔氷泮北徂是也日陽也此鳥南北與日進退故稱陽鳥冬月所居於此彭蠡之澤也〔蘇傳〕陽鳥避寒就煖彭蠡在彭澤西北北方之南南方之北也故陽鳥多留於此　金氏曰禹豬彭蠡廢其旁地爲蘆葦以備淩滛故陽鳥居之如漢築河隄去河各二十五里

以防泛濫其後民瀕居作其間常被漂沒以此知
大禹廢彭蠡之濱以居陽鳥其爲民防患之意葢
深　埤雅云雁大者曰鴻雁夔陽而惡陰夜泊洲
渚令雁奴圍而警察雁小者爲雁奴　古今注曰鴈自河
北渡江南瘦瘠能高飛不畏矰繳江南沃饒每至
還河北體肥不能高飛恐爲虞人所獲嘗銜蘆長
數寸以防矰繳焉
〔箋〕陽鳥攸居非直卽禽鳥棲息以見洲渚之平禹
捐彭蠡之濱以備浸淫殺潰溢之勢而陽鳥亦得

以居之正見善治水者不與水爭利也　江西名勝志曰鄱陽湖春漲則與鄱江接聯水縮則黃茅白葦曠如平野宋趙抃詩靜唱溪漁樂斜飛渚鴈鶩　揚慎曰月令鴻鴈來舊說鴈得中和之氣熱則即北寒則即南以就和氣洎江湖洲渚之間動計千百飛有先後行則成列葢知序之鳥也故小正於其來則曰鄉去則曰遰（音遰九月遰鴻雁）謹記之周月令七十二候鴻鴈得其四焉八月鴻鴈來乃大鴈也鴈之父母九月鴻鴈來賓小鴈也鴈之子也

十二月鴈北鄉亦大鴈鴈之父母正月候鴈北亦小鴈鴈之子也此說出晉干寶宋人述之以爲的論

三江既入

吳地記云松江東北行七十里得三江口東北入海爲婁江東南入海爲東江并松江爲三江韋昭云三江謂吳松江錢塘江史記正義曰在蘇州東南三十里名三江口一江西南上七十里至太湖曰松江古笠澤江一江東南上七十里白蜆湖曰上江亦曰東

江一江東北下三百餘里入海曰下江亦曰婁江其分處號曰三江口一說吳松江口白崔江口青龍江口謂之三江口地勢低於震澤三丈潮水來時水高三丈到震澤底定所以謂之平江見華亭縣志

蘇傳三

江之入以所見考之自豫章而下入于彭蠡而東至海爲南江自蜀岷山至于九江彭蠡以入于海爲中江自嶓冢導漾東流爲漢過三澨大別以入于江東滙澤爲彭蠡以入于海爲北江此三江自彭蠡以上爲二自夏口以上爲三江漢合于夏口而與豫章之江皆滙于彭蠡則三江爲一過秣陵

京口以入于海不復三矣漢爲北江岷山之江爲中江則豫章之江爲南江不言而可知堯水之未治也東南皆海豈復有吳越哉及彭蠡旣瀦三江入海則吳越始有可宅之土水之所鍾獨震澤而已故曰三江旣入震澤底定　程珌曰三江東坡說最爲有據葢嘗縱觀於彭蠡之口今豫章之江所謂西江而岷山之流爲蜀江導漾之水爲漢江論江之大無過此三江者三江旣皆入海則震澤之匯安得不定乎　金氏曰三江之說不一其可

據者二一說謂古名漢爲北江江爲中江則彭蠡之水爲南江至揚雖已合爲一然以其三水合流謂之三江猶洞庭九水俱滙謂之九江也范蠡所謂吳之與越三江環之謂俱在大江之南爾今通州福山鎮猶名三江渡是也然三江既以彭蠡爲一則上文旣出彭蠡不應下文又出三江且經文二旣字對舉皆本放之辭彭蠡旣豬矣則陽鳥攸居三江旣入矣則震澤底定則三江者乃震澤下流之三江也震澤太湖也周圍三萬六千頃西南

湖州諸溪西北宣州諸溪並注之大約太湖納百川之水而注之江三江泄太湖之水而入于海三江不通太湖所以艱噎不快而東南水患之所以多也禹時三江深通入海無阻震澤西納乎諸水東吐乎三江克底于定非謂三江旣入而震澤自定也北方之水河爲大故凡水名皆以河爲總稱南方之水江爲大故凡水名皆以江爲總稱然則三江之江不必疑爲大江之江也　新安陳氏曰三江不勝異說顏師古以爲中江南江北江郭景

純以爲岷江浙江松江韋昭以爲松江浙江浦陽江王介甫以爲一江自義興一江自毗陵一江自吳縣皆據所見而言旣入入海也　葉夢得曰孔氏不名三江意若以北江中江與南江爲三江在荆州之分漢沱參流則别爲三在揚州之分因入于海則合爲一所謂北江者今丹陽而下錢塘皆是也孔氏未嘗至吳故其解北江以爲自彭蠡江分爲三入震澤爲北江入海不知北江本與震澤相通也又曰三江與震澤相通者或波震澤而入

海或合震澤而入海其一爲吳松江固無疑矣其
二不可名今青龍華亭崑山常熟皆有江通海與
震澤連意必在其間韋昭言浙江浦陽松江者其
妄固不待較而王氏言入者亦不可爲入海凡言
入于渭入于河皆由之以往言其終也三江既自
爲別水非有所從來前既未嘗言入于海當如既
陂既澤既導既豬之類各就其本水言之既入若
言由地中行也凡傍海之江皆狹非大江比海水
兩潮相往來始至而悍激則與沙俱至既退而緩

則留其沙而水獨返故不過三五歲旣淤淺障塞水不入于江則不能通于海知澤受之而爲害若江水由地中行各分而入海震澤安得有決溢耶

羅泌曰三江非中北之江中北之江初無三江之名而三江元不入震澤也職方三江揚州之川西漢地理志云南江從會稽吳縣南入海中江從丹陽蕪湖縣西東至會稽陽羨東入海北江從會稽毗陵縣北東入海羅泌曰此皆自會稽入海者自班固目江以南中北之名遂與岷漢入滙之文相亂

黃震曰古人於宜興以西金陵

管下設爲五堰使西南水不入荆溪而由分水銀林二堰入伍子胥伐楚之運河以入大江東北則於崑山常熟以東之横塘設堽門斗門閉高地之水以自溉高地之田使水不得反流而趨内若中間地卑水聚不能以時入海則又設爲塘浦焉浦者導諸處之水皆自趨吳松江以入海塘者防水不得入民田必使由浦以入於江塘浦元計一百三十二條浦之濶率三二十丈塘之高率二丈大要使浦高於江江高於海水駕行高處而吳中可

以無水災李氏有江南五堰以西之運河尚通錢氏有兩浙其治塘浦尚有撩清指揮之號偏方小國封疆不廣猶農夫之有籬落下田歲歲保治惟謹國朝幅員萬里觀聽不接南渡生聚益繁各便已私上焉之五堰既以不便木簰往來而壞江東數郡水盡入太湖矣下焉之堽門斗門又爲側近勤耕而壞崑山常熟二縣水反入內地矣中焉之塘浦則或因行舟及安舟之便而破其圩或因人戶請射下腳而廢其隄或因耕墾增闢而擾斥其

舊來之浦凡今所謂某家浜某家涇者皆古塘浦舊地於是蕩無隄障水勢散漫與江之入海處適平退潮之減未幾長潮之增已至小迅之隨去未盡大迅之擁回反多往復洄洑水去遲緩而一雨即成久浸矣

〔箋〕三江以太勢論蘇子瞻說最爲合脉然考震澤最關切者無如吳淞江前此屢議疏濬而支流相接舊有東婁二江今雖湮塞原非畎澮可比若就揚州界上尋其連泒震澤而吞吐灌輸則指松江

東江婁江爲三江似尤近之況玩經文兩旣字皆相因之辭彭蠡震澤實爲東南兩大澤語相首尾意可徵參矣　直隸名勝志曰今三江一自太湖從吳縣鮎魚口北入運河經郡城之婁門者爲婁江一自太湖從吳江縣長橋東北合龐山湖者爲松江一自大姚分支過澱山東至嘉定縣界合上海縣黃浦由黃浦經嘉定江灣靑浦東北流亦名吳松江者爲東江其實皆太湖之委也　松江府志曰松江舊名吳淞江後以水災去水從松亦曰

松陵江其原出太湖東注于海卽禹貢三江之一
今松江自吳江長橋東流至尹山北流至甫里東
北流至澱山北合趙屯浦又東合大盈浦又東合
顧會浦又東合崧子浦盤龍浦凡五大浦轉東南
流與黃浦會而入海其將入海處别名滬瀆又曰
黃浦相傳春申君鑿黃其姓也受黃橋斜塘及秀
州塘水東流凡南北兩涯之水皆入焉折而北流
趨上海縣東西兩涯之水皆入焉東北會吳松江
以入于海黃浦上源自三泖來其上爲澱河爲白

蜆江又自松江分派而來至入海處約二百五十餘里比吳松婁江皆濶大論者指此爲東江嘉定縣志曰吳淞江在縣南三十六里其源西出於太湖分爲麗山九里尹山澹臺諸湖滙於獨墅湖流爲江東北至甫里過夏駕浦乃入縣境自顧浦黃渡而東至於江灣又東北至於吳淞所城南凡二百六十餘里而入于海王氏鏊曰太湖由三江入海而三江久失故道東江不可復尋獨婁江尚在吳淞江雖在而多湮其别出一支分從常熟白茆港入海最大且駛而海沙閼塞久成平陸唐樞曰震澤注海三江松江一流已久爲淤上海之南蹯浦口卽

吳淞江嘉定之劉家港卽婁江常熟之白茅港乃震澤餘流向北注之揚子江者水勢東南爲順今盛流白茅港漸奔於北則長橋所爲害其明驗也故陽城昆承流壅復浚吳淞江南北兩岸定安諸浦間道北注劉家白茅二港又大黃浦流壅傍浚范家浜間道注蹌口皆引水北流以順其勢而三吳勢占水利日盛莫知于何底止也 歸有光曰近世華亭周生欲尋東江古道于嫡庶之辨終猶未明誠以一江洩太湖之水力全則勢壯故水駛

而常流力分則勢弱故水緩而易淤此禹時之江所以能使震澤底定而後世之江所以屢開而屢塞也松江源本洪大故別出而爲婁江東江今松江既細微則東江之迹滅没不見無足惟者故當復松江之形勢而不當求東江之古道也 楊愼曰禹貢三江曷於上流發源求之徐鉉注說文云江出岷山至楚都名南江至潯陽爲九道名中江至南徐州今當作潤州名北江入海郭璞山海經注岷山大江所出也崍山南江水所出也崌山北江水

所出也三江皆發源於蜀而注震澤禹貢紀其源

而及其委耳

震澤底定

疏地理志云會稽吳縣故周泰伯所封國也具區

在西古文以爲震澤按周禮職方揚州藪曰具區

浸曰五湖五湖即震澤若如志云則浸藪爲一矣

葉夢得曰孔氏以太湖爲震澤非是周官九州

有澤藪有川有浸揚州澤藪爲具區其浸爲五湖

既以具區爲澤藪則震澤即具區也太湖乃五湖

之總名耳凡言藪者皆人資以爲利故曰藪以富得民而浸則但水之所鍾也今平望八尺震澤之間水瀰漫而極淺與太湖相接而非太湖自是入于太湖自太湖入于海雖淺而瀰漫故積潦暴至無以洩之則溢而害田所以謂之震猶言三山皆震者然蒲魚蓮芡之利人所資者甚廣亦或可隄而爲田與太湖異所以謂之澤藪他州之澤無水暴至之患則爲一名而已而具區與三江通塞爲利害故二名以别之禹貢方以既定爲義是以言

震澤而不言具區也　曾氏曰具區之水多震而難定故謂之震澤底定者言底於定而不震蕩也

陸廣微曰太湖按漢書志云爾雅十藪曰吳越之間有具區郭璞云今吳縣西南太湖即震澤也中有包山周迴四百里下有洞庭穴潛行水底無所不通號爲地脉述異記曰洞庭山有宮五門東通林屋西達峨眉南接羅浮北連岱岳東有石樓樓下兩石叩之清越所謂神鉦　越絶書曰太湖周廻三萬六千頃亦曰五湖虞翻云太湖有五道之别故謂之五湖國語曰吳越戰于五湖在笠澤一湖耳

張勃吳錄云五湖者太湖之別名以其周行五百里以五湖爲名揚州記曰太湖一名震澤一名洞庭吳地記廣記震澤中洞庭山有洞穴深百餘尺穴有四支一通洞庭湖西岸一通蜀道青衣浦北岸一通羅浮兩山間大谿一通枯桑島東穴范仲淹曰姑蘇四郊畧平窊而爲湖者十之二三西南之澤尤大謂之太湖納數郡之水湖東一派濬入于河謂之松江積雨之時湖溢而江壅横没諸邑雖北壓揚子江而東抵巨浸河渠至多湮塞已

久莫能分其勢矣惟松江退落漫流始下　蘇氏軾曰三吳之水豬爲太湖太湖之水溢爲松江以入海海水日兩潮潮濁而江清潮水常欲淤塞江路而江水清駛隨輒滌去海口常通則無水患

郟僑崑山人常論天下之水以十分之自淮而北五分由九河入海書所謂同爲逆河入于海是也自淮而南五分由三江入海書所謂三江既入震澤底定是也而三江所決之水其原甚大由宣歙而來至于浙界合常潤諸州之水鍾於震澤震澤之

大幾四萬頃導其水而入海止三江爾二江已不
得見今止松江又復淺汙不能通泄且復百姓便
於已私於松江古河之外多開溝港故上流日出
之水不能徑入于海聞錢氏循漢唐法自吳江縣
松江而東至于海又沿海而北至于揚子江又沿
江而西至于常州江陰界一河一浦皆有堰閘所
以賊水不入久無患害爲今之策莫若先究上源
水勢而築吳松兩岸塘隄不唯水不北入於蘇而
南亦不入於秀兩州之田乃可墾治今之言治水

者不知根源始謂欲去水患須開吳松江殊不知開吳松江而不築兩岸堤塘則所導上源之水輻輳而來適爲兩州之患蓋江水溢入南北溝浦而不能徑趨於海故也儻効漢唐以來堤塘之法脩築吳松江岸則去水之患已十九矣又曰吳松古江故道深廣可敵千浦向之積潦尚或壅滯議者但以開數十浦爲策而不知臨江濱海地勢高仰徒勞無益今所究治水之利必先於江寧治水陽江與銀林江等五堰體勢故迹决于西江潤州治

丹陽練湖相視大崗尋究亟管水道决於北海常州治宜興隔湖沙子淹及江陰港浦入北海以望亭堰分屬蘇州以絶常州輕廢之患如此則西北之水不入太湖爲害矣又於蘇州治諸邑限水之制閘吳江之南石塘多置橋梁以决太湖會於青龍華亭而入海仍開浚吳松江官司以鄰郡上戶熟田例敷錢糧於農事之隙和雇工役以漸闢之其諸江湖風濤爲害之處並築爲石塘及於彭滙與諸湖瀼等處尋究昔有江港自南經北以漸築

爲堤岸所在陂淹築爲水堰秀州治華亭海鹽港浦仍體究枯湖澱山湖等處向因民戶有田高壤障遏水勢而疏决不行者並與開通達諸港浦杭州遷長河堰以宣歙杭睦等山源决于浙江如此則東南之水不入太湖爲害矣 熙寧中興脩二浙水利議者謂苕霅二水出于天目之山而溢于太湖書曰三江既入震澤底定今二江並廢獨一松江入海故太湖之水壅而吳興被患遂欲廢北關長安二埭上塘之渠以與下塘相通又於餘杭

之南股引苕溪之水達于漕渠穿錢塘之市而入于江以紓吳興之患時多以爲然淮海集元祐中單鍔宜興人著吳中水利書畧曰蘇常湖三州之水爲患久矣今視其迹自溧陽五堰東至吳江岸猶人之一身也堰閘則首也宜興荆谿則咽喉也百瀆則心也震澤則腹也旁通震澤衆瀆則絡脉衆竅也吳江則足也今上廢五堰之固而宣歙池九陽江之水不入蕪湖反東注震澤下又有吳江岸之阻而震澤之水積而不洩是猶有人焉桎其手

縛其足塞其衆竅以水沃其口腹滿氣絕欲不死得乎且五堰久廢而三州之田十年尚有五六熟猶未爲大患也自吳江築岸以後十年之間熟無一二何者岸界吳松江震澤之間岸東則江岸西則震澤江之東則大海也百川莫不趨海今築此隄横截江流遂致震澤之水常溢而不洩浸灌三州之田又築岸之前源流東下最爲峻急築岸之後水勢遲緩無以蕩滌泥沙以至增積而茭蘆生茭蘆生則水道狹而流洩不快雖欲震澤之水不

瀆其可得乎今欲洩震澤之水莫若先開江尾茭蘆之地遷沙村之民運其所漲之泥然後以吳江岸鑿其土爲木橋千所橋洪各濶二丈每十橋可開水面二十丈千橋共開水面二千丈隨橋洪開茭蘆爲港走水仍於下流開白蜆安亭二江使湖水由華亭青龍入海則三州之水必大減矣 紹興中大理寺丞周環言自太湖分二派東南一派由松江入于海東北一派由諸浦注之江其松江泄水惟白茅一浦最大今泥沙淤塞宜浚浦故道

俾水勢分派流暢兩浙轉運副使趙子潚等言太
湖者數州之巨浸而獨洩以松江之一川宜其勢
有所不逮是以昔人常熟之北開二十四浦疏而
導之江又於崑山之東開一十二浦分而納之海
三十六浦後爲潮汐沙積而開江之卒亦廢於是
民田有淹没之患　元大德八年都水少監任仁
發著水利議荅大畧謂宋蘇軾有言若要吳松江
不塞吳江一縣之民可盡徙於他處庶上源寬濶
清水力盛沙泥自不能積何致有湮塞之患哉自

歸附後將太湖東岸出水去處或釘柵或作堰或爲橋及有湖泖港汊又慮私鹽船往来多行塞斷所以清水日弱渾潮日盛沙泥日積而吳松江日就淤塞正與蘇軾所見相合大抵治之之法有三浚河港必深濶築圍岸必高厚置閘竇必多廣設遇水旱就三者而乘除之自然不能爲害儻人力不盡而一切歸數於天寧有豐年耶　至正中潘應武言决放湖水畧曰太湖三萬六千頃受納三州之水溢流而下一路徑下吳松江二百六十餘

里抵海又一路自急水港五十里下澱山湖由港浦而入海錢王時置撩淺軍宋理宗朝立水軍無非爲去水計也歸附後軍散營廢河港湮塞其澱山湖中有山寺宋時在水中心東有出水港五各濶十餘丈通潮水往來潮退則引湖水下大曹六盈等浦入青龍蟠龍江而出海古人謂之尾閭門宋法禁人占湖爲田爲洩水路故也歸附後權勢占據爲田今山寺在田中雖有港漊悉皆淺狹潮水河水不相往來攔住去水東南風水回太湖則

長興宜興歸安烏程德清等處泛濫西北風水下澱山湖泖則崑山常熟吳江松江等處泛濫皆因下流不決積水往來爲害如人便溺不通水滿胸腹所宜開浚以救百姓

箋 山海經所次、山水多涉迂怪至云浮玉之山北望具區苕水出于其陰眞可作一幅吳興圖矣越語云句踐之地西至于姑篾韋昭註今太湖是此亦震澤之别名也（路史云今衢之龍游有姑篾城）姑蘇志曰太湖禹貢謂之震澤周禮謂之具區五湖左氏謂之笠澤五湖之稱不同張勃吴録云周行五百里故名虞翻云太湖東通松江南通霅溪西通荆溪北通滆湖東連韭溪凡五道故謂之五湖陸魯望云太湖上禀咸池五車之氣故一水五名今湖亦自有五名自莫釐山之東與徐侯山相值者中爲菱湖莫釐之西北與菱湖連者爲莫湖南通莫湖東通胥口爲胥湖長山之東曰游湖長山之西北連無錫老岸曰貢湖洞庭録云禹治水嘗駐于此別有金鼎湖吴王沉舟鼎沉于此梅梁湖吴時進梅梁至此舟沉失梁東皋里湖其浸

則通謂之太湖按此則五湖爲太湖明矣其大三萬六千頃東西二百餘里南北一百二十里周五百里占蘇湖常三州北有百瀆納建康常潤數郡之水南有諸漊納宣歙臨安苕霅諸水東南之澤無大于此　浙江名勝志曰太湖西北極于宣常東北極于蘇湖大雷小雷二山皆浮于湖之東方屬當湖州郡境葢浙西苕霅與臨安廣德諸水散出凡七十二溪奔海不及則渟蓄于湖道三江以入海　吳郡志曰震澤受吳中數郡之水西南湖

州諸溪西北宣州諸溪並下太湖崙諸山峙於太湖之西地形高阜兼南北東三處江海之岸亦高而太湖之四外皆高水積其中常若盤盂之盈滿非藉江湖深利何以通泄　永樂二年　朝廷以蘇松水患命戸部尚書夏原吉疏治尋遣僉都御史俞士吉賫水利集賜原吉使講究拯治之法以聞原吉奏曰浙西諸郡蘇松最居下流太湖綿亘數百里受納杭湖宣歙諸州溪澗之水散注澱山等湖以入三江頃爲浦港湮塞滙流漲溢傷害苗

稼拯治之法要作浚滌吳松江諸浦導其壅滯以入于海按吳松江舊袤二百五十餘里廣一百五十餘丈西接太湖東通大海前代屢浚屢塞不能經久自吳江長橋至夏駕浦約百二十餘里雖云通流多有淺狹之處自夏駕浦抵上海縣南蹌浦口可百三十餘里潮沙漲塞已成平陸欲即開浚工費浩大灩沙泥淤浮泛動盪難以施工臣等相視得嘉定之劉家港即古婁江徑通大海常熟之白茅港徑入大江皆係大川水流迅急宜浚吳松

南北兩岸安亭等浦引太湖諸水入劉家白茅二港使直注江海又松江大黃浦乃通吳松要道今下流湮遏難疏傍有范家浜至南蹌浦口可徑達海宜浚令深闊上接大黃浦以達湖泖之水此即禹貢三江入海之迹俟既開通相度地勢各置石閘以時啓閉每歲水涸時修圩岸以禦暴流上從之役夫凡十餘萬水洩農大利正德五年吳中大水給諫吳巖疏曰浙西諸郡蘇松最居下流太湖綿亘數百餘里受納天目諸山溪澗之水由

三江以入于海是太湖者諸郡之水所瀦而三江太湖之所洩也禹貢所謂三江既入震澤底定是也若下流淤澱則衆水泛濫矣爲今之計要在相其源委别其利害以爲之區處如白茅港七浦塘劉家河此蘇州東北洩水之大川如吳松江大黄浦爲松江南境洩水之大川其間各有旁港支渠引上流之水歸於其中而入於海此所謂源委也白茅一港自弘治七年疏濬之後已二十五六年吳淞一江自天順間疏濬之後六十有餘年聞之

白茅潮沙壅塞勢若丘阜吳江僅如溝洫舟楫艱

行其旁渠支港亦多湮塞下流既壅上流曷歸此

其利害之可見者也今能濬白茅則蘇州東北之

水有所歸濬吳淞江則蘇松東界之水有所歸水

各有歸則太湖不溢而向來沮洳漭浸之土皆出

而可耕矣　王氏鏊曰疏宜興湖州諸閼水歸太

湖則常之宜興武進湖之烏程歸安松之華亭可

無水患濬吳淞江白茅之閼太湖之水入江海則

蘇之長洲常熟崑山可無水患　金藻曰禹貢曰

三江既入震澤底定又曰九川滌源九澤既陂今
東江已塞而松江復微是川源無滌也太湖泛濫
隄防不修是澤無陂陂障也無陂所以靡定無滌所
以靡入又曰三江流水也滌源流水之所以治也
震澤止水也既陂止水之所以定也使禹貢無此
二句總結于後將謂三江既入震澤自定矣自漢
以來治經者多忽此
王氏樵曰今按揚州之境嶺至郴虔北枝趨敷淺
原水皆東流又自建嶺一枝轉而北趨金衢爲歙

嶺亘亘而抵建康其岡脊以西之水皆西流是俱
滙爲彭蠡其岡脊以東之水南則浙江北則震澤
也彭蠡之水不瀦則今江西江東諸州之水爲揚
西偏之患震澤之水不泄則今浙西諸州之水爲
揚東偏之患揚雖北邊淮而于徐已書又雖中貫
江而于荆已書朝宗獨大江之南西偏莫大于彭
蠡東偏莫大于震澤二患既平則揚之土田皆治
矣故特舉二澤以見揚功之告成若其南偏率是
山險浙亦山谿討不勞施工故餘不書也文曰古

者震澤之水其西北上原則有宣歙金陵九陽江之水由宜興百瀆以下震澤其西南則有苕霅諸水由湖州七十二港以入焉而所賴導之以入于海者松江婁江東江而已水來甚多而洩之者甚緩此東南所以多水患也自宋築五堰于宜興以西溧陽之上而宣歙諸水皆西北以入蕪湖固有以殺西北上原之勢其後商人以簰木往來之阻紿于官而壞其防昔人欲復五堰者此也五堰旣廢由是荆溪多積水而百瀆湮塞無以遂其東下

之勢昔人欲疏百瀆者此也慶曆以來築長橋于
吳江岸以利舟行之牽輓而水道阻緩昔人欲易
置千橋以分利之者此也此皆畢鍔之遺意也
高皇帝定鼎金陵一時財賦仰給東南鑒三吳水患
因宋五堰之舊迹立爲銀渚東壩禁商簰往來此
壩一成既可以挽東壩以西之水北會于　南京
以成朝宗之勢又使東壩以東之水返注于蕪湖
不下震澤而三吳成陸海之饒是豈徒得五堰之
遺意而已哉乃東南萬世之利也東壩既足以當

五堰之利則上源既殺下流亦減荆溪百瀆疏之
亦可不疏亦可長橋之在吳江去之則有妨于運
道存之亦未見大有阻于太湖也其所急者惟在
吳淞江之通利濶深耳　吳江志曰太湖之源由
西天目天目有二西者分入太湖東者分入鶯脰湖分而爲二一散入
固城湖合金陵常潤之水爲百瀆荆溪一從獨山
至秋浦納宣歙臨安之水合苕霅梅溪俱入太湖
國朝脩漢故事築五堰於溧陽以節金陵宣歙之
水盡由分水銀林二堰趨蕪湖達大江是殺太湖

承受之太半矣　歸有光曰太湖之廣三萬六千頃入海之道獨有一路所謂吳淞江者顧江自湖口距海不遠有潮泥填淤反土之患湖田膏腴往往爲民所圍占而與水爭尺寸之利所以松江日隘議者不循其本沿流逐末取目前之小快别濬浦港以求一時之利而松江之勢日失所以沿至今日僅與支流無辨或至指大于股海口遂至湮塞此豈非治水之過與蓋自宋揚州刺史王濬以松江滬瀆壅噎不利從武康紵谿爲渠浛直達于

海穿鑿之端自此始夫以江之湮塞宜從其湮塞而治之不此之務而别求他道所以治之愈力而失之愈遠也世之論徒區區于三十六浦間有或及于松江亦不過濬蟠龍白鶴滙未見能曠然脩禹之迹者宜興單鍔著書爲蘇子瞻所稱然欲脩五堰開夾苧干瀆絕西來之水不入太湖殊不知揚州藪澤天所以豬東南之水也今以人力遏之夫水爲民之害亦爲民之利就使太湖可涸于民豈爲利哉余以爲治吳之水宜專力松江松江旣

洛則太湖之水東下而餘水不勞餘力矣又曰旁江之民積占茭蘆指以告佃爲名所納斗升之税所占卽百頃之江兼之漲灘之税亦多吏胥隱没昔宋時圍田皆有禁約今姦民豪右占江以遏水道更經二三年無吳淞江矣　王錫爵曰震澤五湖之水表于東南乃上古不列於四瀆祀典見謂大而不尊然四瀆之王洩其縈紆怒奔以資觸艦之下上百舍不暇止是故無獨鍾之秀無專至之澤若五湖之王浸實上承咸池五車之氣而分滙吳越

之流以入海由澤而川由翕而散故漫爲三萬六千項峙爲七十二峯而潤爲脂田腴藪則三州之賦甲天下

篠簜既敷厥草惟夭厥木惟喬厥土惟塗泥

〔傳〕篠竹箭簜大竹水去已布生〔疏〕孫炎曰竹潤節者曰簜李巡曰竹節相去一丈曰簜爾雅東南之美者有會稽之竹箭焉郭璞註篠也邢昺疏篠是竹之小者可以爲箭幹竹譜云箭竹高者不過一丈節間三尺堅勁中矢江南諸山皆有之會稽所生最精好或曰今揚州絕少篠簜竹箭中爲矢者臨川會稽爲良見筍譜

〔傳〕少長曰夭喬高也王

氏炎曰南方地暖故草木皆少長而木多上竦河朔地寒雖合抱之木不能高也兖徐言草木皆居厥土之下凡土無高下燥濕其性皆然兼山林言之若揚之塗泥惟言沮洳之多山林不與故先草木也青不言草木而貢有松檿絲則可知荆亦不言然貢有杶幹等亦可知矣㭭兖青相同荆揚爲一惟徐漸包爲異耳　爾雅上句曰喬如木楸曰喬下句曰喬如木楸上竦而曲卷者名喬如木楸上竦者亦曰喬郭云楸樹性上竦詩南有喬木是也

〔傳〕塗泥地泉濕 釋名曰塗杜也杜塞孔穴泥近也以水沃土使相黏近也說文曰泥黑土在水中者也 淮南子曰南方陽氣之所積暑濕居之

〔箋〕爾雅篠簜竹郭璞註引儀禮曰簜在建鼓之間謂簫管之屬與孔傳大竹解不合 胡氏瓚曰竹亦草本淮南子曰竹生于水而蕩于水以其忘水故另言之

厥田惟下下厥賦下上上錯

〔傳〕田第九賦第七雜出第六 〔疏〕不言錯下上者

以本設九等分三品爲之上中下下上本是異品故變文言下上上錯也　王氏炎曰土塗泥故其田下下大抵南方水淺土薄不如北方地力之厚

林氏曰田最下而賦第七或第六者人工脩也

胡氏曰揚州魚鹽之海出第七等近於太輕故有時而出第六等以補除餘州之不足　秦觀曰今天下之田稱沃衍者莫如吳越閩蜀其一畝所出視他州輒數倍彼閩蜀吳越者古揚州梁州之地也按禹貢揚州之田第九梁州之田第七是二

州之田在九州等最爲下乃今以沃衍稱何哉吳越閩蜀地狹人衆培糞灌溉之功至也今莫若詔天下州置勸農一司先籍境內定墾田與夫陂塘溝渠之數而周知其利害歲時出行諸郊召見耆老問以疾苦而罰其游惰不聽命者歲終部使者第其殿最以聞功效尤異者寵用之如此則天下之田皆與閩蜀等而地力盡矣　葉適論墾田曰漢之末年荆楚甚盛不惟民戶繁實地著充滿而材智勇力之士森然出於其中孫劉資之以爭天

下及其更唐五代不復振起而閩浙之盛自唐而始乃獨爲東南之望分閩浙以實荆楚去狹而就廣田益墾而税益增此當今急務也　蘇氏軾曰吳蜀有可耕之人而無其地荆襄有可耕之地而無其人　林駉曰兩淮之地沃壤千里淮之右如安豐如合肥淮之左如淮南如瓜步雷唐之田既耕則淮之左可守芍陂之田既耕則淮之右可守屯田之利其可不興乎昔鄧艾於兩淮之南北計五萬人什二一番休尚有四萬獨六七年間十萬之

衆有五年之食即今兩淮之遺跡也　陳傅良曰
泗口可以趨廣陵渦口可以向六合肥戶可以下
合肥古人於是因田以設險因農以置屯大抵安
豐以東則有芍陂鹽城以西則有射陂其間斷流
爲阻則廬江有舒水龍舒有皖水巢有巢湖滁有
滁水六合有瓦梁淮陰有白水塘皆用兵所逕也
范仲淹曰五代時江南圩田有河渠旱則開閘
引江水之利潦則閉閘拒江水之害旱潦不及又
浙西地卑常苦水沴雖有溝河通海惟時開導則

潮泥不得而壅雖有堤塘禦患惟時脩固則無摧壞臣知蘇州詢高年云曩時兩浙未歸朝廷蘇州有營田軍四都共七八千人專爲田事導河築堤以減水患于時民間錢五十文糴白米一石自歸一統江南不稔則取之浙右浙右不稔則取之淮南農政不復脩舉江南圩田浙西河塘大半隳廢今浙江米貴十倍民安得不困請每秋勑下諸路各言農桑利害或合開河渠或築隄塘陂塘之數並委本州計定工料每歲於二月間興役半月而

罷仍具功績聞奏如此數年農利大興下少饑歲上無貴糴則東南歲糴輦運之費大可減省其勸課法宜討論古制取簡約易從之術頒賜諸路

〔箋〕后稷貽我來麰乃肇百穀之端古人田雜五種雖經旱乾水潦各有所收揚州之土塗泥其田獨宜稻不利他種故第爲最下然人工頗脩厥賦遂自下品入中品至後世火耕水耨而粒食盡東南之美唐以來江淮田爲天下最漕餉並仰給焉去禹時天淵矣　陸深曰三吳在古不入職方其民

皆斷髮文身以與蛟龍雜處若空其地然爲最下也今財賦日繁而古之遺跡不異其水不爲害者天幸爾　王氏樵曰揚州之域在古爲下下而江南財賦在今爲上上亦以人功故爾今中原地利不盡而旱潦無備一遇水旱民便流徙人稀而土瘠差重而人不樂土益曠矣不能不倚於東南也今自兩淮南北西極漢沔土曠人稀地有遺利而江浙特爲蕃庶往往無田可耕于此有以處之其所濟亦多矣　魏司馬懿伐吳使鄧艾于淮北廣

田積穀丘文莊公曰今天下水田惟揚州最賤陸
田惟潁壽爲輕且地介兩京間相距畧等今天下
一家雖無魏人南征之役然用其法以行于今日
亦可賴以少寛民力省歲漕請於淮南一帶湖蕩
之間沮洳之地蘆葦之場盡數以爲屯田遣官循
行其地度地勢高下測泥塗淺深召江南無田之
民先度地勢因宜制便先開爲大河濶二三丈者
以通于海又各開中河八九尺者以達于大河又
隨處各開小河四五丈者以達于中河使水有所

洩然後于其低窪不可耕作之處濬深以爲湖蕩及于原近舊湖之處疏通其水使有所豬或爲隄以限水或爲堰以蓄水或爲斗門以放水俱如江南之制民之無力者給以食田成之後依官田以起科民之有力者計其庸田成之後依民田以出稅六七年間其所得恐不減于魏人也夫魏人以偏安之國有外敵之患猶能兼淮潁而盡田之矧今盡四海以爲疆此地又爲運道經行之路有魚鹽之利昔人所謂揚一之地且去大江僅百里許

大江之南民多而田少居者佃富家之田爲之僕隸出者逐什一之利輕去鄉閭倘　朝廷頒方尺之詔遣一介之使鼓舞而招徠之無不成者旣成之後又于潁壽之間召民開墾陸田亦隨地勢以分田因民力而定稅其功又易于水田者考之唐史上元中于楚州今淮安古射陽湖洪澤屯于壽州置芍陂屯大獲其利此地遺跡可考也

厥貢惟金三品瑤琨篠簜齒革羽毛惟木島夷卉服

厥篚織貝厥包橘柚錫貢

傳三品金銀銅　疏釋器云黃金謂之璗其美者謂之鏐白金謂之銀其美者謂之鐐郭璞曰鏐紫磨金也（續博物志華俗謂上金爲紫磨金夷俗謂爲楊邁金鄭玄以爲金三品者銅三色也）

漢書食貨志金有三等黃金爲上白金爲中赤金爲下（貨殖傳豫章出黃金漢靈帝采句曲之金以充武庫見續博物志）史記平準書曰虞夏之幣金爲三品或黃或白或赤或錢或布或刀或龜貝及至秦中一國之幣爲三等黃金以鎰名爲上幣銅錢識曰半兩重如其文爲下幣而珠玉龜貝銀錫之屬爲器飾寶藏不爲幣

管子曰先王以珠玉爲上幣黃金爲中幣刀布爲下幣又曰湯以莊山之金鑄幣禹以歷山之金鑄幣而贖民之無饘賣子者　山海經曰會稽之山其上多金玉　黃帝問於伯高曰吾欲陶天下而以爲一家爲之有道乎伯高對曰上有丹沙者下有黃金上有慈石者下有銅金上有陵石者下有鉛錫赤銅上有赭者下有鐵此山之見榮者也苟山之見其榮君謹封而祭之　皮日休曰舜取五玉以備禮禹鑄九金以爲鼎史記云禹收九牧之金鑄九鼎

張綱進故事曰金爲天下之至寶而國用所資使
衆庶得靡潰於器服之間豈不重可惜哉甞考蘇
秦說趙陳平間楚衛青擊胡有功其所賜黄金或
萬鎰或四萬斤或二十萬斤而梁孝王一小國所
積至四十萬斤長安之亂省中金以萬斤計者猶
六十櫃何其多也自魏晉以降始不聞有此充羡
夫金之爲物產於天地之間百鍊而不耗宜後世
之多於古然以近史觀之其數未有及于古者豈
非侈靡耗蠹致然耶且海内產金之地有幾鑿山

披沙積累於銖兩之微其得之不易矣一旦聚於都市末作之徒乃併肩列肆競麗爭功鎔之銷之以爲悦目之具以一京師計所費金歲不下五六萬合天下較之不知幾何近時金少於古無足怪者比年器服之飾過制尤甚銷金之外又有泥金貼金剔金鏤金爲縷爲線之類號名非一不重其罰因循歲月未見其能止也方勺曰漢法聘后用黃金二萬斤爲錢二萬萬當時金一兩直錢才六百東坡嘗怪今之黃金不若昔多豈糜之者衆金少價貴也穆天子傳云天子之寶璿珠燭銀郭璞曰銀有精光

如燭也　王氏字說曰金正西也土於此終水於此始銅赤金也爲火所勝而不自守反同乎火揚時曰五金皆爲火所勝非特銅而已　考工記云燕之角荆之幹妢胡之笴吳粤之金錫此材之美者也　鹽鐵論曰五行東方木而丹章有金銅之山南方火而交趾有大海之川西方金而隴蜀有名材之林北方木而幽都有積沙之地此天地所以約有無而通萬物也

〔傳〕瑤琨皆美玉　〔疏〕美石似玉者　王肅云瑤琨

美石次玉詩曰何以舟之惟玉及瑤則知瑤者玉之次琨又瑤之次也王氏樵云古有瑤[illegible]周禮掌節凡邦國之使節以英簜輔之注以竹爲函加以畫飾盛節器也是簜可以爲符節之函

〔傳〕齒象牙革犀皮羽鳥羽毛旄牛尾木楩梓豫章

〔疏〕詩云元龜象齒知齒是象牙也說文云齒口斷骨也牙牡齒也牙齒小別統而明之齒亦牙也考工記犀甲七屬兕甲六屬左傳云犀兕尚多棄甲則那是甲之所用犀革爲上說文云獸皮治去

其毛爲革革與皮去毛爲異耳南方之鳥孔雀翡翠之屬其羽可以爲飾故貢之說文云犛西南夷長旄牛也此犛牛之尾可爲旌旗之飾經傳通謂之旄　周禮角人掌以時徵齒角凡骨物羽人掌以時徵羽翮之政于山澤之農以當邦賦之政令　左氏正義云有毛爲皮去毛爲革周禮掌皮秋斂皮冬斂革　曾氏曰揚言惟木多不勝名也荆木名之貢止此也

〔傳〕南海島夷草服葛越　〔疏〕釋草云卉草舍人曰

卉百草一名卉知卉服是草服葛越也葛越南方布名用葛爲之左思吳都賦云蕉葛升越弱於羅紈是也羅苹云卉今之黃草淮南子云於越生葛絺史記正義曰括地志云百濟國西南渤海中有大島十五所皆有邑落又日本國在百濟南隔海依島而居凡百餘小國此皆揚州之東島夷也　漢地理志會稽海外有東鯷人分爲二十餘國以歲時來獻見云

蘇傳島夷績草木爲服如今吉貝木綿之類其紋斕斑如貝故曰織貝

【傳】織細紵貝水物 【疏】織是織而爲之釋魚有玄貝貽貝當貢此有文之貝以爲器物之飾也鄭玄云貝錦名詩云萋兮斐兮成是貝錦凡爲織者先染其絲乃織之則文成矣 臨川吳氏曰染其絲五色織之成文者曰織貝不染五色而織之成文者曰織文 陳襄曰閩嶺已南多木綿土人競植之採其花爲布號吉貝南史言林邑等國出古貝木其華成對如鵞毳抽其績紡之以作布與苧不異亦染成五色織爲斑布正此種也蓋俗呼古爲

吉耳文昌雜錄方勻曰閩廣多種木綿樹高七八尺樹如柞結實如大麥而色青秋深即開露白綿茸茸然土人摘取出殼以鐵杖捍盡黑子徐以小弓彈令紛起然後紡績爲布名曰吉貝今所貨木綿特其細緊爾當以花多爲勝橫數之得一百二十花此最上品海南蠻人織爲巾上作細字雜花卉尤工巧即古所謂疊巾也　舊唐書云婆利國有古貝草緝其花以爲布麄者名古貝細者名曰氎吳錄地理志云交趾有木綿樹實如酒杯口有

綿如蠶之綿可作布名曰白緤　山海經曰陰山

澤浴之水出焉而南流注于蕃澤其中多文貝

陸璣疏云貝水介蟲也龜鼈之屬其文彩殊異古

者貨貝是也餘蚳黄爲質以白爲文餘泉白爲質

黄爲文又有紫貝白質如玉紫點爲文皆行列相

當其貝大者至一尺六七寸今九真交趾以爲杯

盤寶物也　逸周書曰且歐文蜃若人玄貝注且

歐在越文蜃蛤也若人吳越之蠻玄貝照貝也

沈括云尚書大傳曰文王囚於羑里散宜生得大

貝如車渠以獻紂海物有車渠蛤屬大者如箕背有渠壟如蚶殼以爲器緻如白玉生南海鄭康成乃謬解曰渠車罔也葢不識車渠耳顧命有大貝書傳曰散宜生之江淮之浦取大貝如車渠鄭玄云閎夭之徒求盈箱之貝以賂紂琴操曰太顛得大貝淮南子云大貝百朋高誘注五貝爲一朋范成大曰貝子海傍皆有之大者如拳上有紫班小者指面大白如玉桂海虞衡志朱仲相貝經曰貝盈尺狀如赤電黑雲謂之紫貝素質紅黑謂之珠貝靑地綠文謂之綬貝黑文黃畫謂之霞貝　王昭禹曰古者寶龜而貨貝所

以交易者唯貝而已至太公立九府圜法始用錢代貝

【傳】小曰橘大曰柚其所包裹而致者錫命乃貢言不常【疏】以須之有時故待錫命乃貢文在篚下以不常故耳荆州納錫大龜豫州錫貢磬錯皆爲非常並在篚下鄭云有錫則貢之或時無則不貢錫所以柔金也【蘇傳】禹貢言錫者三大龜不可常得磬錯不常用而橘柚常貢則勞民害物如漢永平唐天寶荔枝之害矣故皆錫命乃貢爾雅柚似橙實酢生江南本草

詁云柚皮厚味甘不如橘 考工記云橘踰淮而北爲枳續博物志曰橘柚彫於北徙又云柚似橙而大於橘 葉夢得曰橘性極畏寒今吳中橘亦惟洞庭東西兩山最盛凡橘一畝比田一畝利數倍而培治之功亦數倍于田橘下之土幾於用篩終歲耘無時不使見纖草地必面南爲屬級次第便受日 陳襄曰洞庭四面皆水也水氣上騰尤能辟霜所以洞庭柑橘最佳 呂覽云江浦之橘雲夢之柚自漢武帝交趾有橘官長一人秩二百石主貢御

橘吳黃武中交趾太守士燮獻橘十七實同一帶以爲瑞異草木狀

林駉曰夏書揚州之貢其田則下下而不及諸州其貢則齒革而不言絲紵又周禮職方所載揚州之賦其穀則宜稻而他種皆非所有其利則金錫竹箭而絲枲亦非所宜且漢會稽一郡今之兩浙路也而獨海鹽有鹽官廬江九江二郡今淮甸間也獨皖城有鐵官無鹽官則知漢鹽鐵官之置多見於西北而不見於東南矣唐自河北淪於藩鎮

而國用全在東南歲所倚辨止於浙東西宣歙淮南江西鄂岳福建湖南八道四十九州東南財賦至唐而盛國朝視唐尤倍漕運之數東南至三百萬而淮鹽最資國用　王應麟曰漢鹽官在東南者會稽幾一廣陵無之遺利猶在民也唐天下有鹽之縣一百五江南十二淮南二宋紹興末兩浙有場四十二淮東有場二十視古益密矣　寶祐志云唐世鹽鐵轉運使在揚州盡斡利權商賈如織故諺稱揚一益二謂天下之盛揚爲第一而蜀

次之

〔箋〕記云貢金九牧疑九州並有金貢也而獨著于荆揚且揚之貢又獨首金蓋維揚自禹來爲金穴矣或謂荆揚貢品獨繁以償田賦之輕乃今日宋提之貢額不減而轉漕飛輓全仰東南至蘇松嘉湖四府加有白糧上供豈金粟兩生利藪果偏在一隅哉古大臣謀國曰榷利至矣再曰東南民力竭矣此今日經賦者所宜深思也　宋洪邁有臧貢金劄子云紹興間饒州每歲遇聖節貢金一千

兩而麩金十兩額同他州則揚州貢金之例至宋不廢　篠簜既敷故貢篠簜厥木惟喬故貢木簜曰大竹而又以爲材中樂管似涉矛盾　禹貢書島夷者二冀州則皮服揚州則卉服同此海島之中各舉其近界者言之南北異地寒暑異製而夷俗亦畧可想矣　厥木惟木以上及厥篚厥包並指通州言橘柚皆不耐寒故包裹而貢也　丘氏濬曰虞夏商之幣金爲三品或黃或白或赤或錢或布或刀或龜貝至周圜法金惟用其黃者然

猶有刀布之屬秦一天下之幣爲二止用黄金并以赤金爲錢耳　格古要論曰金出南番雲南西番高麗等處沙中其色七青八黄九紫十赤以赤爲足色金　陸深曰世間糜費惟黄金最多自釋老之教日盛而寺觀裝飾之侈靡巳數倍于上下之制用凡金作箔皆一往不可復者天地所産有限甚可慮也　王氏樵曰卉服蔡氏兼以木綿爲言丘文莊公亦以爲唐虞時島夷時或以充貢尚巳中國未有也故嬪婦之治止于絲枲民未有其

服官未有其調也宋元間種始傳入中國關陝閩廣首獲其利閩廣通商舶關陝接西域故也然吉貝之名昉見于南史不可因布名吉貝而遂以織貝爲卉服之精者也

沿于江海達于淮泗

〔傳〕順流而下曰沿沿江入海自海入淮自淮入泗

〔疏〕沿江入海順也自海入淮自淮入泗逆也

陳氏大猷曰循行水涯曰沿水之險者莫如江海遇風濤多沿岸而行所以獨言沿不言浮以著其

險也　王氏炎曰兖言浮于濟漯達于河故青言浮于汶達于濟徐言浮于淮泗達于河故揚言沿于江海達于淮泗皆因上文以互見也　臨川吳氏曰林少頴云禹時江淮未通故揚州入貢必由江以入海然後達于淮泗至吳夫差掘溝通水與晉會黄池然後江淮始通孟子謂禹排淮泗而注之江葢誤指所通之水以爲禹迹某謂江北淮南地高於水雖曰溝通江淮止是江淮之間掘一横溝兩端築堤壅水在溝中若欲行舟須自江中挽

舟上溝行旣盡又拽舟下淮江淮二水實未嘗通流也今瓜儀淮安壩是　易氏曰揚之貢在北者可徑達淮泗在南者邗溝未開無道入淮必沿江海以達淮泗至淮泗則與徐州同貢以達于河　呂祖謙曰吳子夫差城邗溝通江淮此自南通北之道也魏文帝以舟師自譙循渦入淮寒冰舟不得入江此自北通南之道也　鄭樵曰邗溝水一名韓江吳將伐齊霸中國故於廣陵城東南築邗城城下掘深溝東北通射陽湖西北至末口入淮通江

於淮以便糧道　唐李翺東南錄云自淮沿流至于高郵及泝至于江孟子所謂決汝漢排淮泗而注之江則淮泗固嘗入江矣此乃禹之舊跡也熙寧中曾遣使按圖求之故道宛然但江淮已深其流無復能至高郵耳　夢溪筆談○朱子云運河自是夫差所通之邗溝初非禹跡　地理志云泗州盱眙有直河唐太極元年勅使魏景倩引淮水至黃土崗以通揚州　東萊呂氏曰漢至武宣以後東南漕運始詳尚未論江淮唐自肅代後如河北諸鎮皆强租稅不領於度支

所以全倚辦江淮之粟漕運大畧自江入淮自淮入汴自洛入河自河入渭水次各自置倉轉相般運自劉晏整頓江淮各自置船淮船不入汴汴船不入河河船不入渭水之曲折各自便習其操舟者所以無傾覆之患唐時漕運大率三節江淮是一節河南是一節陝西到長安是一節最重者江淮之粟會於京口京口是咽喉處 陳傅良曰六朝都建業運道不由京口蓋自破崗瀆入秦淮自淮入江而破崗之東下荆溪道今蘇湖二州間所

謂下塘者可以徑度又曰禹貢州末繫河先儒固

曰運道其於青州達濟揚州達泗荆止於南河雍

止於西河此正裴耀卿節級轉輸之法不以江人

入河不以河人入洛洛人入渭（元史食貨志）元

初糧運仰給江南自浙西涉江入淮由黄河逆水

至中灤陸運至淇門入御河以至于京後開濟州

泗河自淮至新開河由大清河至利津河入海因

海口沙壅又從東阿旱站運至臨清入御河又開

膠萊河道通海勞費無成効至元十九年伯顔以

海運可行命總管羅璧朱清張瑄等造平底海船六十艘運糧四萬六千餘石由海道至京然創行海洋沿山求嶼風信失時明年始至直沽未知其利二十年海運悉至于是罷開新河頗事海運至大四年遣官至江浙議海運事時江東寧國池饒建康等處運糧率令海船從揚子江逆流而上江水湍急又多石磯走沙漲淺糧船俱壞歲歲有之又湖廣江西之糧運至真州泊入海舡舡大底小亦非江中所宜於是以嘉興松江秋糧并江淮江

浙財賦府歲辦糧充運海漕之利益至是博矣初宋季有海盜朱清亡命海島與其徒張瑄乘舟掠海上備知海道曲折尋就招為防海義民伯顏平宋遣送庫藏諸物從海道入京師授金符千戶○輿地志云登萊本海運故道往平度東南新河水源出高密縣至膠州分為二流北河西流入萊之海倉口入海以其自膠抵萊故曰膠萊益元時所濬可避迤東海道數千里之險初海運自平江劉家港入海經揚州路通州海門縣黃連沙頭萬里長灘開洋沿山嶼而行抵淮安路鹽城縣歷西海州東海縣密州膠州界放靈山洋投東北路多淺沙行月餘始抵成山計水程自上海至揚村凡一萬三千三百五

十里至元二十九年朱淸等言復開生道自劉家港開洋至撑脚沙轉沙觜至三沙楊子江過匾擔沙大洪又過萬里長灘放大洋經黑水洋至成山過劉島至芝罘沙門三島放萊州大洋抵界河口其道差徑明年千戶殷明畧又開新道從劉家港入海至崇明州三沙放洋向東行黑水大洋取成山轉西至劉家島又至登州沙門島於萊州大洋入界河當舟行風信有時自浙西至京師不旬日視前二道爲最便云

〈箋〉九州貢道凡言浮者水運也以舟行水順流曰達最爲省便言逾者陸運也轉輓頗費水窮則以陸濟之若江海運則最險故揚州言沿必謹傍崖岸而後可脱于險葢觀書法而貢道之難易可思也　鄭氏曉曰國初海運沿于江海也永樂初由灤之運達于淮泗也其後並罷專由邗溝入淮泝河以達會通河　李贄曰海運本虞夏時沿江入海貢道自劉家港而開洋經黑水緑水白蓬頭水諸大洋險又有伏礁洄以故糧漂卒溺永樂九年

工部尚書宋禮始濬元會通河自濟寧至臨清三百八十五里以通漕舟十三年遂罷海運平江伯陳瑄又治邗溝通江淮於是漕大利便并罷中灤之運云或曰元人海運損壞以起自太倉嘉定而北也若自淮安而東引登萊以泊天津則元名北海中多島嶼可以避風又其地高而多石蛟龍往來而無窟宅唐樞曰海運憚支登南之成山登州北之沙門此兩險多積又成山突出當東洋之衝沙門旋扼處北洋之腹宜無埼勢新河一開可避兩險新河自膠抵萊元時海運故道入海處尚有海倉遺跡詳萊州府志邵寶曰禹貢以水紀諸州貢道

葢後世漕運之端然曰逾沔入渭則取諸陸曰沿海入淮則取諸海其直達帝都者纔三之二若漢以下都關都洛都汴間有直達之漕而爲力甚難爲費甚鉅元都幽燕海陸並運國初猶因之

文皇帝肇建兩都始以平江伯陳瑄及尚書宋禮等建白濬渠萬舟億卒倉支道兌葢有得於轉輸之意　揚州府志曰江自黄天蕩西牛步沙與建康爲界由瓜步下小帆山迤儀真境南東下與鎮江分界北趨江都遥通泰入海所謂揚子江也海南

歷浙江福建通東粵交趾北歷山東登萊通遼海
朝鮮今通州狼山有黄泥山有兩石門相對即元
張瑄朱清海運故道由此以達于直沽者也又曰
吳夫差於邗江築城穿溝其東北通射陽湖西北
至末口江淮之通自此始是後吳王濞開邗溝自
揚州茱萸灣通海陵倉及如皋蟠谿瀵以諸侯專
煑海爲利鑿河通道運海鹽而已隋煬帝幸江都
乃大發淮南諸州丁夫十餘萬開邗溝自山陽至
揚子江徑三百餘里自是始自揚子達六合由山

陽瀆入淮矣　淮安河防志曰淮之運河元故道由揚州直北經郡東入淮雖達海有遡洋之險達徐有清口之險然兩運並行各有利害　國朝海運寖廢專力漕渠平江伯遂改經郡西堤管家湖西湖鑿通清河縣南之淮河設河口壩建新莊閘接黄河口爲運道出入祭酒吴節記云初淮波險惡難於遡流計工開清江浦五十餘里自管家湖鴨陳口通淮湖築隄置移風清江閘以達于湖而淮道通矣又自淮安至寶應以南作涵洞數十餘處以時啓閉乾不病餉潦不妨農一時稱便然黄河勢高南趨益順

而東流之勢蕩殺郡後大河北岸淤漲蕩徙南偏春夏水盛不惟郡西之南入運河者勢不可支其迴大河而東者緣北岸勢高障之使南南岸勢低舊堤坍塌更無攔阻郡城遂東漫焉南侵故大河之委流益障入海之故道益微郡之東西南三境歲有水患郡西有管家湖西湖滿而易溢郡南東有射陽湖廣三百里東接廟灣亦入海別徑也然射陂雖大淤斥已多土人障之截回西流水小溢則不能滿其量大溢則不能容不滿量則不接廟

灣而入海無徑不能容則廟灣亦復漲溢而其下流又爲范公捍海堤所持故水無間大小至淮南而止聽其自落勢使然也　宋熈寧十年夏五月河决榮澤秋七月復溢衛州自王供埽至汲縣懷州等處北流斷絶河道南徙東滙于梁山張澤濼分爲二派一合南清河入于淮一合北濟河入海　丘文莊濬以爲黄河入淮之始　黄承玄曰淮與黄初皆獨入於海故稱瀆焉自隋大業間引河由汴泗達淮周顯德間濬汴口導河達淮皆上流也

宋興國間河由彭城入淮熙寧間由南清河入淮則支派爾金元季由渦河入淮亦上流也 國初河決原武由壽州正陽鎮全入於淮則正派又上流矣嗣後或由孫家渡或由趙皮寨皆從陳潁亳壽懷遠等處入淮皆上流正派其由小浮橋經徐邳自清河縣北合淮者此雖下流亦支派爾至嘉靖中塞渦河口截野雞岡則正派皆歸孫繼口歷徐邳桃清入淮而涓滴不及於上流矣已而從清河縣南合淮下流且奪淮入海之路矣 王氏樵

曰上古海路不甚通揚州雖有沿海之文然所沿者由江至淮之海面而已上古海利亦不甚通鹽與海錯取諸青州令謂瘠海不嘗足矣閩廣兩浙之路莫之通也聖人先見之明防患之遠不貴遠物異物以生外釁亦豈有賈市招誘之事哉近世倭人之禍則海路海利且通而莫之爲禁之咎也漢書言樂浪海中有倭人分爲百餘國以歲時來獻見云雖漢世已通中國然止樂浪海中一路則其他道路固猶未之通也自元人與之交兵彼始

得我之情有窺我之漸　國初沿海備禦蓋亦甚
嚴承平禁弛乃生前代未有之患當事者繹禹貢
之旨則得所以治之之要矣　唐順之曰江南控
扼在崇明浙江控扼在舟山天生此兩塊土大海
中以障蔽浙直門戶諸哨船皆會此分而南北總
會于洋山若會哨嚴緊賊何從入
考古揚州之域彭蠡震澤爲今江右蘇松等區接
壤浙西是時吳越尚稱荒服閩海固未通中夏也
今揚州分野直苞舉浙閩是號東南財賦之藪而

維揚自別爲雄郡鹽筴之利甲于九牧又爲禹時貢金所未及寧論厥賦上錯哉然民夸俗侈逐末倍於力田而水旱相仍竭民力不足沃焦釜項歲江淮告困轉漕無策恐不免煩司農之仰屋矣

疏五

臨淄之九

禹貢滙疏卷六

吳興茅瑞徵纂并箋　男　胤京　胤武　仝訂

荆及衡陽惟荆州

〔傳〕北據荆山南及衡山之陽〔疏〕其境過衡山

〔蘇傳〕北條荆山在馮翊懷德縣南南條荆山在南郡臨沮縣東北自南條荆山至衡山之陽爲荆州自北條荆山至于河爲豫州　曾氏曰有兩荆山此荆州之荆山非雍州荆岐既旅之荆山此荆山其南爲荆州其北爲豫州漢志此荆山在南郡今

襄陽府臨沮縣衡山在長沙今潭州湘南縣後漢郡國
志臨沮侯國有荆山荆州記曰西北三十里有清
谿谿北即荆山首曰景山即卞和抱璞處今南漳
縣西北八十里有荆山三面險絶惟西南一徑
通人行相傳周卞和得玉於上見襄陽府志
爾雅漢南曰荆州李巡註其氣燥剛禀性彊梁故
曰荆荆彊也 釋名曰荆州取名於荆山荆警也
南蠻數爲寇逆其民有道後服無道先彊常警備
之也
周禮職方氏正南曰荆州其山鎮曰衡其澤藪曰
雲瞢其川江漢其浸潁湛其利丹銀齒革其民一

男二女其畜宜鳥獸其穀宜稻（漢地理志）楚地翼軫之分埜也今之南郡江夏零陵桂陽武陵長沙及漢中汝南郡盡楚分也周成王時封鬻熊之曾孫熊繹於荆蠻爲楚子後寖彊大楚有江漢川澤山林之饒江南地廣或火耕水耨民食魚稻以漁獵山伐爲業果蓏蠃蛤食物常足故呰窳媮生而忘積聚江陵故郢都南通巫巴東有雲夢之饒亦一都會也江陵記曰楚文王始自丹陽徙都於郢今州北城南是宋忠曰丹陽郡在枝江縣沈括曰今江陵北十二里有紀南城卽古之郢都也又謂之南郢今郢州謂之北郢路史云

今宜城　杜佑曰楚地分野兼得韓秦之交秦并天下置郡此爲南郡黔中長沙南陽之東境漢武置十三州此爲荆州其五溪中地歸漢以後歷代開拓後漢並因之〔後漢郡國志〕荆州刺史部郡七南陽南郡江夏零陵桂陽武陵長沙馬端臨曰漢文爲牂牁郡之東北境〔晉地理志〕魏武盡得荆州之地分南郡以北立襄陽郡及敗於赤壁南郡以後屬吳吳後遂與蜀分荆州於是南郡零陵武陵以西爲蜀江夏桂陽長沙三郡爲吳南陽襄陽南鄉三郡爲魏而

荆州之名南北雙立〈唐地理志〉山南道古荆州域江陵（府本南郡）峽歸夔（雲安本東郡）灃朗復郢襄房（房陵郡）爲鶉尾分鄧隋泌（即淮安郡治棗陽）均爲鶉火分以東道採訪使治襄州杜佑曰唐分置山南東道領江陵（荆）竟陵（復）富水（郢）夷陵（峽）巴東（歸）武陵（朗）灃陽（灃）郡江南西道領長沙（潭）零陵（永）桂陽（郴）江夏（鄂）齊安（黃）漢陽（沔）江華（道）衡陽（衡）巴陵（岳）邵陽（邵）郡黔中道領黔中（黔）盧溪（辰）盧陽（錦）寧夷（思）清江（施）潭陽（巫）龍標（業）義泉（夷）靈溪（溪）涪川（費）溱溪（溱）播

州播夜郎（珍）郡兼分入淮南道爲安陸（安）義陽（申）郡今嶺南道連山（連）郡（初學記曰荆州之南界屬江南道東界入淮南道）宋爲荆湖南北路北路府二江陵德安州十鄂復鼎（即常德府）澧峽岳歸辰沅靖軍二荆門漢陽南路州七潭衡道永邵（即寶慶府）郴全軍一武岡監一桂陽而郢州入京西南路黄州入淮南西路興國軍入江南西路南渡後更定不常其地東界鄂渚西接溪洞南抵五嶺北連襄漢又兼黔施珍思播五州入夔州路而廣南東西路亦爲荆揚二州域（文獻通考）

以信陽軍入荆州域似入豫州爲是

班固配十二次自張十七度至軫十一度爲鶉尾於辰在巳楚之分野屬荆州費直起張十三度蔡邕起張十二度陳卓京房張衡並云翼軫楚荆州　春秋元命苞曰軫星散爲荆州分爲楚國　春秋緯文耀鉤云大别以東至九江荆州屬衡星　唐書曰星紀鶉尾以負南海其神主於衡山熒惑位焉　星經玉衡第四星主荆州常以五卯日候之乙卯爲南陽丁卯爲武陵巳卯爲零陵辛卯爲桂陽癸卯爲長

沙〔宋天文志〕三台下星主荆州天市西垣第二星曰楚五車中央星曰司空主鎮星楚又曰北斗第二星曰璇亦分爲楚

張華曰楚後背方城前及衡嶽左則彭蠡右則九嶷有江漢之流實險阻之國也　武夷熊氏曰荆州之地亦廣北接雍豫之境南逾五嶺郎越之南徼也越雖上古未通已當在要荒之服東抵揚州之境西抵梁州及西南夷等處皆楚地也揚州之境自兩浙爲吳越之外江淮皆楚境或謂建都於

江南者當以南陽爲正其北接連中原東通吳西接巴蜀南控蠻粤故諸葛亮以爲用武之國英雄之所必争凡自北而攻南自南而窺北未有不先得此而可以有爲也　劉甲謂荆州爲吳蜀脊高保融分江流瀦之以爲北海蓋保江陵之要害薛氏曰武昌襟帶江沔依阻湖山左控廬瀰右連襄漢南北二塗有如繩直胡人南牧嘗出此以襲豫章　章俊卿曰自武昌而至江陵東通吳會西連巴蜀南極湖襄北控關洛人皆知其爲荆湖之

險然以荆湖爲重鎮以襄陽爲唇齒則荆湖之險可得而固也又曰沅湘衆水合洞庭而輸之江則武昌爲之都會江水下夔峽而抵荆楚則江陵爲之都會漢沔之上則襄陽爲之都會守江陵則可以開蜀道守襄陽則可以援川陜守武昌九江則可以蔽全吳 陳亮曰襄漢控引京洛側睨淮蔡包括荆楚襟帶吳蜀沃野千里可耕可守 魏了翁曰襄陽據漢水上流與江陵爲唇齒襄陽之唇亡則郢復荆門漢陽皆齒也齊安鄂渚爲受兵之

衡長江之險與虜共之矣　權德輿曰黔中爲楚西南徼道在漢爲武陵莊蹻循江以畧地唐蒙浮船以制越地近荆楚俟如巴蜀五溪襟束蠻蛋聚落陰雨多晦草木少凋者也

〔箋〕考一統志古荆州爲今湖廣省武昌楚始名鄂漢陽承天德安鄖子國黃州荆州楚郢都岳州古三苗地長沙楚黔中地寶慶常德衡州荆州南境永州楚南境各府沔陽唐復州靖郴三州永順保靖二宣慰司共襄陽府爲荆豫二州域鄭氏曉云襄陽府所屬宜城南漳房三縣及辰州府考郡志宜城當屬豫州一統志

辰州府古蠻夷地江西省南康九江吉安三府爲荆揚二州域章潢云吉安府屬龍泉縣永寧縣屬建昌地袁州府屬萍鄉縣皆是四川省夔州府并施州衛平茶司爲荆梁二州域鄭氏曉云夔州府屬巫山大昌大寧縣大田軍民千戶所散毛宣慰司所屬是貴州宣慰司則荆梁二州之南境鎮遠銅仁二府荆州南裔黎平思南三府並荆州荒裔也廣西思州府楚黔中地桂林府亦楚粵之交云　蘇秦說楚威王謂楚地西有黔中巫郡南有洞庭蒼梧則粵地固應入荆楚矣

唐樞曰湖廣省南滙交廣滇貴諸水於洞庭而

受之於前北引漢沔諸水而固之於後西承川蜀諸水而折而過焉東有武昌縣樊山承之而爲大回釣臺横之而爲小回水法縈洄而山奔不歇故有不可居終之説蘄黄北倚五關前憑大江占淮濡之上腴連雲夢之巨藪古豪傑有取焉然非宅中圖外之地其水要不如武昌險要不如襄陽路要不如荆州

江漢朝宗于海

〔傳〕二水經此州而入海有似於朝百川以海爲宗

宗尊也　疏周禮大宗伯諸侯見天子之禮春見曰朝夏見曰宗鄭云朝猶朝也欲其來之早也以海水大而江漢小以小就大似諸侯歸於天子鄭云江水漢水其流遄疾又合爲一共赴海也猶諸侯之同心尊天子而朝事之荆楚之域國有道則後服國無道則先彊故記其水之義以著人臣之禮　朱子曰江漢發源梁州及入海則在揚州至荆州合流迅疾以趨海有似於朝宗　易氏曰江自歸州秭歸至鄂州武昌凡一千四百餘里漢自

均州武當至漢陽軍漢陽縣凡一千四百餘里皆荆州之地江漢分流於其間至是合流　王氏炎曰漢水入江處在漢陽軍大别山下正屬荆州之域

〔箋〕荆州之水以江漢爲主詩曰滔滔江漢南國之紀此正記其合流處合則力大勢鋭不至海不已故以朝宗狀其勢勢一决自不可禦禹治荆州之水於江漢得勢九江沱潛雲夢如破竹矣　王氏樵曰江水至東陵而北會于漢漢水至大别而南

入于江于荆州記江漢之合不言其入而言其朝宗于海一言而盡水勢殆傳水之神也二水在梁揚二州自是無可得而書既言朝宗於海則入海不俟言故知三江既入不指大江也　鄭氏曉曰江漢發源于梁而荆當其下流之衝入海于揚而荆據其上游之會故于此言朝宗見其上無所壅下有所洩

九江孔殷史記作甚中

〔傳〕江於此州界分爲九道甚得地勢之中九江潯陽地記

云一曰烏白江二曰蚌江三曰烏江四曰嘉靡江五曰畎江六曰源江七曰廩江八曰提江九曰箘江張須元緣江圖云九江參差隨水長短或百里或五十里始于鄂陵終於江口會于桑落州太康地記曰九江劉歆以爲湖漢九水入彭蠡澤也【疏】地理志九江在今廬江潯陽縣南皆東合爲大江鄭云殷猶多也九江從山谿所出其孔衆多言治之難也【蔡傳】孔甚殷正也九江水道甚得其正也蘇云殷當也得水所當行朱子嘗考定九江源委一曰瀟江出道州營道縣九疑山亦名營水過零陵下與湘江合二曰湘江出靜江府興安縣陽山東北名鏵觜東北至潭州入洞庭三曰蒸江出衡州衡陽縣西會衡山諸源而下合于湘以其水氣持盛故名爲蒸四曰澬江出武岡軍至益陽西北入洞庭五曰

沅江出沅州西蠻界中至辰州與酉江合六曰漸江出索縣東流與沅合七曰序江出辰州漵浦縣鄜渠山西流與沅合八曰辰江出辰州西南蠻界中東流與酉合九曰酉江出會溪城西山中至辰州東合沅辰北流至鼎州東入洞庭此九江也今按蔡傳九水有元水澧水而無瀟蒸與朱小異及考水經止有沅澧湘資酉五水注有漸水而漸江水直謂之漸江葉夢得謂漸字即淛字桑欽誤分爲二名酈元注引地理志淛江出丹陽黟縣南蠻中者是巳即今自分水縣出桐廬號歙港者與衢婺之溪合而過富陽以入大江

曾氏曰沅漸元辰敘酉湘資醴水皆合洞庭中東入于江是爲九江導江曰過九江至于東陵今之巴陵巴陵之上即洞庭也因九水所合遂名九江

羅泌曰十道四蕃志云江自鄂陵分派爲九於此合流謂之九江口程大昌謂荆境至尋陽以東卽爲揚州山海經云洞庭之山是在九江中而博物志君山爲洞庭山故張勃吴錄云岳之洞庭荆之九江也若尋陽則爲揚境非荆地矣水經注言九江在長沙國下雋縣西北楚地乃今岳之巴陵洞庭在其西北則荆之九江爲洞庭審矣　新安陳氏曰江漢朝宗于海卽繼曰九江孔殷導江不曰播九江而曰過九江則大江自大江九江自九

水可見孔氏所謂江於此分爲九道者其非明矣證以導江東至于澧過九江至於東陵則九江當在澧州之下巴陵之上而不在潯陽與今之江州尤明矣朱蔡以洞庭湖當之辨證詳明從之可也謂江南凡水皆呼爲江禹時澧州之下巴陵之上自有九水今年代久遠陵谷變遷不可以今水證古水而闕之亦可也　山海經曰洞庭之山帝之二女居之是常游于江淵澧沅之風交瀟湘之淵是在九江之間出入必以飄風暴雨　水經曰江

水又東至長沙下雋縣北澧水沅水資水合東流注之湘水從南來注之（凡此諸水皆注于洞庭之波）又曰湘水出零陵始安縣陽海山（即陽朔山）東北過零陵縣東又東北過酃縣西又北過醴陵縣西又北至臨湘縣西又北至下雋縣西又北至巴丘山入于江沅水出牂柯且蘭縣又東北過臨沅縣南又東至長沙下雋縣西北入于江（沅水東逕辰陽縣南東合辰水名辰溪口又東逕臨沅縣南又東入龍陽縣有澹水出闞駰以爲典水所出東南注沅亦曰漸水也沅水又東下注洞庭湖方會于江）資水出零陵都梁縣路山東北過邵陵縣又

東北過益陽縣又東南沅水合於湖中東北入于江湖即洞庭酉水東南至沅陵縣入于沅酉水源出益州巴郡臨江縣故武陵之充縣酉源山東逕酉陽故縣又東逕沅陵縣北又南注沅水酈道元曰湘灕同源分爲二南爲灕水北則湘川羅君章湘中記曰湘水之出於陽朔則觴爲之舟至洞庭日月若出入於其中也湘水又北逕衡山縣衡山東南二面臨映湘川自長沙至此江湘七百里有九背故漁者歌曰帆隨湘轉望衡九面湘中記曰湘川清照五六丈下見底石如樗蒲五色鮮明白沙

如霜雪赤崖若朝霞是納瀟湘之石矣湘水又北汨水注之又西逕汨羅戍而北對青草湖　岳陽風土記曰按澧咼沅湘合諸蠻黔南之水滙爲洞庭至巴陵與荆江合而東州據其上水經云湘水右會小靑口資水也世謂之益陽江右則沅水注之謂之橫房口東則微湖世謂之麋湖西流注爲江謂之麋湖口左則澧水謂之武陵江凡爲五水注爲洞庭北會爲大江名曰五渚戰國策曰秦與荆戰大破之襲郢取洞庭五渚楚辭帝子降兮北

瀦皆其地也寰宇記云洞庭洞府之庭　趙彥衛曰洞庭有山水之分吳中太湖內乃洞庭山產柑橘香味勝絕楚之洞庭乃大湖連亘數州邊湖亦產甘橘襄陽記李叔卒敕子曰龍陽洲有千頭木奴龍陽洲在洞庭側也

〔箋〕殷字有訓正者堯典以殷仲春是也有訓盛者洛誥肇稱殷禮是也孔殷二字終屬費解九江自宋胡氏以為洞庭似無可疑乃註疏並指潯陽而以洞庭為彭蠡誤矣　余嘗秋汎洞庭風日晴美

波澄若鏡倍覺日月開朗今震澤亦號曰洞庭或謂地脉潜接余未敢深信也及考拾遺記云洞庭山浮於水上四時聞金石絲竹之聲故云瀟湘洞庭之樂聽者令人難老其然豈其然乎　王氏樵曰九江洞庭湖也其源有九水故名九江其後會聚目廣方八百里而洞庭山遂在其中故因山得名而曰洞庭焉所謂荆湖南北路者自是而分導江云東至于澧過九江則是古者澧先入江而後九江入也澧當在九江數外　夏氏溥渠陽考曰九

水四出湖南（瀟湘蒸資）五出湖北（沅敘漸辰酉）而沅敘資三水並發源于靖州資江出武岡軍唐糾山在今綏寧縣界改隸于靖即謂資出湖北亦可也　岳州府志曰昔軒轅遊蜀見水多決之下流江湖皆溢乃鑿五湖貯水今洞庭一也　大明一統志曰洞庭湖在岳州府城西南沅漸元辰敘酉澧資湘九水皆合于此故名九江又九江沅資湘最大皆自南而入荆江自北而過洞庭瀦其間名爲五瀦每歲六七月間岷峨雪消水暴漲自荆江逆入洞庭

清流爲之改色青草湖一名巴丘湖北連洞庭南
接瀟湘東納汨羅之水每夏秋水泛與洞庭爲一
水涸則此湖先乾青草生焉　湖廣總志曰今辰
常衡永枝河會流于洞庭者無慮數十水而其會
衆流而注之湖則有三曰沅江湘江澧江而已沅
發自牂牁經辰溪合麻陽諸溪洞水過常武出湖
之北湘發自廣西興安海陽山至分水嶺分爲二
派一爲灕水一爲湘水至永州合瀟水汨羅過長
沙出湖之南澧發自武陵古充縣東流過武水口

合焦溪茹溪諸水經慈利石門至澧州出湖之西而漸元辰敘西資共合流而滙爲洞庭以爲之壑

長沙府志曰湘江分爲二派曰灘水流而南曰湘水流而北由靈渠與瀟水會湘猶相也言有所合灘猶離也言達湘南流湘水至永州與瀟水合曰瀟湘至衡陽與蒸水合曰蒸湘至沅州與沅水合曰沅湘會衆流以通洞庭　衡州府志曰湘川東北流過零陵五里與營水合達於衡陽蒸水入焉會流於石鼓之下羅君章所記十五水無瀟蓋

營水在唐名曰瀟耳考永州府志道州水五而營瀟居其二

沱潛旣道潛一作灊史記作涔

傳沱江別名潛水名皆復其故道馬云沱湖也其中泉出而不流者謂之潛疏釋水云水自江出爲沱漢爲潛鄭云今南郡枝江縣有沱水其尾入江華容有夏水首出江尾入沔葢此所謂沱也潛則未聞此解荆州之沱潛梁州注云二水亦謂自江漢出者地理志在今蜀郡郫縣江沱及漢中安陽皆有沱水潛水其尾入江漢耳江源有䣕江首出江南至犍爲武陽

又入江豈沱之類與潛蓋漢西出嶓冢東南至巴郡江州入江行二千七百六十里此解梁州之沱潛也郭璞爾雅音義云沱水至蜀郡都水縣揃山與江別而更流又云有水從漢中沔陽縣南流至梓潼漢壽入大穴中通峒山下西南潛出一名沔水舊俗云即禹貢潛也此解梁州沱潛與鄭異然地理志及鄭皆以荊梁二州各有沱潛孔梁州注沱潛發源此州入荊州以二州沱潛為一者蓋以水從江漢出者皆曰沱潛但地勢西高東下雖於

梁州合流還從荆州分出猶如濟水入河還從河出故孔舉大畧爲發源梁州耳　王氏炎曰沱水在今江陵府枝江縣土人謂枝江爲百里洲夾江沱二水之間其與江分處謂之上沱與江合處謂之下沱隋志南郡松滋縣有涔涔即古潛字故史記云沱涔既道今松滋分爲潛江縣矣今潛江在縣東一里經縣界東南入大江見荆州府志又水經注曰江沱枝分東入大江縣治洲上故以枝江爲稱地理志曰江沱出西南東入江是也

大明一統志曰沱江在當陽縣治南至枝江縣界

入大江　承天府志曰沱水分自大江逕當陽枝江交界會于潛禹貢東別爲沱卽此漢水自鍾祥北三十里分流爲蘆洑河逕潛江縣東南復入于漢爾雅云水自漢出爲潛者是也又遠安縣西南九十里紫蓋山上有丹井沱水逕其西　湖廣名勝志曰長夏河卽夏水在沔陽州南四十里卽江之沱也州西北曰襄河漢之潛也輿地廣記夏水入沔謂之睹口冬竭夏流故曰夏水水經注睹口爲中夏水是

雲土夢作乂石經倒土夢字太宗時得古本始改正見沈括筆談、

傳雲夢之澤在江南其中有平土丘水去可爲耕作畎畝之治　疏左傳楚子與鄭伯田于江南之夢地理志南郡華容縣南有雲夢澤杜預云南郡枝江縣西有雲夢城江夏安陸縣亦有雲夢或曰南郡華容縣東南有巴丘湖江南之夢司馬相如子虛賦云雲夢者方八九百里則此澤跨江南北毎處名存焉左傳稱楚昭王寢于雲中則此澤亦得單稱雲單稱夢經之土字在二字間蓋兼上下今二澤在雲夢縣南　朱子曰江陵之下連岳州是雲夢

羅泌曰雲夢楚之二澤也江南爲夢江北爲雲以其跨江相比而謂雲夢爾雅十藪楚有雲夢後世以爲一澤故杜預以雲夢藪爲巴丘湖酈道元謂自江陵東界爲雲夢北爲雲夢之藪誤矣按左氏傳楚子田于江南之夢鄖子之女生子文棄之夢中則江南之夢澤楚子涉雎濟江寢于雲中卽江北之雲澤也雲土夢作乂者雲在前爲水所沒至是始得爲土夢在前雖土而未可作至是始可作而乂之葢夢地差高而雲下　洪邁曰漢志有雲

夢官左傳邧夫人棄子文于夢中注云夢澤名在江夏安陸縣城東南楚子田江南之夢注云楚之雲夢跨江南北楚子濟江入于雲中注入雲澤中所謂江南之夢然則雲在江之北夢在其南也職方氏以夢爲菁雲夢跨江南北地故有南夢有北夢五代孫光憲號北夢本此韋昭曰雲土今爲縣屬江夏南郡華容今地理志江夏有雲杜縣沈括曰孔安國注雲夢之澤在江南不然據左傳吳人入郢楚王涉睢濟江入于夢中奔郢楚子自郢西走涉睢則當出于江南其後涉江入雲中遂奔郢都則令之

安陸州涉江而後至雲入雲然後至郢則雲在江北也江南則今之公安石首等縣江北則長沙監利景陵等縣乃水之所委其地最下江南二浙水出稍高方土而夢已作乂矣〔蘇傳〕雲與夢二土名也而云雲土夢者古語如此猶曰玄纖縞云爾王孫圉曰楚之所寶有藪曰雲連徒洲金木竹箭之所生也

〔箋〕此只言雲夢之水治而土平耳不必分别高下總由江漢二水治相因而致荆之功以江漢朝宗

爲三九江經流沱潛其別流也雲土夢作乂而荆州水土無不平治矣

厥土惟塗泥厥田惟下中厥賦上下

傳田第八賦第三人功脩荆州塗泥與揚同其地稍高故田加一等

楊氏時曰荆江合蜀衆水所委源高而流下自夷陵以東地多沮洳陂澤無高山大陵以爲隄固所恃以禦水者隄防而已人力一不至則靡潰千里豬爲平流不見涯涘昔人有支爲九河以疏瀹之者而後水之爲患消荆人利之非一日矣瀕河之

民既習久安乃始盜河爲田而河之故道湮沒無復存者　史記貨殖傳云楚越地廣人希飯稻羹魚或火耕而水耨果隋蠃蛤不待賈而足

厥貢羽毛齒革惟金三品杶幹栝柏礪砥砮丹惟箘簵楛三邦厎貢厥名包匭菁茅厥篚玄纁璣組九江納錫大龜

疏揚州先齒革此先羽毛葢以善者爲先　荀子曰楚人鮫鮫魚皮革犀兕以爲甲鞈如金石　蔡傳職方氏揚州其利金錫荆州其利丹銀齒革所産

不無優劣　曾頴大賂南金鄭氏箋云荆揚之州貢金三品　管子曰金起於汝漢　韓子曰荆南之地麗水之中生金

〔傳〕榦柘也栢葉松身曰栝　〔疏〕榦爲弓榦考工記云弓人取榦之道也以柘爲上陸璣詩疏云杶櫄栲漆相似如一則杶似櫄漆也杶栝栢皆木名柘木惟用爲弓榦故舉其用也　考爾雅樅松葉栢身檜栢葉松身豈栝亦檜之類與澠水燕談載亳州法相禪院矮檜一郡珍玩目其寺曰矮栝似栝檜一也乃洛陽名園記云松栢樅杉檜栝皆美木

〔傳〕砥細於礪皆磨石也砮石中矢鏃〔疏〕砥以細密爲名礪以麤糲爲稱鄭云礪磨刀刃石也精者曰砥魯語曰肅愼氏貢楛矢石砮賈逵云砮矢鏃之石也丹者丹砂王肅云丹可以爲采今辰錦所出光明砂并溪洞老鴉井所出尤佳蘇子瞻石砮記曰禹貢荆州貢礪砥砮石及箘簵楛梁州貢砮磬至春秋時隼集于陳庭楛矢貫之石砮長尺有咫問於孔子孔子不近取之荆梁而遠取之肅愼則荆梁之不貢此久矣子瞻自儋耳北歸江上得古箭鏃其質石以爲

卽楛矢石砮云今女直卽肅愼地尚產石砮出黑龍江口名水花石堅利入鐵異物志云夷州土無銅鐵取磨礪青石以作弓矢此亦石砮楛矢之類

〔傳〕箘簵美竹楛中矢榦三物皆出雲夢之澤近澤三國常致貢之其名天下稱善楛馬云木名可以爲箭〔疏〕鄭云箘簵聆風也是兩種竹　竹譜云箘簵二竹亦皆中矢呂氏春秋云駱越之箘然則南越亦產不但荆也　顏師古曰楛木堪爲笴今幽以北皆用之　陸璣疏云楛形似荆而赤莖似蓍上黨人織以爲牛筥箱器又屈以爲釵故上黨人調曰問

婦人欲買赭不謂竈下自有黄土問買鈙不謂山中自有楛

〔蘇傳〕三邦大國次國小國也杶榦栝栢礪砥砮丹與箘簵楛皆物之重者荊州去冀最遠而江無達河之道難以必致重物故使此州之國不以大小但致貢其名數而準其物易以輕資致之京師重勞人也

〔傳〕匭匣也菁以爲菹茅以縮酒鄭云茅有毛刺曰菁茅

〔疏〕周禮醢人有菁菹郊特牲云縮酒用茅明酌也周禮甸師云祭祀供蕭茅鄭興云蕭字或爲茜茜讀

爲縮束茅立之祭前酒沃其上酒滲下若神飲之故謂之縮或云茅有三脊按史記齊桓公欲封禪管仲云古之封禪江淮之間三茅脊以爲藉鄭玄以菁茅爲一物菁茅之有毛刺者重之故旣包裹而又纏結也丘光庭曰菁者茅之狀貌菁菁然也見兼明書管子曰江淮之間有一茅而三脊毋至其本名之曰菁茅晉語曰楚爲荆蠻置茅蕝設望表蕝謂束茅而立之所以縮酒晉地理志泉溪有香茅云古貢之以縮酒溪蠻叢笑云麻陽苞茅山茅生三脊孟康曰零茅揚雄曰璚茅

皆三春也爾雅謂之藐廣雅謂之茈莀本草云生楚地三月採陰乾徭人以社前者爲佳名鴉銜草今辰常並出麻陽縣有苞茅山在縣東九十里見辰州府志又晉書地理志曰零陵縣有香茅

朱子謂古人榨酒不以絲帛而以編茅王室祭祀之酒則以菁茅取其至潔也　陸璣疏云詩白茅包之茅之白者古用包裹禮物以充祭祀縮酒用　魏了翁曰古無灌茅之義所謂縮酒只是醴有糟故縮於茅以清之若曰滲下去如神飲此鄭臆說也靖州見有菁茅甚多

傳此州染玄纁色善故貢之璣珠類生於水組綬類璣說文云珠不圜也字書云小珠疏釋器云三染謂之纁李巡云三染其色已成爲絳纁絳一名也考工記云三入爲纁五入爲緅七入爲緇鄭云纁者三入而成又再染以黑則爲緅又再染以黑則爲緇玄色在緅緇之間其六入者是染玄纁之法也沈括云古人謂幣爲玄纁五兩者一玄一纁爲一兩玄赤黑象天之色纁黃赤象地之色故天子六服皆玄衣纁裳以朱漬丹秫染之爾雅曰一染謂之縓

縓今之茜也色小赤再染謂之竀竀赬也三染謂之纁蓋黃赤色也玄纁二物也今之用幣以皂帛爲玄纁非也　汪氏云冕則上玄而下纁服則玄衣而纁裳　呂覽曰人不愛崑山之玉江漢之珠而愛己之蒼璧小璣　顏師古曰圓者曰珠不圓者曰璣皆蚌之陰精也　桂海蟲魚志曰珠出合浦池中有珠池蛋戶投水採蚌取之歲有豐耗多得謂之珠熟　杜光庭曰火星之精墜於南海中爲大珠徑尺餘時出海上光照數百里今名其地爲珠池亦名珠崖見錄異記　博物志曰南海外有鮫人

水居如魚不廢織績其眼能泣珠　玉藻云天子佩白玉而玄組綬公侯佩山玄玉而朱組綬大夫佩水蒼玉而純組綬世子佩瑜玉而綦組綬士佩瓀玟而緼組綬孔子佩象環五寸而綦組綬鄭註綬所以貫佩玉相承受者　董巴輿服志曰古者君佩玉尊卑有序及秦以采組連結於䍁謂之綬漢承秦制用而弗改

〔傳〕尺二寸曰大龜出於九江水中龜不常用錫命而納之〔疏〕史記龜筴傳云龜千歲滿尺二寸杜佑

曰廣濟蔡山出大龜禹貢九江納錫大龜即此羅泌曰大龜納錫故曰蔡并以名其國今考岳州府志云出巴陵　禮三正記曰天子龜長一尺二寸諸侯一尺大夫八寸士六寸龜陰故數偶也　干寶曰千歲龜黿能與人語　述異記云龜千年生毛龜壽五千年謂之神龜萬年曰靈龜　漢書食貨志云龜不盈尺不得爲寶　周禮龜人掌六龜之屬鄭氏註天龜玄地龜黃東龜青西龜白南龜赤北龜黑　説苑曰靈龜文五色似玉似金背陰向陽上隆象天下平法地槃衍象山四趾轉運應四時文著象二十八宿蛇頭龍脛左

睛象日右睛象月千歲之化下氣上通能知吉凶存亡之變寧則信信如也動則著矣　管子曰龜生于水發之於火謂卜者以火鑽灼之於是爲萬物先爲禍福正　蘇傳寶龜不可常得有則納之若以下錫上者然不在常貢之例　新安陳氏曰錫貢如敷錫之錫上錫下也納錫如師錫之錫下錫上也王孫圉曰國之寶六而已聖能制議百物以輔相國家則寶之玉足以庇廕嘉穀使無水旱之災則寶之龜足以憲臧不則寶之珠足以禦火灾則寶

之金足以禦兵亂則寶之山林藪澤足以備財用則寶之

〔箋〕荆揚貢金並云三品今黄金唯滇中定有貢額頗爲地方之累荆揚貢皆白金然額最廣近日加派日煩楚中兼供黔賦不免襟促肘露而所在開局鑄錢荆爲銅冶所聚頃議專官督鑄尋復報罷至大木上供浮江而下雖間取之川蜀而荆關實綰轂之區尤稱煩累云　荆州自古爲用武之地故制貢於弓矢獨詳杶榦而外箘簵並竹之堅勁

者與楛皆堪爲矢而三邦所出獨勝入貢謹志其地尤必取其有名砮弧矢之利聖人以威不恪必精且良不欲以濫惡充數致誤戎備也荆俗尚鬼併以菁茅大龜入貢而包匭以示珍納錫以表異皆有慎重意國之大事在祀與戎於荆州制貢備見之 禹貢珠璣止見於徐荆二州淮夷蠙珠即今所謂蚌珠如史所稱隨侯明月之屬皆出江漢乃合浦還珠事見漢史述異記云合浦有珠市今東粤以珠池特聞矣 王氏樵曰周衰荆揚之貢

金不入而周王求之于魯春秋譏之漢元帝時貢禹請罷采珠玉金銀鑄錢之官毋復以爲幣租稅祿賜皆以布帛及穀使百姓一意農桑貢禹之言固先王之意也又曰古荆揚有木貢有則貢之棟宇器用有所須則用之甚儉而易共也後代有營繕則工師求大木至于深山窮谷人跡不到之處懸崖弔橋艱難萬倍比至深澗必待夏秋洪水泛漲方抵大江嗚呼林麓盡矣帝省其山則何辭以對是故禹卑宮室而作訓以峻宇彫墻爲戒豈非

人君之所當守哉　丘氏濬曰按魯語肅愼之矢以楛木爲笴以石爲鏃則木亦可爲笴不獨竹石亦可爲鏃不但鐵也

浮于江沱潛漢逾于洛至于南河

〔傳〕逾越也河在冀州南東流故越洛而至南河

〔蘇傳〕江無達河之道捨舟陸行以達于河故逾于洛自洛則達河矣河行冀州之南故曰南河　王氏曰江沱潛漢均與洛不通必陸行逾洛然後由洛可至南河凡曰逾皆水道不通遵陸而後能達

也

〔箋〕按是時荆州貢道兼用陸運令楚地若轉輸從陸必經中州境上其漕艘亦從江入淮以達會通河較之維揚止多長江之險耳　鄭氏曉曰荆州至冀州中間還隔豫州貢道近于漢者則徑浮于漢不必沿江而入漢也近于潛者則徑浮于潛而入漢不必自江而入漢也沱自華容縣出于江入于沔沔卽漢也由江入沱由沱入漢一路也潛自漢出至潛江縣入于江由江入潛由潛入漢一路

也　王氏樵曰荆州曰浮于江沱潛漢梁州曰西傾因桓是來浮于潛則明有沱潛爲轉輸之道考荆州分野今爲全楚之區而又別以其州名郡雄視南服江漢之間亦一都會也自禹制貢揚荆獨繁而二州田土並列下等豈賦固不盡繫于田乎然異日者揚荆田土日闢富饒遂甲於天下楚地沃野彌望再熟之稻方舟而下吳會並虛口仰給而財賦亦最號豐腴頃歲黔蜀震鄰困於供饟而又繼以采木分藩徵兵括稅誅求無藝饑饉薦

臻竭澤焚林何以能久覲楚剽悍喜亂其來自古天下有事常推楚以爲鋒所望楛矢東來而朝宗之誼不廢斯善矣

卷六終

禹貢滙跡

七之九

禹貢滙疏卷七

吳興茅瑞徵纂并箋　男胤京胤武仝訂

荆河惟豫州

傳西南至荆山北距河水州界西南至荆山之南即荆州北距河水即冀州蓋豫在荆之東北冀州之南而以荆河爲界　史記曰昔唐人都河東殷人都河內周人都河南三河在天下之中若鼎足王者所更居也　帝王世紀曰禹受封爲夏伯在豫州外方之南今河南陽翟是也　鄭氏詩箋云殷有三亳二在梁國一在河洛之間穀亳爲南

亳即湯都也蒙爲北亳即景亳是湯所受命也偃師爲西亳即盤庚所徙者也〔詩譜〕周東都王城畿內方六百里王城即洛邑與宗周通封畿東西長而南北短短長相覆爲千里其封域在禹貢豫州太華外方之間北得河陽漸冀州之南宣王封母弟友於宗周畿內咸林之地是爲鄭桓公今京兆鄭縣是其都也其後武公滅虢鄶之地居之爲漢新鄭縣見地理志李巡爾雅注云河南其氣著密厥性安舒故曰豫豫舒也釋名曰豫州地在九州之中京師東都所在常安豫也

周禮職方氏河南曰豫州其山鎮曰華其澤藪曰圃田其川滎雒其浸波溠其利林漆絲枲其民二男三女其畜宜六擾其穀宜五種黍稷菽麥稻漢地理志周地今之河南雒陽穀城平陰偃師鞏緱氏是其分周封微子於宋今之睢陽是也本陶唐氏火正閼伯之虛宋後爲齊楚魏參分魏得其梁陳留魏地盡河東河內南有陳留及汝南之召陵濦彊新汲西華長平潁川之舞陽郾許傿陵河南之開封中牟陽武酸棗卷皆魏分也韓分晉得南陽

郡及潁川之父城定陵襄城潁陰長社陽翟郟東
接汝南西接弘農得新安宜陽皆韓分也及詩風
陳鄭之國與韓同星分焉鄭國今河南之新鄭本
高辛氏火正祝融之虛也及成皐滎陽潁川之嵩
高陽城皆鄭分右雒左泲食溱洧焉陳國今淮陽
地本太昊之虛潁川南陽本夏禹之國宛西通武
關東受江淮一都之會也　杜佑曰荆河州在天
官柳七星張則周分野房心則宋之分野觜觽參
則魏之分野角亢氐則韓之分野兼得秦楚之交

開封府爲京畿路崇寧四年又于京畿四面置四輔郡潁昌府爲南輔鄭州爲西輔澶州爲北輔建拱州於開封襄邑縣爲東輔並屬京畿其後沿革不一開封府屬京畿路應天興仁即曹州二府拱州本襄邑縣廣濟軍漢定陶縣屬京東西路襄陽府鄧隨均唐四州光化軍屬京西南路河南潁昌即許州淮寧即陳州順昌即潁州四府鄭孟蔡汝四州信陽軍屬京西北路亳州屬淮南東路　馬端臨曰宋豫州之境俱爲京師輔郡置京東路府則開封應天州則曹

單拱軍則廣濟京西路府則河南襄陽州則汝鄭許鄧均陳潁蔡唐隋軍則棗陽光化兼得陝西路之陝虢淮東路之亳州考單州地爲單父碭山魚臺成武應屬徐州

班固配十二次自氐五度至尾九度爲大火於辰在鄭宋之分野屬豫州費直起氐十一度蔡邕起氐八度自柳九度至張十六度爲鶉火於辰在午周之分野屬三河費直起柳五度蔡邕起柳三度陳卓京房張衡並云房心宋豫州柳七星張周三輔春秋元命苞曰鉤鈐星别爲豫州春秋緯文耀鉤云外方熊耳以至泗

水陪尾豫州屬搖星（星經玉衡第七星主豫州常以五午日候之甲午爲潁州壬午爲梁國丙午爲汝南戊午爲沛國庚午爲魯國）

問周公定豫州爲天地之中東西南北各五千里今北邊無極而南方交趾際海道里長短夐殊何以云各五千里朱子曰此但以中國地段四方相去言之未說極邊與際海處周公以土圭測天地之中則豫州爲中而南北東西際天各遠許多至於北遠而南近則地形有偏耳所謂地不滿東南

也　武夷熊氏曰豫州居天下之中四方道里適均故古人於此定都不但形勢之所在亦朝會貢賦之便湯之亳今河南偃師縣是也成王之洛邑今河南洛陽縣是也其地北距河南抵荆山東抵徐西抵雍梁今爲河南府虢鄭鄭汝陳蔡唐鄧汴宋等州之地　晁氏曰昔夏后初都陽城南踰洛陽百里而遠成湯遷亳東踰洛陽五十里而近皆舍洛陽而不都周興武王旣定鼎郟鄏厥後召公相宅洛邑周公營成周其意盛矣而成王卒不果

遷逮宣王中興自濟之洛狩于圃田及於敖山因以朝諸侯車攻之詩作焉豈不欲成周召之志歟然宣王卒亦不果至平王遷而周衰矣 陳子昂曰瀍澗之中天地交會北有太行之險南有宛葉之饒東壓江淮食湖海之利西馳崤澠據關河之寶 劉寬夫曰大梁當天下之要總舟車之繁控河朔之咽喉通淮湖之運漕 唐末博士朱朴獻遷都議曰古之帝王不常厥居皆覵天地興衰隨時制事關中周隋所都我實因之凡三百歲文物

貧貨奢侈僭僞皆極焉廣明巨盜陷覆京闕高祖
太宗之制蕩然矣夫襄鄧之西夷漫數百里其東
則漢輿鳳林爲之闕南則菊潭環屈而流屬於漢
西有上洛重山之險北有白崖聯絡誠形勝之地
沃衍之墟若廣浚河渠漕輓天下可使大集自古
中興之君去已衰之衰就未王而王今南陽光武
雖起而未王也臣視山河壯麗處多故都已盛而
衰難可興已江南土薄水淺人心囂浮輕巧不可
以都河北囿水深土厚而人心彊愎狠戾未即可

服襄鄧既爲内地人心質良去秦咫尺而有上洛爲侵軼之限此建都之極選也疏奏在廷無是其說者　章俊卿曰鄴食其荀文若之徒皆稱陳留爲天下之衝四通五達之郊秦漢以還訖南北朝天下有變常爲戰塲王覇之興未有都于汴者自隋煬帝大開汴河直達淮泗而大梁實坐要會振南北水陸之衝形勢百倍李唐屹爲重鎮宋朝混一因都大梁大抵長安以陜西爲畿輔而屏蔽實在隴右洛陽以關東爲畿輔而屏蔽實在河東大

梁以河南爲畿輔而屏蔽實在河北　秦觀曰長安左殽函右隴蜀襟屏終南太華之山縈帶涇渭洪河之水地方數千里皆膏腴沃野卒有急百萬之衆可具形勢便利下兵於諸侯如建瓴水四塞之國也故其地利守自古號爲天府開封地平四出諸道輻輳南與楚境西與韓境北與趙境東與齊境無名山大川之限而汴蔡諸水參貫巾車錯轂軸艫銜尾四通五達之郊也故其地利戰自古號爲戰場洛陽左瀍右澗表裏山河扼殽黽之隘

阻成皋之險直伊闕之固廣袤六百里四面受敵以守則不如雍以戰則不如梁然雍得之可以爲重自古號爲天下之咽喉凡天下形勢無過此三者也彼蜀之成都吳之建業皆覇據一方之具而楚之彭城特盜賊之窟耳　呂祖謙曰關中是形勢之地洛是都會之中欲據形勢須都關中欲施政令須都洛　范仲淹曰西洛帝王之宅表裏山河接應東京連屬關陝而河陽據大川之險當河東之會要爲西洛之北門又曰洛陽險固而汴爲

四戰之地太平宜居汴卽有事必居洛陽　李綱曰今未能趨關中莫若適襄鄧鄧者古之南陽光武之所興也西隣關陝可以召兵北近京畿可以遣援南通巴蜀可取貨財東達江淮可運穀粟

趙鼎言經營中原當自關中始經營關中當自蜀始欲幸蜀當自襄陽始　胡氏曰襄陽上流門戶北通汝洛西帶秦蜀南遮湖廣東瞰吳越欲退守江左則襄陽不如建業欲進圖中原則建業不如襄陽欲禦彊寇則建業襄陽乃左右臂也

箋河患兗爲甚豫次之故二州疆域尤繫以河

國家河防亦唯山東河南爲最急一統志古

豫州爲今河南省河南魏司州南陽秦取韓地置郡汝寧三

府其開封魏都大梁晉陳留國歸德古商丘漢睢陽三府則兗豫二

州域湖廣襄陽府則荊豫二州域鄭氏曉曰今

河南開封府所屬祥符陳留杞通許太康尉氏洧

川鄢陵扶溝中牟蘭陽及六州所屬湖廣襄陽府

所屬均州鄖縣上津竹山光化棗陽穀城山東曹

州西南地及定陶縣似當屬豫考河南歸德府寧陵夏邑柘城商丘

並應屬豫州湖廣德安府隨州併屬豫州襄陽府志稱穀城屬荆宜城屬豫章潢云直隸東明當亦屬豫文獻通考竹山屬房州轄應入梁州　曹學佺曰河南者大河以南也衛輝彰德懷慶三府實兼河北而有之　丘氏濬曰三代以前洛爲中國之中以今天下觀之則南北冡而東西蹙其所謂中葢在荆襄之間朱子曰天旋地轉閩浙反爲天地之中閩浙在東南海盡處難以爲中朱子葢以聲名文物通論天下非論地勢也　魏太常校曰長安洛陽大發於周而其機啓自神禹龍門鑿而涇灃漆沮會于渭汭

入河長安始可都矣伊闕鑿而伊與澗瀍會於洛洛入河洛陽始可都矣

伊洛瀍澗既入于河

【傳】伊出陸渾山熊耳山在陸渾縣西洛出上洛山冢嶺山在上洛縣境內澗出沔池山瀍出河南北山沔池在新安縣西穀城潛亭北此即是河南境內之北山也【疏】地理志云伊水出弘農盧氏縣東熊耳山東北入洛洛水出弘農上洛縣冢嶺山東北至鞏縣入河瀍水出河南穀城縣潛亭北東南入洛澗水出弘農新安縣東南入洛伊瀍澗二

水入洛合流而入河　水經曰洛水出京兆上洛縣讙舉山又東會于龍餘之水又東逕熊耳山北東北過盧氏縣南又東北過宜陽縣南又東過洛陽縣南伊水從西來注之又東過偃師縣南又東北過鞏縣東又北入于河又曰伊水出南陽縣西蔓渠山又東北過伊闕中又東北至洛陽縣南北入于洛瀍水出河南穀城縣北山縣北有潛亭瀍水出其北梓澤中東與千金渠合穀水自千金堨東注謂之千金渠又東過洛陽縣南又東過偃師縣又東入于洛澗水出新安縣

南白石山東南入於洛　山海經曰讙舉之山洛水出焉陽虛之山臨于玄扈之水是爲洛汭也杜預註雒汭在河南鞏縣南水曲流爲汭　魏畧曰漢火行忌水故去其水而加隹魏爲土德土水之母也水得土而流土得水而柔除隹加水　水經注曰世人謂伊水爲鸞水北入伊闕昔大禹疏以通水兩山相對望之若闕伊水歷其間北流故謂之伊闕矣陸機云洛有四闕斯其一焉　隋煬帝觀伊闕曰得非龍門耶遂議都詔楊素營之其宮室北據邙山南直伊闕以洛水貫都有天漢之象遂造天津橋以架水用大纜維舟鐵鎖鈎連之詳河南

名勝志 蔡襄導伊水記曰伊水出伊陽縣西南山北流至闕塞折東會于洛自闕塞治渠釃水行一十八里以貫郡城伊瀕大山屬連數百里其生植多材木林竹薪蒸橡栗之饒歲取之設方泭以載浮伊而下循渠引行萃于城中人用賴焉 山海經曰婁涿山又西四十里曰白石之山澗水出于其陰西北流注于穀水水經曰穀水出弘農黽池縣南嶓冢林穀陽谷東北過穀城縣北又東過河南縣北東南入于洛孔安國曰澗水出澠池山者

也今考洛河在河南府城南三里源出陝西洛南縣冢嶺山至鞏縣北十里入黄河伊河在府城南源出盧氏縣悶頓嶺流經嵩縣洛陽界會于洛瀍河在府城東出穀城山南流入于洛澗河在府城西其源有二一出澠池縣白石山一出盧氏縣香爐山俱流至洛陽縣會于洛見河南通志

宋河渠志李仲昌言西京鞏縣河縣汜水河陰縣界乃沿黄河地分北有太行南有廣武二山自古河流兩山之間乃緣禹跡昨自導洛清汴於黄河沙灘上節次創置廣雄武等堤埽在京城之上患且不測今如棄去諸埽開展河道講究興復元豐二年以前防河事不惟省歲費寬民力河流且無

壅溢之患都提舉汴河堤岸賈種民言元豐改汴口爲洛口名汴河爲清汴者凡以取水於洛也復匱清水以備淺澁元祐間却於黄河撥口分引渾水令自逹上流入洛口比之清洛難以調節乞依元豐已脩狹河身丈尺深淺簡計物力以復清汴立限脩濬通放洛水從之　李格非曰伊洛二水自東南分注河南城中而伊水尤清徹

【箋】按豫州雖距河却已自兗入海此外水惟伊洛瀍澗而洛爲最大故禹治豫水先于此自此而東

滎波自此而又東則菏澤孟豬而已　四水以洛爲主澗瀍先入洛此先言伊者以水之大小爲先後導水言東北會于澗瀍又東入于伊則以相入之先後言耳　書所載有入于海者若三江既入江漢朝宗是也有入于河者伊洛瀍澗是也入于海則徑趨于海入于河則因河以至于海也　王氏樵曰豫之洛猶雍之渭而書法不同涇澧漆沮雖皆入渭而水之大小不同故曰屬曰從曰同各別志之伊洛瀍澗四水相敵故統志其入河與江

漢同文又曰北水以河爲宗豫水以洛爲宗　王綱振曰濟洛二水同豫州入河共爲豫患濟大而洛小乃洛爲一州之專害濟則數州之公患其雷夏澤大野豬濟水之治已散見於兗徐諸州惟洛出入皆在豫此所以與雍州之渭同一發例以經四州之河濟終後於一州之洛亦賓主之辨也　曹學佺曰三川河洛伊也其形若鼎

滎波既豬滎波今文作滎播

〔疏〕沇水入河而溢爲滎滎是澤名洪水之時動成

波浪此時波水已壅遏而爲豬畜水成澤不濫溢
也鄭云今塞爲平地滎陽民猶謂其處爲滎澤在
其縣東春秋衛侯及狄人戰于滎澤杜預云當在
河北　索隱曰滎澤之口與今汴河口通其水深
可以灌大梁　水經曰河水東過滎陽縣蒗蕩渠
出焉注大禹塞滎澤開之以通淮泗即經所謂蒗
蕩渠也漢明帝議治汴渠乃引樂浪人王景作堤
發卒數十萬起自滎陽東至千乘海口千有餘里
景乃商度地勢鑿山開澗防遏衝要疏決壅積十

里一水門更相洄注無復潰漏之患渠流東注浚儀復謂之浚儀渠（蔡傳云漢志謂滎陽縣有狼蕩渠首受濟南曰狼蕩北曰浚儀其實一也元和郡縣志汴渠在河陰縣南亦名狼蕩渠隋更名通濟渠）爾雅云水自洛出爲波（水經曰洛水又東門水出焉注云爾雅所謂洛別爲波也）山海經曰瞻諸山西三十里婁涿之山陂水出于其陰而北流注于穀水郭璞注陂水世謂之百荅水水經注曰應劭所謂孤山波水所出也馬融廣成頌曰浸以波溠其水又南逕蠻城下又南分三州於白亭東而俱南入滍水滍水自下兼波水之通

稱也故闕駰有東北至定陵入汝之文馬端臨曰馬嶺即應劭所謂孤山在今臨汝郡魯山縣西北　水經濟水又東合滎瀆注云瀆水受河水有石門謂之滎口石門葢故滎播所道自此始　曾鞏曰禹於滎澤下分大河爲陰溝出之淮泗至浚儀西北復分二渠其後或曰鴻溝或曰浪宕渠或曰浚儀渠或曰石門渠漢靈帝時於敖城西北累石爲門以遏渠口者是也石門渠東合濟水與河渠東注至敖山之北而兼沛水又東至滎陽之北而旃然之水東流入沛滎

陽之西有廣武二城汴水自二城間東流而出濟水至此乃絕隋大業初皇甫誼發河南丁夫百萬開之起滎澤入淮千有餘里更名曰通濟渠唐開元中裴耀卿言江南租船自淮西北泝鴻溝轉相輸納於河陰含嘉太原等倉凡三年運米七百萬石陳亮曰禹於滎澤之下嘗引河流以注東南而通淮泗蓋其股脉猶未盛也自秦決浚儀以灌大梁而并天下而河汴始分流矣漢承齊秦之後而受河之患爲尤劇及末平開河流既塞始築汴

渠而又脩浚儀渠其後隋大業中大開通濟之渠而河汴達于淮泗者始安流而無碍是以東南轉輸相繼而上本朝都陳留而宿重兵以爲固其資東南之粟者不知其幾千萬石故置發運使以漕之而浚渠之功爲不細矣故本朝受河之患無以異于漢而受汴渠之利則自漢以來未之有也

考索云宋定都于汴是時漕運分爲四路東南之粟自淮入汴至京師若是陝西之粟便自三門白波轉黃河入汴至京師若是陳蔡一路粟自惠民

河至京師京西之粟自廣濟河至京師四路最重惟是汴河宋朝所謂歲漕六百萬石專倚辦江淮

箋 滎波二水一濟一洛參雜言之亦變例也 王綱振曰洛入河則記波豬宜也而兼識濟出之滎者以濟亦豫州入河而後溢爲滎故當洛入河之文見滎能受濟之溢波能安洛之流耳

導菏澤被孟豬 左傳爾雅皆作孟諸宋藪澤也周禮作望諸漢書作盟豬史記作明都

傳 菏澤在胡陵孟豬澤名在菏東北水流溢覆被之

疏 地理志菏澤在濟陰定陶縣東孟豬在梁

國雎陽縣東北　括地志云菏澤在曹州濟陰縣東北九十里定陶縣東今名龍池亦名九卿陂考曹州東南三十里有菏水亦名菏澤濟水會此入海今涸見山東通志又兗州府志云菏水在定陶縣北二十里　玉海曰濟陰縣南有菏山故名其澤爲菏澤今東平濟南淄川北海界中有水流入于海謂之清河實菏澤　水經曰濟水東流者過乘氏縣又東過金鄉縣南又東過方與縣北爲菏水菏水又東過湖陵縣南東入于泗水　闞駰十三州記曰不言入而言被者明不常入也水盛方乃覆被

矣　金氏曰菏澤在今曹州泲陰縣孟豬在今應天府虞城縣自菏澤至孟豬凡百四十里二水舊相通今菏澤自分南北淸河近時大河亦被孟豬併行睢水矣　宋史河渠志廣濟河導菏水自開封歷陳留曹濟鄆其廣五丈歲漕上供米六十二萬石

箋兗豫接壤滎與菏澤皆以志濟也導沇水溢爲滎又東至于菏可與此處叅看　滎波在豫西北菏孟在豫東北澤與豬不同豬是蓄而復流澤是

水之聚　此處都逗出一導字下文導山導水皆從此導字發脉要見禹治水全以疏導爲事耳

王氏樵曰按孟豬之藪可田則有水草而淺涸時多故導菏澤之溢時乎被孟豬不常入也或言導菏澤又導孟豬故言及非也澤無言導者此二澤相通故可以導此之溢被彼之地故言導也

厥土惟壤下土墳壚

〈傳〉高者壤下者墳壚壚說文黑剛土也　釋名曰土黑曰盧盧然解散也　王氏炎曰壤則沃墳壚則爲瘠

呂覽曰凡耕之道必始於壚爲其寡澤而后枯

〔箋〕豫土止言壤其色雜也從厥土中又别以下土言之與青州再指海濱同義　王氏樵曰周禮草人掌土化之法凡糞種墳壤用麋渴澤用鹿土化之法謂化之使美若氾勝之術也糞種鄭注謂煑取汁令人不知其法按博物志麋聚草澤而食其塲成泥名曰麋暖民隨之種稻其收百倍此即今人糞田法也草人土化之法有用麋用鹿恐亦是之類也墳壤潤解也渴澤故水處也即此經所云

墳壚也

厥田惟中上厥賦錯上中

傳田第四賦第二又雜出第一　臨川吳氏曰冀賦第一或時數少於豫則降爲第二而升豫爲上上豫賦第二或時數多於冀則升爲第一而降冀爲上中也

箋大畧豫州田賦與冀州相乘除爲上下其雜出之等高于正額故先言錯

厥貢漆枲絺紵厥篚纖纊錫貢磬錯

周禮職方氏豫州其利漆枲又周官載師漆林之征二十有五周以爲征而此則貢者蓋周時豫州在畿內故載師掌其征而不以制貢禹時豫在畿外故有貢推此則知冀州不言貢之意矣今考河南土產漆出南召淅川蔴出信陽及光山固始見通志　陸璣曰紵亦麻也科生數十莖宿根在地中至春自生不歲種也荆揚之間一歲三收今南越紵布皆用此麻草木蟲魚疏　杜預曰吳地貴縞鄭地貴紵

〔傳〕纊細綿　〔疏〕纊是新綿纖是細　孔鮒曰纊綿

也絮之細者曰纊　顏師古曰漬繭擘之精者爲綿麤者爲絮今則謂新者爲綿故者爲絮古亦謂綿爲纊或作絖

〔傳〕治玉石曰錯　〔疏〕詩云佗山之石可以攻玉又曰可以爲錯磬有以玉爲之者故云治玉石曰錯謂治磬錯也　臨川吳氏曰凡錫者非常貢故於末特言之龜非貢物故言納不言貢橘柚磬錯雖是貢物非常制所貢也故言錫貢

〔箋〕豫州職貢亦畧與兗相似蓋二州皆近冀冀京

師甸服也專供粟米兗豫二州近京師則專供服
御禹制貢先服食而後器用以及珍幣則次第泒
及它州耳　唐國史補稱襄州人善爲漆器天下
取法襄州近豫州域　青貢絲枲徐貢玄纖縞揚
貢織貝荆貢玄纁皆所謂布縷之征也惟不及雍
梁二州　錫貢如今常額之外臨期加泒若納錫
則不入貢額有則聽其自行交納一從民便不責
所無以厲民也

浮于洛達于河

〔箋〕豫州之水以洛爲宗滙衆流以入河而卽資之以爲運道轉漕帝都最爲直捷此在豫西境者也若東境徑自入河不必言矣　丘氏濬曰帝堯都平陽商都亳成王營洛邑皆以河爲運道達于河卽達于京師也後世都汴洛者皆由汴水入河都長安者雖不濱河然亦由河入于渭是古今建都無有不資于河道者　大明一統志曰汴河舊自滎陽縣東注開封府城內又東合蔡河名莨若渠又名通濟渠東注泗州下入于淮累因河決其蔡

河湮沒無跡而汴河自府西中牟縣入黃河矣

考豫州今爲河南之域中州接壤畿輔四通五達實號奥區洛陽固自古建都地物華土產名在海內而賦額去上中較遠至紵纊之貢亦不必盡如古抑語云覩河洛而思禹功乃禹貢志導洛頗畧而功與河並豈虛哉

禹貢滙疏卷七 終

禹貢滙疏卷八

吳興茅瑞徵纂并箋　男 胤京 胤武 仝訂

華陽黑水惟梁州

〔傳〕東據華山之南西距黑水〔疏〕周禮職方氏豫州其山鎮曰華山在豫州界內此梁州之境東據華山之南不得其山故言陽也此山之西雍州之境也〔附〕九域圖載疏云華山四州之際東北曰冀東南曰豫西南曰梁西北曰雍以華山十字分之四隅乃四州也　曾氏曰華山即西嶽在梁雍之

東其陽爲梁州其陰爲雍州　杜佑曰漢中郡城固即犍爲縣有黑水又南溪郡戎州南溪縣黑水自北南流經於此同昌郡有黑水東南流入白水　水經注云自僰道至朱提有水步道有黑水羊官水三津倶險極難行禹貢黑水註云出蘭寧州南廣縣汾關山北至僰道縣入江一名鬼水矣

晉地理志西方金剛之氣彊梁故因名焉周禮職方氏以梁并雍漢不立州名以其地爲益州春秋元命苞云參伐流爲益州益之爲言隘也言其所

在之地險阨也亦曰疆壤益大故以名焉（漢武帝元朔二年改梁曰益州以新啓犍爲牂牁越巂州之疆壤益廣故稱益云見水經注）賈逵曰梁米出於蜀漢香美逾於諸梁號曰竹根黃梁州之名因此

杜佑曰梁州當夏殷間爲蠻夷國所謂巴賨彭濮之人也周末秦伐蜀有其地於天文兼參之宿亦秦之分野又得楚之交秦并天下置郡爲漢中巴蜀及隴西郡內史之南境自漢以後歷代開拓氐羌戎夷之地漢武帝置十三州此爲益州魏分置

梁益二州晉初因之〈漢地理志〉秦地南有巴蜀廣漢犍爲武都又西南有牂牁越巂益州皆宜屬焉巴蜀廣漢本南夷秦并以爲郡土地肥美武都地雜氐羌及犍爲牂牁越巂皆西南外夷武帝初開置民俗畧與巴蜀同漢高發巴蜀之人定三秦遷巴之渠率七姓居於商洛風俗不改見隋志〈後漢郡國志〉益州刺史部郡國十二漢中巴郡廣漢蜀郡犍爲牂牁越巂益州永昌廣漢屬國蜀郡屬國犍爲屬國　馬端臨曰漢時爲郡九曰漢中廣漢蜀巴益州武都牂牁越巂犍爲

又爲弘農郡之南境（唐地理志）古梁州域山南道興元府漢中郡洋鳳興成文扶利集壁巴蓬通開閬果渠爲鶉首分以西道採訪使治梁州金忠涪萬亦鶉首分以東道採訪使治襄州隴右道岷和政郡階疊宋亦鶉首分以隴右採訪使治鄯州劍南道漢蜀郡廣漢犍爲越嶲益州牂牁巴郡之地總爲鶉首分府一成都蜀郡都護府一保寧州二十八以劍南採訪使治益州　杜佑曰唐分置山南西道爲漢中梁通川通巴川合清化巴洋川洋順政興河池

鳳益昌利咸安蓬盛山開始寧壁南平渝符陽集

璘山渠郡山南東道爲房陵房南賓忠南浦萬雲

安夔郡劍南道爲蜀郡益唐安蜀濛陽彭德陽漢

通義眉梓潼梓巴西綿普安劍閬中閬資陽資臨

邛邛通化茂交川松越巂巂南溪戎遂寧遂仁壽

陵捷爲嘉盧山雅瀘川瀘陽安簡安岳普江源當

陰平文同昌扶油江隴臨翼翼歸誠悉洪源黎靜

川靜恭化恭維川維和義榮雲山奉蓬山柘雲南

姚南充果郡兼分入京畿爲上洛商安康金郡隴

右道爲同谷成武都武即階州懷道宕合川疊郡及黔中道涪陵涪南川南郡唐十道圖古梁州爲山南西道領梁洋集通開壁巴蓬渠涪渝合鳳興利閬果十七州劒南道領益蜀彭漢綿劒梓遂普資簡陵邛嶲雅嘉榮瀘戎黎茂龍扶文當松靜拓翼悉維嶲姚凡三十有三州兼及隴右道成武疊宕等州初學記云梁州自劒閣而南分爲益州是爲劒南道其北垂又入隴右道宋爲川峽四路成都府路府一成都州十二嶲蜀彭綿漢嘉邛簡黎雅茂威軍二永康石泉監一仙井潼

川府路府二潼川遂寧州九果資普昌叙瀘合榮渠軍二懷安廣安監一富順利州路府一興元州九利洋閬劒即隆慶府文興蓬政本龍州巴軍一大安夔州路州七夔忠萬開達涪恭即重慶府軍三雲安梁山南平監一大寧南渡後頗更置云　馬端臨曰宋平孟蜀盡得梁州之地分爲益州利州梓州夔州四路爲州五十八成都興元潼州遂寧等府洋商金房達渠渝涪瀘巴壁蓬集合忠萬閬果普開夔嘉簡陵眉榮資叙鳳階成興文龍利劒綿漢彭蜀

邛雅茂威黎等州

班固配十二次自畢十二度至東井十五度爲實沈於辰在申魏之分野屬益州（費直起畢九度 蔡邕起畢六度）

陳卓京房張衡並云觜參魏益州　天文占候曰太白主畢觜張星主井五車狐星弧星俱主益州　淮南子曰西南方曰朱方其星觜觽參爲益州分野　春秋緯文耀鉤云荆山西南至岷山北距鳥鼠梁州屬開星　星經　玉衡第二星主益州常以五亥日候之乙亥爲漢中丁亥爲永昌巳亥

爲巴郡蜀郡牂牁辛亥爲廣漢癸亥爲犍爲
張華曰蜀漢之士與秦同域南跨邛笮北阻褒斜
西即隈礙隔以劒閣窮險極峻獨守之國也 考
索曰巴蜀自昔號爲富饒漢高東向爭天下獨命
蕭何留收巴蜀以給軍是以巴蜀之資取天下也
殷仲堪曰劒閣之險蜀之關鍵巴西梓潼宕渠
三郡去漢中遼遠在劒閣之內而統屬梁州 章
俊卿曰自涪陵極於成都土地險塞沃野千里控
渝挑瀘聯接關隴人皆知巴蜀之險然以巴蜀爲

要害以漢中爲門戶則巴蜀之險可得而有也漢高祖自南鄭以克三秦諸葛孔明自漢中以鎮關隴則漢中之形勢爲可用也　牟子才曰漢中前瞰米倉後蔽石穴左接華陽黑水之壤右通陰平秦隴之墟黄權以爲蜀之股肱楊洪以爲蜀之咽喉四嶽三塗皆不及也益昌之南陸走劒而外東西川在焉水走閬果而去適夔峽西則趣文龍二州東則會集壁諸郡而烏龍桔柏又在其前歐陽詹以爲九州之險司馬光以爲秦蜀之衝又曰重

夔爲保蜀之根本嘉定爲鎮西之根本夔門爲蔽

㕧之根本　林駉曰蜀之根本在成都而漢中爲

唇齒漢中爲保蜀之藩籬而以陜隴爲遮援守南

鄭則長安可窺守武興則隴西可取　武夷熊氏

曰梁州即今全蜀之地成都潼川興元利州夔州

等路五十四州或言秦以前未嘗通至秦鑿山開

道關塞始通恐止言金牛一道耳岷嶓沱潛蔡蒙

和夷禹之故迹何嘗不通中國也大抵蜀地北與

秦隴接境實爲天下要眷世治則服從世亂則割

據牧守不可不慎

箋 考一統志古梁州爲今四川省成都（古蜀國）保寧順慶敘州（古僰國）重慶（周巴子國）馬湖（梁州東境）龍安各府潼川（蜀漢梓橦郡）嘉定眉卭瀘雅各州而雲南（漢滇國）大理（唐南詔）臨安（漢牂牁地）楚雄（漢益州地）澂江（古西南夷）廣西（古滇國東南境）各府曲靖（漢益州地）武定（古滇國地）麗江（漢越嶲益州地）三軍民府並屬梁州界永寧宣撫司天全六番招討司則梁州南境黎州安撫司則梁州西境金齒軍民指揮司（古哀牢國）則梁州西南徼外地貴州普安州（古夜郎地）亦梁

州界陝西漢中府則梁雍二州域四川夔州府湖廣施州衛則荆梁二州域貴州宣慰司則荆梁二州之南境平茶洞長官司亦荆梁二州界也　鄭氏曉曰華陽是陝西商洛湖廣襄陽府西屬四川夔州府所屬巫山大昌大寧之地黑水是豐溪黑水自梁北境至安縣入江與導黑水之黑水似無干志者止見黑水流南至西極今四川成都重慶順慶保寧叙川馬湖六府潼川州眉州嘉定州瀘州雅州夔州府所屬奉節雲陽萬縣開縣達縣新

寧梁山建始陝西鞏昌府所屬成縣西和秦州漢中所屬金州所屬及沔縣芒部軍民府龍川宣撫司平茶洞長官司疊溪軍民千戶所湖廣施州衛民指揮司西境其烏蒙等處原不係域中者不載考地志湖廣鄖陽府屬梁州陝西西和縣屬雍州漢中府爲梁雍荆三州域金州荆梁之交謂秦頭楚尾今興安州

曹學佺曰秦始皇置三十六郡漢中其一也按梁州山在郡東南百八十里四面皆大山其中三十里甚平曠相傳以爲古梁州 四川名勝志曰黑水出故漳臘潘州界今屬夷地是爲岷

江之始水自汶山下過猶河水之遠崑崙也又一派入滇而出金沙江流入馬湖江會與汶水合今之叙瀘界瀘即黑也諸葛亮五月渡瀘以征西南所必經也說文川者穿也水穿地中故曰川岷江一水也瀘一水也雒一水也渝一水也雒中水也先主入蜀至江陽遡雒至涪城而取劉璋今之綿州是也雒水縣金堂出內江與外水合外水即汶水也渝巴水也源出巴山流遶巴州曲折如巴字亦名字水由遂合以至渝州其委耳巴縣設焉古

巴子都也蜀江之水非一而岷瀘雒巴爲四大川也四川之名所由昉與宋南渡後始分益梓利夔四路即今之四川矣但益在川西夔在川東利梓俱在川北而川南似闕蓋古者以犍爲屬廣漢乃又置提點刑獄司於嘉定重慶潼川三府嘉定則川南也重慶則上川東與川南接壤潼川即梓州又川西北之門戸也　四川總志曰四川古梁州地漢置益州部刺史察舉蜀巴廣漢犍爲牂牁越嶲等郡而不常所治東漢益州刺史治雒即今漢州唐

貞觀中於此置劒南道開元中置劒南并山南東西道採訪處置使而劒南治蜀宋爲西川路後分西川爲東西兩路又分益梓利夔四路安撫司俱以守臣兼領楊愼曰四川取岷江沱江黑水白水四大川以爲名或云成都爲西川潼關爲東川利州爲北川夔州爲南川唐樞曰四川天下絶險龍州松蕃鎮其北播州諸夷列其南天全黎州當其西瞿唐守其東江山四塞關峽孤開可守一當百又曰川之形勢北有劒門不足恃而慮在松蕃松蕃以孤城介生蕃之域乃待食於龍川懸命千里之

外設爲羌戎所截則疊溪以南如建瓴而下直抵茂州無難是誠限外隱憂耳西有黎州不足恃而一而慮在維州維州在保縣外無百里乃爲董卜韓胡所據是切近之災且復有靈關一道可抵雅州草坡一道可抵汶川縣泄里壩一道可抵灌縣清溪口一道可抵崇慶州其門庭顯禍乎

岷嶓既藝

〔傳〕岷山嶓冢皆山名水去已可種藝〔疏〕地理志云蜀郡有湔道岷山在西徼外江水所出隴西郡

西嶓冢山西漢水所出　杜佑曰岷山在通化郡蔡傳茂州汶山縣嶓山在漢中郡金牛縣蔡傳云地志隴西氐道縣漾水所出又云在西縣今興元府西縣三泉縣也益嶓冢一山跨兩縣云又考通典金牛漢健爲縣地有嶓冢山禹導漾水至此爲漢後魏置嶓冢縣隋爲西縣司馬彪袁崧郡國志並言漢有二源東出氐道西出西縣之嶓冢山　水經注曰江水逕汶山道汶出徼外岷山西玉輪坂下而南行又東逕其縣而東注于大江又曰岷山東北百四十里崍山中江所出東注于大江崍山邛崍山也在漢嘉嚴道縣山南有九折坂王子陽按轡處也郭景純江賦曰流

二江於崌崍又東百五十里曰崌山北江所出東注于大江山海經曰崌山江水出焉　王羲之與謝安書云蜀中山川如岷山夏含霜雹校之所聞崑崙之伯仲也　晁氏曰蜀以山近江源者通爲岷山連峯接岫重疊險阻青城天彭諸山之所環遶皆古之岷山青城乃其第一峯也福地記中國名山以青城峨眉爲西嶽佐理　王氏炎曰江漢發源此州方江漢之源未滁水或汎濫二山下其地有荒而不治者今既可種藝知二水之順流也　華陽國志曰李冰

爲蜀守能知地理謂汶山爲天彭門及至湔道縣見兩山對如闕因號天彭闕乃壅江作堋穿郫江簡江別支流雙過郡下以行舟船岷山多梓柏大竹頹隨水流坐致材木功省用饒又溉灌三郡開稻田於是蜀沃野千里號爲陸海旱則引水浸潤雨則杜塞水門天下謂之天府也○宋史河渠志岷江水發源處古導江今爲永康軍漢史所謂秦蜀守李冰始鑿離堆辟沫水之害是也沫水出蜀西徼外今陽山江大皂江皆爲沫水入于西川始

嘉眉蜀益間夏潦衝決可畏自鑿離堆以分其勢一派南流于成都以合岷江一派由永康至瀘州以合大江一派入東川而後西川沫水之害減而耕桑之利得矣

〔箋〕按史記貨殖傳云汶山之下沃野下有蹲鴟至死不饑汶山漢書作㟭山𡺨即岷山也則岷山之宜樹藝舊矣岷說文作𡵓省作㟭漢人隸書作汶𡺨古字通用

沱潛既道

〔傳〕沱潛發源此州入荆州　元費著序成都志曰

文王之化行乎江漢之間有江沱詠於二南之先然漢統於江以朝宗沱附於江以起與江首四瀆歷代祠其神於成都故成都爲江之源而荆揚之江特其委爾　地志蜀郡郫縣江沱在東西入大江又蜀郡汶江縣江沱在西南東入江杜佑曰沱水在蒙陽郡唐昌縣　水經曰潛水出巴郡宕渠縣又南入于江酈道元注云潛水葢漢水枝分潛出故受其稱耳今爰有大穴潛水入焉通岡山下西南潛出謂之伏水或以爲古之潛水宕渠水亦名潛水又名渝水俗謂之渠江　鄭

玄曰漢別爲潛其穴本小水積成澤流與漢合大禹自通漢疏通即爲西漢水也庾仲雍云墊江有別江出晉壽縣即潛水也其南源取巴西是西漢水寰宇記曰渠江水源自萬頃池分來經巴達渠廣安等界至合州東北與嘉陵江合即西漢水蔡松年南北史補云墊江經佽池過晉壽出宕渠始號墊江至巴郡而入于江史記正義曰潛水一名復水今名龍門水源出利州綿谷縣東龍門山大石穴下也　臨川吳氏曰凡江漢支流皆名沱潛不拘一處岷嶓墊則江漢之上源治矣沱潛道則江漢之下流治矣

箋沱潛旣道兩著于經此其源也旣舉岷嶓再舉沱潛而江漢之源流已備見于梁矣　王氏樵曰按潛水雖鄭康成猶無考葢潛則有之而求其首自漢出則甚難合也蔡傳據地志潛水所出有二一出巴郡宕渠縣入江一出漢中郡安陽縣鬻谷入漢然皆未有以考其果自漢出否也若沱則郫縣汶江皆有沱而入江又江源縣有鄗江凿江又反入此皆沱也　疏謂郫之沱安陽之潛尾入江漢爾首不出江漢也鄗江眞沱蔡却未載宕渠之潛是從漢出　梁州不言江漢以岷嶓沱潛源流之

治見之江河淮漢惟一見而沱潛于二州再書旣道何也其名雖同而源委各別也　陸深曰今蜀山連綿亘凡居左者皆曰岷右者皆曰嶓凡水出於岷者皆曰江出於嶓者皆曰漢江別流而復合者皆曰沱漢別流而復合者皆曰潛恐屬方言爾故岷謂之汶今汶川是也漢謂之漾或謂之沔或謂之羕今沿漢水而東有寧羌州有沔縣又東有䍧縣卽古洋州也洋漾聲相近葢皆得名於漢水云

蔡蒙旅平

〔傳〕蔡蒙二山名祭山曰旅平言治功畢〔疏〕地理志云蒙山在蜀郡青衣縣順帝改漢嘉縣水經曰青衣水出青衣縣西蒙山東與沬水合也沬水出廣柔徼外水東至越嶲靈道縣出蒙山南東北與青衣水合酈道元注云漢嘉縣有蒙山青衣水所發東逕其縣與沬水會於越嶲郡之靈關道靈道縣一名靈關道青衣水又東邛水注之水出漢嘉嚴道邛來山沬水出岷山西東流過漢嘉縣南流衝一高山山上

合下開水遷其間山即蒙山也廣柔縣有石紐鄉相傳禹所生古今集記云岷山水源分二派正南入溢村至石紐過汶川則禹之所導江也〔蘇傳〕蒙山今曰蒙頂水患平始祭也 九州記云蒙者沐也言雨露常蒙也山有五頂最高者名上清峯有茸露井水極清冽四時不涸 圖經云蒙頂茶受陽氣全故芳香獨烈

金氏曰蔡山在今雅州嚴道縣南蒙山在今雅州名山縣東雲霧常蒙其頂其山上合下開沫水遷其中出爲涸崖水沫水即大渡河也蜀守李冰嘗鑿離堆避沫水之害則禹當時于此處用功多也

今考蔡山在雅州東五里蒙山在名山縣治西五里名山縣屬雅州本漢蜀郡嚴道青衣二縣地見四川總志楊愼以蒙山爲雲南蒙樂山非是 續博物志曰沬水自蒙山至南安溷崖水脉漂疾歷代爲患蜀守李氷發卒鑿平溷崖河神贔怒氷操刀入水與神鬬遂平溷崖秦繼宗曰鑿平溷崖指蒙山説時説蔡蒙二山都是志沬水似誤 馬端臨曰旅陳也旅平言以平理而陳祭也 陳氏大猷曰古人舉事必祭況治水大事乎然旅獨於梁雍言之者葢九州終於梁雍以見前諸州名山皆有祭也旅獨於蔡蒙荊岐言之者葢紀梁之山終於

蔡蒙紀雍之山始於荊岐以見州內諸名山皆有祭也故下文復以九山刊旅總結之

大明一統志曰今雅州城東十里地名旅平相傳夏禹治水功成旅祭于此俗呼為落平四川名勝志曰禹貢梁州之山四岷嶓蔡蒙西山皆岷北山皆嶓南山皆蒙峨眉之在禹貢則蒙山之首也

和夷底績

〔傳〕和夷之地致功可藝

〔蘇傳〕和夷西南夷名四川總志云和夷今黎雅越巂等處又雅州有和夷垻曾氏曰嚴道有和川

夷人居之漢制縣有蠻夷曰道金氏謂和川即青衣水夷人所居本爲羈縻州寰宇記云和川路在縣界西去吐蕃大渡河五日程從大渡河西郭至吐蕃松城四日程羌蠻混雜連山接野烏路沿空不知里數即所謂和夷底績也本志東北有和夷壩是〔蔡傳〕和夷地名嚴道以西有和川有夷道或其地也又按晁氏曰和夷二水名和水今雅州滎經縣北和川水自蠻界羅嵒州東西來逕蒙山所謂青衣水而入岷江者也夷水出巴郡魚復縣東南過佷音恒山縣南又東過夷

道縣北東入于江今詳經言底績者三覃懷原隰既皆地名則此恐爲地名或地名因水不可知也水經注曰和瀆曰桓自桓水以南爲夷書所謂和夷底績也又曰魚復縣南夷水出焉

〔箋〕梁州治水亦以江漢爲主蔡蒙和夷總見水治而地之險且遠者無不奏効耳和夷一以爲地一以爲水及考山海經曰和山實惟河之九都是山也五曲九水出焉合而北流注于河則和亦有以山名矣

厥土青黎史記作驪

傳色青黑而沃壤黎馬云小疏也疏孔以黎爲黑故云色青黑王肅曰青黑色黎小疏也　釋名曰土青曰黎似黎草色臨川吳氏曰梁土不言質質不一也

箋考經文厥土未有言色不言質及兩言色者金氏云梁土色青故生物易性疏故散而不實向聞成都土疏難以築城馬說殆近之　胡氏瓚曰上不言惟者非一種也

厥田惟下上厥賦下中三錯

[傳]田第七賦第八雜出第七第九三等 [疏]梁州之賦凡有三等其出下中時多故以下中爲正上有下上下有下下三等雜出故言三錯 臨川吳氏曰三錯者或時錯出第七則降揚於下中而梁爲下上或時錯出第九則升兗於下中而梁爲下下通本等第八爲三 胡氏曰梁州夷狄比境變故不常而定出入等似若太優故無事則錯出第七等有事則錯出第九等也

王氏樵曰邵文莊公曰賦錯出者他州無與焉升降之說非是蔡氏曰按賦雜出他等者或以爲歲有豐凶或以爲戶有增減皆非也意者地力有上下年分不同如周官田一易再易之類與按周官有不易之地謂歲種之地爲上田有一易之地謂休一歲乃復種也爲中田有再易之地謂休二歲乃復種也爲下田蔡氏之意謂田遇年分休不耕者多則賦從而少然豈偏冀揚豫梁四州田有一易再易而餘州皆可歲耕者邪蓋冀州地大物繁

賦既上上而又間出上中以寬之豫爲中土原田既美人功亦脩幾與冀埒故賦既上中而又間出上上以進之揚田下下然人稠而地力亦盡故賦高于田二等而間出又進一等此實東南繁阜之權輿矣梁田下上似優于揚然多山而少田人功亦劣故賦之等退在下中而又以七九二等爲之上下間出此其調劑可謂審矣舉此四州爲法而餘州可見雍與荆州賦田升降皆較六等荆州升之極人功脩也雍州降之極人功少也其餘相較

不多者從此可知也徐田上中而其賦中中青田上下而其賦中上兗田中下而其賦下下賦皆降于田而相較不等兗當河流之衝作十有三載乃同經已明著其義矣無錯者其等已定有錯者其等難定時進退以通節之也後代卒不能易禹之等惟雍州沃野千里秦漢以來稱天府之國而禹時洪水初平風氣未開觀公劉太王之初起陶復陶穴則昔之雍州豈後之雍州哉人事未至聖人固不能預進之也然田曰上上則人事氣化亦已

有所待矣　秦繼宗曰田有三等故定三等之賦然不以第七爲定賦而以第八爲定賦間歲乃出第七而又間出第九以寬之仁之至矣楊豫正賦皆下于間賦一等亦此意也至冀則宜出第一等而間歲第二無非法中之仁而已

厥貢璆鐵銀鏤砮磬熊羆狐狸織皮

【傳】璆玉名鏤剛鐵（郭璞云璆即紫磨金）【疏】釋器云璆琳玉也郭璞云美玉之别名鏤者可以刻鏤故爲剛鐵也【蔡傳】璆玉磬鐵先於銀者鐵之利多於銀也

蜀卓氏程氏以鐵冶富擬封君則梁之利尤在於鐵徐廣曰臨邛出鐵華陽國志曰臨邛有古石山出石礦大如蒜子火燒合成流支鐵甚剛因置鐵官漢文帝以銅鐵賜宦者鄧通通假民卓王孫歲取千匹故王孫貲累巨萬億鄧通錢亦盡天下 管子曰出鐵之山三千六百九漢關內有鐵官唐天下有鐵之縣一百三十七鐵冶七十七皆多於漢 李石曰蘼脂得火可以燃鐵左思蜀都賦戟食鐵之獸劉逵註貊獸毛黑白臆似熊而小以舌舐鐵須史便數十觔出建寧郡 鄒氏曰漢志犍爲郡

朱提縣有朱提山出銀每銀八兩爲一流直一千五百八十他銀一流但直一千揵爲郡正梁州之境是梁州之銀獨美於他州故以爲貢　沈括曰世閒鍛鐵所謂鋼鐵者用柔鐵屈盤之乃以生鐵陷其閒泥封煉之鍛金相入謂之團鋼亦謂之灌鋼此乃僞鋼耳暫假生鐵以爲堅二三煉則生鐵自熟仍是柔鐵予出使至磁州鍛坊觀煉鐵方識眞鋼凡鐵之有鋼者如麪中有筋濯盡柔麪則麪筋乃見煉鋼亦然但取精鐵鍛之百餘火每鍛稱

之一鍛一輕至累鍛而觔兩不減則純鋼也雖百煉不耗矣此乃鐵之精純者其色清明磨瑩之則黯黯然青而且黑與常鐵迥異亦有煉之至盡而全無鋼者皆繫地之所產　華陽國志曰臺登縣有孫水一曰白沙江入馬湖水山有砮石火燒成鐵剛利禹貢厥賦砮是也　寰宇記云定笮縣有鐵石山山有砮石火燒之成鐵爲觔戟極剛利名勝志云鹽井衛古定笮縣也今山在衛西北七十里亦近臺登矣

〔傳〕貢四獸之皮織金罽

〔疏〕釋言云氂罽也舍人曰氂謂毛罽也胡人績羊毛作衣孫炎曰毛氂爲

罽織毛而言皮者毛附於皮故以皮表毛耳異苑云熊無穴或居大樹孔中東土呼熊爲子路張揖曰熊犬身人足黑色陸璣云熊能攀緣上高樹見人則顛倒自投地而下冬多入穴而蟄始春而出脂謂之熊白羆有黃羆有赤羆大於熊其脂如熊白而麄理不如熊白美也爾雅云羆如熊黃白文郭璞曰似熊而長頸高脚猛憨多力能拔樹木關西呼曰貑羆西京雜記云熊羆毛有綠光長二尺者直百金蘇傳以罽者曰織以表者曰皮王氏樵曰按罽

西胡毳布織毛爲之若氈毼氍毹之類字當作罽作罽非罽魚網也

【箋】按貢鐵始於此自漢以後桑孔之徒榷利遂與鹽並昭帝議罷有鹽鐵論至唐理財之官遂號爲鹽鐵使自乾元初第五琦始也　砮貢于荆又貢于梁重武事也徐貢浮磬此貢玉石磬豫州貢磬錯則樂器磬最爲重亦可知矣

西傾因桓是來浮于潛逾于沔入于渭亂于河

【傳】西傾山名桓水自西傾山南行因桓水是來浮于潛漢上曰沔　【疏】地理志云西傾在隴西臨洮

縣西南桓水出蜀郡蜀山西南行羌中入南海則初發西傾未有水也不知南行幾里得桓水雍大記曰桓水在臨洮府城西三里源出西傾山吐谷渾界書西傾因桓注引地志云在隴西郡臨潭縣今按臨潭城去洮州衛七十里實此水之源也書本作桓水水經臨洮謂之洮水又謂之桓水晉地道記曰梁州南至桓水西底黑水東限扞關

朱子曰西傾雖在雍州其人有事於京師者必取道梁州因桓水而來故梁貢道及之酈道元曰鄭玄注西傾雍州山也雍人有事京師道當由此州而來桓是隴坂名其道盤桓旋曲而上故名曰桓恐非因桓之義非浮潛入渭之文

〔傳〕越沔而北入渭浮東渡河而還帝都絶流曰亂

〔疏〕計沔在渭南五百餘里故越沔陸行而北入渭渭水入河故浮渭而東帝都在河之東故渡河絶流曰亂釋水文孫炎曰横渡也〔蘇傳〕漢始出爲漾東南流爲沔至漢中東行爲漢沔在梁州山南而渭在雍州山北沔無入渭之道然按前漢書武帝時人有上書欲通褒斜道及漕事下張湯問之云褒水通沔斜水通渭皆可以漕從南陽下沔入褒褒絶水至斜間百餘里以車轉從斜下渭如

此漢中穀可致此則自沔入渭之道也然褒斜之

間絕水百餘里故曰逾于沔蓋禹時通謂褒為沔

也雍大記曰郡縣志漢水經南鄭縣沔水東南流注漢曰沮口師古曰漢上曰沔太史公曰褒斜

綰轂其口即漢中地酈道元曰自西傾至葭萌入于西漢

即鄭玄之所謂潛水者也自西漢遡流而屆于晉

壽界阻漾枝津南歷岡穴迤邐而接漢沿此入漾

書所謂浮潛而逾沔矣歷漢川至南鄭縣屬于褒

水遡褒暨于衙嶺之南溪川支灌于斜川屆于武

功而北達于渭水褒水西北出衙嶺東南逕大石門歷故棧道下谷又東南歷褒

口即褒谷之南口也北口曰斜又南逕褒縣故城又南流入于漢見水經注又雍大記曰褒谷在漢中府褒城縣東北十里出連雲棧直抵鳳縣斜谷七百里郡縣志曰北口曰斜南口曰褒長四百七十里同爲一谷兩谷高峻中間谷道褒水所流又曰褒水即黑龍江水也源發太白山　雍錄曰渭之源出隴西鳥鼠同穴山稍東則受秦水秦水者天水郡水也又東則大散關水入之及至武功縣則受斜水矣褒斜二水介衙嶺而分南北此斜水即二水之分派也斜逕武功而東入于渭也

箋　梁州僻在西南隅去帝都最遠故運道須水陸

並用西傾雖雍州山其南桓水出焉乃梁之水也桓之東有潛水與桓通故自西傾山下陸運依傍桓水而來不曰浮桓而曰因桓至潛乃用舟也潛之北有沔阻漾枝津水淺不得渡必舍舟而陸南歷剛北逾灑而接漢沔焉沔之北有渭又阻褒斜褒水南通沔而斜水北通渭其間絕水百餘里又必逾褒而歷衙嶺從斜川屆武功以入于渭焉至渭則絕河而渡卽達帝都矣河卽冀州之西河渭水自西而東舟自渭入河從河西邊徑往東岸橫

絶而渡不由河中行也　九州貢道梁爲最艱不惟水陸兼行抑亦轉輸絶險而所挾來貢又皆沉重難致之貨將梁之土產惟此可充天府而往來亦止此有路可通聖人只得另設一運法耳　看來貢道以水運爲主而陸運以濟其窮故言浮言達其常也惟荊梁間曰逾然必先言浮而歸于達河未有全用陸者即此可思貢道之勞逸矣　鄭氏曉曰西傾因桓是來當合上作一節浮于潛四句是一節梁州是今四川兼有陝西漢中金沔輩

昌西和成縣秦州湖廣施州等地若貢物俱從西傾而來是東南至西北登舟矣西傾因桓是來止言織皮出處與所由來也潛亦非一梁州三十六江皆是隨處登舟都到沔車行入渭又舟行也西傾在今臨洮府一云洮即桓　王氏樵曰西傾在今臨洮府西南一百五十里一名嵹臺山洮水出其北桓水出其南或云洮即桓水張湯謂以車轉從斜下渭則漢中穀可致是浮潛逾沔之道漢人嘗用之今蜀中通貢職水則大江陸則棧道潛沔

入渭之道無復講矣　何景明曰余從入蜀漢道觀之其西南曰褒谷從褒入南曰駱谷從洋入東南曰斜谷從郿入其所從皆殊舊志謂首尾一谷非是其棧道有四出從成和階文出者爲沓中陰平道鄧艾伐蜀由之從兩當出者爲故道漢高帝攻陳倉由之從褒鳳出者爲今連雲棧道漢王之南鄭由之從城固洋縣出者爲斜駱道武侯屯渭上由之此四道三谷者關南之險阸攻取所從來固矣

考梁州今爲全蜀之域劒閣巫峽實扼地險而財賦亦向稱沃饒然自宋云巴蜀之粟遠不可漕而頃歲反側殘破之餘更仰餉于楚華陽黑水之區脊脊多事而浮潛逾沔之供亦大異昔全盛時矣

疏八

禹貢滙疏卷九

吳興茅瑞徵纂并箋　男　胤京　胤武　仝訂

黑水西河惟雍州

〔傳〕西距黑水東據河龍門之河在冀州西〔疏〕雍州之境被荒服之外東不越河而西踰黑水王肅云西據黑水東距西河得其實也禹治豫州乃次梁州自東向西故言梁州之境先華陽而後黑水從梁適雍自南向北故先黑水而後西河　雍錄曰雍州之境西南則包黑水而東距冀河也雍壅

也四面有山壅塞爲固也李巡曰河西其氣蔽壅受性急凶故云雍雍壅塞也晉太康地志曰雍州西北之位陽所不及陰氣壅遏故以爲名晉地理志漢改周之雍州爲凉州蓋以地處西方常寒凉也地勢西北邪出在南山之閒南隔西羌西通西域于時號爲斷匈奴右臂獻帝時凉州數有亂河西五郡去州隔遠於是乃别以爲雍州周禮職方氏正西曰雍州其山鎮曰嶽山(即吳嶽)其澤藪曰弦蒲其川涇汭其浸渭洛其利玉石其民

三男二女其畜宜牛馬其穀宜黍稷（周之西南不置州統屬雍州）杜佑曰以其四山之地故曰雍州周自武王都於酆鎬則雍州爲王畿及平王東遷雒邑以岐酆地賜秦襄公至孝公作爲咸陽築冀闕徙都之謂之秦川亦曰關中地（關中記云東自函關弘農郡靈寶縣界西至隴關今汧陽郡汧源縣界二關之間謂之關中）其在天文東井輿鬼則秦之分野兼得魏趙之交始皇置四十郡此爲内史上郡北地九原隴西及雲中之西南境項籍分秦地爲三國曰雍塞翟謂之三秦漢武帝置十三州以

其地西偏爲京州又置司隸領三輔爲京兆左馮翊右扶風詩譜秦隴西谷名於禹貢近雍州鳥鼠之山周東遷以岐豊地賜之遂橫有周西都宗周畿内八百里之地其封域東至迆山在荆岐終南惇物之野漢地理志秦地界自弘農故關以西京兆扶風馮翊北地上郡西河安定天水隴西西有金城武威張掖酒泉燉煌於禹貢跨雍梁二州詩風兼秦豳兩國鄠杜竹林南山檀柘號稱陸海爲九州膏土天水隴西民以板爲室屋及安定北地上郡西河

皆追延戎狄脩習戰備漢興六郡良家子選給羽林期門以材力爲官名將多出焉自武威以西本匈奴昆邪王休屠王地武帝時攘之初置四郡以通西域鬲絶南羌匈奴〈後漢郡國志〉涼州刺史部郡國十二隴西漢陽武都金城安定北地武威張掖酒泉燉煌張掖屬國張掖居延屬國而京兆尹左馮翊右扶風皆司隸校尉所部也 馬端臨曰漢時爲郡十六京兆左馮翊右扶風外有弘農安定北地上郡朔方五原天水隴西金城武威張

掖酒泉燉煌凡十三郡而西河雲中二郡之西南境亦隸焉唐地理志關內道古雍州域京兆府本雍州華同鳳翔府本岐州邠隴涇原渭以原州平涼縣置武州以原州蕭關置寧慶鄜坊丹延靈威本安樂州雄會鹽綏宥爲鶉首分豳豐勝銀夏單于安北爲實沈分商爲鶉火分其京兆華同鳳翔邠商以京畿採訪使治京城餘關內採訪使以京官領之隴右道古雍梁二州域漢天水武都隴西金城武威張掖酒泉燉煌等郡總爲鶉首分自祿山之亂歿于吐蕃至貞元間隴

右州縣盡矣杜佑曰唐分置京畿爲京兆府雍華陰華馮翊同扶風岐新平邠郡關內道領安定涇彭原寧汧陽隴中部坊洛交鄜安化慶靈武靈榆林勝延安延上郡綏咸寧丹銀川銀平涼原九原豐會寧會寧朔宥五原鹽新秦麟朔方夏等郡安北府隴右道領隴西渭武威涼天水秦北庭庭交河西晉昌瓜西平鄯燉煌沙酒泉肅金城蘭安昌河寧塞廓臨洮洮和政岷張掖甘伊吾伊等郡安西府

【唐十道圖】古雍州爲關內道京兆華同

岐鳳翔府邠隴涇原寧慶鄜坊丹延鹽會靈夏豐勝綏銀凡二十有二州隴右道秦渭洮岷河蘭鄯廓涼甘肅瓜沙等州　初學記曰關內道東自同華畧河而北西自岐隴原會極于北垂隴右道自隴而西盡其地也雍州自岐隴已北爲關內道自隴而南并得禹貢梁州之北地爲隴右道　宋爲陝西路慶曆初分陝西沿邊爲秦鳳涇原環慶鄜延四路熙寧五年以熙河洮岷州通遠軍爲一路置都總管經畧安撫使又以熙河等五州軍爲一路通舊鄜延等五路共三十四州軍後

一分永興保安軍河中陝府商解同華耀虢鄜延（即延安府）丹坊環慶（即慶陽府）邠寧州爲永興軍等路鳳翔府秦階隴鳳成涇原渭熙河洮岷州鎮戎德順通遠軍爲秦鳳等路仍以永興鄜延環慶秦鳳涇原熙河分六路各置經畧安撫司而麟府二州屬河東路馬端臨曰宋爲陝西路及河東路（麟府二郡）内夏銀綏宥靜靈鹽諸郡爲西夏所據甘涼瓜沙肅西伊安北安西北庭亦沒於西夏及諸蕃熙寧五年以陝西五路三十四州軍分爲兩路永興軍等路

爲京兆河中府陝延同華耀邠鄜解環慶虢商寧丹坊等州保安軍秦鳳等路爲鳳翔府秦鳳涇渭河隴階成熙原蘭岷等州鎮戎德順通遠軍紹興初置川陝等處宣撫處置使富平之敗五路俱陷僅守鳳翔之和尚原和議成歸陝西地尋背盟再取止餘階成岷鳳四州屬四川之利州路云

班固配十二次自東井十六度至柳八度爲鶉首於辰在未秦之分野屬雍州費直起井十二度蔡邕起井十度

陳卓京房張衡並云東井輿鬼秦雍州　張衡云

漢津者金之氣也其本曰水按陝西乃金水之位而河漢之源並在于此春秋元命苞曰東井鬼星散爲雍州分爲秦國東距殽阪西有漢中南舍高山北阻居庸得東井動深之萌其氣險也春秋緯文耀鉤曰華岐以西龍門積石至三危之野雍州屬魁星

張良曰關中左殽函右隴蜀沃野千里南有巴蜀之饒北有胡苑之利阻三面而守獨以一面東制諸侯諸侯安定河渭漕輓天下西給京師諸侯有變順流而下足以委輸此所謂金城千里天府之

國也　班固賦曰漢之西都在於雍州實曰長安左據函谷二崤之阻表以太華終南之山右界褒斜隴首之險帶以洪河涇渭之川衆流之隈汧涌其西華實之毛則九州之上腴焉防禦之阻則天地之隩區焉　武夷熊氏曰雍州秦地周之岐豐鎬京漢之三輔皆此婁敬謂金城千里天府之國合天下形勢言之秦得百二者實以據地勢之上游當天下之要脊四塞以爲固全一面之險以東制諸侯故言定都者必先焉書以黑水西河爲界

而又西接弱水流沙則土地之廣可知大抵關中形勢可以爲都但地迫西戎周秦漢唐世有羌胡之患必盡陰山與唐三受降城及靈夏河西五郡爲塞乃可爾　潛室陳氏曰自古入關有三道一自河北入爲正道項羽漢光武安祿山一自河南入爲間道漢高祖桓温檀道濟劉裕一自蜀入爲險道漢高祖關中由中道入巴蜀爲漢王巴而又從此路出定關中諸葛亮亦從此出師　朱子曰前代所以都關中者以黄河左右旋繞所謂臨不測之淵是也延東獨有函谷關一路通山東故可據以爲險又關中

之山皆自西而東若横山之險乃山之極高處本朝則自横山以北盡爲西夏所有據高以臨我是以不可都也又曰雍州土厚水深其民重厚質直以善導之易以興起而篤於仁義以猛驅之其强毅果敢之資亦足以强兵力農而成富强之業一

章俊卿曰自蜀江東下黄河南注而天下大勢分爲南北故河北江南皆天下制勝之地而挈南北之輕重者又在川陝夫淮南荆襄恃以爲固者長江也而四川據長江上游[illegible][illegible]勢是以奪長

江之險河北所恃以爲固者黄河也而陝西據黄河上游下臨趙代其勢足以奪黄河之險是川陝二地常制南北之命又曰黄河曲折大勢如覆斗之狀而關中正在斗㪺　李綱曰天下形勢關中爲上襄鄧次之建康又次之　歐陽脩曰唐世牧地皆與馬性相宜西起隴右金城平凉天水外洎河曲之野内則岐豳涇寧東接銀夏又東至於樓煩皆唐養馬之地也

箋按雍州以四面積高得名山最高而不言止言

黑水西河者以不勝紀也鳳翔府有雍山雍水所出州名亦以此考一統志古雍州域今陝西省西安秦內史漢京兆鳳翔平涼鞏昌臨洮慶陽義渠戎國延安各府寧夏洮州岷州河州靖虜各衛寧夏中衛唐靈州地陝西行都司所屬而漢中府即漢南鄭則梁雍二州域其支縣千戶所周雍州地近梁鄭氏曉曰雍州之域陝西西安延安慶陽平凉鳳翔臨洮六府鞏昌府所屬隴西安定會寧通渭漳縣寧遠伏羌階州徽州兩當漢中府所屬南鄭褒城城固洋縣西鄉鳳縣畧陽陝

西行都司所屬甘肅一鎮及岷州洮州二衛文縣千戶所古沙州據岷嶓既蓺則鞏昌府大半當屬梁州據西傾因桓是來則臨洮府州縣亦當有屬梁者雍之西境黑水當是鎮夷黑水與經導黑水不同且與註據字合夫雍稱天府所謂秦中自古帝王州也其險四面山迴而東面臨中原險處正在華嶽與黃河會處雖在潼關然必南有河之南今河南府新安函谷北有河之北今山西平陽府平陽南有東烏嶺北有冷泉關若河之南無新安

則由沙澗可渡河至蒲州河之北無平陽則由烏嶺冷泉入平陽至蒲州自蒲州至龍門兩岸平廣可渡者百里秦據函關陝西統平陽也夫守河北者當守陝西守陝西者當極力守平陽河南府無陝西則河之南江之南皆不可守五胡以迄宋元皆炯鑑也又曰東距西河者今陝西西安府同州朝邑縣及臨河諸縣是也據蔡傳及職方豫州其山鎮曰華山則西安府東境華陰華州當屬豫而臨河諸邑皆當爲冀州地一統志俱作雍州豈別

有據乎考寧夏靖虜衛靈州千戶所並屬雍州漢中府鳳縣梁雍之交興安州荊梁之交延安府多上郡地爲雍州域及冀州西境 陝西志曰陝西古雍州地然兼有梁荊豫冀四州宋陝西路又南得成都府路之興元府城固褒城廉水三縣及洋文沔金房階西和鳳七州大安一軍東得冀州河東路之麟府二州及石州之葭蘆吳堡二砦地 舊陝志曰柳星及張雖豫州星野而雍之分野亦得柳之七度至張十七度寑及鶉火之次焉故唐志曰柳在鬼東接于漢源當商洛之陽又曰雍之分野適曰

井鬼而其實亦有九州之星　雍大記曰黑水在城固縣西北源自太山南流入漢水水經漢水又東黑水注之諸葛亮牋云朝發南鄭暮宿黑水丘氏濬曰周九州與禹貢不同者周都雍王畿不可不廣梁多險阻故合雍梁爲一時碣石淪于海徐地狹故青兼之堯舜都冀壤最濶今京師山西外包虜境故此分幽并又曰唐人牧馬置八坊四十八監其牧地在岐豳涇寧間即今陜西鳳翔府及西安之邠州平凉之涇州慶陽之寧州其地也

本朝於此地立行太僕寺一苑馬寺一以司蕃牧而苑馬所轄凡三十監監皆有馬然百年于兹馬之蕃盛不及唐之一二

弱水既西

【傳】導之西流至於合黎

【疏】鄭云衆水皆東此水獨西故記其西下也　山海經曰西海之南流沙之濱赤水之後黑水之前有大山名曰崑崙之丘其下有弱水之淵環之郭璞注其水不勝鴻毛唐書云婆夷河弱水也于寶曰崑崙之墟地首也是惟帝之下都故其外

絶以弱水之深又環以炎火之山　柳宗元曰西海之山有水焉散渙無力不能負芥故名曰弱地志云在張掖郡刪丹縣薛氏曰弱水出吐谷渾界窮石山自刪丹西至合黎山與張掖縣河合又按通鑑魏太武擊柔然至栗水西行至菟音陡園水又循弱水西行至涿邪音耶山則弱水在菟園水之西涿邪山之東矣　十洲記曰崑崙山有弱水周廻繞匝山東南接積石圃西北接北戶之室一云蓬萊隔弱水三千里非舟楫可行非飛仙莫到　漢書西域傳云條支臨西海

長老傳聞條支有弱水西王母亦未嘗見自條支乘水西行可百餘日近日所入也　舊唐書云東女國王居康延川中有弱水南流用牛皮爲船以渡　程氏曰弱水初必壅遏而東旣導之西則逆者順矣　林氏曰衆水皆東而弱水獨西黒水獨南因其性與勢之自然也必欲東之則逆其自然非行所無事矣

〔箋〕弱水去雍州甚遠而混流汎濫欲治主水先治客水惟因其性而導之西使不復出没于雍乃禹

治水之法也　考弱水在甘州衛西又西寧衛西有西海方數百里有魚無鱗皆負黑點俗呼青海河圖曰禹既治水功大天帝以寶文大字賜禹佩渡北海弱水之難又十洲記曰禹治洪水既畢乃乘蹻車度弱水到鍾山祠上帝於北河此皆誕妄難信　陳禹謨曰世謂弱水不能負芥漢武帝時有人乘毛車以度弱水來獻香者毛車即輕矣豈尤輕于芥乎不能負芥而能負車此說之不可兩存者乘毛車事見博物志

涇屬渭汭

〔傳〕水北曰汭言治涇水入於渭〔疏〕屬謂相連屬詩毛傳云汭水涯也鄭云汭之言内也葢以人皆南面望水則北爲汭也地理志云涇水出安定涇陽縣西岍頭山東南至馮翊陽陵縣入渭行千六百里淮南子云涇出薄洛之山高誘註薄洛一名幵頭山括地志云笄頭山一名崆峒山在原州平陽縣西百里涇水所出雍大記曰笄頭山在平凉郡西四十里其山如婦人笄頭之狀史記黃帝西至於崆峒登笄頭山今在靈州東南山海經曰涇谷之山涇水出焉東南流注于渭郡縣志涇水源出百泉縣西南涇谷案三秦記及山海經

注涇水出安定朝那縣幵頭山東南經新平扶風至京兆高陵縣而入渭 杜佑曰涇入下渭經秦川而入河也在今新平郡宜祿縣水經云汭經宜祿川俗曰宜祿 關中記云涇與渭洛爲關中三川與渭灞滻澇潏灃鎬爲關中八水三秦記曰涇渭合流三百里清濁不雜 潘岳西征賦云清渭濁涇朱氏曰涇未屬渭之時雖濁而未甚見二水旣合而清濁益分 杜預曰水之隈曲曰汭王肅云汭入也呂忱云汭者水相入也水會卽船司空所在矣地理志曰渭水東至船司

空入河水經注 新安陳氏曰夏書以洛表對洛汭則汭水北之曲也 蔡傳 涇渭汭三水名渭水地志出隴西郡首陽縣西南今渭州渭源縣鳥鼠山西北南谷山也東至京兆船司空縣入河今華州華陰縣也汭水地志作芮扶風汧縣弦蒲藪芮水出其西北東入涇今隴州汧源縣弦蒲藪有汭水周職方雍州其川涇汭涇水連屬渭汭二水也韓聞秦東伐邇使水工鄭國間說秦令鑿涇水自中山西抵瓠口爲渠並北山東注洛三百餘里欲

以溉田中作而覺秦欲殺鄭國鄭國曰始臣爲閒然渠成亦秦之利也秦以爲然卒使就渠渠成而用溉注填閼之水溉舄鹵之地四萬餘頃收皆畝一鍾於是關中爲沃野秦以富彊卒并諸侯因名曰鄭國渠漢大始二年趙中大夫白公復奏穿渠引涇水首起谷口尾入櫟陽注渭中袤二百里溉田四千五百餘頃因名曰白渠民得其饒歌之曰田於何所池陽谷口鄭國在前白渠起後舉臿爲雲决渠爲雨涇水一石其泥數斗且溉且糞長我

禾黍衣食京師億萬之口　陸務觀曰鄭白二渠在今京兆府之涇陽皆以涇水爲源白渠灌漑涇陽高陵櫟陽及耀州雲陽三原富平凡六縣斗門百七十餘所今尚存然多廢不治鄭渠所灌尤廣袤數倍於白渠涇水乃絕深不能復入渠口

〔箋〕按注疏以渭汭爲一水汭言水北耳涇水南入渭乃名渭汭蔡氏始以涇渭汭爲三水謂涇居渭汭之間仰承俯受連如貫珠然導渭不言汭而洛汭嬀汭並以水北爲義本州貢道齋云會于渭汭

則渭汭之爲一水明矣　鄒季友尚書音釋云涇水先會汭水後入渭水則經當言涇屬汭渭不當先渭而後汭況下文即有渭汭字不可異說當從孔傳水北曰汭黄東發日抄云古注謂水内爲汭若如古說涇入於渭水之内而漆沮既從灃水攸同皆主渭言之文意俱協若以汭爲一水而入涇則涇屬渭汭者是涇既入渭汭又入涇下文漆沮之從灃水之同孰從孰同耶職方氏其川涇汭易氏解云汭非禹貢之汭禹貢言汭皆水内此川名

按蔡氏解堯典嬀汭云水北又解東過洛汭云洛水交流之內今却自背其說當爲職方氏所誤而未覩易氏之解耳況導渭下止言灃涇漆沮絕不及汭　雍大記曰涇水自平凉府城西南自岩發源至涇州又東南至邠州界又東北至西安府涇陽縣界由涇陽東流至高陵縣會于渭考陝西志汭水在隴州南七十里出汧縣西北　王氏樵曰雍州之水渭爲大涇之源最居雍之北境自北而南注以渭爲歸而汭東入焉是涇上屬于汭而下屬于渭也經不以渭立

文而曰涇屬渭汭以涇水在中先會汭水後入渭水順其勢而言故謂屬渭汭者涇而其實納涇者渭也

漆沮既從

〔傳〕漆沮之水已從入渭〔疏〕地理志云漆水出扶風漆縣西闞駰十三州志云漆水出漆縣西北岐山東入渭沮則不知所出蓋東入渭時已與漆合山海經曰羭次之山漆水出焉北流注于渭蓋自北而南矣孔安國曰漆沮亦曰洛水也出馮翊

北水經曰漆水出扶風杜陽縣俞山東北入于渭沮水出北地直路縣東過馮翊祋祤縣北東入于洛　酈道元曰沮水自直路縣東南逕燋石山東南流歷檀臺川俗謂之檀臺水屈而夾山西流又西南逕宜君川世又謂之宜君水又東南流逕祋祤縣故城西又南出土門山西又謂之沮水又東北流注于洛水矣水經注　寰宇記云漆水自同官縣界來逕州北沮水自邠州入州至白渠澤泉南合漆水俱入富平之石川河　[蔡傳]漆水耀州

同官縣東北界來經華原縣合沮水自坊州昇平縣北子午嶺出俗號子午水下合榆谷慈馬等川遂爲沮水至耀州華原縣合漆水至同州朝邑縣東南入渭二水相敵故並言之地志謂漆水出扶風縣晁氏曰此豳之漆水經漆水出扶風杜陽今岐山普潤縣地亦漢漆縣境其水入渭在灃水之上與經序不合非禹貢之漆水也 段氏曰詩漆沮入於渭之上流自土漆沮言於岐周之間書漆沮入於渭之下流言於東會於灃又東會于涇之下 雍録曰雍地四漆沮而

實三派禹貢漆沮惟富平石川河正當其地它皆非也何以知其然也曰禹貢叙載渭水首末有叙可考也曰導渭自鳥鼠同穴東會于灃又東會于涇又東過漆沮入于河則自渭原以至入河所謂沮漆者僅常一見而其水行之序又在灃涇之下則自灃涇而上凡後世名爲沮漆者皆非禹貢之所嘗名也今以漢唐郡言之豐之入渭在盩厔縣境縣蓋咸陽西南也涇之入渭在陽陵則又在咸陽之東矣漆沮入渭（即石川河）在漢馮翊之懷德縣即

唐同州之朝邑縣也朝邑又在陽陵東北三四百里也故予謂石川之沮漆可應禹貢者爲其派序入渭在豐涇之東全與經應也周漆沮（漢漆縣漆水唐普潤縣漆水新平縣漆水）緜之詩曰民之初生自土沮漆（普潤之漆水也邠州雖有漆水不與緜詩相應）自遷岐爲始漢志扶風漆縣嘗有漆水此漆縣疆境甚濶唐鳳翔之普潤暨邠州之新平其地本皆屬漆今從唐郡縣以求古地則公劉之邠自在邠州新平而太王之岐則在鳳翔之普潤故岐之與邠皆同隸漢世漆縣矣秦漢以後

皆言洛即漆沮所謂洛水者地理志曰源出北歸縣戎夷中今按其水自入塞後逕鄜坊同之三州乃始入渭孔安國輩謂自馮翊懷德縣入渭者是也漢懷德唐同州衙縣也亦朝邑縣所謂沮水者長安志曰自邠州東北來新平縣在邠州邠有涇水向陽陵入渭者在邠之南面而此沮水之名石川河者亦在邠州境内乃在東北面不與涇水同派也至華原縣南流乃合漆水入富平縣石川河石川河沮水正派也所謂漆水者長安志曰漆水自華原縣東北同官縣界來南流入富平縣石川河是爲合漆之地

也此三水分合之詳也若槩三水而命其方則漆在沮東至華原而西乃始合沮沮在漆西旣巳受漆則遂南東而合乎洛洛又在漆沮之東至同州白水縣與漆沮合而相與南流以入于渭三水雖分及至白水縣遂混爲一流故自孔安國班固以後論著皆指懷德入渭之水爲洛水而曰洛即漆沮者言其本同也若鄭白渠亦分沮漆之名誤矣

〔蘇傳〕從如少之從長渭大而漆沮小故言從

大明一統志云漆河源出扶風古漆縣西沮河自

延安宜君縣西北俱至舊富平縣界合流入同州朝邑縣東南注于渭曹學佺曰沮水即洛水同流入渭故西魏以之名州矣雍大記曰沮河西自高陵縣界來入臨潼縣界流入下邽石川河亦曰沮河在臨潼縣東三十里自華原富平兩縣來入縣界合渭水漆水在武功縣東門外康子武功志曰漆水今謬爲武水者也自豳岐之間來縣北受洛水南受漳水入渭鄭漁仲信漆由富平入渭之說葢括地志未審豳岐涇渭脉絡所出富平在涇東漆在涇西安有岐梁之

水越涇而東再至富平始入渭也又曰同官川即禹貢沮水也慈馬諸川遂爲沮水自耀州同安縣東北界來經縣北子午嶺出谷號子午水下合榆谷流入華源縣界合漆水此其源也同川即禹貢漆水也　韓邦奇曰漆水出鳳翔府隴州東入渭漢志右扶風有漆在正西指此沮水出鞏昌府階州角弩谷東南入渭二水入渭源泒甚明但其地在澧水入渭之上惟考有洛水出慶陽府環縣即古洛源縣也經延安府芉泉縣即古雕陰縣也經

鄜州宜君縣子午嶺至中部縣入西安府界經耀州及同官縣至富平縣合沮水歷蒲城同州至朝邑縣東南入渭沿河人皆呼爲洛河顔師古曰洛水即漆沮也此後世指洛爲漆沮之由豈洛亦名漆歟沮水出宜君縣至子午嶺合子午水歷中部縣東南流入西安府界至富平縣合漆水即洛也子午嶺乃子午山一支其山歷延安慶陽西安三府綿亘八百里蔡傳合榆谷川非也嘗至同官縣見一大潭水湧出三面皆青石山如壁立水流出

東壑問其居人曰漆潭正所謂自同官縣界來者然至富平不百里即入洛豈洛自洛漆沮二水皆入洛歟但其水甚小禹何故舍洛而取漆豈無施勞者雖大亦畧歟或者漆沮實鳳翬之水詩人詠之亦名川也而經文有錯簡漆沮既從當在澧水攸同之前歟　陝西名勝志曰漆水既自華原入沮又自白水縣入洛洛漆沮至白水始混爲一又自朝邑入渭故漢書謂洛即漆沮也華原今省入耀州漆沮下流爲石川屬富平水經注云洛水東南沮水入焉故洛

水亦名漆沮水其境東南多白土因曰白水 王世懋曰出耀州城卽從大川中行見漆沮二水流吾兩腋間蓋沮水自州城後折而東經五臺下南流而漆水忽自城右至按圖經當從扶風武功來者

灃水攸同

〔疏〕渭發源遠以渭爲主上云涇屬渭是矣此言漆沮既從已從於渭灃水所同亦同於渭以渭爲主故也地理志灃水出扶風鄠縣東南北過上林苑入渭黃圖出鄠南山豐谷〔蘇傳〕灃渭相若故言同 程大

昌曰漆沮下流既已附從則上流不壅灃水亦遂東行也　鄭氏詩箋曰豐邑在豐水之西鎬京在豐水之東

〈箋〉弱水西流是治水之變者渭水東注是治水之常者叙水自西而東遡其流也叙山自東而西尋其源也　雍大記曰灃水出長安縣西南五十里終南山灃谷其源濶十五步下濶六十步水深三尺自鄠縣界來由馬坊村入咸陽合渭水老子云灃水之深十仞而不受塵垢金鐵在中形見於外

矣今考豐水在鎬京西二十五里源出秦嶺西北經子午谷西入豐谷北流諸谷水入焉爲西支河又北則東交河水入焉北經周豐邑靈臺漢昆明池又北至矩陰山入渭見陜西志

荆岐既旅終南惇物至于鳥鼠

傳 旅祭言治功畢此荆在岐東非荆州之荆

疏 治水從下自東而西先荆後岐地理志云禹貢北條荆山在馮翊懷德縣南山下有荆渠即夏后鑄九鼎處河圖曰荆山爲地雎上爲軒轅星岐山在崑崙東南爲地乳上爲天麋星 郡縣志荆山在京兆府富平縣西南三十五里在岐山東岐山亦名天柱山

在鳳翔府岐山縣東北十里考陝西志在西北說文曰岐山在長安美陽縣界山有兩岐因以名焉釋名曰道二達曰岐物兩爲岐也周地在岐山之南其山四周也【詩譜】周自太王居岐之陽地形險阻而原田肥美皇甫謐云今美陽西北有岐城舊趾郡國志岐山南有周原

【傳】終南惇物鳥鼠三山名言相望終南秦記又名地肺【疏】三山空舉山名不言治意蒙上旣旅之文也地理志云扶風武功縣有太一山古文以爲終南垂山

古文以爲惇物皆在縣東鳥鼠同穴山在隴西首陽縣西南　雍録曰終南山横亘關中南面西起秦隴東徹藍田凡雍岐郿鄠長安萬年相去且八百里而連綿峙據其南者皆此一山也既高且廣多出物産故禹貢曰終南惇物也不當别有一山自名惇物武功縣有太一山漢志引古文而曰太一者終南也垂山者惇物也不知何所本而云然李吉甫曰終南太一非一山關中記曰終南南山之總山太一山之别號此其説是也吉甫在元和

閒核關中終南山所歷而著諸郡縣自鄠郿武功以至長安萬年每縣皆著終南且曰在縣之某方其方之幾里則南山之在關中者常相聯接其不謬矣　栁宗元曰惟終南據天之中在都之南西至于褒斜又西至于隴首以臨于戎東至于商顔又東至于太華以距于關實能作固以屏王室

水經注曰終南杜預以爲中南亦曰太白山在武功縣南去長安二百里不知其高幾何俗云武功太白去天三百山中軍行不得鼓角鼓角則疾風

而至雜錄云古圖志無言太白卽爲太一者 關中記曰終南一名中南言居地絡陰陽之中卽所謂中條山而在都城之南者也其南山深處高而長大無異名者曰秦嶺 三秦記曰秦嶺東起商洛西盡汧隴綿亘千里蓋南山之脊江河之水所由分處故嶺南之水皆謂之江嶺北之水皆謂之河嶺水北流入渭號八百秦川又耀州五臺山名北五臺在終南者曰南五臺見陝西志

馬理曰三原縣嵯峨山古名荆山特出雲表登其巔則涇渭黃河舉在目前視秦中如指諸掌矣史

載黃帝鑄鼎于荆山今山陽有鼎州宋敏求雲陽志山嵯峨一名巀嶭山又名慈峨山四夷郡縣圖記曰山頂有雲氣即雨人以爲候昔黃帝鑄鼎于此山則此爲荆山其證甚明舊志謂富平縣城南掘陵原此唐之獻陵非山也蔡傳云荆山今耀州富平縣掘陵原何景明曰太華終南太白實一山延亘不絕太華在華陰終南在咸長太白在郿各望其地異號命爾其山首枕嵩芒尾貫羌蜀表裏秦關蓋邦域大紀云雍大記曰終南在西安府南五十里東自藍田縣界西入咸寧縣界石鱉谷以谷水出與

長安咸寧二縣分界東西四十里左氏傳曰荆山終南九州之險也又考終南山連亘藍田咸寧長安鄠盩厔五縣之境見陝西志　舊陝志曰秦嶺南爲地絡之陽山爲南列南條水則爲江州則爲梁北爲地絡之陰山爲北列北條水則爲河州則爲雍星野亦於此分焉是地之脊也

原隰底績至于豬野

【傳】下濕曰隰　【疏】地理志云豬野澤在武威縣東北有休屠澤古文以爲豬野澤鄭玄以爲詩云度其隰原即此原隰是也原隰豳地從此致功西至

豬野之澤也　郡縣志邠州新平縣有五龍原永壽縣有永壽原宜祿縣有淺水原屬今邠州　水經注曰都野澤其水上承姑臧武始澤澤水二源東北流爲一水逕姑臧縣故城西東北流又東北逕武威縣故城東漢武帝太初四年匈奴渾邪王殺休屠王以其衆置武威縣武威郡王莽更名張掖地理志曰谷水出姑臧南山北至武威入海屆此水流兩分一水北入休屠澤俗謂之爲西海一水又東逕一百五十里入豬野世謂之東海通謂之都野

矣

〔箋〕案陝志今豬野澤在涼州衛東北魏太武伐涼謂姑臧無燥地澤草茂盛水土乃爾可想禹所爲底績也　王氏樵曰施工自下而上成功自高而下

三危既宅三苗丕叙

〔傳〕西裔之山已可居三苗之族大有次叙美禹之功〔疏〕地理志杜林以爲燉煌郡即古瓜州也左傳云先王居檮杌于四裔故允姓之姦居于瓜州

杜預云允姓之祖與三苗俱放於三危瓜州今燉煌也　山海經曰三危之山三青鳥居之是山也廣圓百里在鳥鼠山西卽尚書所謂竄三苗于三危也瓜州地名州出好瓜民因氏之瓜州之戎并於月氏者也漢武帝後元分酒泉置南七里有鳴沙山故亦曰沙州也水經注　呂覽曰禹西至三危之國巫山之下飲露吸氣之民積金之山西方金氣所積

武夷熊氏曰首言弱水終言三危極其遠而言之

杜佑曰三苗本有苗氏之族今長沙衡陽間是徙居於此分而爲三　周景式云紫桑彭澤之間古三苗國左洞庭右彭蠡負固而亡者今衡岳潭之境而南海亦有三苗國記云禹伐有苗其餘裔叛以入南海　馬端臨曰昔舜流三苗於三危其後子孫爲羌戎代有其地謂之瓜州地多生若瓜至今猶出大瓜長者狐入其中首尾不出黃氏曰羌本姜姓三苗之後居三危今疊宕松諸州皆羌地　朱子曰頃在湖南見說溪洞蠻猺畧有四種曰獠曰犵曰狑而其最輕捷者曰猫近年數出剽

掠爲邊患豈三苗氏之遺民乎詹元善說苗民之國三徙其都初在今之筠州次在今之興國軍皆在深山中人不可入而已亦難出最後在今之武昌縣則據江山之險可以四出爲寇人不得而近之矣　呂祖謙曰三苗有罪自當竄逐發政施仁自當及之故治水至三危亦既使安居大得其敘後世以爲投之四裔若絶之者非聖人之心也

〔箋〕按後漢西羌傳註三危山在今沙州燉煌縣東南山有三峯故曰三危西羌之本出自三苗其國

逝南岳及舜徙之三危河關之西南羌地是也至漢武帝西逐諸羌初開河西列置酒泉武威張掖燉煌四郡陝西舊志三危山三峯聳出雲表故曰三危雍大記曰三危山在行都司沙州衛東南俗名昇雨山丘氏濬曰夷狄之見於經始於三苗帝舜授禪既首竄之于三危至禹治水時其竄者既丕叙其留者猶不即工故命禹徂征及後來格考其善惡而分背之今自巴蜀以東歷湖南北桂嶺雲貴數千里溪峒山箐之中有曰犵曰狑曰獠曰猺曰獞之類凡十數種皆所謂蠻也其間最輕

捷者曰猫謊者謂此即三苗之後也然今之猫依山以居若猿猱然無定居無常業不相統屬　國初於湖北川東立宣慰司者五曰永順曰保靖曰貴州曰思州曰播州又有宣撫司安撫司及招討司長官之設外此所謂軍民府及軍民指揮使司者又兼設土官以轄其夷人隨地設官因俗爲治善者授以職惡者分其勢葢得有虞分背之義禹貢丕叙之意也　王綱振曰舉三危重黑水治導黑水至于三危故也首節志弱水治

厥土惟黃壤

新安陳氏曰土黃壤最貴故雍田上上塗泥最下故楊田下下　董仲舒曰五行莫貴於土五色莫盛於黃　淮南子曰色有五章黃其主也位有五材土其主也　金氏曰黃土之正色而又細柔故厥田爲九州第一後世號關中爲沃野謂之天府葢以此也然就其閒較之亦惟涇渭灃漆之區最爲沃壤西北二邊逼于戎狄故禹于雍州自終南至鳥鼠則自東而西自原隰至豬野三危則自內

而外賦出六等生聚蕃不同也至戰國秦漢富庶甲天下唐不如宋滋不如西有夏北有契丹雍冀悉非古矣雖關中亦仰東南之粟古今地利之不同豈無其由哉

厥田惟上上厥賦中下

〔傳〕田第一賦第六人功少〔疏〕此與荆州賦田升降皆較六等荆州升之極故云人功脩此州降之極故云人物少其餘相較少者從此可知也　東方朔曰鄷鎬之間號爲土膏賈畝一金田上上可

知

箋考輿地記勝肇昌郡有耕天村其田之良者曰告下田今文縣所轄也

厥貢惟球琳琅玕

傳球琳皆玉名琅玕石而似玉山海經云崑崙山有琅玕樹

疏釋地云西北之美者有崑崙虛之璆琳琅玕焉說者皆云球琳美玉名琅玕石而似珠者禮記笏天子以球玉鄭氏註球美玉也拾遺記曰崑崙山有琅玕璆琳之玉煎可以爲脂　唐代宗時楚州獻定國寶十二

有琅玕珠二枚徑一寸三分見酉陽雜俎　杜綰石譜云明州昌國縣沿海近淺岸水底生琅玕狀如珊瑚或高三二尺初出水色甚白經久微紫黑

山海經曰峚音密山其上多丹木丹水出焉西流注于稷澤其中多白玉是有玉膏黃帝是食是饗是生玄玉黃帝乃取峚山之玉榮而投之鍾山之陽瑾瑜之玉爲良　漢書曰藍田縣出美玉周禮曰玉之美者曰球其次曰藍三秦記曰縣出美玉故名藍田括地志曰驪山之陽多美玉　張世南

曰玉出藍田崑岡本草亦云好玉出藍田及南陽徐善亭部界日南盧容水中外國于闐疎勒諸處皆善今藍田南陽日南不聞有玉國朝禮器及乘輿服御多是于闐玉其採玉處云玉河在國城外源出崑山西流千三百里至國界牛頭山分爲三曰白玉河在城東三十里曰綠玉河在城西二十里曰烏玉河在綠玉河西七里源雖一玉隨地變故色不同每歲五六月水暴漲玉隨流至多寡由水細大水退乃可取方言曰撈玉國主未採禁人

至河濱大抵今世所寶多出西北部落西夏五臺山于闐國玉分五色白如截肪黃如蒸栗黑如黳漆紅如雞冠或如臙脂惟青碧一色高下最多端帶白色者漿水又分九色上之上之中之下中之上中之中中之下下之上下之中下之下　桓公問管子曰吾聞海內玉幣有七筴可得而聞乎管子對曰陰山之礝碈一筴也燕之紫山白金一筴也發朝鮮之文皮一筴也汝漢水之右衢黃金一筴也江陽之珠一筴也秦明山之曾青一筴也禺氏邊山之

玉一筴也又曰吳越不朝珠象而以爲幣乎發朝鮮不朝請文皮毤落毛也服而以爲幣乎禺氏不朝請以白璧爲幣乎崑崙之虛不朝請以璆琳琅玕爲幣乎　林駉曰禹貢揚之貢金雍之琳琅不幾如漢人酎金之誅乎荆之大龜梁之熊皮不幾如漢人天馬之求乎青之海錯揚之橘柚不幾如唐人貢荔之病乎曰古者以貢爲賦正什一便民之法禹貢服食之外器用次之器用之外寶玉玩好又次之故貢金琳琅大龜熊皮海錯橘柚之屬皆

爲土貢之物也皆償田賦之輕也聖人初何心過求哉

（箋）聞之舜禹之世捐珠抵璧乃九州制貢旁采金玉以及珠璣國有經費胡可缺也唐玄宗初政焚珠玉於殿前識者因已窺其好名鮮終矣國家珠玉不以入賦唯遇有典禮諭旨采辦粤中有珠池蛋人守之而玉則必鬻之西域天方等國世廟中嘗以郊祀懸購黄玉亦復不易得頃歲民間珠價幾倍於玉此眞寒不可衣饑不可食而靡俗

顧紛然珍貴空爲耳目之玩抑獨何與　李維楨曰琅玕見禹貢爾雅山海經蓋珠也或云樹之子似珠或曰流離之類有五色符瑞圖則云玉有光景者而後人以名竹　丘氏濬曰漢時關中之藍田幽州之玉田皆出玉其時西域未通也今中國所用之玉皆來自于闐有白玄綠三種皆出于河亦與古異抑土石之精其生有限而取之有盡古人比德于玉用爲器用雜佩之屬不一而足是玉在古多而爲用夥今世小民有不識玉者由是推

之漢之金以斤計每以萬言唐漸少宋與今益少無乃數千歲之後中國之金將與玉同邪不可不爲之限節也又曰考古今所謂寶者三代以來中國之寶珠玉金貝而已漢以後西域通中國始有所謂木難琉璃瑪瑙珊瑚瑟瑟之類　王氏樵曰貢物除冀州外雍梁二州無篚餘六州皆有篚篚皆嬪貢衣服之用言錫者三揚橘柚荆大龜豫磬錯言包者二揚橘柚荆菁茅言織皮者二荆州梁州織皮製之爲裘織之爲罽與單言皮服不同

胡氏瓚曰九州之貢雍最寡而揚荆最多已啓後世文物之漸矣

浮于積石至于龍門西河會于渭汭

〈傳〉積石山在金城西南河所經也沿河順流而北千里而東千里而南龍門山在河東之西界

〈疏〉地理志云積石山在金城河關縣西南羌中河行塞外東北入塞内千里一曲一直龍門山在馮翊夏陽縣北此山當河之道禹鑿以通河　李氏濬水集云同州韓城縣北有安國嶺東西四十餘里

東臨大河瀕河有禹廟在山斷河出處禹鑿龍門起於唐張仁愿所築東受降城之東自北而南至此山盡兩岸石壁峭立大河盤束於山硤閒千數百里至此山開岸闊豁然奔放怒氣噴風聲如萬雷　魏土地記曰梁山北有龍門山大禹所鑿通孟津河口廣八十歩巖際鐫跡遺功尚存　王應麟曰河至慈州文城縣孟門山是爲入龍門至絳州汾州合河之上是爲出龍門口　愼子曰河之下龍門流駛如竹箭駟馬不能及　三秦記曰龍

門一名河津去長安九百里水懸絶龜龍之屬莫能上上則化爲龍矣埤雅鮪仲春從河西上得過龍門便化爲龍否則點額而還 武夷熊氏曰正道皆從渭達河惟山春以西不可通處必自積石之河經涉龍門然後達于西河以至帝都也

〔傳〕逆流曰會自渭北涯逆水西上〔蘇傳〕渭水至長安東北入河河始大自渭汭而下巨舟重載皆可以達冀州矣

漢初轉漕巴蜀租賦以給關中天下既定國用寖

廣於是歲漕關東粟以給中都官然亦不過數十萬石而已至武帝則四百萬石後又益六百萬石大抵多取於山東諸郡從渭水而上　唐都關中號稱沃野土地狹不足給京師常轉漕東南之粟高祖太宗時用物有節水陸漕運歲不過二十萬石高宗後歲益增多開元二十一年裴耀卿請置東西倉以避三門水險自河陰西至太原倉浮渭以實關中二十九年李齊物鑿砥柱爲門以通漕然水益湍怒舟不能入天寶三載韋堅爲陝郡太

守兼水陸運使以代之始漢有運渠起關門西抵長安通山東租賦訖隋常治之堅爲使乃占咸陽壅渭爲堰絶灞滻並渭而東注永豐倉下復與渭合（永豐倉下在渭水入黄河處漢之船司空也）是歲漕山東粟四百萬石

東萊呂氏曰漢都長安唐亦都長安至唐方以漕運爲大事大率漕運多是江淮之粟到關中極迢遞自江入淮自淮入汴自汴入洛自洛入黄河自黄河入渭方至關中每一番發江自二月起程至五月方到汴河七八月間方到入黄河十止

八九況用吳人般運在所不便裴耀卿措置轉運
隨處交納更番雖可稍停民力當時民丁約四百
萬使丁出錢一百爲漕運費又益半爲營窖亦大
擾民矣　歐陽脩曰今京師在汴漕運不西不知
秦漢隋唐其都在雍則天下之物皆可致之西也
漢初歲漕山東粟數十萬石是時運路未脩其漕
尚少其後武帝益脩渭渠至漕百餘萬石隋文帝
時沿水爲倉轉相運置而關東汾晉之粟皆至渭
南運物最多其遺倉之跡往往皆在然皆尚有三

門之險自唐裴耀卿又尋隋迹於三門東西置倉開山十八里爲陸運以避其險卒泝河而入渭當時歲運不減二三百萬石其後劉晏遵耀卿之路悉漕江淮之米以實關西後世言能經財利而善漕運者耀卿與晏爲首今江淮之米歲入於汴者六百萬石誠能分給關西得一二百萬石足矣今宜浚治汴渠按求耀卿之迹不憚十許里陸運之勞則河漕通而物可致且紓關西之困

〔箋〕導河始于積石亦即以爲貢道治河因以治漕

蓋不獨今日爲然也考春秋時秦輸粟于晉自雍及絳相繼命曰汎舟之役正義曰秦都雍雍臨渭晉都絳絳臨汾渭水從雍而東至華陰入河從河逆流而北上至河東汾陰乃東入汾逆流東行而通絳蓋穿渭渠轉漕入河其從來固已久矣　王氏樵曰按蔡氏云雍之東北境則自積石至于西河西南境則會于渭汭東北當云西北蓋雍東距河若東北境則直浮西河不須浮于積石也積石在今臨洮府河州西北一百二十里兩山如削中

流黄河西臨蕃界龍門在今西安府韓城縣東北八十里河水至此自山直下懸水百仞濺沫如雨濤聲如雷地皆震撼兩厓斷山絶壁相對如門惟神龍可越故曰龍門討浮于積石而來者至于龍門之上則止此一道也浮渭而來者則會于渭汭此又一道也蔡氏所以知其爲兩道者以龍門非可越而渭自鳥鼠而東中貫雍境取漕莫徑焉使內地之漕則當徑達西河更無用經涉龍門以此知其爲西北一道西南一道也　鄭氏曉曰水北

曰汭蓋渭之北也貢賦之來或由漆沮或由涇澧皆會于渭水之北而入河汭字下得甚當今渭水舟楫入蒲州必經渭北岸蒲州即冀州也惟陝州者由南岸或中流耳　吳寬曰禹貢曰浮曰沿皆指舟行水而言若夫車轉之法未著至漢都關中始穿渠引渭以漕關東之粟其後又引汾引河以漕又其後通褒斜道自沔入褒褒絕水至斜間百餘里以車轉從斜下渭　于慎行曰漕之耤河禹貢以來有之匪自今也禹畫九州冀爲都會河

流碣石以入于海兗浮濟漯青浮汶濟徐浮淮泗揚浮江漢豫浮於洛梁浮潛沔以入于渭雍浮積石至於龍門未有不通於河者也漢唐皆都關中漢漕山東粟百萬更砥柱之險以達於渭唐漕江淮之粟由汴入河由河入洛以達于渭亦未嘗不藉河也　天順三年戶部尚書楊鼎上言阿羅出住牧河套數入寇掠費用浩繁惟黃河乃漢唐漕運河即今鹽船木筏往來不絕其間雖有三門折津之險而古人倒倉之法爲當三門之上有小河

徑通延綏如以所運糧草各貯水次遡流償運庶幾軍餉可足民力亦蘇或摘漕糧數千石赴陝就令教習山西陝西河南之人待舟楫通後乃許迴運且可順帶解鹽數十萬以充淮課則國利大有增矣詔從之後阻不行　王氏樵曰河從積石北流入北狄界中折而東流凡二千餘里漢人謂之北河其內今謂之河套卽秦始皇所斥奪匈奴河南地也在古以爲通舟轉輸之道蓋唐虞聲教暨于朔南冀之北垂遠出河外猶在荒服此其所以

不可及也三代之季北狄入居河内秦始皇逐出之秦楚劉項之際復爲匈奴所據漢武帝開朔方復取之唐築三受降城即其處宋時爲西夏所據河内外州郡凡二十有二以一隅之地能抗衡中國蓋其地肥饒其人勁悍又産健馬乃關中之屏蔽得之則强失之則弱歷代知其爲邊境之要害而不知其爲唐虞之故疆也蔡氏引李復之說疑積石至龍門三千里通舟無阻以後世之迹質之于經多所不合然神禹導川通貢著其道路所經

明若指掌觀此曰浮于積石至于龍門西河後曰導河積石至于龍門曰導曰至非河通流至于龍門之驗邪曰浮曰至非舟通行至于龍門之驗邪李復所奏一則恐出吏民之托辭一則故道久廢岸谷變遷復之所指亦恐非禹迹之舊矣不特此爾北河之外陰山横亘華夷大限當以此分虜得之則據以窺中國中國得之則據以窺虜乘高以望出没蹤跡皆見其外皆大磧南北數千里東西數千里無水草不可駐牧虜若不得陰山必踰大

磧而居其北北即漠北也昔漢武帝驅虜于陰山之外而漠南無王庭虜過之未嘗不哭漠南即陰山之南黄河之北虜所利以飽其力而内犯者也奈何北河之内復使得爲巢窟哉

織皮崑崙析支渠搜西戎即叙

〔傳〕織皮毛布有此四國在荒服之外流沙之内羌髳之屬皆就次叙明禹之功及戎狄也馬云崑崙在臨羌西析支在河關西漢書志朔方郡有渠搜縣〔疏〕四國皆衣皮毛故以織皮冠之崑崙也析支也渠也搜也皆是戎狄末以

西戎總之鄭玄云衣皮之民居此崑崙析支渠搜三山之野者皆西戎也鄭倂渠搜爲一 山海經曰崑崙之丘是實惟帝之下都 博物志曰漢使張騫渡西海至大秦西海之濱有小崑崙高萬仞方八百里 雍大記曰崑崙山在肅州衛城西南二百五十里與甘州山連其嶺峻極經夏雪不消世呼雪山 武夷熊氏曰崑崙唐書以爲吐蕃界析支卽今陰山河南等處 後漢西羌傳曰河關之西南羌地濱於賜支至乎河首綿地千里賜支者禹貢所謂析支者也 舊唐書曰党項羌在古析支之地今考寧夏東北河

水遇山折爲二枝處有折枝城　唐書吐蕃本西羌屬蓋百有五十種散處河湟江岷間有發羌唐旄等然未始與中國通居折支水西河湟即今陝西西寧河州等處江岷即今陝西岷洮州及四川松茂等處　司馬彪曰西羌者自折支以西濱於河首在右居也河水屈而東北流逕於折支之地是爲河曲矣應劭曰折支在河關之西東去河關千餘里羌人所居謂之河曲羌也　漢書西域論曰孝武圖制匈奴患其兼從西國結黨南羌乃表河曲列四郡開玉門通西域以斷匈奴右臂隔絕南

羌月氏單于失援由是遠遁而幕南無王庭　巽物志曰古渠搜國當大宛北界　三朝記曰北發渠搜南撫交阯　逸周書曰渠搜以䶂犬䶂犬者露犬也能飛食虎豹　金氏曰雍州西界黑水此諸國又在黑水之外故附于後以織皮冠之者此皆皮服之國貢織皮者也

大戴禮曰西辟之民曰戎勁以剛至于大遠有不火食者矣　白虎通曰西方爲六戎戎者强惡也

逸周書曰正西崑崙狗國鬼親枳巳闟耳貫胸

一雕題離丘漆齒九者西戎之別名後漢西戎傳秦襄公攻戎救周及平王之末戎逼諸夏自隴山以東及乎伊洛往往有戎於是渭首有狄貊音丸邽冀之戎涇北有義渠之戎洛川有大荔之戎渭南有驪戎伊洛閒有揚拒泉皐之戎潁首以西有蠻氏之戎

丑ノ洙曰西戎爲寇遠自周世西漢先零東漢燒當晉氐羌唐禿髮歷代侵軼爲國劇患　朱哲宗時陳幷上論云凡言禦西戎多以斷西北交結之勢漢武命衛霍空其穴列爲張掖酒泉武威燉煌

等郡魏晉以來赫連等互據西河凉州奄有靈夏唐開西域始復其地置都護節度僖宗以後例授功臣五代擾攘封李仁福爲西平王太祖經畧彝興襲領節鉞至四世繼遷叛盡據夏宥銀綏之地矣　蘇轍西戎論曰北狄强則中國不得不厚西戎之君而西戎之君亦將自托於中國然而西戎非有强力自負之國則其勢亦將折而入於匈奴

〔蘇傳〕禹貢之所篚皆在貢後立文而青徐揚三州皆萊夷淮夷島夷所篚此云織皮崑崙析支渠搜

西戎即叙大意與上三州無異蓋言因西戎即叙而後崑崙析支渠搜三國皆能織皮但古語有顛倒詳畧爾其文當在厥貢惟球琳琅玕之下其浮于積石至于龍門西河會于渭汭三句當在西戎即叙之下以記入河水道結雍州之末

〔箋〕雍州逼近戎狄都關中者每防戎患嘗考周自文王攘却西戎岐豐以寧及其亡也犬戎侵軼而周以東遷則西戎即叙其關係雍州可睹矣　鄭氏曉曰雍州貢織皮之崑崙非河源也河源崑崙

去中國不知幾萬里佛經謂之胥靡山　王綱振曰三危遠在中國三苗頑甚而廸功與十二師五長戎故云丕叙西戎去中國更遠非我族類而即工與三苗同故云即叙叙即府事脩和之叙又曰特識西戎于雍州貢道之後此非脫簡葢雍乃秦地即周豐鎬漢三輔皆嘗建都于此觀周有犬戎漢有匈奴當在虞夏不有先見其微者乎時即不逖帝都亦且列在要荒聖人經理五服不以遠遺故又發此例與三苗並識見夷蔡蠻流無不就治

耳亦因下叙導山故此先結以雍州境外之山起下雍州境内之山然終不可與境内諸山混紀特附分州之末以見皆禹所導也　胡氏瓚曰織皮言于三國之上者亦荆州三邦之例以此而知其就功也九州已終故發例于此以明成賦止于中邦而底貢多及于外夷兖州地狹青徐又包其外豫州中土秦晉方遷陸渾之戎于伊川無夷可知荆本荆蠻又非他州比也　鞏昌府志云隴以西相傳槩云戎羌所居夫戎居北海羌居西海若風

馬牛之不相及也史記秦穆公西征得由余西戎八國服于秦故隴以西有緜諸緄戎翟獂之戎各散居谿谷猶雜邑之雜戎徐州之徐戎也范曄後漢書云王莽時以西未附遣中郎將多持金幣誘塞外羌使獻地内屬羌豪良願等獻西海鹽池平地目居險阻爲藩蘺然則隴以西春秋時戎始入錯居西漢末羌始入錯居也

大明一統志曰西蕃卽吐蕃也其先本羌屬居析支水西後有樊尼者西濟河逾積石居跋布川或

邏娑川隋開皇中有論贊索者居牂牁西唐貞觀中始通中國旣而滅吐谷渾盡有其地至唐末衰弱種類之散入內屬者謂之熟戶餘謂之生戶宋時朝貢不絕其首領唃廝囉始居鄯州後徙青唐元憲宗始於河州置吐蕃宣慰司都元帥府又於四川徼外置碉門魚通黎雅長河西等處宣撫司世祖時復郡縣其地　本朝詔吐蕃各族酋長舉故有官職者至京授官賜印因俗為治　陝西志曰河套舊名析支渠搜又名新秦中又名朔方郡

地其周廻六七千里土肥饒可耕桑三面阻河虜難入寇而我易防守今失之使虜巢其中譬門庭之內容狐鼠焉　河套東至山西偏頭門地界西至寧夏鎮地界東西二千餘里南自邊墻北至黃河遠者八九百里六七百里近者二三百里惟黃甫川稍近川南焦家坪兩岸夾山冰先合後泮及娘娘灘羊圈子渡口交冬冰堅故胡虜率其衆或自坪或灘或渡口以入套（陝西舊志）　唐樞曰宋种世衡城清澗　本朝成化九年余子俊城榆林去清

淵外二百餘里是爲大鎮東起黄甫川西至定邊營長亘一千三百里横絶河套之口内復塹山湮谷以爲夾道地利亦多　丘氏濬曰按朔方軍即今河套地也唐初與突厥以河爲界則固嘗守河矣張仁愿所築三受降城皆在黄河之北大漠之南史謂中城南直朔方意今河套之地西城南直靈武意今寧夏之地東城南直榆林意今在綏雲之間説者謂東勝州即古東受降城所在其地最腴宜焉　國朝設東勝衞於此其後移於内地

鄭氏曉曰陰山在山西陝西之北河流南折橫亘千里西出賀蘭東踰燕薊而抵醫無閭重山連阜峻嶺懸崖隔閡北狄過此山後砂磧無水草名爲大磧虜駐此人畜皆乏食武帝遣衞青取朔方奪陰山險要皆爲我有虜騎馳突嘗在大磧之外三受降城正在陰山山上瞭虜出没皆見我易防禦後世棄而不守虜得陰山又入河套於是虜日强而中國困矣

考今關陝爲古雍州河山百二自昔王者遞居龍

驤虎視形勝最於海內　國朝邊戍自遼海以迄
玉門稱重鎮者九關陝實居其四羌虜交訌亦大
煩戎索矣唯是榆林向屯勁兵土著並能當虜而
關中物力饒裕素能自給中外隱然倚為扞蔽乃
項歲疆事幾同塵飯流寇飆發所在束手而西戎
款關天末秪為賈胡生端漁利耳自漢祖轉餉關
中卒定天下而鄭白之渠荷鍤成雲並引涇渭以
廣溉田然則厥田上上禹規畫具在可按也而虛
口糜餉空拳當敵欲以坐制羌虜後言織皮之貢

其能久乎

禹貢匯疏

（明）茅瑞徵 纂輯

明崇禎五年刊

鳳凰出版社

3

第三册

禹貢滙疏 十之一

禹貢滙疏卷十

吳興茅瑞徵纂幷箋　男徽京 胤武仝訂

導岍及岐至于荆山逾于河壺口雷首至于太岳厎柱析城至于王屋太行恒山至于碣石入于海

〔傳〕更理說所治山川首尾所在治山通水故以山名之岍又作汧一名吳岳　朱子曰每州各言境内山川首尾不相聯貫且自東而西非自然之形勢故於此通說九州山川聯貫首尾更從西而東以著自然之形勢　呂氏曰山川之分見於九州者其經也

一聚見於後者其緯也無經則不知其定所無緯則不知其脉絡此作書之竗也導山有二說或以爲隨山通道以相視其源委脉絡或以爲治山旁小水二說當兼用禹隨山以治水故以導言如止於相其山勢何導之有山之有脉絡條列固不可誣而水之源委有不出於山水之勢未有不因於山旣隨山通道相其脉絡源委又因以導山旁澗谷之水而納之川　林氏曰禹本導川歸海今乃先以導山盖方洪水懷襄故川舊瀆皆浸没不可見

欲施工無所措手故先以九州高山巨鎮爲表識自西决之使東以殺其滔天之勢水旣順下漸入于海則川流故迹稍稍可求於是濬川之功可施始决九川而距四海蓋先隨山而後濬川其序不得不然也

〔傳〕百川經此衆山禹皆治之不可勝名故以山言之〔疏〕謂漳潞汾涑在壺口雷首太行經底柱析城濟出王屋淇近太行恒衛滹沲滱易近恒山碣石之等也地理志云吳岳在扶風汧縣西古文以

爲岍山岐山在美陽縣西北荆山在懷德縣三山皆在雍州　黄帝采首山之銅鑄三鼎于荆山之陽路史

【傳】逾于河此謂梁山龍門西河【疏】謂山逾之也此處山勢相望越河而東蔡傳禹自荆山而過于河地理志云壺口在河東北屈縣東南雷首在河東蒲坂縣南太岳在河東彘縣東三山在冀州郡縣志雷首山一名中條山在河中府河東縣南十里闕駰十三州志雷首一名獨頭山夷齊所隱也或曰首陽山即雷首之南阜

【傳】底柱析城王屋三山在冀州南河之北東行底柱

山名在河水中〔疏〕地理志不載底柱底柱在太陽關東析城之西析城在河東濩澤縣西王屋在河東垣縣東北　水經注曰禹治洪水山陵當水者鑿之故破山以通河河水分流包山而過山見水中若柱然故曰砥柱也三川旣決水流疎分指狀表目亦謂之三門矣山在虢城東北大陽城東也今考底柱在平陸東界河自蒲津西來至是微折而南至平陸東流五十里至底柱達于垣曲柱高不逾數尋圍不及百丈巋然中流撐柱地軸見山西通志〔漢書溝洫志〕鴻嘉四年楊焉言從河上下患底柱隘可鐫廣之從其言焉

鐫之栽没水中不能去而水益湍怒爲害甚於故

析城括地志云在澤州西南水經注析城山甚高峻上平坦有二水東濁西淸晁氏曰山峯四面如城考通志析城山在陽城縣西南七十里太行支山下有神池其深莫測世説與濟瀆相通

張舜民曰砥柱析城至王屋峽府三門是也絶河流若叢牆然鑿爲三門河經其中東洋如小城狀卽析城也 續博物志曰中國有洞天三十六所第一王屋山洞天周回萬里名小有清虛天或曰古王者之屋四柱太行山似之故名考河南通志王屋山

在濟源縣西百里以其山形如王者車蓋故名其絶頂曰天壇蓋濟水發源之處也

【疏】地理志云太行山在河内山陽縣西北恒山在常山上曲陽縣西北【傳】此二山連延東北接碣石而入滄海　淮南子曰武王欲築宫於五行之山周公曰五行險固德能覆也内貢廻矣使吾暴亂則伐我難矣君子以爲能持滿高誘注今太行山也在河内野王縣西北上黨關也山海經太行山一名五行山列子作大形水經注云王烈得石髓處　河圖括地象云太行天下之脊郭緣生述征記太行首始河内自河内至幽

州凡有八陘括地志云有羊腸坂　朱子曰太行自崑崙北支入中國西南行歷并冀三晉抵河東復與河會又曰太行山一千里河北諸州皆旋其趾潞州上黨在山脊最高處過河便見太行在半天如黑雲然　地理志曰高都縣有天井關蔡邕曰太行山上有天井關在井北因名焉劉歆遂初賦曰馳太行之險峻入天井之高關　恒山北岳漢避文帝諱改爲常續博物志曰常山者陰終陽始其道長久故北山曰常山今考通志在渾源州南二十里即北嶽也水經謂之玄嶽晉地

道記恆多山坂名飛狐口史記曰中國山川東北流其維首在隴蜀尾殁于勃碣管子曰水之出於山而流入于海者命曰經水言爲渠水之經水別於他水若江別爲沱入於大水及海者命曰枝水山之溝一有水一毋水者命曰谷水水之出於他水溝流於大水及海者命曰川水出地而不流者命曰淵水

（箋）此節說導山却以河海作眼目葢天下大水河海爲宗導山正爲導水張本原非截然兩項故於此帶言之先儒因導山止此節有入于海一語不

勝異說未免支離矣　雍大記曰岍山在隴州西四十里汧源縣汧水所出禹貢導汧及岐即此吳嶽五峯山古屬汧陽縣今屬陝州在州南則岍山與吳嶽非一山也　王氏樵曰導岍一節導大河北境之山也岍岐荊三山皆雍州山壺口以下皆冀州山岍在隴州吳山縣一名吳嶽葢虞周之世疑以此爲西嶽故又有嶽山之名汧水出其西而南入渭汭水出其北而東入涇禹導山始此乃東至于岐又東至于荊而渭之入河灃漆沮汧之入

渭皆在所經矣于是逾于龍門之西河則壺口正在河之東岸河自塞外决長城而入而壺口當其衝冀州之功于是伊始以殺河勢者也乃南至于雷首雷首在河中府河東縣雷水出焉山臨大河北去蒲坂三十里爰至于太岳汾水所經堯都在焉太原岳陽之脩葢于是而相度也又于是而底柱析城至于王屋底柱在陝州陝縣三門鎮大河中流有石如柱析城在澤州陽城縣山峯四面如城王屋在河東垣縣東北泲水出焉從底柱至王

屋禹在冀州南河之北東行而流水之導覃懷之績皆在所經矣又于是而太行恒山至于碣石太行在懷州之地連亘數州爲河北脊以接恒嶽河北諸州皆旋其趾程子謂太行山千里片石衆山皆石上起峯爾恒山北嶽在雲中者爲是歷代以上曲陽縣之山爲北嶽非古之恒山也碣石一在平州南一在高麗界中史臣歷敘衆山而繼之以入于海者謂此諸山所出所經之水皆得其道以歸于海矣大河北境之水不特河泲蔡傳元無河泲所經等語 秦繼宗曰

逾河訓作山脉過河固謬然作禹過亦恐未安逾字與及至入一類導岍山與岐山自岐至于荆山雍州之山盡矣而間以西河自荆山過西河去禹所導則是壺口等山也禹至荆不免過河然經文逾河却是史家述其地勢非言禹之過河也　鄭氏曉曰壺口雷首太岳冀州西河之山也底柱析城王屋冀州南河之山也太行恒山碣石冀州東河之山也壺口雷首底柱析城太行恒山千里而近其至于太岳王屋碣石千里而遥又東河之山

長于南河南河之山長于西河　都穆曰砥柱在陝州東五十里黄河之中以其形如柱故名循河至三門集津三門者中曰神門南曰鬼門北曰人門其始特一巨石而平如砥想昔河水汎濫禹遂鑿之爲三水行其間聲激如雷而鬼門尤爲險惡舟筏一入鮮有得脱三門之廣約二十丈其東百五十步即砥柱崇約三丈周數丈相傳上有唐太宗碑銘今不存蔡氏書傳以三門爲砥柱州志亦謂砥柱即三門山皆未嘗親履其地故謬誤若此

唐樞曰太行山自北紀雲中發宗行平定州至上黨遼沁潞澤衍亘多起彰衛懷三府南受藩垣中原自是西奔至雷首東發爲燕山至碣石左右行皆在托祖故曰太行又曰　國初定鼎金陵以眞定之恒山爲北嶽後遷都北平則眞定在其南復以山西渾源州之恒山爲北嶽　關鎮志曰太行山即恒山北抵幽燕達居庸古北喜峯亘千里諸峯蜿蜒止于山海按山西通志云太行山亘三省隨地異名析城王屋即其支也

〔疏〕導岍至敷淺原舊說以爲三條地理志云禹貢北條荆山在馮翊懷德縣南南條荆山在南郡臨沮縣東北是舊有三條之說也故馬融王肅皆爲三條導岍北條西傾中條嶓冢南條鄭玄以爲四列導岍爲陰列西傾爲次陰列嶓冢爲次陽列岷山爲正陽列〔蘇傳〕孔子敘禹貢曰禹別九州隨山濬川此書一篇而三致意也既畢九州之事矣則所謂隨山與濬川者復申言之隨山者隨其地脉而究其終始也何謂地脉曰地之有山猶

人之有脉也有近而不相連者有遠而相屬者雖江河不能絕也自秦蒙括始言地脉而班固馬融王肅治尚書皆有三條之說鄭玄則以爲四列古之達者巳知此矣北條山道起岍岐而逾于河以至太岳東盡碣石以入于海是河不能絕也南條之山自嶓冢岷山至于衡山過九江至于敷淺原是江不能絕也皆禹之言卓然見于經者非地脉而何自此以下至敷淺原皆隨山之事也　朱子曰太行自西北發脉來爲天下之脊此是中國大

形勢其底柱王屋等山皆是太行山脚今説者分陰陽列言導岍及岐至于荆山荆山山脉逾河而過爲壺口雷首底柱析城王屋碣石則是荆山地脉却來做太行山脚其所謂地脉尚説不通况禹貢本非理會地脉耶 蔡傳 孔氏以爲荆山之脉逾河而爲壺口雷首者非是蓋禹之治水隨山刊木表識諸山以見施功之次第初非有意推其脉絡若今埜法所言也若以山脉言之尤見其謬蓋河北諸山根本脊脉皆自代北寰武嵐憲諸州乘

高而來其脊以西之水則西流以入龍門西河之上流其脊以東之水則東流而爲桑乾幽冀以入于海其西一支爲壺口太岳次一支包汾晉之源而南出以爲析城王屋而又西折以爲雷首又次一支乃爲太行又次一支乃爲恒山其閒各隔沁潞諸川不相連屬豈自岍岐跨河而爲是諸山哉王鄭三條四列之名皆未當今據導字分爲南北二條而江河以爲之紀於中又分爲二焉（蔡傳原本朱子）

王氏樵曰蔡說更有所本唐天文志云天下山

河之象存乎兩戒是也南條北條卽所謂南戒北戒江爲南河河爲北河南北兩河上應雲漢蓋天文地理自然之分判也于二之中又分爲二焉北條有大河之北境者有大河之南境者南條有江漢之北境者有江漢之南境者論横勢則先北而南論縱勢則皆自西而東義視王鄭始益精密矣

西傾朱圉鳥鼠至于太華熊耳外方桐栢至于陪尾

〈傳〉西傾朱圉在積石以東鳥鼠渭水所出在隴西之西三者雍州之南山相首尾而東〈疏〉地理志

云朱圉在天水冀縣南太華在京兆華陰縣南

王應麟曰西傾後名西强在吐谷渾界朱圉在西和州大潭縣俗呼爲白巖山雍大記云西傾山在洮州臨潭縣西北九十里洮水所出入于河今臨洮府是漢書西傾在狄道縣西朱圉山在鞏昌府伏羌縣西南三里漢書云山在冀縣梧中聚

山海經曰太華之山削成而四方其高五千仞廣十里有蛇焉名曰肥鱧六足四翼見則天下大旱又西八十里曰小華山陝志云太華山在華陰縣南十里卽西嶽以西有少華山故此曰太華

〈傳〉熊耳以下四山相連東南在豫州界洛經熊耳

伊經外方淮出桐栢經陪尾凡此皆先舉所施功之山於上而後條列所治水於下互相備〔疏〕地理志云熊耳山在弘農盧氏縣東伊水所出嵩高山在潁川嵩高縣古文以爲外方山桐栢山在南陽平氏縣東南横尾山在江夏安陸縣東北古文以爲陪尾山是四山接華山而相連東南皆在豫州界也釋山云嵩高爲中岳郭璞云大室山也别名外方今在河南陽城縣西北釋名云嵩字或爲崧山大而高曰嵩白虎通云中嶽獨加高字者居四方之中極高故曰嵩高山戴延之西征記云其山東謂太室西謂少室相去十七里嵩其總名也史記索隱曰桐栢一名大復山

金

氏曰陪尾徐山也泗水縣桃墟西北泗水所出舊説拘于地脉故謂即横尾又舊以嵩高爲外方者非是嵩高世所名中嶽安得與江夏内方相爲内外哉據唐志陸渾山一名方山葢古外方云在伊闕　曾氏曰岍與西傾皆雍州山故西傾不言導其文蒙於導岍也岷嶓皆梁州山故岷山不言導其文蒙於嶓冢也

箋按陪尾在安陸者原名横尾山而兗州卞縣之陪尾寔泗水所出經云導淮自桐栢東會于泗沂

則陪尾之非安陸明矣　王氏樵曰此導大河南境之山也山川之脉皆起西北故每條皆自西起上節導河之北境故自雍而盡于冀之東北此節導河之南境故自雍而盡于冀之東南禹循西傾而東至于太華其陰則北河與地絡之所會也其陽則南河與地絡之所會也河自下龍門其勢湍急及華之陰喬嶽綿亘其勢不可復南乃折而東流而涇渭灃漆伊洛瀍澗諸水入焉熊耳四山者志伊洛淮水之所以治也　都穆曰五嶽惟西嶽

華山爲最高其去地凡五千仞　黄省曾曰山者水之根底水者山之委枝故談伊洛者必連熊外語漆沮者遂及荆岐

導嶓冢至于荆山內方至于大別

傳　漾水出嶓冢在梁州經荆山荆山在荆州內方大別二山名在荆州漢所經　疏　地理志云章山在江夏竟陵縣東北古文以爲內方山左傳云吳既與楚夾漢楚乃濟漢而陳自小別至于大別然則二別近漢之名　薛氏曰大別山在漢陽軍亦曰甑山蔡傳云嶓冢卽梁州之嶓

大別乃漢水入江處今漢川縣西五十里有內方山南十里小別山形如甑又名甑山漢陽縣東北漢江右有大別山見湖廣志又名勝志云一名翼際山相傳禹植栢于大別山其根盤踞井底爲栢泉山　水經曰沔水自荆城東南流逕當陽縣之章山東酈道元注云禹貢所謂內方山至于大別者也

〔箋〕此導南條江漢北境之山以爲濬漢水之經始導山只說嶓冢岷山不說江漢至導水始說嶓嶓冢導漾岷山導江來　湖廣名勝志曰章山在安陸縣城東四十里古內方山左傳吳自豫章與

楚夾漢杜預以爲此豫章當在江水北淮水南圖經云豫章卽今之章山　楊士奇曰由黃鶴山之西越江爲漢陽郡大別山在郡之北與黃鶴山夾江而峙江漢二水合流其下

岷山之陽至于衡山過九江至于敷淺原漢書岷作嶓

【傳】岷山江所出在梁州衡山江所出在荊州【疏】地理志云衡山在長沙湘南縣東南今在衡山縣西北周職方荊州鎮曰衡山盤繞八百里軒崒九千餘丈上列七十二峯祝融最高見湖廣總志【疏】衡卽橫也東西長　廣雅云岣嶁謂之衡山一云山承玉衡

禹貢　十四

分野
得名　爾雅釋山河南華河西嶽河東岱河北恒
江南衡　鄭氏周禮五嶽注云東曰岱宗南曰衡
山西曰華山北曰恒山中曰嵩高山　韓愈曰五
岳于中州衡山最遠南方之山巍然高而大者以
百數獨衡爲宗　續博物志云衡山五嶽之南嶽
也黄帝以潛霍爲山之副爾雅霍山爲南嶽至漢
武以衡山道遠徙祭于廬江潛山潛一作灊或曰潛山即霍山
洞天記云黄帝畫野分州乃封五岳唯南岳衡
山最遠以灊霍副之漢武帝攷緯皆以霍山爲

南岳故祭其神于此至隋開皇九年始定衡山爲

南岳　元結曰五帝之前封疆尚臨衡山作岳已

出荒服今九疑之南萬里臣妾國門東望不見涯

際西行幾萬里未盡邊陲當今以九疑爲南岳以

崑崙爲西岳衡岳之輩聽逸者占爲山林封居表

作苑圃耳　徐靈期南嶽記云南嶽衡山朱陵之

靈臺太虚之寶洞上承冥宿銓德鈞物故名衡山

下踞離宮攝位火鄉赤帝館其嶺祝融託其陽故

號南嶽周旋數百里高四千一十丈東南臨湘川

自湘川至長沙七百里九向九背然後不見禹治水登而記之因夢遇玄夷使者遂獲金簡玉字之書得治水之要　湘中記曰衡山有玉牒禹按其文以治水遥望衡山如陣雲　吳越春秋曰禹傷父功不成勞身焦思案黃帝中經曆曰在于九山東南天柱號曰宛委（在會稽東南一名玉笥山）赤帝在闕其巖之巔承以文玉覆以磐石其書金簡青玉爲字編以白銀皆瑑其文禹乃東巡登衡嶽血白馬以祭因夢見赤繡衣男子自稱玄夷蒼水使者顧謂禹

曰欲得神書齋于黃帝巖嶽之下三月庚子登山發石金簡之書存矣禹退又齋三月庚子登宛委山得金簡之書案金簡玉字得通水之理

（傳）衡山連延過九江接敷淺原敷淺原一名博陽山在揚州豫章界（疏）地理志豫章歷陵縣南有博陽山古文以爲敷淺原 蔡傳云鼂氏以鄱陽有博陽山又有歷陵山以爲應地志然鄱陽漢舊縣不應又爲歷陵江州德安近之 朱子曰凡兩山夾行中間必有水兩水夾行中間必有山江出岷山岷山夾江兩岸而行那邊一支去爲江北許多去

處這邊一支爲湖南又一支爲建康又一支爲兩浙而餘氣爲福建二廣又曰岷山之脉其一支爲衡山者已盡于洞庭之西其一支又南而東度桂嶺者則包瀟湘之源而北經袁筠之境以盡于廬阜其一支又南而東度庾嶺者則包彭蠡之源以北盡于建康其一支則又東包浙江之源而北其首以盡會稽南其尾以盡乎閩粵也又荅程泰之書云詳經文敷淺原合是衡山東北一支盡處疑即今廬阜德安縣敷陽山在廬山之西南故謂之

敷陽非以其地卽爲敷淺原也若如舊說正以敷陽爲敷淺原則此山甚小又非山脉盡處若如晁氏之說以爲江入海處合是今京口所過之水又不但九江而已若以衡山東北盡處而言卽爲廬阜無疑葢自岷山東南至衡山又自衡山東北而至此則九江之原出於此三山之北者皆合於洞庭而注於岷江故自衡山而至此者必過九江也

金氏曰岷山之陽東出一支爲衡山其南行而東者爲嶺包瀟湘之源而又一支北向以至敷淺

原故禹自衡山過洞庭而至敷淺原也蔡傳云過經過也岷山之脉二支其間湘水間斷衡山在湘水西南敷淺原在湘水東北孔氏以爲衡山之脉連延過九江而爲敷淺原非是　羅泌曰敷淺原葢江鄂之間孔氏謂一名博陽山顏師古云博當爲傅漢志豫章歷陵縣南有博陽山傳陽川在南古文以爲敷淺原音爲敷陽誤爲博爾水經注云敷淺泉地在豫章歷陵縣西南水經所載禹貢山水澤地凡六十山指名曰山水指名曰水而稱地者四流沙九江東陵敷淺原也孔顏以爲山者與矣按通典云蒲塘驛

漢歷陵縣有敷淺原西十里有博陽山以今縣南

十三里有陽居山舊經依囘以爲敷淺原名博陽

山然縣境惟有一水流入大江人謂傅陽川乃在

此山東北與志不合杜佑復析敷淺原傅陽川爲

二盖以敷淺原之水也博陽之山不得而實爾按

驛西數十里惟有一望夫山潯陽志謂博陽山在

德安縣南十三里望夫山在德安縣西北十五里

邑人或謂縣古有敷淺原登此可以望之故名望

敷今崇陽之西二百二十有雲溪山峭峻淸流界

道如帶卽所謂敷淺原也非博陽山

【箋】此導南條江漢南境之山以爲瀆江水之經始

江流至洞庭而勢已中斷衡山相去在望然非

江所經也敷淺原諸家據朱子說並以廬阜當之

潘恩曰蜀地在海内爲峻岷山爲江水發源其

地在蜀爲尤峻世所稱雪山者是今松潘衛西郎

其地最寒不生五穀果蔬土人樹青稞爲食五月

猶墜雪雪四時積不消風土視諸郡特異　鄭氏

曉曰敷淺原在德安者甚卑小且于江流無甚關

繫法不得書地志所載在豫章者爲是卽今長江
鄱陽之交廬阜山是也此山最高大又當江南北
滙水口猶導嶓于漢入江據書至于大別也漢註
亦言在豫章王氏樵曰廬山雖高而其中原田
連亘人民錯居故有敷淺原之名後世匡俗結廬
居之遂名廬阜而其支隴林麓猶蒙其舊名江州
潯陽縣蒲唐驛前有敷淺原西有傅陽山敷古文
作傅傅陽者傅淺原之陽也其山正在廬阜西南
然則敷淺原爲廬阜本名審矣一統志云廬山古南嶂山周武王時

匡俗兄弟七人皆有道術結廬于此故名山之南爲南康山之陰爲九江有紫霄峰石室深險人不可至禹刻字大如掌有好事者縋而下摹得百餘字奇古不可辨惟洪荒漾予乃攆六字可識云

新安陳氏曰導山之役分爲四路乃懷襄方殷未可下濬川之功先隨山相視可疏導者疏導之兩條四列實人功經歷之次第爲濬川之經始下文導水詳言濬川之源委乃收上文隨山之成功

羅泌曰濬川刊木必隨乎山者上流始也山豈可導哉曰導山者導水而已是故四列之山自正陰以至于正陽自北而南也中國七水自河以及于

江亦自北而南也導汧及岐河之始功也至于王屋濟之始功也渭自鳥鼠洛自熊耳淮自桐栢此陰列之山也漢自嶓冢江起汶山此陽列之山也程泌曰經言導山獨記雍梁冀豫荆揚之山而已而兖青徐不記焉葢三州之山絕在東河之東不與西屬各于其州見之矣　鄭氏曉曰導岍及岐一條從河西北迤邐而東南西傾一條從河西南迤邐而東北此雍梁冀豫兖徐六州表裏之山導嶓冢一條從漢西北迤邐而東南岷山一條從

江西南迤邐而東北此梁荊揚三州表裏之山
唐僧一行以爲天下山河之象存乎兩戒北戒自
三危積石負終南地絡之陰東及太華逾河並雷
首底柱王屋太行北抵常山之右乃東循塞垣至
濊貊朝鮮是謂北紀所以限戎狄也南戒自岷山
嶓冢負地絡之陽東及太華連商山熊耳外方桐
栢自上洛南逾江漢攜武當荊山至于衡陽乃東
循嶺徼達東甌閩中是謂南紀所以限蠻夷也故
星傳謂北戒爲胡門南戒爲越門河源自北紀之

首循雍州北徼達華陰而與地絡相會並行而東至大行之曲分爲東流與涇渭濟瀆相爲表裏謂之北河江源自南紀之首循梁州南徼達華陽而與地絡相會並行而東及荆山之陽分而東流與漢水淮瀆相爲表裏謂之南河故於天象則弘農分陝爲兩河之會五服諸侯在焉自陝而西爲秦涼北紀山河之曲爲晉代南紀山河之曲爲巴蜀皆負險用武之國也自陝而東爲成周宋鄭陳蔡邛衛申隨皆四戰用文之國也北紀之東至北河

之北爲邢趙南紀之東至南河之南爲荆楚自北河下流爲三齊北燕自南河下流爲鄒魯吳越皆負海之國貨殖之所阜也自河源循塞垣北東及海爲戎狄自江源循嶺徼南東及海爲蠻越　朱子曰天下有三處大水曰黄河曰長江曰鴨綠江今以輿圖考之長江與南海夾南條幹龍盡于東南海黄河與長江夾中條幹龍盡于東海黄河與鴨綠江夾北條幹龍盡于遼海　問天下之山西北最高曰然自關中一支生下函谷以至嵩山東

盡泰山此此是一支又自嶓冢漢水之北生下一支至楊州而盡江南諸山則又自岷山分一支以盡乎兩浙閩廣　魏太常校曰南絡發于崑崙之東委蛇南行其背爲西戎其面爲中國而其餘氣爲南蠻葱嶺自起爲祖南起雪山其東爲江源地脉因界爲二江以南仍爲南絡其北別爲中絡與大河分爲兩戒中絡岷山爲祖自蜀入隴結于初龍則爲長安四塞以爲國金城千里天府之國也結于中龍則爲洛陽風雨之所會陰陽之所和天地

之中也南絡傳大江放于海北絡傳大河放于海惟中絡止于嵩高其前平夷凡幾千里而泰山特起東方張左右翼爲障以天下大勢言之長安龍首穴也洛陽龍心穴也玆其大龍之腹乎宋都大梁亦在龍腹而國勢弱者汴坦無備其勢必宿重兵民力坐而困矣余嘗至洛陽相其形勢熊耳祖龍發自終南遠則太行爲後托近則嵩高爲左障然終南自爲長安前朝太行亦爲平陽左障嵩高雖爲障洛陽而大情自欲東出與萬里平原作祖

然後默識天道之公天地相爲勾連其融結非一
處王氣發久而歇又轉之他帝王有德而與無德
而亡是不一姓宇宙所以無窮也南絡蓋與岷山
別祖折而南行東出爲五嶺乃折而北大盡於建
康而長江至此入海自昔以爲帝王都矣　劉伯
温曰中國地脉俱從昆崙來北龍中龍人皆知之
惟南龍一支從峨嵋並江而東竟不知其結局處
頃從通州泛海乃知海鹽諸山是南龍盡處天目
雖爲浙右鎮山然勢猶未止蜿蜒而來右束黟浙

左帶茗霅直至此州長墻秦駐之間而止于是以平松諸山爲龍左抱以長江淮泗之水以慶紹諸山爲虎右繞以浙江曹娥之水然諸水率皆朝拱于此州而後乘潮東出前復以朝鮮日本爲案此南龍一最大地也　邵武府志曰天下山川皆祖崑崙崌峨爲崑崙西支巨冢山行隨水江北之山隨黄河北盡燕臺東盡泰岱江南之山隨江岷峨之南爲雲貴東折爲兩廣八閩　建康南盡閩浙抱江浸海其大都也故江浙之山多自南來水

多北流閩中之山多自北來水多東南流是江南五嶺爲冀州第四案　陸深曰山陰也水陽也陰氣凝結於西北至東南而漸微陽氣極盛於東南而融液浩蕩故崑崙在西北瀛海在東南

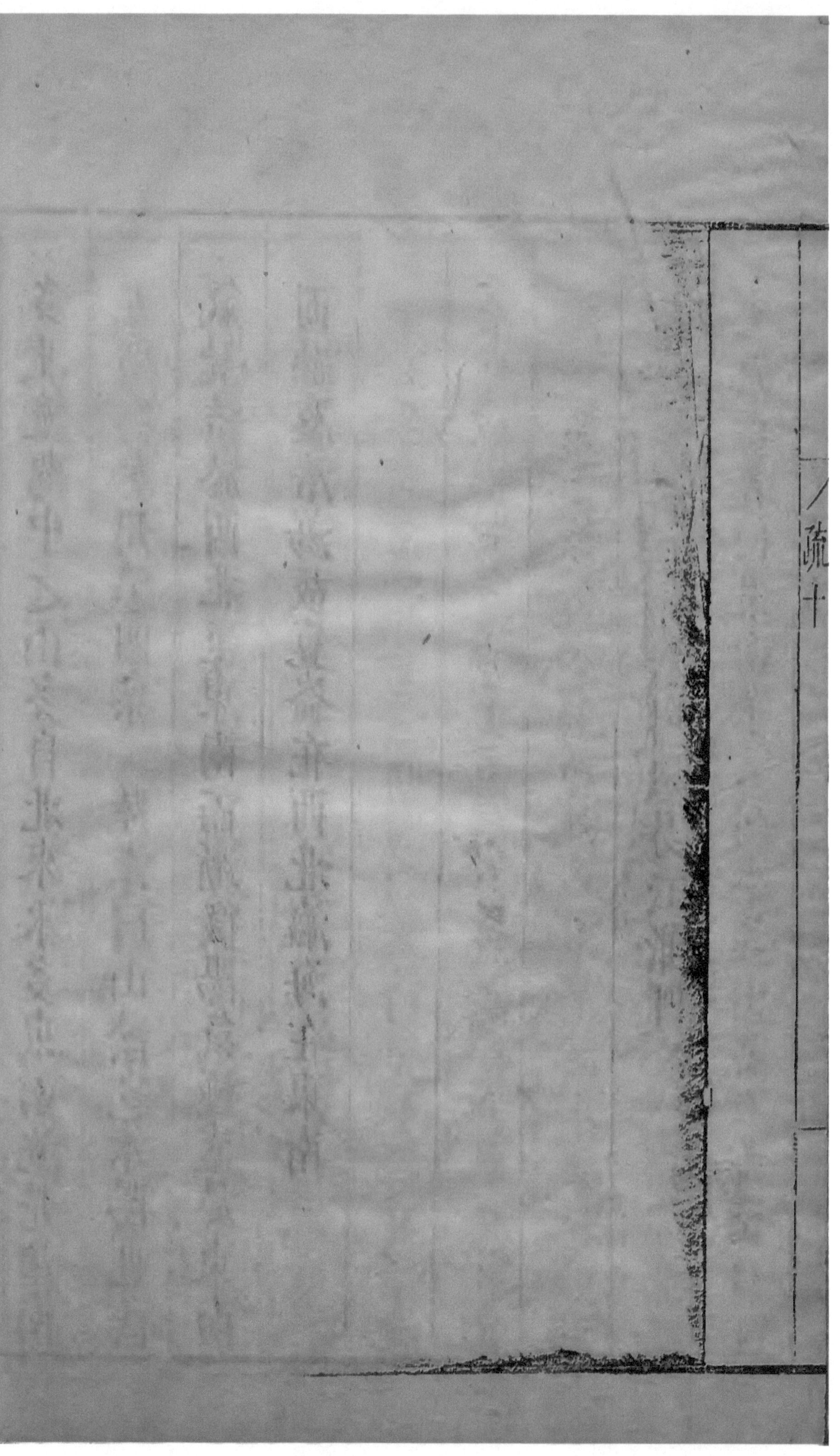

禹貢滙疏卷十一

吳興茅瑞徵纂并箋　男　胤京　胤武　仝訂

導弱水至于合黎餘波入于流沙

【傳】合黎水名在流沙東弱水餘波西溢入流沙

【疏】合黎山名但此水出合黎鄭玄亦以爲山名地志張掖郡删丹縣桑欽以爲導弱水自此西至酒泉合黎張掖郡又有居延澤在縣東北古文以爲流沙考張掖今甘州酒泉今肅州删丹縣今山丹衛居延海在甘州衛西北見陝西舊志史記正義曰淮南子云弱水源出窮石山南自吐

谷渾界流入甘州張掖縣今按合黎水出臨路松山東而北流歷張掖故城下又北流經張掖縣二十三里又北流經合黎山折而北流經流沙磧之西入居延海行千五百里合黎山張掖縣西北二百里也雍大記曰合黎山在甘州行都司城北四十里張掖河水出其谷張掖河俗名黒河北入一集乃海子郎古居延海武經言合黎水在甘州漢結烏孫絶隔諸羌裂匈奴右臂自張其掖名張掖郡居延海祈連山及路博德所置遮虜障皆在焉隋作浮橋浩亹河以幸之　山海經曰流沙出鍾山西

行又南行昆侖之墟西南入海黑水之山郭璞注今西海居延澤尚書所謂流沙者形如月生五日也　唐書西域傳云吐谷渾西北有流沙數百里夏有熱風傷行人風將發老駝引項鳴埋鼻沙中人候之以氈蔽鼻口乃無恙　郭璞槖駝贊曰駝唯奇畜肉鞍是被迅騖流沙顯功絕地潛識泉源微乎其智　案燉煌西渡流沙徃外國千餘里無水時有伏流人不能識駝知水脉過其處輒不行以足踏地人于其所踏處掘之輒得水　晉書曰弱水出流沙流沙與水流行也在西海郡北山有赤石白色以西

石相打則水潤打之不已則潤盡火出山石皆然炎起數丈不滅有大黑風自流沙出奄之乃滅其石如初　沈括曰余在鄜延閱兵馬藉有稱過范河損失問何謂范河乃越人謂淖沙爲范河北人謂之活沙人馬履之百步之外皆動如人行幙上其下足處雖甚堅若遇其一陷則人馬駝車應時皆没或謂此即流沙也　方勻曰西安州即唐鹽州西至流沙六日沙深細没馬脛無水源但乾沙爾又二日至西海　陳氏曰弱水之正者入合黎

其餘則入于流沙　程氏曰禹導弱水至合黎則其逆行者已順其達而無所事治者固不必極之于西海逅而無能爲害者亦任其餘波之入流沙則已矣故于雍止曰既西而于導水不必曰入于西海皆紀實也　漢書西域傳曰于闐以西水皆西流注于西海

（箋）導山導水並從雍州說起弱黑二水乃水之絶異者有出中國四瀆之外故首言之　唐樞曰自祈連合黎北張掖河諸水俱北注亦集乃河而西

總入陜口穿沙磧繞出爲黑水放于南海禹導弱水不言其所極有黑水爲續耳陜西舊志曰弱水在井州衛西環合黎山東北入東莎界禹貢弱水即此西域傳弱水條支自長安西行萬二千里又百餘日方至其地疑別有所謂弱水也秦嶺西連大秦國大秦西爲弱水流沙去長安四萬里雍大記曰鳴沙山在河州衛城南七里一名沙角山峰嶍危峻沙如乾糠天氣清朗時沙鳴聞于城內一云在瓜州南十里即

禹貢流沙

疏此下所導凡有九水大意亦自北爲始以弱水最在西北水又西流故先言之黑水雖在河南水從雍梁西界南入南海與諸水不相參涉故又次之四瀆江河爲大河在北故先言河也漢入于江故先漢後江其濟發源河北越河而南與淮俱爲四瀆故次濟次淮其渭與洛俱入于河故後言之

蘇傳自此以下皆濬川之事也所導者九弱水不能載物入居延澤中不復見此水之絶異者也黑水漢水與四瀆皆特入海渭洛皆入河逹其之

道故特記此九者餘不錄也　林氏曰禹惟先決山陵之積水然後可施濬川之功如上文既導岍岐至碣石然後導河濟之功可施導西傾至陪尾然後導淮渭洛之功可施導嶓至大別導岷至敷淺原然後導漢與江之功可施所以先言導山而後及導水也

導黑水至于三危入于南海

〔傳〕黑水自北而南經三危過梁州入南海　〔疏〕地理志益州郡計在蜀郡西南三千餘里故滇王國

也武帝元封二年始開爲郡郡內有滇池縣縣有黑水祠案酈道元水經黑水出張掖雞山南流至敦煌過三危山南流入于南海然張掖敦煌並在河北所以黑水得越河入南海者河自積石以西皆多伏流故黑水得越而南也杜佑曰漢書地理志益州郡滇池有黑水祠而不記山之所在又酈道元注水經銳意尋討亦不能知黑水所經之處顧野王撰輿地志以爲至僰道入江其言與禹貢不同未爲實錄　山海經曰北海之內有山名曰幽都之山黑水出焉郭璞注黑水出崑崙山　河圖括地象曰三危山在鳥鼠之西南與汶山相接上

爲天苑星黑水出其南　括地志云黑水源出伊吳縣北百二十里又南流二十里而絶三危山在沙州燉煌縣東南四十里史記正義云黑水源在伊州　雍錄曰黑水遠矣在唐爲小勃律以及交廣皆是若流沙則又出葱嶺之西也

蔡傳黑水地志出揵爲郡南廣縣汾關山唐樊綽云西夷之水南流入于南海者凡四曰區江曰西珥河曰麗水曰瀰若江皆入于南海其曰麗水者即古之黑水也三危山臨峙其上按梁雍二州西

邊皆以黑水爲界是黑水自雍之西北而直出梁
之西南也中國山勢岡脊大抵皆自西北而來積
石西傾岷山岡脊以東之水既入于河漢岷江其
岡脊以西之水卽爲黑水而入于南海程氏曰樊
綽以麗水爲黑水恐其狹小不足爲界所稱西珥
河却與漢志葉榆澤相貫廣處可二十里既足以
界別二州其流又正趨南海又漢滇池卽葉榆之
地武帝初開滇巂時其地古有黑水舊祠夷人不
知載籍必不能附會而綽及道元皆謂此澤以榆

葉所積得名則其水之黑似榆葉積漬所成且其地乃在蜀之正西又東北距宕昌不遠宕昌卽三危之地與三苗之叙于三危者又爲相應也　李元陽黑水辨曰黑水辨論紛紛皆出臆度愚所據知有經文而已夫黑水之源固不可窮而入南海之水則可數也夫隴蜀無入南海之水唯今滇之闌滄江潞江二水皆由土蕃西北來盍與雍州相連但不知果出張掖否水勢洶湧並入南海豈所謂黑水者乎然潞江西南趨蜿蜒緬中内外皆夷

其于梁州之境若不相屬唯蘭滄由西北迤邐向東南徘徊雲南郡縣之界至交趾入海今水內皆爲漢人水外卽爲夷緬則禹之所導於分别梁州界者唯蘭滄江足以當之孟津之會曰髳人北勝濮人順寧以今考之皆在蘭滄江內則蘭滄江之爲黑水無疑矣地理志謂南中山曰昆彌水曰洛山海經曰洱水西流入於洛故蘭滄江又名洛水言脉絡分明也元史至元八年大理勸農官張立道使交趾並黑水跨雲南以至其國觀此則蘭滄江之

爲黒水益章明矣若三危山卽不在麗江當亦不遠古今山川之名因革不可紀極夫不可移者山川之蹟也隨時異稱者山川之名也不據不可移之蹟而據易變之名亦末矣大都爲論傳者未嘗知三省地形但謂隴在蜀之北蜀在滇之東北而禹貢言黒水爲梁雍二州之界又入南海故不得不疑其跨河知跨河非理又不得不疑其湮涸曾不知隴蜀滇三省鼎足而立隴則西南斜長入蜀滇則西北斜長近隴蜀則尖長入滇隴之間正如

三危𪻐然黑水之源正在𪻐頭故雍以黑水爲西界對西河而言也梁以黑水爲南界對華陽而言也𨔣各舉兩端若曰西河在雍東黑水在雍西華山在梁北黑水在梁南云爾故曰梁州可移而華陽黑水之梁不可移也

金氏曰黑水出雍之西而南入于南海爲雍梁二州之西界𨔣出崑崙之南谷也自積石西傾岷山靑衣岡脊以西諸水天竺以東諸水皆入之故黑水諸源亦非一　沈括曰余奉使慶州嘗宿大幕

北黑山山長數十里土石皆紫黑似今之磁石有水出其下所謂黑水也大抵北方水多黑色故有盧龍郡北人謂水爲龍盧龍卽黑水也　武夷熊氏曰考古今地志雍州之地卽無黑水所謂導黑水至于三危者三危山或云在燉煌郡則今瓜州也曷嘗有此水踰跨諸山以至于南海哉若以河源崑崙推之崑崙山脊以西人跡所未到其東中一支則重岡積嶺直至終南太華皆是雍之南山而瓜州乃在河西五郡實當西北界上漢人所爲

斷匈奴右臂者以不與西戎相接也史當有錯
羅泌曰滇渤漲洋此天地之所以限東徼也惡溪
沸海此天地之所以限南徼也陷河懸度之設乎
西瀚海沙子之設乎北此天地之所以遮西而制
北者也激障霧於東維界黑水於南極黑水在梁雍間涉者則脛黜黑泄流沙于西陲決弱水于北滅出陽關至于甸路經陷河伐樫置中乃得度弱水亦陷河之類羽毛皆沉此天地之所以界四維也
又曰禹至導黑弱而西戎即叙然後見其仁之至
焉黑弱二水塞外之横流失其故道而為邊民之

患者也今爲中國治之則决其奔突而注之塞外使不爲吾民害則已矣又奚必因塞外而决之以入于流沙南海而後已哉計弱之距流沙與夫黑之距南海皆數千里而遥然導弱必至于合黎而納餘波于流沙導黑必至于三危而入其流于南海禹之心一視夷夏視西戎無以異于梁州之民此天地之爲大也

〔箋〕按黑水證據互異然自孔疏引滇池之說而滇志謂闌滄江由吐蕃而來逕雍州西界直趨雲南

與怒江龍川二水合流而入南海實爲禹貢黑水雲南分野爲梁州域以二大江爲界東北曰金沙西南曰瀾滄二江之源皆出吐蕃流逕雍州而入雲南金沙自雲南北界入東海瀾滄自雲南南界入南海金沙在漢書爲若水瀾滄在禹貢爲黑水黑水之源不可窮而入南海之水可數也其言殆信而有徵矣　楊愼曰按杜氏通典吐蕃有可跋海去赤嶺百里方圓七十里東南流入西洱河合流而東號曰漾濞水俗作樣備又東南出會川爲瀘水

焉瀘水即黑水也三危山在雲南麗江又曰瀘水乃今之金沙江水色黑故以瀘名之　雲南通志曰西洱河水經一名葉榆水通典一名昆瀰池出浪穹縣罷谷山下數處湧起如珠樹世傳黑水伏流别派也自太和縣西北來滙於縣東爲巨津形如月生五日遶縣西南由石穴中出又會闌滄江而入南海又曰闌滄江在雲龍州東三里即黑水也源出雍州南吐蕃鹿石山本名鹿滄江後訛爲闌滄今又訛爲浪滄自麗江經州東南流入永昌

蒙化順寧景東交趾乃入南海漢書傳南津卽北又州西五里有三崇山頂有三峰或云卽三危也韓邦奇曰黑水爲梁雍二州之西界據其文勢當自雍之北境直抵梁之南境乃一大水橫過二州西界今四川止叠溪千戶所有黑水合汶江入成都府經茂州而安縣亦有黑水安縣本汶江縣地葢黑水合汶江入茂州安縣入于羅江漢地志云黑水出揵爲郡南廣縣汾關山符卽今叙州府慶符縣以志山符二字故縣以慶符名今慶符有黑水然蔡傳少一符字而其水乃

自西夷中來北流入江漢志亦謂黑水至僰道入江且安縣黑水在都北而叙州在成都南一入羅江一入大江於經文至于三危入于南海不合雍之黑水五亦各異源與經文志傳皆不合獨肅州衛城西十五里黑水所出與漢志顏師古註相近而水經引之云南過燉煌今肅州西沙州東西即其地也又云南流入于南海則當遂入于梁全無考豈梁雍西界各自有黑水為界不同與導黑水之黑水不相涉歟程氏又謂葉榆澤為黑水之

源葉榆卽西珥海出今雲南大理府鄧川州點蒼山滙爲巨湖周三百里去雍之三危南北數千里又不經流梁境又不出於張掖顏師古亦謂滇池西北有黑水祠豈黑水旣入西域故人莫得而知又南至西珥海復入中國又流入于南海歟然不可考矣若牽合以爲相屬則燉煌在陝西肅州衛西今屬虜是極北境葉榆在雲南大理府是極南境梁境黑水是疊溪黑水斷非導黑水之黑水也至謂水黑爲榆葉之積梁雍爲黑水者凡七漢中

亦有黑水未聞皆有榆葉落其下也鄭氏曉曰韓苑洛言雍梁二州黑水是兩黑水不相通魏莊渠言本一黑水爲雍梁二州之界觀導黑水至于三危入于南海一黑水爲是　顧起元曰雍州名黑水者有六若入積石河則是平凉及寧夏衛之黑水而非張掖之黑水也今輿地圖肅州有黑水南流去積石幾及三百里不與積石河相通此爲禹貢之黑水無疑但其去南海遼遠而交南久棄無從考其入海之道咸通中樊綽宣慰安南親行西南諸夷著爲蠻書以載其所親見山川曰蠻水之南入于南海者凡

四匯江西珥河麗水瀰渃水皆羅絡西南諸夷西南入海其間有麗水者古黑水也但緯所紊行者西南諸夷而未及于西北其所稱麗江程氏以爲西行入驃始得至南海是得其下流而不知其上源之爲何如乃程又不取其所稱麗水而指其所稱西珥河謂與漢志榆葉澤相貫榆葉瀆成黑又引古黑水祠在益州者爲証不知此黑水乃成都安縣南之黑水而非禹貢之黑水也至元金仁山又謂西南諸水合而爲瀘水夷人謂黑爲瀘瀘

水即黑水也經過雲南但名瀘水至交趾又名歸
化水廣處如江東南入海而海道圖自名黑水口
按四川行都司城南有瀘山即瀘水所出今雍州
多黑水尚不知的在何處而乃欲以瀘爲黑又考
交趾海口並無所謂黑水口則金氏之言尤不足
信也
導河積石至于龍門南至于華陰東至于厎柱又東
至于孟津東過洛汭至于大伾北過洚水至于大陸
又北播爲九河同爲逆河入于海

傳施功發于積石疏河源不始於此記其施功處耳釋水云河千里一曲一直則河從積石北行又東乃南行至于龍門計應三千餘里河出崑崙虛色白郭璞云發源高處激湊故水色白潛流地中受渠數多渾濁故水色黃漢書西域傳云河有兩源一出葱嶺一出于闐于闐在南山下其河北流與葱嶺河合東注蒲昌海蒲昌海一名鹽澤者去玉門陽關三百餘里其水潛行地下南出于積石爲中國河郭璞云其出崑崙山海經曰積石之山河水所入郭璞

注河出崑崙而潛行地下葱嶺復出注鹽澤從鹽澤復行南出于此山而爲中國河遂注海也今積石山在河州西北二百二十里兩山如削黃河中流見陝西志　孝經援神契曰河者水之伯上應天漢　初學記曰河曰河宗四瀆之所宗也　爾雅曰江河淮濟爲四瀆者發源注海者也風俗通曰瀆通也所以通中國垢濁釋名云瀆獨也各獨出其水而入海　桓譚新論曰四瀆之源河最高而長從高注下其流激迅故爲平地災害

河圖括地象曰地部之位起形高大者有崑崙山

廣萬里高萬一千里神物之所生出五色雲氣五色流水其泉南流入中國名曰河也崑崙山氣上通天下有八柱柱廣十萬里有三千六百軸互相牽制名山大川孔穴相通神異經曰崑崙有銅柱焉其高入天所謂天柱也圍三千里圓如削銅柱下有廻屋焉辟方百丈圖讚云崑崙三層號曰天柱實惟河源水之靈府按水經注崑崙之山三級下曰樊桐一曰板松二曰玄圃一名閬風上曰增城一名天庭河圖曰崑崙之墟五城十二樓河水出焉桑欽水經曰崑崙墟在西北去嵩高五萬里地之中也河水出其東北陬屈從其東南流入于渤海

又出海外南至積石山下有石門河水冒以西南流河水又南入葱嶺山酈道元注河水重源有二非爲二也一源西出身毒之國葱嶺之上在燉煌西凉土異物志曰葱嶺之水分流東西西入大海東爲河源禹貢所云崑崙者焉又西逕罽賓國北月氏國南其一源出于闐國南山北流與葱嶺河合東注蒲昌海　鄭樵曰河自西域來大原有三正原出崑崙山東北陬而東行一原出天竺葱嶺一原出于闐南山北行與葱嶺河合而東入于崑崙河或云張騫窮河源至葱嶺河爾故西域傳云河有兩源一出葱嶺一出于

闐而沒其正原也三河合而東至積石山下有石門河水冒以西南流是爲中國河積石山屬鄯州禹之所道自此始故其詳得聞焉　歐陽氏輿地廣記云唐長慶中薛元鼎爲盟會使言河之上流由洪濟渠西南行二千里水益狹冬春可涉夏北乃勝舟其南三百里三山中高而四下曰紫山古所謂崑崙也虜曰悶摩黎山東距長安五千里河源其間流澄浚下稍合衆流色赤行益遠它水并注則濁河源東北直莫賀延磧尾隱測其地蓋劍

南之西元鼎所經大暑如此　元世祖至元十七年命學士都實宋史作蒲察篤實始抵河源云河源在吐蕃朵甘思西鄙有泉百餘泓散渙可七八十里旁山下瞰粲若列星名火敦腦兒火敦譯言星宿也羣流奔輳近五七里滙二巨澤自西徂東迤邐成川號赤賓河合忽蘭也里木二河流寖大始名黃河然水清可涉又裂八九股譯言九渡通廣六七里馬可度四五日程水濁土人抱革囊乘馬過之繼是兩峽深叵測矣朵甘思東北鄙有大雪山最

商譯言騰乞里塔即崑崙也山腹至頂皆雪冬夏不消自八九股水至崑崙行二十日程河行崑崙南半日程既又四五日程至地名闊即及闊提二地相屬又三日程地名哈喇別里赤兒四達之衝行五六日程有水西南來名納鄰哈喇譯言細黃河也又兩日程水南來名乞兒馬出二水合流入河河北行轉西至崑崙北二日程地水過之北流約半月程至貴德州地名必赤里始隸河州又四五日程至積石州即禹貢積石五日程至河州安

鄉關東北行洮河水南來入河又一日程至蘭州城下過北卜渡至鳴沙州正東行至寧夏府南東行郎東勝州見潘昂霄志臨川朱思本得帝師所藏梵字圖書以華文譯之與昂霄志互有詳畧云河源在中州西南五四川馬湖蠻部正西三千餘里雲南麗江宣撫司西北一千五百餘里水東北流所歷皆西番地至蘭州凡四千五百餘里始入中國初學記曰河源出崑崙之墟東流潛行地下至規期山北流分爲兩源一出葱嶺一出于闐其河復合東注蒲昌海復潛行地下南出積石山西南流又東廻入塞燉煌酒泉張掖郡南與洮河合過安定北

地郡北流過朔方郡西又南流過五原郡南又東流過雲中西河郡東又南流過上郡河東郡西而出龍門汾水往東于此入河河東即龍門所在至華陰潼關與渭水合又東廻過砥柱及洛陽孟津所在至鞏縣與洛水合成皋與濟水合濟水出河北至王屋山而南截河渡正對成皋又東北流過武德與沁水合至黎陽信都今冀州絳水所在鉅鹿今邢州大陸所在之北遂分爲九河又合爲一河而入海

朱子曰河從積石行三千里然後至龍門而爲西河龍門地勢險[illegible][illegible][illegible][illegible][illegible]禹功于此最難自

龍門南流至華陰而極始折而東至于底柱又東至孟津東過洛汭而爲南河至大伾而極始折而北流爲東河至兗州而分爲九復合爲一而入海河爲四瀆宗其發源西北故叙中國之水以河爲先逆河是開渠通海以泄河之溢秋冬則涸春夏則泄　程大昌曰黃河自鹽澤西來暨達潼關其面勢所向凡四大折或與北狄分境或當北狄來路其初一折由積石而逕湟中則鄯蘭也是一折也及至靈州西南遂轉北而行凡千餘里比河西

岸即爲涼肅甘沙四郡是又一折也迨其北流千里而遥至九原豐州則又轉而東流故豐州北面止拄大河是又一折也豐州之東爲榆林北境周抵大河而河從此州之東又轉而南故勝州北東兩面皆抵大河也自此而徃直至潼關皆是河南矣此又一折也

山海經曰積石之山其下有石門河水冐以西流又曰敦甍之山敦甍之水出焉而西流注于泑澤出于崑崙之東北隅實惟河源　史記正義云括

地志河州有積石山卽禹貢浮於積石至龍門者
然黃河源從西南下出大崑崙東北隅東北流經
于闐入鹽澤卽東南潛行入吐谷渾界大積石山
又東北流至小積石山河始闊河水九曲其長九
千里入渤海　王應麟曰積石在鄯州龍支縣西
九十八里黃河在縣西南六十里禹貢導河始此
河州枹罕縣積石山一名唐述山在縣西北七十
里今人目龍支縣山爲大積石山此名小積石山
朱子曰禹當時治水也只理會河患積石龍門

所謂作十三載乃同者正在此處向未經懸治時

龍門正道不甚泄故一泒西衮入關陜一泒東衮

徃河東故此爲患最甚禹自積石至龍門着工夫

最多又其上散從西域去亦不甚爲患　禹功記

云禹導河之際浣秘景符以鎮五千之水患後人

頼焉　晉天文志云大禹觀濁河而受綠字

〔傳〕河自龍門南流至華山　山海經曰太華之山

削成而四方其高五千仞郭璞注卽西嶽華陰山

上有明星玉女持玉漿得上服之卽成仙道險僻

不通時含神霧云華陰華山之北梁州東據華山之陽則華陰爲雍州境矣水經注曰華陰縣有華山遠而望之若華狀西南有小華山也雍大記曰華陰縣在華山正北山北曰陰通典曰潼關本名衡關言黃河南流衝激華山之東後因關西有潼水因以名關華嶽本一山當河河水過而曲行河神巨靈手盪腳蹋開而爲兩今掌足之跡仍存開山圖曰有巨靈胡者偏得神元之道能造山川出河所謂巨靈贔屭首冠靈山者也述征記曰華山對河東首陽山黃河流于二山之間云本一山巨靈所開今睹手跡于華嶽而腳跡在首陽山下唐王涯仙掌辨曰華嶽首峯有五崖比聳破巖而列自下遠而望之偶爲掌形白

虎通曰西方太陰用事萬物生華故曰華山又山名蓮華峯形如蓮瓣疑山所由名或云山頂有池生千葉蓮服之羽化因名華山風俗通云華變也萬物成變由于西方

〔傳〕河水分流包山而過山見水中若柱然在西虢之界賈讓奏言昔禹治水山陵當路者毀之故鑿龍門辟伊闕折底柱破碣石世傳底柱壅河中流禹鑿二門以通之又名三門山〔疏〕孟是地名津是渡處杜預云河內河陽縣南孟津也在洛陽城北都道所湊古今爲津武王渡之近世呼爲武

濟水經注八百諸侯咸同此盟亦曰盟津又曰富平津

〔傳〕洛汭洛入河處〔疏〕河南鞏縣東　程氏曰洛水至鞏縣東北入河其曰洛汭者洛既北入于河河之南洛之北其兩閒爲汭言在洛水之內也渭水入河之閒亦名渭汭河南通志云洛水至鞏縣北入黃河禹治水神龜負書出于此名洛汭又名什谷清濁異流張儀說秦塞什路之口是也〔疏〕大伾黎陽縣山臨河隋圖經曰大伾又名青壇山　水經曰河水東逕成皋大伾山下注爾雅曰山一成謂之伾孔安國以爲再成曰伾鄭康成曰地喉也流出伾際矣然則

大伾在河内脩武武德之界濟沇之水與滎播澤出入自此大伾卽是山矣括地志云大伾山今名黎陽東山在衛州黎陽南考大名府志云浮丘之東二里曰大伾周五里有奇蓋襟大行之左麓也

疏地理志云降水在信都縣史記正義云降水源出潞州屯留縣西南方山今考一統志降水在冀州治北俗名枯漳渠金史南宮下有漳水枯瀆卽此河渠書曰禹以爲河所從來者高水湍悍難以行平地數爲敗乃厮二渠其一出貝丘西南二折其一則漯川以引其河北載之高地過漳水至于大陸張洎曰禹以大河

流泛中流爲害最甚乃于貝丘疏二渠以分水勢一渠自舞陽縣東引入漯水其水東北流至千乘縣入海即今黄河是也一渠疏畎引傍西山以東北形高廠壞堤水勢不便流溢夾石碣石入于渤海書所謂北過降水至于大陸降水即濁漳大陸則邢州鉅鹿澤播爲九河同爲逆河入于海河自魏郡貴鄉縣界分爲九道下至滄州合爲一河言逆河者謂與河水往復相承受也齊桓公塞以廣田居唯一河存焉今其東界至莽梧河是也　左

傳疏云大伾以上河道不改大伾以下即是汲郡以東河水東流秦漢以來始然也古之河道自大伾而北過降水故迹不可復知其大陸則趙之廣澤也大陸以北播爲九河九河故道河間成平以南平原鬲縣以北

宋史河渠志曰河入中國行太行西曲折山間不能爲大患既出大伾東走赴海更平地二千餘里禹迹既湮河并爲一特以隄防爲之限夏秋霖潦百川衆流所會不免決溢之憂又曰河入中國北

繞朔方北地上郡而東經三受降城豐東勝州折而南出龍門過河中抵潼關東出三門集津為孟津過虎牢而後奔放平壤吞納小水以百數勢益雄放無崇山巨磯以防閑之旁激奔潰不遵禹蹟故虎牢迤東距海口三二千里恒被其害宋為特甚始自滑臺大伾嘗兩經汎濫復禹蹟矣一時建議必欲回之俾復故流竭天下之力以塞之屢塞屢決至南渡而後貽其禍於金源氏由不能順其就下之性以導之故也

〔傳〕北分爲九河以殺其溢在兗州界同合爲一大河名逆河而入於渤海〔疏〕鄭玄云下尾合名爲逆河言相向迎受〔蘇傳〕旣分爲九又合爲一以一迎八而入于海卽渤海也　紹聖元年轉運使趙偁曰河自孟津初行平地必須全流乃成河道禹之治水自冀北抵滄棣始播爲九河以其近海無患也　司馬君實說據禹貢河自大伾大陸又北爲九河則是河循太行北流乃東入海兗州境包今之河朔處勢高地又堅故少水患又漢兗州

界在今河陽非禹貢舊境也江隣幾雜志初學記曰逆迎也言海口有朝夕潮以迎河水後山談叢云逆河者爲潮水所逆行十餘里邊海又有潮河自西山來經塘泊羅苹曰九河始元城今大名縣西三里故瀆也新論王平仲云西南河間聖人於冀兖間逆設爲河以防暴至之患未至則不妨于民耕既至則不壞民舍程珌曰禹因地之形而逆設爲九河凡河之道則不建都邑不爲聚落不耕不牧以防其决故謂之逆河蘇氏軾曰河水湍悍雖其性然非隄防激而作之其勢

不至如此古者河之側無居民棄其地以爲水委

今也堤之而廬民其上所謂愛尺寸而忘千里也

故曰隄防省而水患衰　物理論曰河百里一小

曲千里一大曲一直一曲九曲以達于海　淮南

子曰河九折注于海而流不絶者崑崙之輸也又

曰河以透迤故能遠　黄庭堅曰河出崑崙墟雖

其本源高遠矣然渠并千七百然後能經營中國

而達于四海

徐積復河說曰地勢坤傾於東北者也河出於崑

崙經於中國注于渤海是其勢所從來者高矣顧
其勢湍急猛悍如此行之地中則可行之地上則
是逆水之性張水之勢而肆其暴者也從而爲隄
防壅塞之計則築垣而居水者也徒迫限其勢而
激其怒爾故禹導河必於山足高地或鑿山或穿
地使水行其中乘高地而入於海因高山以爲之
勢因大地以爲之防因渤海以爲之壑又曰嘗自
陝以西登高東望左丘陵右岡阜河乃行於其中
所以自古以來河未嘗決於陝同之間也行而至

於河北京東之界則地形益下而悉平原山足復軟不足以爲之固所以釃爲二渠又爲九河以殺其怒勢而決洩之河所以趨于海而三代之時無水害蓋有禹之遺迹也今之河身既狹又地軟無丘陵岡阜爲之固又無二渠復無九河以分洩其怒勢獨行乎一道以孟子言之乃掘地而注之海今則以人所築堤爲之扞乃水行乎地上則安得不決也莫若畧依古法分爲數道隨其所趨而利導之寛爲河身縱其游衍而不壅塞則河患庶乎

少矣余闕曰河出崑崙合諸戎之水東流以入中國其性勁悍若人性之有强力其來也其遠而其注中國也爲甚下又若建瓴於峻宇之上則其難治也固宜且中原之地平曠夷衍無洞庭彭蠡以爲之滙故河嘗積潰爲患其勢非多爲之委以殺其流未可以力勝也故禹之治河自大伾而下則析爲二渠大陸而下則播爲九河然後其委多河之大有所瀉而其力之所分患可平也余嘗以爲中國之地西南高而東北下故水至中國而入

海者一皆趨於東北古河自龍門卽穿西山踵趾而入大陸地之最下者也然河天下之濁水也凡水一石率泥數斗嘗道出梁宋觀河所決凡水之所被此其去卽穹居大木盡没地中漫不見蹤跡河之行於地中也數十年而河徙千乘自漢而後千數百年而河徙彭城然南方之地本高于北故河之南徙也難而其北徙也易自宋南渡至今殆二百年而河旋北乃其勢然也　谷永以爲河中國之經瀆聖人興出圖書王道廢則竭絶　程子

曰唐土德少河患本朝火德多水災　歐陽脩曰河本泥沙無不淤之理淤澱常先下流下流淤高水行不快乃自上流低下處決此其常勢也然避高就下水之本性故河流已棄之道自是難復

蘇轍曰河之爲害自漢以來東決則盡太山之麓西決則盡西山之趾凡二山之間數千里之地丘陵險阻河皆堙而平之存者無幾矣河水重濁所至輒淤淤塡旣高必就下而決又曰黃河之性急則通流緩則淤澱　任伯雨曰禹之治水未嘗不

因其變以導之蓋河流混濁泥沙相半流行既久迤邐淤澱則久而必決者勢也正宜因其所向寬立隄防約攔水勢使不至大段漫流若恐北流淤澱塘泊亦祇宜因塘泊之岸增設隄防乃爲長策

歐陽玄至正河防記曰治河一也有疏有濬有塞釃河之流因而導之謂之疏去河之淤因而深之謂之濬抑河之暴因而扼之謂之塞疏濬之別有四曰生地曰故道曰河身曰滅水河生地有直有紆因直而鑿之可就故道故道有高有卑高者

平之以趨卑高卑相就則高不壅卑不瀦慮夫壅生潰瀦生堙也河身者水雖通行身有廣狹狹難受水水溢悍故狹者以計闢之廣難爲岸岸善崩故廣者以計禦之減水河者水放曠則以制其狂水隳突則以殺其怒治隄一也有捌築脩築補築有刺水隄有截河隄有護岸隄有縷水隄有石船隄治埽一也有岸埽水埽有龍尾攔頭馬頭等埽其爲埽臺及推卷牽制薤掛之法有用土用石用鐵用草用木用䋲用絙塞河一也有缺口有豁口

有龍口鐵口者已成川谿口者舊常爲水所谿水
退則口下於隄水漲則溢出于口龍口者水之所
會自新河入故道之潦也此外不能悉書賈曾嘗
言水工之功視土工爲難中流之功視河濱爲難
決河口視中流又難北岸之功視南岸爲難用物
之效草雖至柔能狎水水漬之生泥泥與草并力
重如碇然維持夾輔纜索之功實多　桓譚新論
曰河水濁一石水六斗泥而民競引河溉田令河
不通利至三月桃花水至則決以其噎不泄也可

禁民勿復引河　淮南子曰河水中濁宜菽

〔漢書溝洫志〕孝文時河決酸棗東潰金隄於是東

郡大興卒塞之孝武元光中河決於瓠子東南注

鉅野通於淮泗後二十餘歲歲數不登而梁楚尤

甚上既封禪乃發卒數萬人塞瓠子決河築宮其

上名曰宣房而道河北行二渠復禹舊跡而梁楚

之地復寧無水災自塞宣房河復北決於館陶分

爲屯氏河東北經魏郡清河信都勃海入海館陶

東北四五郡雖時小被水害而兗州以南六郡無

水憂元帝永光五年河決清河靈鳴犢口而屯氏
河絶成帝時河決館陶及東郡金隄泛濫兖豫入
平原千乘濟南凡灌四郡河隄使者王延世使塞
以竹落長四丈大九圍盛以小石兩船夾載而下
之三十六日河隄成以五年爲河平元年後二歲
復決平原流入濟南千乘哀帝初博求能浚川疏
河者待詔賈讓奏治河有上中下三策令徙冀州
之民當水衝者決黎陽遮害亭放河使北入海河
西薄大山東薄金隄勢不能遠泛濫期月自定此

功一立千載無患謂之上策若多穿漕渠於冀州地使民得以溉田分殺水怒雖非聖人法然亦救敗術也今從淇口以東爲石隄多張水門旱則開東方下水門溉冀州水則開西方高門分河流富國安民支數百歲謂之中策若乃繕完故隄增卑倍薄勞費無已數逢其害此最下策也　明帝永平十有三年詔脩汴渠隄有薦樂浪王景詔與將作謁者王吳治汴渠隄自滎陽東至千乘海口　漢時河決頓丘遂漸南徙隋煬帝引河入汴引汴入淮河淮始通至宋熙寧而河遂

南隋煬帝開通濟渠自西苑引穀洛水達於河復自板渚引河與沁合流入於泗初學記曰煬帝於衛縣因淇水之入河立淇門以通河東北行得禹九河之故道隋人謂之御河〔宋史

河渠志〕開寶初河大決濮陽又決陽武太祖下詔有素習河渠之書許附驛條奏時東魯逸人田告纂禹元經十二篇召至闕下詢以治水之道未幾決河皆塞太宗太平興國八年河大決滑州韓村泛澶濮曹濟諸州東南流至彭城界入于淮眞宗天禧三年滑州河溢歷澶濮曹鄆注梁山泊又合清水古汴渠東入于淮始著作佐郎李垂上導河

形勝書三篇并圖其畧曰漢武捨大伾之故道發頓丘之暴衝則濫兗泛齊流患中土請自汲郡東推禹故道挾御河較其水勢出大伾上陽太行三山之間復西河故瀆北注大名西館陶南東北合赤河而至于海因于魏縣北析一渠正北稍西逕衡漳直北下出邢洺於夏書過洚水稍東注易水合百濟會潮河而至于海大伾而下黃御混流薄山障隄勢不能遠如是則載之高地而北行百姓獲利矣至是又疏河利害請自衛州東界曹公所

開運渠東五里河北岸凸處就岸實土堅引之正
北稍東十三里破伯禹古堤注裴家潭逕牧馬波
又正東稍北四十里鑿大伾西山釃為二渠一逼
大伾南足決古隄正東八里復澶淵舊道一逼通
利軍城北曲河口至大禹所導西河故瀆正北稍
東五里開南北大隄又東七里入澶淵舊道與南
渠合朝議以煩擾罷說者以黃河隨時漲落自立
春後解東河邊人候水初至凡一寸則夏秋當至
一尺頗驗謂之信水非時暴漲謂之客水有司常

以孟秋預調塞治物料用丁夫百千人挽置卑薄之處謂之埽岸遇河横决復增之以補其缺仁宗天聖六年河决澶州之王楚埽遣使行視遥隄慶曆八年河决商胡埽皇祐二年復决大名館陶河渠司李仲昌議穿六塔河使歸横隴故道舒一時之急令兩制臺諫詳定翰林學士歐陽脩奏請罷役時宰相富弼主仲昌議嘉祐元年四月詔發三十萬丁塞商河北流入六塔河不能容復大决死者數千萬人仲昌流英州仲昌垂子也由是久不

復論河事初商胡決河自魏之北至恩冀乾寧入于海是謂北流嘉祐八年河流派于魏之第六埽遂爲二股自魏恩東至于德滄入于海是謂東流議者多不同神宗熙寧四年河溢澶州又溢衛州時新堤凡六埽而決者二下屬恩冀貫御河奔衛爲一帝憂之令河北轉運司開脩二股河上流并塞第五埽五年功成又謀鑿直河命范子淵領其事自開直河水勢增漲十年河復大決于澶州曹村北流斷絕河道南徙東滙于梁山張澤濼分爲

二派一合南清河入于淮一合北清河入于海凡灌郡縣四十五而濮齊鄆徐尤甚又决鄭州榮澤元豐元年四月决口塞詔改曹村埽曰靈平四年四月小吴埽復大决自澶注入御河詔都水監丞李立之經畫以聞帝謂輔臣曰河之為患久矣後世以事治水故常有礙夫水之趣下乃其性也如能順水所向遷徙城邑以避之復有何患已而立之言河流自乾寧軍至劈地口入海宜自北京至瀛洲分立東西隄五十九埽詔從之大抵熙寧初

專欲導河東流閉北流元豐以後因河決而北議者始欲復禹故迹神宗愛惜民力思順水性而水官難其人王安石力主程昉范子淵二人尤以河事自任縻費巨萬功用不成哲宗卽位又決大名之小張口於是回河東流之議起騷動半天下復爲分水以軟堰爲名援吳安持爲都水使者力主東流元符二年六月河決内黄口東流遂斷絶

元史成宗大德元年河決杞縣蒲口是後水北入復河故道武宗至大二年河決歸德又決封丘廉

訪司言黃河伏槽之時水勢似緩不足爲患一遇
霖潦湍浪迅猛自孟津以東土性疏薄兼帶沙鹵
又失導洩之方崩潰決溢可翹足而待每歲巡河
徒應故事莫若于汴梁置都水分監妙選深知水
利之人專任巡視謹其防護泰定帝泰定二年河
溢汴梁三年河決陽武漂民居萬家順帝至正四
年黃河暴溢北決並河郡邑以至曹州遣工部尚
書賈魯發丁夫十五萬挽河東行使復故道自淮
入海　方氏曰建紹後黃河決入鉅野溢于泗以

入于淮者謂之南清河由汶合濟至滄州以入海者謂之北清河是時淮僅受河之半金之亡也河自開封北衛州决而入渦河以入淮一淮水獨受大黄河之全以輸之海濟水之絶于王莽時者今其源出河北温州猶經枯黄河中洑入汶而後趨海清濟貫濁河遂成虚論矣

〔箋〕河流千里一曲自南而東而北各從其曲折處言之江漢以下諸水則大約皆東流矣水萬折而流必東亦自然之性也　考舊河在河南開封府

城北四十里東至虞城下達山東濟寧州界本朝洪武二十四年河决原武之黒洋山東經開封城北五里又南行至項城經潁州潁上東至壽州正陽鎮全入于淮而故道遂淤永樂九年開會通河復疏故道築隄道河經二洪南入淮通漕因罷海運正統十三年河决滎陽衝張秋又决孫家渡全河南徙而汴城在河之北矣弘治二年河決原武支流爲三六年復决黃陵岡命都御史劉大夏等役丁夫十二萬濬孫家渡口始塞張秋自是河南

歲計河夫正德四年河決曹縣奔流直抵豐沛并決沛縣飛雲橋入運嘉靖六年決曹單城武等縣八年飛雲橋水北徙魚臺穀亭十三年又決趙皮寨入淮是年河忽自河南夏邑縣衛向東北流經蕭縣仍出徐州小浮橋下濟二洪趙皮寨壽塞十九年決野雞岡由渦河入淮二洪大涸侍郎王以旂乃開李景高口支河引水出徐濟洪閼二年復淤三十七年河趨東北段家口析六股由運河至徐入洪又分一股由碭山堅城集下析五小股從

小浮橋入洪河勢分流所在多淤四十四年全河
南遶沛縣戚山入秦溝北遶豐縣華山漫入秦溝
泛濫入運河尚書朱衡請開新河自南陽至留城
隆慶四年河决睢寧縣而高家堰大潰淮水東趨
桃清河塞運道梗阻者數年萬曆六年都御史潘
季馴築高家堰歸仁集等堤故道盡復其後河决
不常時加疏濬十六年茶城口淤稍徙而南二十
九年大開李吉口而河復南徙三十六年侍郎李
化龍始開泇口以避徐呂之險而徐淮更頻歲受

河患至嚙城郭蕩廬舍矣　河水多泥緩則易淤播之爲九勢有所分而上流速洩則不淤矣而又同爲逆河者海潮逆入其泥易積合之爲一其勢猛急而潮不能壅則又不淤逆河只爲河萬里而瀉氣甚銳來甚猛卽海一時吞納不及耳　徧景明曰江淮河漢其流著矣然岷山爲江源稍遠嶓冢爲漢源次之桐柏爲淮源最近惟河源不可窮或曰元人始窮河源其源爲星宿海其精上爲天漢故大河爲宗　楊愼曰漢武帝按古圖書名河

所出山曰崑崙班固以張騫未嘗見唐薛元鼎使吐蕃自隴西成紀出塞二千里得源於悶磨黎山中高四下所謂崑崙水東北流與積石河相連吐蕃自言崑崙在其西南然皆非耳目之實元命都實求河源自河州四閱月始抵其處大槩謂河源東北流所歷皆西番地至蘭州凡四千五百餘里始入中國又東北流過河地凡二千五百餘里譬諸常山之蛇張騫見其尾元鼎見其腹而都實㡯幾見全體矣　陝西志云河經積石至河州又東

北受九水至臨洮按水經河至此東北流有北濟川乃北谷烏頭川臨津白土川西川大夏洮灕諸水注之又東受湟水至蘭州又北受高平水又北過靈州西寧夏東又東過新秦中北今河套受五水至闇陽縣今葭州又南受十三水出龍門今郃陽縣又南受七水至華陰大抵自河源至華陰通計九千餘里而東入河南境魏太常校曰天文起于東南角宿而西西北閶闔爲天門崑崙發源西北乾維而東南薄大海葢相首尾矣此天地相逆以成造化也宋濂治河議曰神禹導河之後無水患

者七百七十餘年河之流分而其勢自平也周定王時河徙砱礫始改其故道九河之跡漸至湮塞至漢文時決酸棗東潰金隄孝武時決瓠子東南注鉅野通于淮泗汎郡十六害及梁楚此無他河之流不分而其勢益横也逮宣房之築道河北行二渠復禹舊跡其後又疏爲屯氏諸河河且入千乘間德棣之河復播爲八而八十年又無水患矣及成帝時屯氏河塞又決于館陶及東郡金隄泛濫兗豫入平原千乘濟南凡灌四郡三十二縣由

是而觀則河之分不分其利害昭然可睹已黄承玄曰河源出域外崑崙禹導之自積石始又越三千里至龍門其逕始詳焉今考近志河自積石至河州逕蘭縣寧夏出塞外東北至古東勝廢武州復南入中國西則爲陝西界凡歷延安西安二府起府谷神木吳堡清澗延川宜川韓城郃陽朝邑以至華陰潼關東則爲山西界凡歷大同太原平陽三府起河曲保德興臨寧鄉石樓永和大寧吉和津滎河蒲州南望華陰是爲西河而龍門之

險在韓城之東北境與河津値呂梁之險在石州西境與郤陽値壺口之險在吉州西境雷首之險在蒲州東南傳所稱孟門之險即在龍門以上亦吉州西界又自蒲而東逕芮城平陸垣曲入河南懷慶之濟源孟温武陟曰河内自華陰而東入河南開封二府逕閿鄉靈寶陜州澠池新安洛陽孟津鞏縣偃師河陰滎澤原武延津西北望大伾曰河外是爲南河而底柱之險在陜州之東界析城王屋之險在澤州陽城濟源傳所稱三門即底柱

也七澤在其下由此過鞏之洛汭濬之大伾此禹貢所載今郡縣可指而名者也其東河則洚水而大陸而九河而逆河而碣石入海雖亦禹貢所載而今郡縣並不可指名焉姑以地形揆測則當在今大名眞定河間及古北平營遼之間又按禹治河龍門至大伾皆緣山爲阻隘東河流及大陸而下則澤壤曠夷水勢奔放乃不惜數百里地委之九河以殺其怒而初無隄防以迫阨之故自夏迄周千有餘年其間衝決遷改雖自不常然要不越

瀛冀之域而已周秦以降河始不行於大伾之北而出於相魏之南一徙而屯氏再徙而漯川川流所導已非禹跡然亦猶兗之境也迨宋元以後河盡南徙由豫入徐而自滎陽以東盡非禹舊至於今而又異矣即先朝以來一再北決勢若建瓴第以濟運之故障之使南而又左虞泗漕右虞 陵寢僅僅留中一線居水東行壅塹自其宜耳夫禹時道河北入碣石之海道濟東入千乘之海道淮南入揚州之海三瀆分流猶虞羨溢今以一淮兼

三瀆之任益以渭洛汝沁泗沂諸川之流而無他瀆以洩之河所以爲難之難也然則必道河北流復禹舊迹然後可乎曰河不可復而可分不必狥禹之迹而當師禹之意此今日之宜講求者　王氏樵曰兗地最狹而承河之委爲禹最所施工處播爲九河同爲逆河入于海此三句內有多少工夫後世河患正坐分播合同不得其勢而入海之路狹也　邵寶曰禹之導河自大伾以下分播合同隨其所之而疏之不與爭利故水得其性而無

衝決之患非無衝決也彼自衝決而非吾之所得與也今河南山東郡縣碁布星列官亭民舍相比而居凡禹之所空以與水者今皆爲吾有蓋吾無容水之地而非水據吾之地也固宜其有衝決之患也　丘氏濬曰周以前河勢自西而東而北漢以後河勢自西而北而東宋以後迄于今則自西而東而又之南矣河之所至害亦隨之江河淮濟皆名瀆今以一淮而受黃河之全蓋合二瀆而爲一也我　朝建國幽燕漕東南之粟以實　京師

必由濟博之境則河决不可使東行一决而東則漕渠乾涸歲運不繼其害非獨在民生且移之國計矣　鄭氏曉曰河不能决於底柱之上者河由兩山中行也出底柱則平原廣野又并受關東諸山之水水流益多水勢益大地形益卑水勢益急虞夏以前皆都在底柱之上商初都亳亦在諸山中書所謂適於山降凶德是也以後就水利反受其害以故殷數遷都至周之衰井田漸廢侯國爭水利者築隄以包沃饒之利避水患者亦築隄以

隣國爲壑隄日多水日東水失其性而致怒决溢之害不小然决而南奪淮而行害郡邑爲少决而北則無復九河故道原野被害遠矣又曰我　朝黄河之役北漢唐以後不同逆河性挽之東南行以濟漕運故河患時時有之自海運既罷中灤運又罷專由邗溝入淮沂河以達會通河故河水不得如禹貢故道入北海而河之東南行者又分數道蓋自經汴以來支流益演南出二道皆徑入淮東南出一道東出五道皆入漕河并入于淮乘淮

入海今數道皆塞止存沛縣一道河流大而所受狹不能容勢必橫溢而決決而東南有山限閡爲禍不大決而東北非東昌則河間等處故往歲張秋潰決運道不通爲禍不小況今之防河自底柱而下行於平地旣防決臨清又防決濟寧又防決徐州又防決潁壽以犯鳳陽又欲遏其流不南出不北走循我運道而接江淮之舟此其計誠難也

潘季馴曰宋任伯雨云河止宜寬立隄防約攔水勢使不大叚漫流此卽遙隄之意也故治河者

必無一勞永逸之功惟有救偏補弊之策縷堤即近河濱束手太急怒濤湍溜必至傷隄遙隄離河頗遠或一里餘或二三里伏秋暴漲之時難保水不至隄然出岸之水必淺既遠且淺其勢必緩緩則隄自易保也或問多穿支河以殺其勢何如應之曰黃流最濁以斗計之沙居其六若至伏秋則水居其二矣以二升之水載八升之沙非極迅溜必至停滯若水分則勢緩勢緩則沙停沙停則河塞河不兩行自古記之支河一開正河必塞近事

固可鑒也　李維楨曰河何嘗不治吾以爲治之過也宜以不治治之其說在賈讓不與水爭尺寸之利也水性就下十里百里內外地形高下已難一律齊況千里內外有能悉其高下尺寸不謬者乎鯀禹父子世治水習水今之治水者非習水者也治水率尊官能乘四載乎歷九載八年乎不過委之小吏耳决此則塞此决彼則塞彼或别爲一河以居之卽有遥堤縷堤濶數十里而止能捐一二百里之地以予河乎能捐一二百里之地爲河

河何不治之有防河築堤歲費百萬金以此金畀居民使遷聽河勢自成豈不便計而誰則任之

嘉靖中都御史吳鵬等言黃河西來萬餘里滙納百川古疏九河以殺之猶莫能支今自河南以下全派經徐出清河滙淮以趨于海而無所分其流益壯其勢益决徐邳一帶頻年衝潰湮淤之患皆上源少分殺之故也宜于徐州上流相度舊道擇其便利者疏濬支河一二以分殺水勢爲永利

隆慶三年工科嚴用和言黃河爲患自周漢至今

未有久而不決之術要在因勢利導而已至欲多開故道以殺河勢夫漢武力罷于瓠子宋人禍基于回河卽如嘉靖中開濬孫家渡等處費出不貲旋卽壅塞未有能出奇策使河受約束者也　李化龍開泇議曰河自開歸而下合運入海其路有三由蘭陽道考城至李吉口過堅城集入六座樓出茶城而向徐邳是名濁河爲中路由曹單經豐沛出飛雲橋泛昭陽湖入龍塘出秦溝而向徐邳是名銀河爲北路由潘家口至何家隄經符離道

雎寧入宿遷出小河口入運是名符離河爲南路此三路者近代河所遞行之道也南路雖近　陵然有隋隄障其上有九岡十八窪隔其中有歸仁隄護其下於　陵無害第北扼於山南近於淮儻下流淤塞不逆流而上則潰隄而南是皆能亂淮亂淮則久之而淮亦淤淮淤而沮洳之患上及　陵園矣且全河下宿遷徐邳運道不免告涸則南路者利不勝害者也北路雖近運然太行隄足障驚濤徐呂洪足束亂流且汶泗有接漕艘之利第

下流往往潰隄隄潰而魚沛之間城郭夷犨路壞不直陜民亦且梗運則北路者利害正等者也惟中路則不南不北旣遠於　陵亦濟於運有利無害前合三省以興役而狂瀾旣廻下流復溢故挑濁河議所不敢出此守行隄開泇河無容再計矣黃河者運河之賊也用之一里則有一里之害避之一里則有一里之利以二百六十里之泇河避三百三十里之黃河當不憚勞費治之今估直以二十萬事半而功倍運不借河河復不近　陵此

後但北守太行隄南守隋隄中間蕭碭豐沛所在各高隄防以自救任河游衍容與於其中所省不貲巳隆慶五年都御史翁大立請開泇河尋報罷萬曆三十六年侍郎李化龍卒主其議

兗州府志曰泇水有二一曰東泇河源出費縣逕沂水西北箕山南流過卞莊東分一支入芙蓉湖一曰西泇河出沂州西南抱犢峯下東南流與東泇河合貫四湖又南合嶧縣滄浪淵同爲武河謂之泇口南流至邳州境會於沂水入於河近有議開泇河以避徐方之險者考齊乘云武河一名小

沂上流有故渠俗名文河土人云浚此渠六十里使武河通沛可避呂梁徐洪之險徑達新濟益元時已有此議也　于慎行曰泇河出嶧費諸山左合沂武南入於淮元時嘗於利國監鑿運鐵之渠近穀亭河徙議者數請開泇口通運因避二洪之險皆以葛墟嶺爲梗謂嶺高於渠六丈不可鐫且計從呂孟諸湖南至落馬湖口隄其中以漕長幾五百里度用四百萬遂止萬曆癸巳尚書舒應龍避葛墟嶺稍西而南得韓莊議開支渠導呂孟諸河注泇河東會沂沭由周柳諸河出邳宿河口費不及四萬

鄧元錫曰宋都汴藉河以限虜　國家都燕藉河以利漕

嶓冢導漾東流爲漢又東爲滄浪之水過三澨至于大別南入于江東滙澤爲彭蠡東爲北江入于海漾史記作瀁

【傳】泉始出山爲瀁水東南流爲沔水至漢中東流爲漢水【疏】地理志云漾水出隴西氐道縣至武都爲漢水不言中爲沔水經云漾水出氐道縣嶓冢山東至武都沮縣爲漢水河圖曰嶓冢山上爲狼星　漢中記曰嶓冢

以東水皆東流嶓冢以西水皆西流故俗以嶓冢爲分水嶺釋名曰山頂曰冢闞駰云漢或爲漾漾水出崑崙西北隅至氐道重源顯發而爲漾水山海經曰嶓冢之山漢水出焉而東南流注於沔郭璞注至江夏安陸縣江即沔水應劭漢書注云沔水自江別至南郡華容爲夏過郡入江故曰江夏水經曰沔水出武都沮縣東狼谷又東南逕沮水戍而東南注漢曰沮口注云所謂沔漢者也山海經謂漢出鮒嵎山東北流得獻水口庾仲雍云是水南至關城合西漢水漢水又東

北合沮口同爲漢水之源也故如淳曰北方人謂漢水爲沔水至漢中爲漢水是互相通稱矣又曰江水又東北至江夏沙羨縣西北沔水從北來注之江水又重合灄口水上承沔水於安陸縣而東逕灄陽縣北東南注于江今考漢江圖西自漢中流至漢陽大別山出漢口與江水合即漢水故道見湖廣志鄭樵曰漢水出興元府西縣嶓冢山爲漾水東流爲沔水故地曰沔陽又東至南鄭爲漢水有褒水從武功來入焉南鄭興元治興元故漢中郡也　華陽國志曰漢有二源東源

出武都氐道漾山因名漾禹貢流漾爲漢是也西源出隴西嶓冢山會白水經葭萌入漢始源曰沔故曰漢沔按沔水即漢水自夏水入沔之後兼流至漢陽名南沔見一統志祝穆曰天下之大川以漢名者二班固謂之東漢西漢而黎州之漢水源於飛越嶺者不與焉固之所謂東漢則禹貢之導漾自嶓冢山逕梁洋金房均襄郢復至漢陽入江者也西漢則蘇代所謂漢中之甲輕舟出於巴乘夏水下江四日而至五渚者其源出於西和州徼外徑階沔與嘉陵水合俗謂

之西漢又徑大安利劍果合與涪水合入於江黃氏曰漢水二源一源出秦州天水縣謂之西漢水至恭州今重慶巴中縣入江一源出大安軍三泉縣謂之東漢水至漢陽軍入江水經注地理志並言漢源東出氐道西出西縣兩川俱出嶓冢而同爲漢水杜佑曰秦州上邽縣嶓冢山西漢水所出經嘉陵曰嘉陵江經閬中曰閬江漢中金牛縣嶓冢山禹導瀁水至此爲漢水亦曰沔水上邽今廢入清水金牛今廢入襄城程大昌曰漢書誤以嘉陵江爲西漢余詳辨之矣嘉陵既不爲漢則秦雅

二州及葭萌金牛有山皆名嶓冢者不待辨而知其誤也水經以漢中之漢源出武都東狼谷山予嘗詢經其地者曰由漢中而西有水焉發源之地距興元不一二百里源既近流又狹按地書褒水與斜谷分山南口曰褒北口曰斜漢中北距斜口自八九百里而褒水發源是爲衙嶺又遠在褒口西北角八九百里之上則其源流亦既甚長矣水經凡叙狼谷水率皆西出東行而衙嶺褒源悉從北而南行直至南鄭而流委始東名漢水則與經

謂導漾東流爲漢者其方嚮正合也淮南子云漢水重安宜竹

〔蘇傳〕嶓冢山在梁州南出荊州東南流爲滄浪之水即漁父所歌者也鄭樵曰漢水東過南漳荊山而爲滄浪之水或云在襄陽即爲滄浪之水酈道元水經注云東西兩川俱出嶓冢而同爲漢水武當縣西北四十里漢水中有洲名滄浪洲禹貢言東爲滄浪之水不言過而言爲者明非他水决入也葢漢沔水自下有滄浪通稱耳一統志滄浪水在均

州北四十里及考常德府龍陽縣有滄山浪山二山相連下有水相合出江謂之滄浪水即屈原過漁父處禹貢滄浪則沔陽州也見府志　葉夢得曰滄浪地名非水名大抵禹貢水之正名而不可單舉者則以水足之黑水弱水澧水是也非水之正名而因以為名則以水別之滄浪之水是也沇水伏流至濟而始見沇亦地名可名以濟不可名以沇故亦謂之沇水乃知聖言一字未嘗無法也

〔傳〕三澨水名入漢　水經注尚書曰導漢水過三澨地説曰沔水東行過三澨合流觸大別山陂故

馬融鄭玄王肅孔安國等咸以爲三澨水名也許愼言澨者俾增水邊土人所止也按春秋左傳曰文公十有六年楚軍次于勾澨以代諸庸宣公四年楚令尹子越師于漳澨定公四年左司馬戌敗吳師于雍澨昭公二十三年司馬薳越縊於蓬澨（左傳作薳澨）服虔或謂之邑又謂之地京相璠曰杜預亦云水際及邊地名也今南陽淯陽二縣之間淯水之濱有南澨北澨矣而諸儒之論水陸相半又無山源出處之所津途關路唯鄭玄及劉澄之言

在竟陵縣界

〔傳〕滙迴也水東迴爲彭蠡大澤　朱子曰彭蠡之爲澤也實在大江之南自今江州湖口縣南跨南康軍饒州之境以接于隆興府之北彌漫數十百里其源則東自饒徽信州建昌軍南自贛州南安軍西自袁筠以至隆興分寧諸邑方數千里之水皆會而歸焉北過南康揚瀾左里則西岸漸迫山麓而湖面稍狹遂東北流以趨湖口而入于江矣然以地勢北高而南下故其入于江也反爲江水

所遏而不得遂因郤而自豬以爲是彌漫數十百里之大澤則是彭蠡之所以爲彭蠡者初非有所仰於江漢之滙而後成也不惟無所仰于江漢而衆流之積日遏日高勢已不復容江漢之來入矣又况漢水自漢陽軍大别山下南流入江則其水與江混而爲一至此已七百餘里矣今謂其至此而後一先一後以入于彭蠡旣滙之後又復循次而出以爲二江則其入也何以識其爲昔日之漢水而先行何以識其爲昔日之江水而後會其出

也何以識其爲昔日之漢水而今分之以北何以識其爲昔日之江水而今分以居中耶且以方言之則宜曰南會而不應曰北會以實計之則湖口之東今但見其爲一江而不見其分流也湖口横渡之處予嘗過之但見舟北爲大江之濁流舟南爲彭蠡之清漲而已蓋彭蠡之水雖限於江而不得洩然其旣平則亦因其可行之隙而又未嘗不相持以東也惡睹所謂中江北江之别乎莆田鄭樵漁仲獨謂東滙澤爲彭蠡東爲北江入于海十

三字爲衍文得之　水經曰沔水東至石城縣宣城郡分爲二其一東北流其一又過毗陵縣舊丹徒北爲北江地理志曰江水自石城東出逕吳國南爲南江　吳幼清曰漢水南入于江乃循江北岸東行爲江之北而入于海夫漢既入江與江混爲一水而又曰東爲北江入于海有似別爲一水然何也葢漢水源遠流大可亞於江兩相匹配其他小水入大水之例不同故於荆州言朝宗于海必以江漢並稱葢曰江之入海非獨江水實兼漢水江固爲江漢亦爲江也故

漢得分江之名而爲北江記其入海者著其爲瀆也三瀆皆自爲一瀆惟江與漢共爲一瀆導水九條始之以三水終之以二水而中間記四瀆其一河瀆一瀆也其二江漢一瀆也其三濟瀆其四淮瀆也江漢勢體均敵二水合流所以如此其大不以漢附于江而泯其入海之實故于漢于江並言入海而爲瀆也若漢不爲瀆則東爲北江入於海七字衍文而其序當殿導江之後矣

【箋】凡大水多重源河源有三泲源有二漢亦有東

西二源而與江合爲一瀆故先以漢入江言之

韓邦奇曰漢水之源論者不一或以爲出於鞏昌漢志曰東漢受氏道水或以爲出於漢中大抵鞏昌爲是蓋嶓冢山在可證也漢中無嶓冢山沔水源出金牛山人旣誤以爲漢水遂以金牛山爲嶓冢通典嶓冢山二一在天水郡上邽一在漢中府金牛在天水者漢水所出也雍大記曰西漢水在西和縣西南源出嶓冢山又曰漢江在漢中府南三里東流入金州又東流流歷梁洋漢陰蒙紆而入襄陽界又曰武都漢時爲郡所治甚遠西北自陝西鞏昌府成縣東南至漢中府沔縣千八百餘里沔

縣有天池故曰都此武都之得名也武當今湖廣均縣三澨在京山縣西八十里汉澨漳澨蘧澨湖廣通志曰漢水源發陝西嶓冢山東至漢中爲漢東流至武當縣爲滄浪水過潛江縣爲沔水李夢陽曰漢之性曲其流十里九灣郢沔之間瀦爲澤藪皆漢之瀁也語曰勁莫如濟曲莫如漢湖廣志曰今沔陽州黄蓬之山下枕大江其東南有三澨焉北爲滄浪之水又云三澨水在景陵縣南三十里源自安陸達景陵今郢州長壽鄉磨石山發源東南流者名澨水至復州景陵界來又汉

水即三澨之一也湖廣名勝志曰唐武德初析漢陽置汊川縣以廢縣南汊水爲名即左傳澨水也承天府志曰三澨一云在沔陽一云在京山而景陵有三叅水又有三汊水云是三澨俱無的據蔡沈註則磨石山發源者爲澨蓋源出仙女洞發爲司馬河又南逕蒲圻寺又南爲夏洋港逕揚家洚合長灘舊水注小河此一澨也據京山志謂馬溪河爲澨蓋馬溪河發源趙橫寺黑龍洞廻而東流南逕馬頭山又東南爲官橋河又東爲馬溪河此一澨也據沔陽志則石家河爲澨蓋

石家河發源空山湖如意寺井家冲爲嬃河口爲雷公潭逕白土苑又東南爲石家河此又一澨也

鄭氏曉曰江初受漢滙于洞庭此南受沅湘諸水過此而東滙于鄱陽此南受嶺北豫章諸水疑彭蠡爲巢湖者總無謂洞庭鄱陽二湖俱當南水北入江處猶今歙滄凡兩港相交處即成一大漾

王氏樵曰漢水入江江獨達于海此古今之迹所同亘天地不改者也若曰禹時江漢滙爲彭蠡之後又分爲北中兩江入于海則漢水即當列四

瀆矣何以自古四瀆無漢水邪若曰漢嘗入江而不列于瀆則泲亦嘗入河而又南出以入海正與北江同何以獨取泲而舍漢邪朱子有辯甚詳其要不過兩言曰彭蠡有源非江漢之所滙兩江不分北江中江只一大江孔氏謂自彭蠡江分爲三入震澤遂爲北江而入海鄭玄曰三江既入入于海不入震澤也此易明者惟江分爲三之說世儒惑泥堅不能破則以經有北江中江之文爾嶓冢之江爲北江岷山之江爲中江豫章之江爲南江此以經文質之則

合以水道考之則決不可通也地志云南江從會稽吳縣南東入海（此恐指吳淞江）中江從丹陽蕪湖縣西東至陽羨縣東入海（此指大江）北江從會稽毗陵縣北東入海（未詳所在）古今水道變遷或上古入海之處江分二道不可知但爲北爲中孰爲漢之所分則難以意言爾　韓邦奇曰南直通州等處至今土人猶有上江下江之稱漢言北江則江爲南江可知此因漢以見江江言中江則漢亦爲中江可知此因江以見漢互言之也曰東滙曰東爲者謂漢自

西東流而滙爲彭蠡又東流而爲北江非謂漢之東邉也

岷山導江東別爲沱又東至于澧過九江至于東陵東迤北會爲滙東爲中江入于海

〔傳〕江東南流沱東行　河圖括地象曰岷山之精上爲井絡帝以會昌神以建福書曰岷山導江泉源深遠盛爲四瀆之首　廣雅曰江貢也風俗通曰出珍物可貢獻釋名曰江共也小水流入其中所公共也　陸游曰嘗登嶓冢之山有泉涓涓出

西山間是爲漢水之源事與經合及西游岷山欲窮江源而不可得蓋自蜀境之西大山廣谷谽谺起復西南走蠻箐中皆岷山也則江所從來尤荒遠難知而漢起三澨至大別之麓亦卒附江以達于海故江爲四瀆之首而楚大別亦以爲望　李氏曰四瀆惟江最大江發於岷邐蘷荆達揚而入於海此江之源也自蜀而言江之外其水有七出于綿之神泉曰緜水出于什邡之章洛山曰洛水分流於永康之湔堰者湔水三水皆合於雒自雒

逕懷安簡資富順至瀘與江水會總曰內水發源於江油之清川逕緜潼遂東至于合曰涪水發源於沔之青泥嶺逕大安利閬果至合於涪水會曰嘉陵水發源于小巴嶺逕巴蓬之伏虞西南以至於渠曰巴水出萬頃池逕明通至渠與巴水合曰渠水巴渠二水既合逕廣安新明至合於嘉陵涪水會以達於渝而江始大此七水與江別合之大畧也若分流出夷中入中國以附于江者有三曰青衣曰羊山曰馬湖青衣出來山徑嚴道洪雅夾

江而下羊山出鐵豹嶺逕漢源出嘉定之南與青衣水合入于江馬湖自夷都流至叙亦入于江又有出郡邑之山澤者則自岷峨而下沿流以至于夔不勝其衆惟漢水出嶓冢與江分流由漢金趨襄至江夏大别山始與江合此蜀衆水接連荆楚源流之大畧也

范成大曰江源正自西戎中來由岷山澗壑出而會於都江世云江出岷山者自中國所見言之也

吳船錄

易氏曰考元和志岷山近在茂州而江源

遠在西徼在松州之境去[illegible] 山海經曰岷山江水出焉東北流注于海郭璞注岷山今在汶山郡廣陽縣西大江所出 淮南子曰江水肥仁宜稻水經曰岷山在蜀郡氐道縣大江所出江水自天彭闕東逕汶關而歷氐道縣北又有湔水入焉江水又東別爲沱酈道元注開明之所鑿也郭景純所謂玉壘作東別之標者也 王應麟曰岷山在茂州汶山縣俗謂之鐵豹嶺禹導江始于此沱水在彭州唐昌縣 呂大防合江亭記云沱江自岷而別張若李冰之守蜀始作堋以揵水而闕

溝以灑之大溉蜀郡廣都之田用以富饒今成都二水此江沱支流來自西北而滙于府之東南乃所謂二江雙流者也括地志云大江一名汶江西南自溫江縣來郫江一名永平江西北自新繁縣來昔李冰穿二江城中皆可行舟合于城之東南岸曲有合江亭金氏曰江至永康軍導江縣諸源既盛遂分爲沱東至眉州彭山縣復合于江江南受青衣大渡馬湖江北受嘉陵江又南受黔江出三峽而後東注于澧不書諸水以梁州蔡蒙和夷潛沔皆互見而三峽天險非人都通道計不施功故畧之也至于東

陵今岳州巴陵也東迤北會于滙當作會于漢蓋江勢迤北處正受漢口若至彭蠡則東流久矣

傳澧水名　疏今長沙郡有澧陵縣今澧水在澧州南二里源自慈利縣歷山流至石門會漊水又流至澧州城下合涔澹二水入洞庭見湖廣志水經曰澧水出武陵充縣西歷山東過零陽縣之北又東過作唐縣又東至長沙下雋縣西北東入于江酈道元注澧水東逕臨澧零陽二縣又東茹水注之又東逕澧陽縣右會漊水又入孱陵縣左合涔水澧水又東澹水出焉謂之澹口流注于洞庭湖

俗謂澧江口也離騷曰沅有茝兮澧有蘭又曰江注云洞庭謂之澧口江

水東過下雋縣北利水從東陵西南注之酈道元

注水出廬江郡之東陵鄉江夏有西陵縣故是言

東矣尚書云江水過九江至于東陵者也又巴陵

本吳之巴丘晉太康元年立巴陵縣於此巴陵西

對長洲其洲南廖湘浦北對大江三水所會亦或

謂之三江口

樂史言大江在巴陵東北流入洞庭今洞庭水會

于江非江流入洞庭也荆江出巴蜀自高注下濁

流至夏秋暴漲則逆泛洞庭瀟湘清流頓皆混濁岳人謂之翻流水岳陽風土記朱子荅程泰之書云頃在南康其地宜在彭蠡九江東陵敷淺原之間而考其山川形勢殊不相應疑晁氏九江東陵之說以爲洞庭巴陵者爲可信蓋江流自澧而東即至洞庭而巴陵又在洞庭之東也若謂九江即今江州其下少東便合彭蠡之口不應言至東陵然後東迤北會于滙也又曰過九江至于東陵者言導岷山之水而是水之流橫截乎洞庭之口以至

東陵也是漢水過三澨之例也過九江至于敷淺原者言導岷陽之山而導山之人至于衡山之麓遂越洞庭之尾東取鄱路以至于敷淺原也是導岍岐荆而逾于河以盡恒碣之例也　羅泌曰東陵今之巴陵與夷陵相對出爲東西以夷陵曰西陵則巴陵爲東陵信矣故唐志以今鄂州巴陵爲是九江葢在東陵而上顧不在彭蠡下也許叔重云迤邪行也今江水過洞庭至于巴陵而後東北邪行入于彭蠡所謂至于東陵東迤北也豈尋陽

之區哉且以大水受小水謂之過二水相受大小均謂之會河水東過洛汭北過滏水滏洛之水入河河水過之而已漾過三澨渭過漆沮亦猶是也自江分爲九道則經當云播爲九江不云過矣歐陽脩曰岷江之來合蜀衆水出三峽爲荆江傾折回直悍怒鬬激束之爲湍觸之爲旋順流之舟頃刻數百里不及顧視一失毫釐與崖石遇則糜潰漂没不見蹤跡其爲險不測如此夷陵爲州當峽口江出峽始漫爲平流天下之大險至此而始

平夷（應劭曰夷陵以有夷山在西北故名）岳陽風土記曰巴陵本下雋縣之丘江記言羿屠巴蛇於洞庭積其骨爲陵淮南子曰斬蛇於洞庭

【傳】迤溢也東溢分流都其北會爲彭蠡【疏】迤言靡迤邪出之言故爲溢也（江漢二水皆自西來至其合處則迤邐相屬漢水稍折而南江水稍折而北蓋江在漢南漢在江北其勢相屬故會于彭蠡而復東也）劉爚易解曰天地之間水爲最多然坎爲水而兌止于澤者以坎乃陽水陽主動江河之流是也兌乃陰水陰主靜湖海之滙是也

吳幼清曰江與彭蠡合流之後凡千四百里入海

江之入于海也必曰爲中江河也蓋禹貢以江漢

共爲一瀆漢分江之半爲北江故江不得專江之

名漢爲北江則江當爲南江然循南江面岸有彭

蠡湖水若曰南江恐疑爲指湖水而言以江水行

於湖水漢水之中故曰爲中江也　曾氏曰考於

地志豫章之川如彭水鄱水塗水之類凡九水合

於湖漢東至彭蠡入江此九水蓋南江也南江乃

江之故迹非禹所導禹導漢水入焉與舊江合流

而水之派分爲南北故漢爲北江又導岷山之江入焉其流介乎二江之中故爲中江南江乃故道故經不志葉氏曰漢至大別南入于江爲南江與中江北江爲三

鄭樵曰江水出岷山一名瀆山一名汶阜山今屬茂州汶山縣發源不一亦甚微所謂發源濫觴者也東南百餘里至天彭山亦謂之天谷兩山相對水徑其間又東南過成都郫縣又東南過江陽有湔水從西北來入焉又南過嘉州犍爲又南過戎州僰道縣北若水淹水從西來入焉又東南至巴

郡江州縣有羌水涪水巴水白水潛水渝水合流入焉庾仲雍謂江州縣對二水口右則涪內水左則巴內水是也又東過涪州忠州萬州又東過雲安軍又東過魚復逕永安宮及諸葛亮圖壘南又東南過赤岬城東過巫峽巫漢水入焉又東過柹歸夷陵宜都枝江有沮水入焉又東過石首華容有涌水入焉又東至巴陵合于洞庭之陂其陂有澧水從西來入焉次有沅水從西南水入焉次有湘水從南來入焉共而東出由武昌與漢水合

而爲大江東過九江有九江水合而爲彭蠡陂從南來入焉又東右過江寧有丹陽水從南來入焉又東左過江都邗溝出焉又東過江陰許浦入海黃氏曰通州海門縣入海范成大曰江出岷山其源實自西戎蠻山來至嘉州而沫水自嶲州邛部合大渡河穿夷界十山以會之至敘州而馬湖江出自夷中以會之又十五里而南廣江會之至瀘州而內江又自資簡等州會之至恭州而嘉陵江自利閬果合等州會之至涪州而黔江又自黔州合南夷諸

水會之至萬州而開江水自開達等州會之夫然後總而入于峽是江自峽而西受大水凡八及出峽而下岳陽則會之者洞庭湖所受湖南北諸郡水也又自是而下鄂渚則會之者漢口所受興元諸郡水也又自是而下黄州東四十里則會之者巴河也又自是而下江州則會之者彭蠡今名鄱陽湖所受江東西諸郡水也又自是而下則會之者皖水所受淮西諸水也夫然後總而入于海是以自峽而東又受大水凡五畧計天下之水會于

江者居天地間之半其名稱之大而可考者凡十有三故曰江源其出如甕而能滔滔萬里以達海所受者衆也嗚呼問學者可以觀矣魏了翁曰江出汶山合酉南衆水至重慶受嘉陵水至涪陵受黔水

箋按江漢異源同流合兩大水而爲一在荆已記其合而此處則各敘其首尾以二水勢均力敵皆能自達于海也　東迤北會爲匯與上南入于江句對爲滙與東滙澤爲彭蠡句對自漢視江若漢小江大故言入自江視漢江固大漢亦不小故言

會　四川總志曰岷山在茂羌之列鵞村一名鴻濛卽隴山之南首故稱隴蜀又名沃焦山江水所出也山直上六十里遇大雪開霽俯見成都初李冰旣鑿離堆又開二渠一由永康過新繁入成都謂之外江一由永康過郫入成都謂之內江蜀人以此水濯錦鮮明故又名錦江又水利志曰蜀中諸水咸出岷江江源在羌地之列鵝村所謂羊膊嶺者分爲二派一西南流爲大渡河一正南入溢村至石紐過汶川歷今灌縣境又有湔水出焉灌

之上流西北十數里有水出尤溪口又數十里有水出白沙口同會於灌經灌西南流者謂之南江爲禹所導岷江正流自秦李冰鑿離堆引江水循灌城東注北折於是始以東南正流爲南江經離堆薄灌城而東北注者爲北江北江出自寶瓶口穿三泊洞而北注者爲外江自寶瓶口直東入五斗口而東北注者爲內江蓋北江折爲二江并南江而三其北行入五斗口一支在南北二江之上故以內江别之外江北經崇寧彭縣新繁漢州界

出金堂峽內江東經郫縣崇寧界內下過府城北南會府城前江以趨於彭合彭山金堂諸水會於瀘州合錦涪諸水并嘉陵江經合州經於重慶磧雅諸水會于嘉定合松潘之西南入大渡河者會于叙州遠近灌田不可勝計然各塘堰皆民間自脩官課其成而已獨李冰所鑿離堆山設都江堰在岷江中流時歲工費鉅萬　江源志曰岷江發源于臨洮之木塔山山頂分東西流由苴松嶺入百里至漳臘其水漸大復逕鎌刀灣達松潘于下

水關入紅花屯達壘溪至穆肅堡黑水從南合之入深溝經茂州南至于威汶轉銀嶺合草坡河至鐵豹巖入灌口分道而下由威至玉壘山爲玉輪江至汶爲皂江至灌爲沫江一云洮河發源岷山北流入陝爲臨洮府南入川爲大江之祖 韓邦奇曰江水自四川成都府茂州岷山發源西南至威州過汶川轉而東南至灌縣過金口至新津縣合皂江水入叙州府宜賓縣與馬湖江合東北入瀘州合江縣至瀘州東北入重慶府巴縣經涪州合州黔江忠州入夔州府萬縣雲

安奉節經瞿塘峽入湖廣荆州府歸州出峽　大明一統志曰瞿塘峽在夔州府城東舊名西陵峽乃三峽之門西崖相對中貫一江灩澦堆當其口與巫峽歸峽並稱三峽連山七百里畧無斷處自非亭午夜分不見日月（或云夷陵州境之明月峽黃牛峽與西陵峽爲三考峽程記三峽者明月峽仙山峽廣澤峽也其瞿塘灩澦之類不預）　張邦奇曰蜀之水自岷山而下東西峽間若蛟騰鯨駭怒厲決驟而詰屈盤廻方洲而瀦欲去而留不知幾千百折極諸變態而後大放於荆揚之間　楊慎曰蜀

之三江外水岷江自重慶上敘州嘉定州是中水涪江自重慶上合州遂寧潼綿是內水沱江也自瀘州上富順資簡金堂漢州是一云內水涪江中水沱江流約宋書資江爲中水涪江爲內水鄭氏曉曰江源發梁州高峻處出峽稍平禹疏其上源爲三十六江所謂東別爲沱也河流注兗州畢處入海甚湧禹疏其下流爲九河所謂播爲九河也湖廣總志曰沱江在當陽縣南百六十里至枝江縣界入大江禹貢東別爲沱即此其水與沮水漳水合入江水大則衝泛濱河者苦之四川總志曰沱江一在新繁治西北十五里源出岷江一在灌

縣南十五里湖廣名勝志曰澧水發源慈利縣西之歷山慈利本漢充縣地東過武口湯泉水注之又東流逕茹溪圜巖水注之又東會于漊水北過慈利舊城其流始大　袁中道澧遊記曰澧水出充縣西歷山今九溪是也至慈利與澧水會稱漊澧至石門與漤水會稱漤澧至澧州與涔水會稱涔澧過此至安鄉縣與澹水會稱澹澧王仲宣所云悠悠澹澧者也澧居江沅之中與九水分源合派以赴洞庭而虞喜以爲江沅別流誤矣獨禹貢導江有東

至于澧一語當懷山襄陵之時雲夢一壑故江身不可復辨禹之導水必于高阜之處有山可識者乃可施疏瀹之功自夷陵以下高阜而多山者莫如澧由澧導之從九江以至東陵九江今沅湘九水是也東陵今巴陵也江偕九水入洞庭以趨潯陽雲夢始出而江洪之在雲夢中者始了了可辨江始分而爲二酈道元注水經於江陵枝廻洲之下有南北江之名郎江水由澧入洞庭道也陵谷變遷今之大江始獨專其滂湃而南江之跡稍

稍湮滅僅爲衣帶細流然江水會澧故道猶然可考　岳州府志曰巴陵縣即禹貢東陵也江記巴蛇積骨爲陵恐未必然豈地與巴峽東西相望故名之與湖廣志曰今巴陵有道士洑地志即古之東陵莊子盜跖死利于東陵之上其地至今猶爲盜巢　承天府志曰江漢沮漳楚之望也自杜預鑿開陽口其水達巴陵而沮漳合流是爲新步通南江至荆南爲沙津汚之湖大者數百里其東太白爲大諸湖皆邐迤入太白故汚衆水之滙也

太白汚水之滙也　王氏樵曰江水源發岷山東

出巫峽則分流爲沱凡出沔南者是也正流東至澧乃荆之南境今沿江築圩而田獨華容縣章華臺下仍通川水過九江卽洞庭湖所受澧江黔江沅江益陽江安鄉江湘江耒江瀏陽江平江九水漲則瀰漫港汊所謂孔殷也至于東陵卽岳陽城陵之境又東一帶迤北皆爲前沱水會爲滙澤故沔南之湖澤最廣今江水衝直城陵磯而臨江驛至岳陽湖口六十里皆淤沙漲起南環湖北沿江塞隘九江之口其章華臺之水亦淤窄矣　沔陽

志曰漢最濁每與江湖水合其滓必澄故常滇淤而沮澤因成沃野惟江清不易淤然荆州記江陵初有九十九洲後其洲滿百則江亦有時而淤鄧實曰江漢水漲彭蠡鬱不流逆爲巨浸無仰其入而有賴其過彼不過則此不積所謂滙也者如此故曰北會于滙滙言其外也蠡言其內也于滙不于彭蠡勢則然也葢實志也江水濬發最在上流其次則漢自北入其次則彭蠡自南北入三水並持而東則江爲中江漢爲北江彭蠡所入爲南

注可知已非判然異派之謂也且江漢之合茫然一水惟見其爲江也不見其爲漢也故曰中江曰北江然其勢則相敵也故曰江漢朝宗集傳謂經誤者非是　張吉曰貢於嶓冢導漢之下則曰南入於江東滙澤爲彭蠡東爲北江入於海於岷山導江之下則曰東迆北會爲滙東爲中江入於海此二條者朱子及九峯蔡氏皆以彭蠡乃江西諸水所豬固無仰於江漢之所滙而江漢二水並持東下又不見所謂北江中江者孰是以疑經之誤

其說甚備愚嘗親歷其地而以經文證之乃知經文無誤也夫滙本訓迴乃下流泛溢他水勢不能洩於是迴旋渟瀦而爲澤之謂也今春夏之間江漢水漲則彭蠡之水鬱不得流而逆注倒積瀰爲鉅浸茫然數百餘里無復畔岸其滙爲澤蓋如此雖無仰于江漢之所入然實賴其下流物故湖水壅閼沮抑而不能出方能成其澤爾非謂江漢之水截入澤內而爲滙也若其截入爲澤則但如他條曰至曰入可也何必變文言滙哉此東滙澤

爲彭蠡東匯北會爲滙本無誤矣漢水不言會者爲江水所隔與彭蠡不相接也江水不言彭蠡者與漢互見也逮夫二水漸消則彭蠡之水溢出大江循南岸而行與二水頡頏趨海所謂其北則江漢之濁流其南則鄱陽是巴第江水瀦發最在上流其次則漢水自北岸而入又其次則彭蠡之水自南岸而入三水並持東下則江爲中江漢爲北江而彭蠡之水入江並流爲南江者不言可知非爲分支各派判然殊途爲三江也此東爲北江東

爲中江入於海亦無誤也而朱子九峯皆不能無疑於斯何與況經文簡與其言南入於江東滙爲澤蠡亦無遠不包而曰南曰東與今水道屈折逶邐勢正相符今却又云經文自有謬處與今水道全然不合不可強解此不可曉也又按江水自東陵而下漢水自漢陽而下其勢皆漸趨東北湖口爲江漢所滙之處正在東陵漢陽東北與經文亦合今却又云於漢水則宜改曰南滙彭蠡於導江則宜改曰南會於滙此又不可曉也若夫所謂橫

截南入於鄱陽又横截而北流爲北江又謂至此
而後一先一後以入於彭蠡既滙之後又復循次
而出以爲二江此自説者之誤非經文之誤也葢
經意以爲漢雖入江而自循北岸以達於海故有
東滙北江入海之文朱子偶未之思以爲二水既
合則有江無漢故既疑其誤而復有取於鄭樵之
説以爲東滙澤爲彭蠡東爲北江入於海二句宜
衍蔡氏篤信朱子不復别求其説遂再立論以疑
經皆非也或曰南之有江猶北之有河皆大水也

然渭水洛水皆入於河不言中河北河安知中江北江之説不爲誤乎是不然河源遠出悶磨黎山自積石龍門而下氣勢雄猛流波洶洽而洛渭二水近出鳥鼠同穴熊耳諸山不數百里遂達於河幾不能見安得與河爲敵若夫江源出於嶓冢旣不相遠而其通流之地大小雖殊終不相揜則漢雖入江猶得各紀其爲滙爲江入海之實夫豈過乎河可以包渭洛而江不得以包漢故謂兗州則曰九河旣道不兼渭洛而言荆州則曰江漢朝宗

於海對舉二水而並言之貢之立義精矣

導沇水東流爲濟入于河溢爲滎東出于陶丘北又東至于菏又東北會于汶又北東入于海

傳泉源爲沇流去爲濟　疏地理志云濟水出河東垣縣王屋山東南至河內武德縣入河　山海經曰王屋之山𤅊水出焉而西北流注于泰澤郭景純曰𤅊沇聲相近即沇水也𤅊音輦史記兗州作沇州沇讀如兗故聲相近潛行地下至共山南復出于東丘孔安國曰泉源爲沇流去爲濟風俗通曰濟出常山房子縣

賛皇山濟齊其度量也三濟同名所出不同斯乃應氏之非矣今濟水重源出溫城西北平地水有二源東源出原城東北俗謂濟源城其水南流與西源合而源出原城西濟水于溫縣西南歷虢公臺南流注于河蔡傳沇水東源周廻七百步其深不測西源周廻六百八十五步其深一丈羅泌曰兗濟二郡正以是名濟源縣在河東濟南濟北濟陽濟陰皆在河南自杜預謂濟錄滎陽東過魯之西至樂安入海沇出王屋入河始釐爲二淮南子曰濟水通和宜麥

【傳】濟水入河並流十數里而南截河又並流數里溢爲滎澤在敖倉東南【疏】濟水既入于河與河相亂而知截河過者以河濁濟清南出還清故可知也 釋名曰濟濟也源出河北濟河而南也晉地道志曰濟自大伾入河與河水鬭南泆爲滎澤水經注 郭緣生述征記曰物之不同猶鉛錫也北濟既入於河性與河别不能混合滲漉入地洑行而溢爲滎爾 王隱曰河决爲滎濟水受焉故有濟堤矣爲北濟也水經注 新安陳氏曰濟水性下

固能伏流然其性勁實能勁絶大河中而出爲滎也唐玄宗封太山進次滎陽旃然河見黑龍命弧矢射之矢發龍滅自是旃然伏流按旃然即濟水溢而爲滎遂名旃然左傳楚涉濟于旃然是也滎澤在鄭州滎澤縣西北四里 水經曰濟水又東合滎澤又東逕滎陽縣北又東北流南濟也逕陽武縣故城南又東過封丘縣北濟也又東過平丘縣南又東過濟陽縣北濟也又東過冤朐縣南又東過定陶縣南南濟也濟水又東北菏水東出焉又東北逕定

陶縣故城南又屈從縣東北流南濟也濟水又東至乘氏縣西分爲二南爲菏水北爲濟瀆東北入于鉅野初學記云濟水至乘氏縣西分流爲二其一東北流今所入海者其一東南流東過昌邑縣北金鄉縣南至方輿爲沛水過沛縣東北至下邳而入淮述征記曰二濟既南北異岸而相遠亦踰千里

【傳】陶丘丘再成【疏】釋丘丘再成爲陶丘李巡曰其形再重也郭璞云今濟陰定陶城中有陶丘地理志云定陶縣西南口有陶丘亭帝王世紀舜陶于河濱即陶丘

也釋名云陶丘于高山上一重作之如陶竈然雜說定陶帝堯所都堯先居唐後居陶故曰陶唐氏漢景帝置濟陰郡於定陶宣帝更爲定陶國今考館陶縣西南五十里有陶山見東昌府志

陳師道曰濟入于河東出于陶丘北者入而復出也溢爲滎者濟之别也滎波既瀦障而東之也周官又謂豫之川滎洛幽兗之川河泲則河南無濟矣

傳菏澤之水　郡縣志云兗州魚臺縣本方與菏水即濟水也一名五丈溝西至金鄉縣界流入去縣十里又東南流合泗水泗水東北自任城縣流

入經縣東與菏水合又東流入徐州沛縣界水經曰濟水故瀆又北右合洪水又東北過壽張縣西界安民亭南汶水從東北來注之酈道元注濟水又北汶水注之戴延之所謂清口也郭緣生述征記曰清河首受洪水北流濟或謂清則濟也齊語注京相璠曰今濟北東阿東北四十里有清亭春秋所謂遇于清也水色清深馬頰水東至于清濟謂之馬頰口清濟卽此水也　沈括曰古說濟水伏流地中今歷下凡發地皆是流水世傳濟

水經過其下東阿亦濟水所經取井水煮膠謂之阿膠用攪濁水則清人服之下膈疎痰止吐皆取濟水性趨下清而重故以治淤濁及逆上之疾

王曾云國初仰給京西東數路河漕最急京東自濰密以西州郡租賦悉輸沿河諸倉以備上供清河起青淄合東阿歷齊鄆涉梁山濼濟州入五丈河達汴都歲漕百餘萬石所謂清河即濟水也

郭景純曰濟自滎陽至樂安博昌入海水經注○青州府志云今從小清河道入于海

唐高宗問許敬宗曰天下洪流巨

谷不載祀典濟甚細而在四瀆何哉對曰瀆之言獨也不因餘水獨能赴海者也濟細獨而尊　初學記云濟水出河東垣縣王屋山初名沇水東出温縣西北始名濟水又東南流當鞏縣之北而南入河與河並流過成皋今汜水縣兼包鞏縣之界溢出爲滎水東流過陽武及封丘縣北又東過宛朐縣南至定陶縣南又東北流與菏水會東至乘氏縣西分而爲二其一東北流入鉅野澤過壽張西與汶水合又北過穀城縣西又東北過盧縣北經齊郡東萊

郡而入海也 後漢郡國志 王莽末旱此渠枯涸清水但入河而已不復截流而南 欒史云古者濟水出河北截河南流而爲滎澤自王莽末濟水但入河不復過河南澤已枯但存其名耳 杜佑曰今東平濟南淄川北海界中有水流入于海謂之清河實荷澤汶水合流亦曰濟河蓋因舊名非本濟水也

箋 濟發源爲沇亦猶漢發源爲漾也濟字從水從齊將無以是水盤旋齊地因茲得名而贊皇之泒頗與王屋不合是在遡流窮源者耳 河南通志

曰濟水發源于王屋山頂五斗峯下之太乙池乃伏流地中東行九十里復見于濟源縣西三里滙爲二池所謂濟源池也李濂曰東池即東源周僅百余步亦不甚深西池即西源周如東池深溢三四尺耳　鄭氏曉曰王屋山有三處據蔡傳在山西平陽府垣曲縣今一見山西陽城縣一見河南濟源縣實一山也綿亘數縣然泲水正發源處則在濟源西八十里　秦繼宗曰入于河出于陶丘北出入二字相呼應蓋濟水自河北潛入于河底地中横絶過去至河南陶丘北復出而見

于地上也溢爲滎滎者這濟水已經過河後在地中者勢甚洶湧則溢出于外爲一支流此是滎澤則滎澤乃濟之旁出非濟之正泒正泒乃出陶丘北者滎澤之委未嘗復入地出陶丘北者仍是彼入河者也又東北會于汶當于東字一讀又北東入于海當于北字一讀　李夢陽曰濟之性勁源于晉伏流地中乍見乍伏一支穿太行爲百泉爲衞水一支爲濟源出山東爲七十二泉　表中道曰邢臺有泉名百泉皆珠串上沸其水可灌數縣田

或曰濟水伏流而見于此濟水由王屋去此不遠
黄承玄曰自漢元光中河決瓠子注鉅野濟爲
河所淫王莽之世川瀆枯竭後漢末平中脩汴渠
起自滎陽東至千乘大都貫濟故瀆以行後河徙
益南津渠勢改即枯瀆亦杳不可尋今惟東平以
下汶水支流時溢入故道從利津入海世謂之清
河而實非濟也　兗州府志曰北濟入于鉅澤不
詳所出矣南濟分而爲二一爲濟瀆則承鉅澤之
洪水一爲菏水則承鉅澤之黄水是二濟之流皆

由鉅野分也今濟瀆之入海惟大清河存其故道

菏水之入淮者湮滅無存而鉅野之遺墟南北巨

滙幾數百里如故也然濟之正瀆則枯竭已久不

可指尋矣　王氏樵曰自陶丘之出不復伏而東

至于菏東北會汶以入海此古泲水之道也至王

莽末不復南溢而河南無泲瀆滎自受河爲浚儀

渠然泲未嘗不伏流地中也今阿井煑膠其性鎮

墜能清濁水歷下發水皆泉皆泲所過也又大小

清河七十二泉皆泲水也或分流以濟漕或疏引

以溉田涉之陰功及水甚溥有益于國甚大、酈道元謂濟水在王莽時枯竭鄭樵通志亦曰濟水多涸竭今觀濟水勁疾能穴地伏流隱見無常乃其本性非眞涸竭也濟水既伏流地中發地皆泉一見爲濟源再見爲滎水又見爲山東諸泉水而而溢爲大小清河其實皆濟水也又何嘗見其枯竭耶劉向說苑稱濟能蕩滌垢濁通百川于海蕩出雲雨山東通志

王綱振曰濟水無三伏三見其云斷續伏見蓋因一濟而前爲沇後爲滎既入河又

出河既出河又入海不似他水行直故云斷續伏見耳如時以東流爲濟溢爲滎爲見則瀁東流爲漢滙爲彭蠡亦可爲見乎又若以入于河爲伏則渭入于河洛入于河亦可爲伏乎況經文明言浮于汶達于濟浮于濟漯達于河河濟本通而此曰流曰溢曰入曰出曰至曰會亦並無間斷不知三伏三見何據但沿襲既久爲之曲解非本注也

導淮自桐柏東會于泗沂東入于海

【疏】地理志云桐栢山在南陽平氏縣東南淮水所

出水經云出胎簪山東北過桐栢山胎簪蓋桐柏之傍小山沂水南至下邳入泗泗水至臨淮睢陵縣入淮乃沂先入泗泗入淮耳沂水入泗處去淮已近故連言之　釋名曰淮圍也圍繞揚州北界東至海也　河圖括地象曰桐柏山爲地穴上爲維星　說文曰淮水出桐柏山其源初則涌出復潛流三十里然後長騖東北經大復山從義陽郡北又東過新息縣南與汝水合　風俗通云淮廟在唐州東二十里廟前槐樹下有一泉眼淮水出焉其源甚窄可蕩而踰流至楊徐間始大　鄭樵曰淮

水出唐州桐柏縣大復山東過義陽今信陽也又東過褒信汝水自西北來入焉又東過安豐下蔡壽春鍾離盱眙有沛水從北來入焉又東至山陽通邗溝又東泗水自東北來入焉又東至海州東入海又曰泗水南至彭城名曰沛水有睢水入焉又西南至下邳沂水入焉又南至楚州山陽入淮此水今人謂之清河一統志云大清河小清河俱泗水之末流其源出于山東泗水縣界經徐沛至清河縣西北三叉口分爲二大者自治東北小者由治西南俱入于淮演蕃露曰泗即今謂南清河也水經曰淮水東北至下邳淮陰縣

西泗水從西北來流注之又東至廣陵淮浦縣入于海酈道元注淮泗之會卽角城也左右兩川翼夾二水決入之所謂泗口也禹貢廣記曰今盱眙軍相對卽泗口也自清河口而上者呂梁自渦口而上者譙梁自潁口而上者蔡河 黃庭堅曰岷山之發江僅若甕口淮出桐柏力能泛觴卒之成川注海以其所從來遠也

古嶽瀆經禹治水三至桐柏山獲淮渦水神名曰巫支祁形猶獼猴力踰九象善應對辨淮之淺深源之遠近而神曰庚辰者鎖於龜山之足淮乃安流 唐國史補曰楚州

漁人於淮中釣得古鐵鏁刺史李陽大集人力引之鏁窮有青獮猴躍出水而逝山海經云水獸好爲害禹鏁於軍山之下其名曰巫支祈一作無支奇○異說云唐永泰初楚州有漁人釣於龜山之下其釣爲物所掣因沉水視之見大鐵索繞一獸形如青猿若昏醉醒穢不可近　臧榮緒晉書曰永嘉三月淮濮水竭

梁武帝天監十三年用魏降人計欲以淮水灌壽陽乃假太子右衛率康絢節督卒二十萬作浮山堰于鍾離而淮流湍駛漂流將合復潰或曰淮有蛟龍喜乘風雨壞岸其性惡鐵緪以爲然乃引

東西冶鐵器數千萬觔益以薪石沉之猶踰年乃
合堰袤九里水逆淮而上所蒙被甚廣魏人患之
果徙壽陽戍頓八公山未幾淮暴漲堰壞奔于海
有聲如雷死者數十萬人　玄覽曰長淮界南北
而別江河自淮以北爲北條凡水皆宗大河自淮
以南爲南條凡水皆宗大江川莫大於江河　朱
子曰天下大川有二止河與江如淮亦小只是中
間起虜中混同江却是大川
〔箋〕導河以下五節並結以入于海海爲百川之滙

此禹測原知委不窮水所入不止也故曰禹之治水以海爲壑　大明一統志曰桐柏山在南陽府唐縣東南一百八十里其山東南接隨州界西接棗陽界峯巒奇秀淮水出其下今桐柏支岡有水泉潛流三十里東出大復山經汝寧信陽縣東流會沂泗入于海中都志云大復山今屬泌陽其地有分水處東流爲淮水西流爲泌水　河南通志曰淮水發源于桐柏縣西二十五里其源若井方一丈東伏地中二十五里復見入河注海又云南陽府有桐柏山在桐柏縣東一里

上有玉女蓮花諸峯其下淮水出焉胎簪山在桐柏縣西三十里禹貢謂淮水發源即此又名大復山　淮南府志曰淮源西自桐柏東經鳳陽泗州稍北經清河縣南又稍北趨郡後經安東縣入海者其本體也其北自徐邳經清河縣北稍東而南趨于淮則山東泗沂諸水合流南行淮所受支河也本皆清流黃河則西源崑崙東經天津衛入海汴河則西源河南滎陽東經千乘今青州樂安縣入海固河汴之本體也後山西沁河南衛決斷黃

河黄河决断汴河且朱仙镇东溃南经留城趋徐邳乱洸沂直下其势奔湃不能复东过清河县北乃径决县西而南入于淮以趋海故直谓之黄河与淮敌体非复泗沂之旧清河以东之淮身亦皆黄流而支河反为主矣或谓宿迁而下河流汎溢黄河上流徙自归德出沛下徐地形高卑不甚相远虽泛滥可支厥后黄河徙出萧砀直下徐邳地高势猛冲啮新堤不啻拉朽所冲堤缺滚为深渊下埽植椿百计难塞率尔堤就虽能束水在堤

其實水行地上急如建瓴則故道宜講此一說也或謂清河縣北有老黃河本洙泗東趨赴淮入海故道也治河者能又開此河赴海必勇雲梯關下淤塞葦場當自蕩滌而海口廓矣桃宿以上不憂停淤此又一說也萬曆中嘗勘議老黃河無從入手遂疏寢潘季馴曰泗沂即山東汶河諸水也歷徐邳至清口而與淮會自宋神宗十年七月黃河大決于澶州北流斷絕河遂南徙合泗沂而與淮會矣自神宗迄今六百餘年淮黃合流乃今有避黃之說夫淮避黃而

東矣而黄亦壽決崔鎮亦豈避淮而北乎葢高堰決而後淮水東崔鎮決而後黄水北隄決而水分非水合而隄決也夫高堰居淮安之西南隅去郡城四十里而近堰東為山陽縣之西北鄉地稱膏腴堰西為阜陵泥墩范家諸湖西南為洪澤湖淮水自鳳泗來合諸湖之水出清口會黄河經安東縣出雲梯關以達于海此自禹迄今故道然也堰距湖尚里許而淮水盛發輙及堰史稱漢陳登築堰禦淮至我　朝平江伯陳瑄復大葺之淮揚恃

以爲安者二百餘年至隆慶四年大决淮旣東黄
水亦躡其後濁流西泝清口遂堙而决水行地面
宣洩不及清口二年不免停注上源而鳳陽壽泗
間亦成巨浸矣故此堰爲兩河關鍵不止爲淮河
隄防也又曰淮水發源於河南桐柏山挾汝潁肥
濠等處七十二溪之水至泗州下流龜山横截河
中故至泗則湧譬咽喉間湯飲驟下吞吐不及一
時扼塞其勢然也且淮漲於泗卽黄漲於河南徐
邳也每歳伏秋皆然兩水發有先後各有消長耳

黃承玄曰考古淮河自桐柏而東遷信陽新息壽春臨淮泗州盡攬南條諸山迤北之水至淮陰而與泗水合泗水自陪尾而西遷曲阜滋陽魚臺入彭城至下邳合沂水又南至宿遷東南入淮二水合流東入於海則今雲梯海口即大禹以來泗淮入海之故道也　兗州府志曰泗水既從濟寧入漕而沂水挾泇武祊濬諸水至邳州入於河水益即故泗水南流道矣

湯還亳作誥曰古禹臯陶久勞于外東爲江北爲

濟西爲河南爲淮四瀆既修民乃有居　劉向說苑曰四瀆江河淮濟何以視諸侯能蕩滌垢濁焉能通百川於海焉能蕩出雲雨焉爲德甚美故視諸侯也　鄭氏曉曰四瀆惟淮流不甚遠海受百川在中國只四水爲大河入海在兗州淮在徐州江在揚州濟在青州今惟江淮入海之處與禹貢同河南徙而奪淮入海濟因會通河借水通漕而其流竟莫可考　屠隆曰大地之形西北高東南卑故百川東之然亦就其通於東海者而言崑崙

天下之中山形絶頂最高處東南西北皆下崑崙東面江淮河濟諸水皆東流流沙以西水皆西流南自吐蕃兩廣水皆南趨北即沙漠直北地勢又迤漸而低水皆北流大海之量百川歸之而不盈正以尾閭洩之從地下空處轉輸復從西而東故云如沃焦釜非謂水至此盡焦竭也　馬理曰禹之治水以雍土爲首爲源以四海爲尾爲委

導渭自鳥鼠同穴東會于灃又東會于涇又東過漆沮入于河

傳鳥鼠共爲雌雄同穴處此山遂名曰鳥鼠渭水出焉〔疏〕釋文云鳥鼠同穴其鳥爲鵌音途鼠爲鼵音突郭璞曰鼵如家鼠而短尾鵌似鵽而小黄黑色穴入地三四尺鼠在内鳥在外今隴西首陽縣有鳥鼠同穴山孔傳云共爲雌雄張氏地理記云不爲牝牡未知誰得實也地理志云鳥鼠同穴山渭水所出至京兆北船司空縣入河山海經曰渭水出鳥鼠同穴東注河入華陰北郭璞注渭水東經南大小扶風京兆至弘農華陰縣入河河圖括地象曰鳥鼠同穴山地之幹也上爲掩畢星渭水出

其中　水經曰渭水出隴西首陽縣渭谷亭南鳥鼠山注云渭水出首陽縣首陽山渭首亭南谷山在鳥鼠山西北此縣有高城嶺嶺上有城號渭源城渭水出焉三源合注東北流逕首陽縣西與別源合水出南鳥鼠山渭水出谷禹貢所謂渭出鳥鼠者也它說曰鳥鼠山同穴之枝幹也渭水出其中東北流過同穴枝閒考陜西志鳥鼠同穴山一名青雀山在渭源縣西與南谷山相連以爲二山者誤　淮南子曰渭水多力宜黍

【疏】此云會于涇又東過漆沮是漆沮在涇水之東

故孔以爲洛水一名漆沮以水土驗之與毛詩古公自土漆沮者别也彼漆即扶風漆水也沮則未聞　新安陳氏曰灃涇漆沮皆入渭渭入河灃涇大與渭並故曰會旣得灃涇渭愈大漆沮皆小故曰過前分言於雍而自源徂流言於此　詩曰豐水東注維禹之績豐源發南而其末流投北入渭未嘗東也其曰東注者渭正流東豐已入渭則遂與之俱東也書曰涇屬渭汭漆沮旣從豐水攸同非漆沮先已入渭而豐水始與之同也皆要其首

末而槩爲若言也雍錄 蘇傳此言渭水自西而東之次雍州散言境内諸水非西東之次也

箋河漢以下凡七水其五入海而漢水合江以達于海故止稱四瀆其二入河渭洛是也入河則同入海矣濟亦入河而其性能孤行直達故與河江淮並列焉 雍大記曰渭水在渭原縣西二十五里出鳥鼠同穴山泉眼周圍七尺四時流注即渭河之源也逕西安府咸陽臨潼渭南朝邑等縣而入黄河 岳正曰鳥鼠同穴予戊戌時過莊浪親

兒之鳥形色似雀而稍大頭出毛角飛即屋穴穴口有鼠狀如人家常鼠俱唇鉄似兎蓬尾似鼬與鳥偕入彼此睥睨有類雌雄者　甘肅志云凉州之地有兀鼠者形狀似鼠尾若贅疣有鳥曰本周兒者其形似雀色作灰白嘗與兀兒鼠同穴而處所謂鳥鼠同穴者也

導洛自熊耳東北會于澗瀍又東會于伊又東北入于河

山海經曰熊耳之山（今在上洛縣南）浮濠之水出焉而西

流注于洛又曰讙舉之山雒水出焉而東北流注于玄扈之水郭璞注洛水今出上洛縣冢嶺山春秋說題辭曰洛之爲言繹也言水繹繹光耀也流括曰洛與落同義謂水自上而下有投流處括地志云洛水自商州洛南縣西冢嶺山東北流入河熊耳在虢州盧氏縣南五十里洛所經蔡傳洛水出冢嶺山禹只自熊耳導之考陝西志讙舉即冢嶺山河圖括地象曰熊耳山地門也其精上爲壁附耳星開山圖云熊耳山有金匱石室夏禹藏書之所春秋說題辭曰河以道坤出天苞洛以流川吐地符王者沇禮

焉　淮南子曰雒水輕利宜禾

【箋】按熊耳郭璞云在上洛縣南蔡傳因言地志伊水出盧氏之熊耳非是於前兩處熊耳並註上洛於此條方云盧氏之熊耳然盧氏上洛地志並稱弘農郡計相去不甚遠將同一熊耳隨地得名抑別有兩熊耳乎姑存以俟考河南通志云熊耳山有三一在宜陽縣西一百二十里漢光武破赤眉積甲宜陽城與熊耳山齊是也一在盧氏縣西南五十里兩峯相並如熊耳禹貢導洛自熊耳即此一在陝州東一百五十里乃達磨葬處

【疏】九水立文不同漾江先山後水淮渭洛先水後

山皆是史文詳畧無義例也又淮渭洛言自其山者皆是發源此山欲使異於導河故加自耳　王氏炎曰凡導川皆决而委之於海然百川東注而弱水獨西黑水獨南其入于東海則在北莫大於河在南莫大於江漢故先言導河而漢次之江又次之淮濟亦四瀆先言濟而淮次之皆自北而南也四瀆之西有渭東有洛亦大川故以是終焉

羅泌曰堯水之害盛者莫過于河濟而短者極于渭洛河之害在於冀兗雍而濟之害在兗青徐是

故河濟則治其近而不始其源洛止于豫渭止于雍是故渭洛則附於河而不待致力盖河一治而渭洛自從也

〔箋〕今按四瀆之水以海爲宗渭洛之水又並以河爲宗記曰三王之祭川也皆先河而後海河不擇細流而以海爲壑源委則有間矣　胡氏瓚曰凡導山水皆自西而東自北而南河伏不識其源故不言自且爲四瀆之宗故不言會江漢自其源導之故先言山而後言水淮渭洛自其盛處導之故

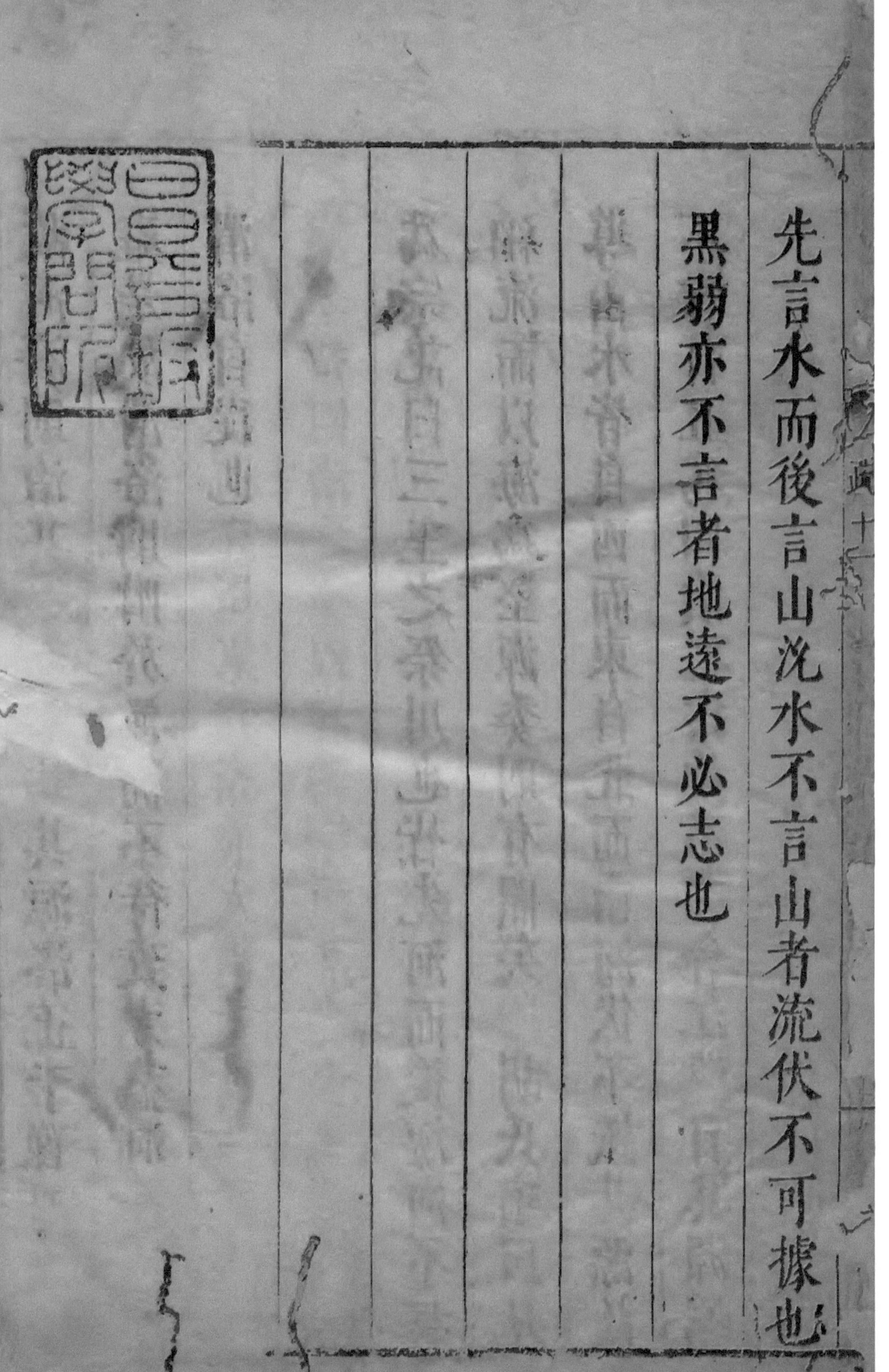

先言水而後言山沇水不言山者流伏不可據也

黑弱亦不言者地遠不必志也

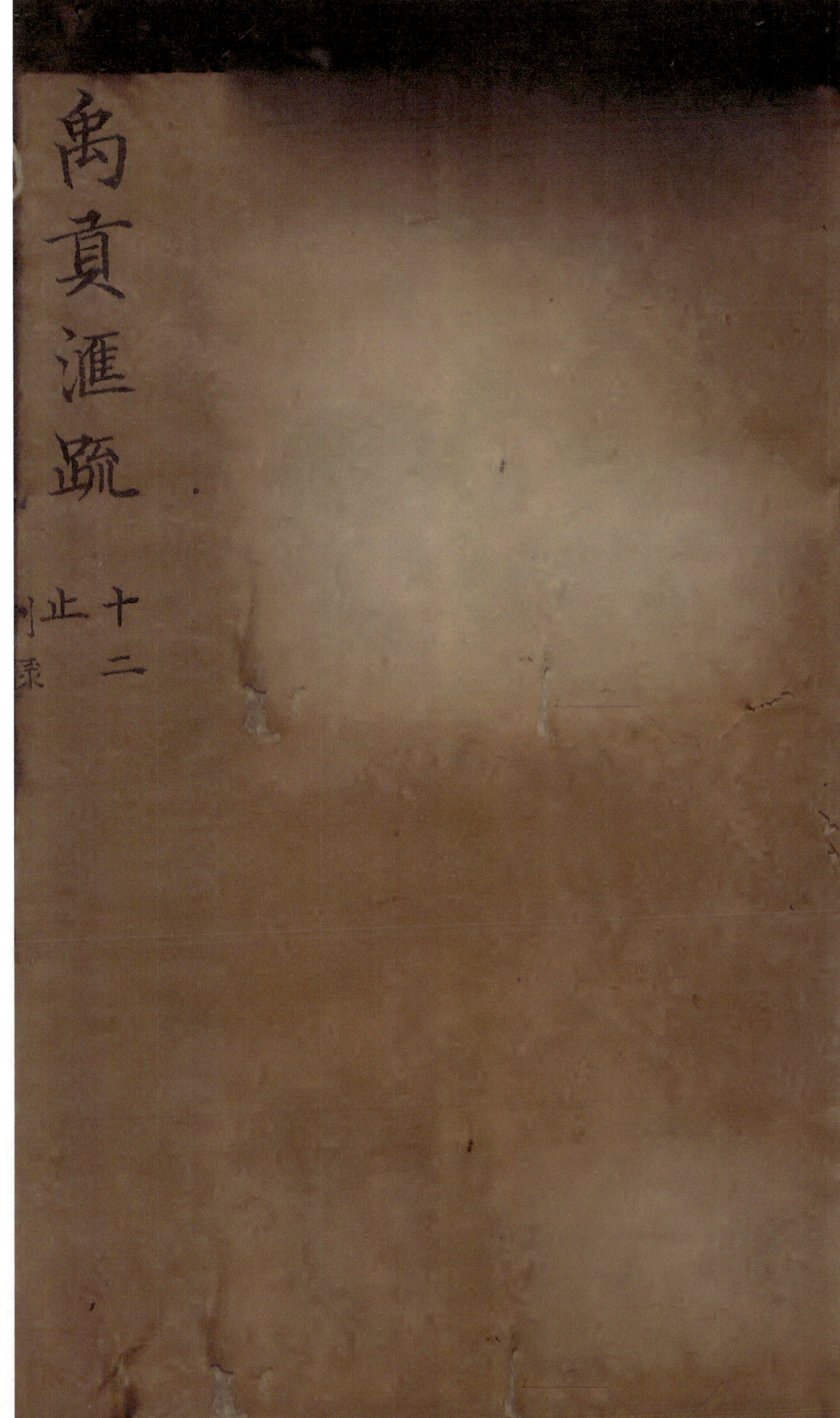
禹貢滙疏
十二
止

禹貢滙疏卷十二

吳興茅瑞徵纂并箋　男 胤京 胤武 仝訂

九州攸同四隩既宅九山刊旅九川滌源九澤既陂四海會同

（疏）昔堯遭洪水道路阻絶今水土既治天下大同故總叙之今九州所共同矣所同者四方之宅已盡可居矣九州之山刊槎其木旅祭之矣九州之川滌除泉源無壅塞矣九州之澤已皆陂障無決溢矣四海之內皆得會同京師無乖異矣　說文

云堯遭洪水民居水中爲高土故曰九州孔氏曰中國爲九州者以水中可居曰洲居民之外皆有水也（天地之勢四邊有水）河圖括地象曰八極之廣東西二億三萬四千里南北二億三萬一千五百里夏禹所治四海內地東西二萬八千里南北二萬六千里天有九道地有九州　孔安國書序云九州之志謂之九丘丘聚也言九州所有土地所生風氣所宜皆聚此書楚左史倚相能讀九丘孔子述職方以除九丘　說苑曰八荒之內有四海四海

之內有九州天子處中州而制八方耳　章俊卿曰禹别四海爲九州宜若有均一之制而校其道里廣狹全不相侔濟河兗州淮岱徐州相去不能千里荆河豫州千里而羸海岱青州千里而縮荆山衡陽荆州二千里而遥東海西河冀州二千里而近壽春之淮潮陽之海揚州相去且六千里龍門之黄河燉煌之黑水雍州相去踰四千里至華陽黑水梁州窮數千里而未知所經是何廣狹之殊也或者九州之别品殊墳壤因土宜而别也故其道里無得而均然而

荆河淮濟之間（徐兖豫三州境）截長補短不能當淮海一州之半借使三州土壤既殊不可得而并揚州之大獨不可得而釐耶竊嘗討之九州之别蓋倣井田之法（井田始於黄帝）方里而井九百畝中爲公田八家皆私百畝同養公田而九州之制一州爲王圻八州建國以養王室是同養公田之義也故其區别境壤不因土宇之小大不限山川之間隔惟據民田多寡而均之耳嘗考西漢時去古未遠方其極盛九有民戶總記千二百餘萬而徐兖豫三州當

五百五十萬戶青冀二州當三百五十萬戶而荆揚雍梁四州僅當三百萬戶推其戶口之多寡是以見田疇之廣濶九州之别唯民田是均斷可考矣　鄒衍著書云中國於天下八十一分居其一分耳中國名赤縣赤縣内自有九州禹之叙九州是也不得爲州數中國外如赤縣州者有九乃謂九州也有裨海環之如一區中者乃爲一州如是者九乃有大瀛海環其外天地之際焉　淮南子曰九州之大純方千里九州之外乃有八殥八殥

之外而有八紘八紘之外乃有八極凡八極之雲是雨天下八門之風是節寒暑八紘八殥八澤之雲以雨九州而和中土

疏室隅爲隩隩是內也人之造宅爲居至其隩內遂以隩表宅上文諸州言山川澤皆舉大言之所言不盡故於此更總之九山九川九澤言九州之內所有山川澤無大無小皆刊槎決除巳訖其皆旅祭　上官氏曰天下山水見於禹貢者四十有五而九水爲大九山爲高大者旣導則小者無不

順矣高者旣治則卑者無不平矣此九山九川所以敘於九州之後也　史記索隱曰岍壺口底柱太行西傾熊耳嶓冢內方岐是九山也弱黑河瀁江沇淮渭雒爲九川　淮南子曰九山會稽泰山王屋首山太華岐山太行羊腸孟門九藪越之具區楚之雲夢秦之陽紆一名具圃晉之大陸鄭之圃田宋之孟諸齊之海隅趙之鉅鹿燕之昭余今太原郡

【疏】川言滌除泉源從其所出至其所入皆蕩除之無壅塞也澤言旣陂徃前濫溢今時水定或作陂

以障之使無決溢詩云彼澤之陂毛傳云陂澤障也　周語太子晉曰夫山土之聚也藪物之歸也川氣之導也澤水之鍾也夫天地成而聚於高歸物於下疏爲川谷以導其氣陂唐汚庳以鍾其美韋昭云畜水爲陂　風俗通云謹按傳曰陂者繁也言因下鍾水以繁利萬物也　歐陽詹曰水不注川者在藪澤則曰陂　杜預曰頃戶戶日增而陂堨歲決良田變生蒲葦人居沮澤之際水陸失宜放牧絕種樹木立枯皆陂之害也陂多則土薄水淺潦

不下潤故每有水雨輒復橫流延及陸田其舊陂舊堨皆當脩繕以積水諸所造立皆决瀝之又曰水去之後滇淤之田畝收數鍾至春大種五穀五穀必豐晋書

傳四海之內會同于京師九州同風萬國共貫

疏禮諸侯之見天子時見曰會殷見曰同　林氏曰周禮職方氏辨九州之國同其貫利葢必先辨之於其始然後可以同之於其終禹貢所載自冀州旣載壺口以下列叙九州之疆界治水之曲折

與夫田賦之貢篚所入之多寡所輸之遠近其所
以辨之者纖悉盡矣自九州攸同以下又所以同
之也葢有以辨之則廣谷大川異制民生其間異
俗五味異和器械異制衣服異宜各得其所而不
雜亂有以同之則車同軌書同文行同倫各要其
歸而不見其爲異此先王彊理天下之大要也
〔箋〕九州攸同四海會同恰相應看本節文勢仍須
將四隩既宅句另說而九山九川九澤總結以四
海會同以應九州攸同之意史叙其分則曰禹敷

土敘其合則曰攸同會同　史記於導山上加九

山字導水上加九川字葢謂即此九山九川也然

經文各山不止於九似依疏解爲當　四隩蘇氏

云隩深也四方深遠者皆可居爾雅厓內爲隩李

巡云涯內近水爲隩　刊旅獨兼二義并結首節

隨刊　潘季馴曰考禹貢云九澤既陂傳曰九州

之澤已有陂障而無決潰則禹之導水何嘗不以

隄哉　王氏樵曰四海會同者言九州之外薄於

四海百川以四海爲歸是無不會同也九州言水

之治其文不同而此則總之曰九州滌源滌源二字理最深微聖人萬事無不從其本而治之也要之鑿龍門疏九河有治其上流有治其下流是其功非一處而惟總之曰滌源則皆舉之矣　章潢曰禹之治水不但疏決江河凡天下平土皆制其井畝疏爲溝澮以達于川所謂畎澮者即田間之畎一同之澮也所謂溝洫者即一井之溝一成之洫也則是井田之制自禹定之

六府孔脩庶土交正厎慎財賦咸則三壤成賦中邦

（傳）水火金木土穀甚脩治（疏）府者藏財之處六者貨財所聚故稱六府　董氏曰九疇先五行五行一曰水水治則六府皆治　展禽曰五行所以生殖也及九州名山川澤所以出財用也　淮南子曰以水和土以土和火以火化金以金治木木復反土五行相治所以成器用　陸贄曰大凡生於天地之間五材之用爲急五材者金木水火土也水火不資於作爲金木自産於山澤唯土爰播植非力不成衣食之源皆出於此

【疏】洪水之時高下皆水土失本性今水災旣除衆土俱得其正謂壤墳壚還復其性也諸州之土青黎是色塗泥是濕土性之異惟有壤墳壚耳【蘇

【傳】交通也正平準也庶土不通有無則輕重偏矣故交通而平準之 帝王世紀曰禹平水土其時九州之地凡二千四百三十萬八千二十四頃定墾者九百二十萬八千二十四頃

【疏】致所愼者財貨貢賦謹愼其事不使害人言取民有節什一而稅不過度也 皇甫謐曰任土之

貢生產有常履畝之收等籍既定人識所出吏難爲姦

【疏】土壤各有肥瘠貢賦從地而出故分其土壤爲上中下計其肥瘠等級甚多但舉其大較定爲三品法則地之善惡以爲貢賦之差雖細分三品以爲九等人功脩少當時小異要民之常稅必準其土故皆法三壤成九州之賦纂要云上中下謂之三壤陳祥道曰冀州白而壤雍州黃而壤豫州厥土惟壤則壤色非一而已壤與墳埴塗泥雖殊而墳埴塗泥

亦壤中之小別耳此禹貢總言三壤而周官總言十二壤也　史記平準書曰禹貢九州各因其土地所宜人民所多少而納職焉　〔蘇傳〕九州各則壤之高下以制國用爲賦入之多少中邦諸夏也貢篚有及於四夷者而賦止於諸夏也　鹽鐵論曰禹平水土定九州四方各以土地所生貢獻足以充宮室供人主之欲膏壤萬里山川之利足以富百姓不待蠻貊之地遠方之物而用足　程珌曰賦出於田而又參以土焉曰咸則三壤成賦中

邦此賦之出於田也曰庶土交正底謹財賦此賦之出於土也賦出於田參之以土而又以其灌漑之利否與人力之勤惰而加審焉　陳氏大猷曰正庶土而慎財賦所以總結九州所貢篚之物則三壤以成中邦之賦所以總結九州九等之田與賦

〔箋〕此節照蔡註單提六府孔脩下分庶土穀土謂庶土二句說貢咸則二句說賦重慎字成字慎即惟服食器用成即以萬民惟正之供然詳本文有

兩賦字庶慎句何以云專指貢也且三壤正應庶
土經文原無穀土字面似應照本文開說通節重
底慎財賦句蓋水土既平財賦隨定易生心于廣
大以三壤為則無偏輕重矣賦止中邦無勤遠畧
矣且賦曰成成則一成不變并無加賦之累矣成則
二句取於民有制是乃所以為底慎也　有土斯
有財而斂財以賦經制稍一濫觴將流毒民生國
計何所底止總繇一念不慎貽禍耳底慎二字乃
千古理財之長慮其要只在物土之宜而芟正之

高下不爽其衡而已咸則三壤正所謂交正也因
壤定賦一成而不變是謂成賦賦無成額而加派
横索之端紛紜而起用民日新而取之如竭髓豈
禹當日底慎之意哉　六府孔脩即禹所稱水火
金木土穀惟脩也庶土交正結前敷土及各州厥
土句成賦中邦結各州厥賦句　王綱振曰六府
孔脩不單是治水其實六府皆有所事如言敷土
而土可宅可藝可作乂未嘗不脩土也如言刊木
而木漸包而惟條惟喬未嘗不脩木也及土可作

藝而或賦總或賦銍秸或賦粟米非脩穀何以有此若金不脩則荆揚必無三品之貢若火不脩則雍青安得鹽鐵之供凡此皆孔脩者也　秦繼宗曰庶字從九州生來土字從上文厥土等字生來這土字兼高下之土言田亦在內交正者以其白壤之類彼此相質而知其美惡是我辨正之也底慎財賦恐其多取而病民此句虛下二句實之獨言賦者天子畿內原有賦而無貢外八州諸侯則賦于民而無貢之可言其貢于天子者亦是從賦

得來故舉賦可以該貢也

錫土姓

〔傳〕天子建德因生以賜姓謂有德之人生此地以此地名賜之姓以顯之 〔疏〕周語稱帝嘉禹德賜姓曰姒胙四岳賜姓曰姜左傳稱周賜陳胡公之姓爲嬀皆是因生賜姓之事 林氏曰水土平可以封建諸侯也如契封於商賜姓子稷封於邰賜姓姬有土有社昔固有矣至是徧錫之 庾信曰昔軒丘命氏初分兄弟之姓若水降居始建諸侯

之國自是以官爲族因地爲宗　羅泌曰土以立其國姓以立其宗土姓錫而宗國定矣國立而後珉人有所依宗立而後族姓有所繫人有所依斯有以君之族有所繫斯有以宗之方水未平諸侯固各有國土百官亦各有族姓矣必九州攸同而復錫之者前乎此惟有所不普至是而後得以錫之徧爾又曰封建自三皇建之於前五帝承之于後而其制始備古者司商以協民姓民庶之家無妄改也昔魯之公索氏將祭而忘其始人以是龜

其必亡可不戒哉

鄭樵曰黃帝方制萬里爲萬國各百里唐虞夏建國凡五等曰公侯伯子男商公侯伯三等周公侯伯子男五等　馬端臨曰封建莫知其所從始也禹塗山之會號稱萬國湯受命時凡三千國周定五等之封凡千七百七十三國至春秋時見於經傳者僅一百六十五國而蠻夷戎狄亦在其中白虎通曰王者卽位先封賢者憂人之急也故列土爲疆非爲諸侯張官故府非爲卿大夫皆爲民

也易曰利建侯此因所利故立之　葉適曰井田廢於商鞅而後諸侯亡封建絶井田雖在亦不能獨存矣故井田封建相待而行者也　李涪刋誤曰近者凡所封邑必取得姓之國竊以蕭何封酇侯蕭之得姓不在於酇曹參封平陽侯曹之得姓不在平陽其誤始於幸蜀之年中書主者不閑舊制故也

唐武后嘗問諸儒言氏族皆本炎黄之裔則上古乃無百姓乎張説曰古未有姓若夷狄然自炎帝

之姜黃帝之姬始因所生地而爲之姓其後天子建德因生以賜姓黃帝二十五子而得姓者十四德同者姓同德異者姓殊其後或以官或以國或以王父之字始爲賜族久乃爲姓降唐虞抵戰國姓族漸廣周衰列國既滅其民各以舊國爲之氏下及兩漢人皆有姓故姓之以國者韓陳許鄭魯衛趙魏爲多　晋司空季子曰同姓爲兄弟黃帝之子二十五人其同姓者二人而已其同生而異姓者四母之子別爲十二姓凡黃帝之子二十五

宗其得姓者十四人爲十二姓得姓以德居官而賜之姓也謂十四人而二人爲姬二人爲己故十二姓觀射父曰民之徹官百以名達于上王公之子弟之質能言能聽徹其官者而物賜之姓以監其官是爲百姓以功事賜姓若司馬大史之屬黃帝定氏族氏定而繫之姓庶姓別于上而戚殫于下路史左傳無駭卒羽父請謚與族公問族于衆仲對曰天子建德因生以賜姓胙之土而命之氏諸侯以字爲謚因以爲族官有世功則有官族邑亦如之公命以字爲展氏　孔穎達曰姓者生

也以此爲祖令之相生雖下及百世而此姓不改
族者屬也與其子孫共相連屬其旁支別屬則各
自立氏禮記大傳曰繫之以姓而弗別百世而昏
姻不通者周道然也是言子孫當共姓也其上文
云庶姓別於上而戚單於下是言子孫當別氏也
傳稱家皆爲氏氏族一也別而稱之謂之氏合而
言之則曰族記謂之庶姓者以始祖爲正姓高祖
爲庶姓亦氏族之別名也姓則受之於天子族則
稟之於時君賜族者有大功德宜世享祀者方始

賜之其士會之帑處秦者爲劉氏伍員之子在齊爲王孫氏外傳稱知果自别其族爲輔氏此類皆身自爲之非復君賜釋例曰子孫繁衍枝布葉分始承其本末取其别故其流至於百姓萬姓未必皆君賜也　趙彦衛曰姓氏後世不復别但曰姓某氏按史記帝紀注引春秋注云天子賜姓命氏諸侯命族族者氏之别名也姓者所以統繫百世使不别也氏者所以别子孫之所自出解春秋者云因生以賜姓者謂若舜之嬀禹之姒伯夷之姜

是邑胙之土而命之氏者若舜之有虞禹之有夏伯夷之有吕是邑於字則叔牙季友展無駭臧僖伯是邑於謚則文武成宣宋戴惡衛齊惡是邑於官則司馬司徒之類是邑於邑則韓魏趙是邑詳此諸侯既命於天子爲某公侯則是命之氏諸侯位卑不得賜姓其有以王父及以字爲氏或以官以邑既無土可分則姓與氏無別注史記者所以有族者姓之別名之語姓者統百世如周姓姬氏所以別子孫如魯衛毛聃郉晉應韓之分又春秋

之時諸侯之子爲大夫則稱公子孫則稱公孫公
孫之子與異姓之臣未賜族而身爲大夫則稱名
無駭俠之類是也已賜族而使之世爲大夫則稱
族如仲孫叔孫季孫之類是也此諸侯不得命氏
而得命族之例也雲麓漫抄　鄭康成曰世本之篇言
姓則在上言氏則在下　林駉曰古者姓氏之權
出於上故易明後世姓氏之權出於下故難考
呂祖謙曰三代之時曰姓者統其祖考之所自出
也百世而不變曰氏者則其子孫之所自分也數

世而一變　王符志氏姓曰昔堯賜契姓姬賜禹
姓姒氏曰有夏伯夷爲姜氏曰有呂下及三代官
有世功則有官族邑亦如之後世因是以爲姓或
氏號邑謚或氏於爵或氏於志若夫五帝三王之
世所謂號也文武昭景成宣戴桓所謂謚也齊魯
吳楚秦晉燕趙所謂國也王氏侯氏王孫公孫所
謂爵也司馬司徒中行下軍所謂官也伯有孟孫
子服叔子所謂字也巫氏匠氏陶氏所謂事也東
門西門南宮東郭北郭所謂居也三烏五鹿青牛

白馬所謂志也

鄭樵曰三代以前姓氏分而爲二男子稱氏婦人稱姓氏所以別貴賤貴者有氏賤者有名無氏古之諸侯詛辭多曰墜命亡氏踣其國家以明亡氏與奪爵失國同可知其爲賤也故姓可呼爲氏氏不可呼爲姓姓所以別婚姻故有同姓異姓庶姓之别氏同姓不同者婚姻可通姓同氏不同者婚姻不可通三代之後姓氏合而爲一皆所以别婚姻而以地望明貴賤於文女生爲姓故姓之字多

從女如姬姜嬴姒嬀姞之類是也所以爲婦人之稱如伯姬季姬孟姜叔姜之類並稱姓也　柳芳論曰氏族者古史官所紀也昔周小史定繫世辨昭穆故古有世本錄黃帝以來至春秋時諸侯卿大夫名號繼統司馬遷父子廼約世本脩史記因周譜明世家廼錄姓氏之所由出先王之封旣絕後嗣蒙福猶爲強家漢高帝興徒步有天下命官以賢詔爵以功始尚官矣然猶徙山東豪傑以實京師齊諸田楚屈景皆右姓也其後進拔豪英論

而錄之蓋七相五公所由興魏氏立九品置中正尊世胄卑寒士晉宋因之始尚姓已于時有司選舉必藉譜籍貫氏王氏譜學出焉過江則爲僑姓東南則爲吳姓山東則爲郡姓關中亦號郡姓代北則爲虜姓郡姓者以中國士人差第閥閱爲之制凡三世有三公者曰膏粱有令僕者曰華腴尚書領護而上者爲甲姓九卿若方伯者爲乙姓散騎常侍太中大夫者爲丙姓吏部正員郎爲丁姓凡得入者謂之四姓北齊因仍舉秀才州主簿郡

功曹非四姓不在選故江左定氏族凡郡上姓第一則爲右姓太和以郡四姓爲右姓周建德氏族以四海通望爲右姓隋開皇氏族以上品茂姓則爲右姓唐正觀氏族志凡第一等則爲右姓路氏著姓畧以盛門爲右姓柳冲姓族系錄凡四海望族則爲右姓不通歷代之說不可與言譜也夫文之獘至于尚官尚官之獘至于尚姓尚姓之獘至于尚詐隋承其獘廼反古道罷鄉舉離地著於是乎士無鄉里里無衣冠人無廉耻士族亂而庻人

僭矣　陳隨隱曰傳曰因生賜姓胙土命氏及字謚官邑六者而已今推廣爲十七類一曰以國爲氏五帝之前有國者不稱國以名爲氏所謂無懷氏葛天氏伏羲氏燧人氏者也神農軒轅雖曰炎帝黄帝猶以名爲氏至唐虞夏商周而后以國爲氏諸侯亦然魯衛齊宋之類是也支庶稱氏適他國則稱國如宋公子朝在韓則稱宋朝衛公孫鞅在秦則稱衛鞅二曰以邑爲氏原以周邑而得氏申以楚邑而得氏魯有沂邑因沂大夫相魯而以

沂相爲氏周有𦕈邑因𦕈平公爲王卿士而以𦕈
士爲氏三曰以鄉爲氏四曰以亭爲氏封建五等
降國爲邑邑有關内侯鄉侯亭侯關内邑者温原
蘇毛𦕈樊祭尹之類是也封於鄉者以鄉氏封於
亭者以亭氏五曰以地爲氏居傅巖者爲傅氏徙
稽山者爲稽氏主東蒙之祀者爲東蒙氏守橋山
之塚者則爲橋氏彨氏因彨班食於彨門顓氏因
考叔爲顓谷封人東門襄仲爲東門氏桐門右司
爲桐門氏隱於甪里綺里者爲甪里氏綺里氏六

曰以姓爲氏姓之爲氏與地之爲氏皆因所居而命也得賜者爲姓不得賜者爲地居姚墟者賜以姚居嬴瀆者賜以嬴姬之得賜居於姬水姜之得賜居於姜水七曰以字爲氏八曰以名爲氏諸侯之子稱公子公子之子稱公孫公孫之子以王父字爲氏如鄭穆公之子曰公子騑字子駟其子曰公孫夏其孫則曰駟帶駟乞宋威公之子曰公子目夷字子魚其子曰公孫友其孫曰魚莒魚石魯孝公之子曰公子展其子曰公孫夷伯其孫曰展

無駭展禽鄭穆公之子曰公子豐其子曰公孫段其孫曰豐卷豐施天子之子亦然王子狐之後爲狐氏王子朝之後爲朝氏如公子遂之子曰公孫歸父字子家其後爲子家氏父字爲氏者也季孫鉏字子彌其後爲公鉏氏父名爲氏者也九曰以次爲氏伯仲叔季之類是也十曰以族爲氏族近於次者氏之别也孟氏仲氏别兄弟也丁氏癸氏别先後也祖氏禰氏别上下也第五氏第八氏以同居别也孔氏子孔氏旗氏子旗氏字之别也軒

氏軒轅氏熊氏熊相氏名之别也季氏之有季孫氏仲氏之有仲孫氏叔氏之有叔孫氏嫡庶之别也十一曰以官爲氏太史太師司馬司空是也十二曰以爵爲氏皇王公侯是也十三曰以謚爲氏莊氏出於楚莊王康氏出於衛康公魯僖公宣公之後爲僖氏宣氏文武哀繆皆是也十四曰以吉德爲氏趙衰人愛之如冬日後爲冬日趙氏吉有賢人爲老成子後爲老成氏十五曰以凶德爲氏英布被黥爲黥氏楊感梟首爲梟氏十六曰以事

爲氏夏后氏遭有窮之難后緡方娠逃出自竇生少康支孫以竇爲氏漢武帝認丞相田千秋乘小車出入省中後因以車爲氏十七曰以技爲氏巫者之後爲巫氏以至卜氏匠氏豢龍御龍干將氏亦莫不然三代之後姓氏混矣

白虎通曰人有姓何所以崇恩愛厚親親遠禽獸别婚姻也姓生也人所禀天氣所以生者也尚書曰平章百姓姓所以有百何古者聖人吹律定姓以記其族人含五常而生身有五音宮商角徵羽

轉而相雜五十二十五轉生四時故百而異也
仲山父曰古者司商協名姓韋昭註司商掌賜族受姓之官商金聲清謂人始生吹律合之定其姓名
呂才曰延世有五姓直野人巫師說爾按堪輿經黃帝對天老始言五姓且黃帝時獨姬姜數姓耳後世賜族者寖多然管蔡郕霍魯衛毛聃郜雍曹滕畢原酆郇本之姬姓孔殷宋華向蕭亳皇甫本之子姓至因官命氏因邑賜族本同本異叵爲配宮商哉春秋以陳衛秦爲水姓齊鄭宋爲火

姓或所出之祖所分之星所居之地以著由來非宫商角徵羽相管攝也

〔箋〕王者建萬國以親諸侯有土非一人之私也能敷之而分疆裂地見聖人經天下之遠畧能錫之而建侯樹屏見聖人公天下之大端古之帝王必封建以各有其土所從來遠矣水土既平之後邦家再造特指言之　楊慎曰封建起於黃帝至秦而廢　胡氏瓚曰封建之來因洪水之患則限制多不明有水土之功則庸勞所當賞故曰封建與

井田相表裏也姓始于黃帝正姓爲姓庶姓爲氏

王氏樵曰當時堯舜在上封建雖非禹所得專

而實一出禹所經畫所謂弼成五服也朱子謂因

生以賜姓如舜居嬀汭及武王即位封舜之後于

陳賜姓爲嬀諸侯以字爲諡諡當作氏孫以王父

之字爲氏如魯有子展其後爲展氏展喜展禽是

也此姓與氏之分也後世以氏爲姓而姓氏遂無

辨唐時姓異而所出同者禁不得爲婚姻

王氏鏊曰姓與氏不分

久矣今人多以氏爲姓姓以繫百世之正統氏以

别子孫之旁出族則氏之所聚而已蓋别姓則有爲氏别氏則爲族族無不同之氏氏有不同之族故八元八凱出於高陽氏高辛氏而謂之十六族是氏有不同族也宋氏華氏謂之戴族向氏謂之桓族是族無不同氏也詩曰振振公族太史公曰自黄帝至舜禹皆同姓而異其國號又曰秦之先爲嬴姓其後分封以國爲姓有十四氏又如周本姬姓其子孫如魯衛毛聃郜雍曹滕畢原酆郇邘晉應韓凡蔣邢茅各以國氏而皆姬姓也後之文

人惟昌黎知之故曰韓姬姓又曰何與韓同姓爲近　鄭氏曉曰姓與氏異姓其本也氏其支也故口言姓必在上言氏必在下如稱周王則曰姓姬不得曰姬氏稱四岳則曰許氏不得曰姓許今人嘗書姓某氏相襲誤耳又曰姓字從女生故上古八大姓皆從女曰姜曰姬曰嬀曰姒曰嬴曰姞曰姚曰妘　陸深曰自秦毀典與籍聖賢之世系湮沒而姓氏遂不辨後世婦人一例稱氏何所本歟傳曰別生分類蓋姓之爲言生也氏之爲言類也此

姓氏之說漢去古未遠凌煙圖畫題曰大將軍傳陸侯霍氏以氏代名葢男子之美稱爾豈有姓有氏男女通稱歟左傳天子建德因生以賜姓胙之土而命之氏義各有取難以混稱也若堯舜姬姓稱陶唐氏有虞氏大禹姒姓稱有夏氏成湯子姓稱有商氏呂東萊云氏數世而一變恐亦難以自分而隨變也按姜姓爲呂氏至于今不變若國氏爲子國之後駟氏爲子駟之後所謂以字爲氏者也又有以郡以謚以官以爵以居又以所有事爲

氏皆不容變

祗台德先不距朕行

〔疏〕天子立意常自以敬我德爲先則天下之民無有距違我天子所行者皆禹之使然故敘而美之

王氏炎曰台朕皆禹自言〔左傳〕劉子曰美哉禹功明德遠矣微禹吾其魚乎　展禽曰禹能以德脩鯀之功

〔箋〕此禹因水土平治之後而揲本言之要見此時天下大勢已定不比懷襄昏墊之時人情惶惑亦

唯謹視上所率先而已若上之人敬我德以為天下先則而象之自然奉行恐後有風行草偃之勢諒無復梗我王化者此敬德不可後也台朕不必專有所指只據理洸説以見此時德之流行有操縱如意之妙　禹荒度土功寖矣而廣土衆民貴有以柔其心以就我約束本原之地全在台德而秉德以為天下先其要曰祗我先而人自不敢後大學曰先慎乎德有德此有人有土而有財有用正與此互相發　王氏樵曰一篇皆記禹經理之

事此二句禹經理之要也無此以爲之本雖胼手胝足勞其身以爲天下能使人之丕應徯志而轉移氣化也哉

五百里甸服百里賦納總二百里納銍三百里納秸服四百里粟五百里米

〔傳〕規方千里之內謂之甸服爲天子服治田去王城面五百里〔疏〕旣言九州同風法壤成賦而四海之內路有遠近更叙弼成五服之事甸侯綏要荒五服之名堯之舊制洪水旣平之後禹乃爲之

節文使賦役有恒職掌分定甸服去京師最近賦
税尤多故每於百里即爲一節候服稍遠近者供
役故二百里内各爲一節三百里外共爲一節綏
要荒三服去京師益遠每服分而爲二内三百里
爲一節外二百里爲一節以遠近有較故其任不
等甸服入穀故發首言賦税也賦令自送入官故
三百里内每皆言納四百里五百里不言納者從
上省文也於三百里言服者舉中以明上下皆是
服王事也侯服以外貢不入穀　陳氏大猷曰禹

之甸法達於天下詩奕奕梁山維禹甸之傳少康
有田一成皆甸法也王畿獨以甸名服者農事國
之本也京師聲名文物之所萃四方百貨之所聚
其民易以棄本逐末制名甸服示天下以務本重
穀也　周語先王之有天下也規方千里以爲甸
服以供上帝山川百神之祀以備百姓兆民之用
以待不庭不虞之患其餘以均分公侯伯子男使
各有寧宇以順及天地無逢其災害　釋名曰四
丘爲甸甸乘也出兵車一乘也　鄭玄詩箋云六

十四井爲甸甸方八里居一成之中成方十里出兵車一乘以爲賦法　孔穎達曰知六十四井爲甸者小司徒云四井爲邑四邑爲丘四丘爲甸如數計之丘十六井甸六十四井也知方八里者以孟子云方里而井則邑方一里丘方四里甸方八里也孫毓云井邑丘甸出於周法　韋昭曰自商以前并畿内爲五服周公因禹所弼除畿内更制天下爲九服千里之内謂之王畿王畿之外爲侯服侯服之外曰甸服國語註　孔氏曰殷周稱畿唐

虞稱服周禮大司馬九畿方千里曰國畿職方氏九服方千里曰王畿漢志周因井內而制軍賦地方一里爲井井十爲通通十爲成成方十里十成爲終十終爲同同方百里同十爲封封十爲畿畿方千里提封百萬井蔡邕獨斷曰天子所都曰京師京水也地下之衆者莫過于水地上之衆者莫過于人京大師衆也故曰京師也又曰京師天子之畿內千里象日月日月躔次千里　張氏曰服服其事也內而甸侯綏外而要荒莫不各服其事於

天子故皆謂之服

傳 甸服內之百里近王城者禾稾曰總入之供飼國馬 疏 總者總下銍秸禾穗與稾總皆送之周禮掌客待諸侯之禮有芻有禾此總是也 傳 銍刈謂禾穗 疏 劉熙釋名云銍穫禾鐵也説文云銍穫禾短鎌也詩云奄觀銍刈用銍刈者謂禾穗也 傳 秸稾也 疏 郊特牲云莞簟之安而稾秸之設於此言服明上下服皆並有所納之役也四百里內猶尚納粟此當稾粟別納 碧梧馬氏曰

先儒多以服字就秸字解若去禾中之粟米而納空藁惟使之服輸將之事是其賦輕於四百里五百里矣若存禾中之粟米而又納藁又服輸將之事是其賦重於百里二百里矣惟蔡傳摘出服字以爲總前二者言之

金氏曰有殼曰粟無殼曰米總納繁重故惟百里之內納之若二百里則去總而納銍四百里則簡銍而納粟五百里又遠則去殼而納米近者重而遠者輕重者麤而輕者精賦皆什一力則以遠近

輕重爾又曰古人九數有粟米均輸二法蓋本于此然獨三百里之民納槀而不粟視他處爲甚輕而有服役之事焉服役獨在三百里者蓋酌五百里之中爲轉輸粟米之賦也四百里粟五百里米不言賦納蓋使三百里之民轉而輸之于都爾夫三百里之民受遠郊之米粟而爲轉輸力若勞而賦則省又以見古者賦役不兩重此帝王之良法而萬世之所當行也　管子曰民事農則田墾田墾則粟多粟多則國富國富者兵強兵強者戰勝

戰勝者地廣先生知衆民強兵廣地富國之必生於粟也故禁末作止奇巧而利農事又曰辟地廣而民不足者上賦重流其藏者也故粟行於三百里則國無一年之積粟行於四百里則國無二年之積粟行於五百里則衆有饑色　商子曰粟生而金死粟死而金生國好生金於境内則金粟兩死倉府兩虚國弱國好生粟於境内則金粟兩生倉府兩實國強　鼂錯曰欲民務農在於貴粟貴粟之道在於使民以粟爲賞罰神農之教曰有石

城十仞湯池百步帶甲百萬而亡粟弗能守也
〔傳〕所納精者少麤者多　朱子曰近麤而遠精近
者易致遠者難致也畿內不封諸侯故田賦入天
子又曰里者道塗遠近之數非方井之里也　鄭
氏曰禹貢九州貢篚雖非四夷之獻亦以服食器
用爲要而冀州獨不言貢篚蓋畿甸之內賦其總
銍秸粟米也總銍秸粟米者倉廩之儲糇糧之濟
是食爲土貢之要也兖州之貢蠶絲豫州之貢絺
紵其地則畜邇畿甸焉是衣服之用亦爲土貢之

要也自服食外器用次之器用外不過寶玉玩好而已帝王建都必擇衣食之地而謂之京師京大師衆也言天子之居旣衆且大非衣食之豐不可以爲國也若夫大賂南金犀革象齒珠貝之類非服食器用之物貴其土產也皆遠於畿甸而或貢於要荒之服焉苟帝王以爲貢篚之要國家所急則堯舜之都遷於荆梁久矣其背以冀爲都區區禦大河之患圖一日之安耶及周之衰荆揚陷於吳楚貢金不入而天王求之於魯蓋以魯通於吳

也是豈聖人制貢之初意哉　呂東萊曰古者天子中千里而爲都公侯中百里而爲都天子之都東西南北所貢入者不過五百里諸侯之都所貢入不過五十里所以三代之前漕運之法不備雖如禹貢所載入于渭浮于江之類所載者不過是朝廷之路所輸者不過幣帛九貢之法漕運未甚講論到春秋戰國爭事攻戰所論者尚只是行運之漕秦并諸侯罷五等置郡然後漕運之法方詳秦運天下之粟輸之北河是時蓋有三十鍾致一

石者　蘇轍曰今東南之米每歲遡淮而上以石計者至五六百萬山林之木盡以舟楫州郡之卒獘於道路月廪歲給之卒不可勝計往返數千里饑寒困迫每每侵盜雜以它物米之至京師者率非全物矣

〔箋〕按禹制甸服獨詳於田賦天子取畿內以自贍重本力穡旣屬天下以務農而京坻之積不煩仰給外藩亦足以壯根本而消窺伺聖人防漸之意微矣自漢都關中漕轉關東粟以給中都官歲不

過數十萬石其後漕穀至四百萬斛用卒六萬人所在騷動唐全倚辦江淮然太宗以前運粟關中不過二十萬石是時府兵之制未壞也至玄宗時韋堅歲漕粟四百萬石大盜繼起而漕事亦復濫觴宋開寶初運江淮米數十萬石以給兵食寖假而汴河歲漕至六百萬石蓋並不講於甸服之義而集游惰於京師虛口坐食以致王畿之重全倚漕運爲咽喉如人一日食不下咽其就斃可跂而待 國朝定鼎燕薊即古冀州之墟先年有議興

西北水利者開墾卒鮮實効而沿唐宋前轍歲漕
東南粟四百萬石以爲常然西山一帶多有水田
遺址而頃歲天津增墾彌望禾黍是開墾未嘗無
利也似宜專置勸農之官多方設法開渠履畝以
廣積貯一則可省飛輓之勞一則可限戎馬之足
而根本重地不至全仰給東南以釀意外之變所
裨益豈淺哉蘇秦說燕亦云粟支二年且謂民雖
不田作而棗栗之實足食於民今神京實古燕地
而樹藝鹵莽緩急百無一備曷不講先王甸服遺

制云　九州之内别爲五服此皆禹敷土事　丘氏濬曰虞夏之世天子之田止於畿内所謂五百里四方相距各千里也田賦之入止于米粟近地則并其本槀取焉遠地則去其槀而取米以食人槀以飼馬無非以爲國用也然其取之因地遠近各有輕重之等精麤之異非若後世槩無分别焉又曰漢唐都長安宋都汴梁皆去邊遠我　朝都燕則自以都城爲北邊捍蔽北最近而東次之西又次之南爲最遠焉請如漢唐宋故事並爲輔郡以宣府爲北輔因

其舊而加以畨守之事俾守國之北門其東也以永平爲輔以守松亭一帶關隘及扼遼左要害其西也以易州爲輔（或眞定）以守紫荆一帶關隘其南則以臨清爲輔坐鎭牖河而總扼河南山東之衝又自此而南屯兵于徐州以通兩京之咽喉每處屯重兵一二萬量其輕重緩急以多寡其數罷兩直隸河南山東上京操備班軍因地屯守以爲京師之屏蔽遇京師有事調發則國家省轉輸之勞邊方足備禦之具矣　王氏樵曰古者天子之制

地方千里不如是不足以待諸侯然而粟米之輸近取諸甸而已足而無仰于外後世轉輸外郡而京師習于坐食元人爲歲漕不至始經營京東海口城門一不開貴人無所得食抱珠玉而死可爲明監也

五百里侯服百里采二百里男邦三百里諸侯

〔傳〕甸服外之五百里斥侯而服事〔蘇傳〕此五百里始有諸侯故曰侯服　蔡邕曰侯者侯也侯逆順也男者任也立功業以化民　孔穎達曰人君

賜臣以邑令采取賦稅謂之采地禮運曰諸侯有國以處其子孫大夫有采以處其子孫是謂食邑爲采地　何休公羊註曰所謂采者不得有其土地人民采之取其租稅爾禮記王制曰天子三公之田視公侯卿視伯大夫視子男元士視附庸周官任土之法以家邑之田任稍地以小都之田任縣地以大都之田任疆地家邑大夫之采地所謂家削之賦小都卿之采地邦縣之賦大都公之采地王子弟所食邑也邦都之賦顏師古曰采官也因官食地故曰

采地爾雅曰采寮官也　張氏載曰采地所得亦什一之法其餘歸諸天子所謂貢也諸侯卿大夫采地必有貢貢者必於時享天子皆廟受之此所謂幣餘之賦也又曰卿大夫采地圭田皆以爲永業所謂世祿之家　呂氏曰采邑如今之職田言男則子在其間言侯則公伯在其間　呂祖謙曰周禮一曰牧以地得民二曰長以貴得民牧是畿外諸侯世世襲爵長是畿內諸侯世世受采地韓嬰曰古者天子爲諸侯受封謂之采地百里諸

侯以三十里七十里諸侯以二十里五十里諸侯以十里其後子孫雖有罪而絀使子孫賢者守其地世世以祠其始受封之君此之謂興滅國繼絶世也詩傳

〔傳〕男任也任王者事〔疏〕言邦者見上下皆是諸侯之國朱子曰第二之百里爲男爵之國三百里謂自三至五爲百里者三隨文生例〔蘇傳〕男邦小國自三百里以往皆諸侯也諸侯大國次國也小國在内依天子而國大國在外以禦侮也

陳傅良曰古者建國率小大相維其邉國皆大國也故寰內則以家邑小都大都爲中外之差寰外則以諸男諸子諸伯諸侯諸公爲中外之差禹貢侯服正此說也　楊簡曰古者王畿千里天子所自治者不過千里餘皆侯國後世人主德不逮禹湯文武而統理四海之內宜其治不及古　白虎通曰諸侯封不過百里象雷震百里所潤雨同也雷者陰中之陽也諸侯象也諸侯比王者爲陰南面賞罰爲陰法雷也七十里五十里差德功也

〔箋〕記稱殷因夏爵三等公侯伯也周更立五等之爵增以子男今此曰男邦則夏時固有男爵矣禮記疏云案孝經夏制而云公侯伯子男是不爲三等也　王氏樵曰采案孔氏曰供王事正義曰事謂役也有役則供不主于一故但言采今蔡氏以采爲卿大夫采地然周制家削邦縣俱在畿内夏制雖不可考要之采地恐不及畿外也

五百里綏服三百里揆文教二百里奮武衛

〔傳〕綏安也侯服外之五百里安服王者之政教

〔疏〕要服去京師已遠王者以文教要束使服此綏服路近言安服王者政教以示不待要束而自服也釋詁訓揆爲度以王者有文教此服諸侯揆度王者政教而行之必自揆度恐其不合上耳内文而外武故先揆文教後言奮武衛奮者在國習學兵武有事則征討夷狄　陳氏大猷曰綏服内安中國外安邊疆也内三百里非全無武衛以文教爲主外二百里非全無文教以武衛爲主文教以善其生武衛以護其生民斯安矣又曰武以衛言

保護而已治世武事易弛故奮以脩之　林之奇曰漢魏使外夷入居中國障塞之地至西晉有劉石之禍石晉以盧龍賂契丹至重貴有耶律之難綏服嚴華夷之辨萬世不易之法也

〔箋〕此節揆字奮字俱下得妙揆者揆度時宜之謂文教曰揆則無窒礙之患武教曰奮則無廢弛之虞　王者之施政教總以安靖爲主文武並用一張一弛正安民之務也　丘氏濬曰禹貢五服之制內而甸侯二服爲華夏之地外而要荒二服爲

夷狄之區而綏服居乎其中則介華夷之間也就此一服而言文治内武治外辨之於微防之於豫

五百里要服三百里夷二百里蔡

傳綏服外之五百里要束以文教　周語蠻夷要服韋昭解云要者要結好信而服從之

傳夷者字平常之教事王者而已蔡法也法三百里而差簡鄭注云蔡之言殺減殺其賦　蘇傳夷雜夷俗也放有罪曰蔡春秋傳曰殺管叔而蔡蔡叔

箋要荒二服列於武衛之外皆邊地也王者不治夷狄曰夷曰蠻不以中國之治治之流蔡所謂迸諸四夷　王氏樵曰要服一説如裳之有要所以綱統四裔　胡氏瓚曰春秋淮夷會申杞自降爲子用夷禮夷亦國也

五百里荒服三百里蠻二百里流

傳要服外之五百里言荒又簡畧　疏王肅云政教荒忽因其故俗而治之鄭云蠻者聽從其俗覊縻其人耳蠻之言緡也以繩束物之名王肅云蠻

慢也禮儀簡慢　王氏曰夷易也無中國禮法易而已蠻慢也甚於夷矣〔疏〕流如水流其俗流移無常政教隨其俗馬融曰流行無城郭常居

〔箋〕要服可以要結爲戎索也荒則荒忽無常不可以人情測度矣　胡氏瓚曰春秋孰蠻畀楚而楚爲荆蠻亦國也流即所謂流共工于幽洲也

馬氏曰甸侯綏爲中國要荒已爲夷狄聖人之治詳内畧外觀五服名義可見治中國則法度宜議治以必治也治夷蠻則法度宜畧治以不治也觀

至于五千見德化之遠及覲要荒二服見法度之
不泛及聖人不務廣地而勤遠畧可見矣
〔傳〕凡五服相距爲方五千里〔疏〕凡五服之別各
五百里是王城四面面別二千五百里四面相距
爲方五千里也鄭玄以爲五服服別五百里是堯
之舊制及禹弼之每服之閒更增五百里面別至
于五千里相距爲方萬里禹之功在平治山川不
在拓境廣土土地之廣三倍於堯而書傳無稱也
則鄭玄創造難可據信周禮王畿之外別有九服

服別五百里是爲方萬里又地理志言漢之土境
東西九千三百二里南北萬三千三百六十八里
驗其所言山川不出禹貢之域而里數異者尚書
所言據其虛空鳥路方直而計之漢書所言乃謂
著地人跡屈曲而量之所以數不同也　鄭氏詩
箋云周公致太平敷定九畿復夏禹之舊制正義
曰五服者堯之舊制也五服距面至二千五百里
四面相距而其方五千里禹既敷土廣而弼之故
爲殘數居其間令以弼成而至於五千里四面相

距乃萬里焉大司馬職以九畿之籍施邦國之政
職方千里曰國畿外五千里爲疆有分限者九則
四面相距其方萬里此周公致太平制禮所定
左傳正義曰周公斥大九州廣土萬里制爲九服
邦畿方千里其外每五百里謂之一服侯甸男采
衛要六服爲中國夷鎭蕃三服爲夷狄大司馬謂
之九畿言其有期限也大行人謂之九服言其服
事上也　易氏曰禹之五服則計其一面之數周
之九服則計其兩面之數禹之甸服千里而止言

五百里是計其一面者也周之王畿與禹之甸服同不言五百里而兼言千里是計其兩面之相距者也葢禹之五服王畿在内王畿千里而兩面各五百里數其一面故曰五百里甸服自甸服至荒服皆數其一面每面各五百里總爲二千五百里兩面相距則凡五千里職方氏所載則王畿不在九服之内自方五百里之侯服至於方五百里之蕃服其名凡九九九服每面各二百五十里通爲二千二百五十里兩面相距則通爲四千五百里并

王畿千里則通爲五千五百里其增於禹者五百里之蕃服耳然周之蕃服雖不列於禹貢九州之外而禹貢九州之外咸建五長東漸西被朔成周蕃服之域是周之蕃服其名雖增於禹而其地未嘗增也　吳萊曰黃帝方制萬里畫野分州得百里之國萬區然以禹貢九州計之五服相距方五千里僅得黃帝之半說者且疑九州之外黃帝亦嘗畫野分州舜之十有二州亦猶此也然周禮自王畿而次之別有九服服別五百里方而計者則

爲萬里漢地理志乃紀山川與禹貢不異而里數縣絶或曰尚書據虛空鳥路漢志著人跡屈曲或曰禹聲教所及地盡四海其疆理制止五服若夫荒服之外又有區畫者存非若周漢盡其地之所及而疆理之也何以言之王制四海之內截長補短方三千里是天子壤地之實也故周禮雖稱九服周官止曰六服羣辟又曰六年五服一朝是則侯衛以降聖人雖制之服而不必其來若職方氏掌天下之圖辨其邦國都鄙必兼夷衛之初封人

民氏族土田分器至詳至悉未有一言及附庸者然又有一說焉夫冀禹之所都冀之北境自雲中九原二千五百里且至于沙漠不毛之地周之東遷洛陽爲土中曹去王城八百里猶在甸服鄭在河南密縣百七十里已爲男服蓋曹順流極便而鄭則成皋虎牢之險夫豈五服之制非若畫棋局然以定遠邇也是故幽州邇於碣石而共工流蒼梧遠於衡山而虞舜狩　章俊卿曰先儒鳥道之說竊以爲不然嘗討之王制古者百里當今百有

二十一里今謂漢也是禹貢五千里之制即漢之六千里也况五服之制據萬里而言合以東西四正爲據當時堯都平陽正東至東萊之海才二千八百里正西至張掖之流沙才三千三百里是僅可以滿五服之制也兩漢九千里之制則以遼東之海與燉煌之流沙而言遼東在東北隅燉煌在西南隅非其正也夫正方一尺者絫之而度其兩隅則爲尺有四寸而羸則五服之制舉其隅而度之宜其九千里也漢制南北萬五千里者舉朔方

日南而言而禹貢所屆正南止及衡山之陽而日南又在衡山之南八千餘里非禹迹所及也至平陽之北不盈千里已爲戎狄之地是五服之制唯東西南三方爲然北方僅滿二服而已尚何烏道之云乎九州四正雖近四隅實遥五服之制乃舉其近蓋不欲以一時廣大之名啓後世無厭之禍也　曾氏曰周之王畿即禹之甸服侯服甸服即禹之侯服男服采服即禹之綏服衛服介於其中即綏服之奮武衛蠻服夷服即禹之要服鎮服蕃

服卽禹之荒服也　羅泌曰虞夏之前四正疆理東止瑯邪之海西積石之河五千而縮南至衡山北泊單于府五千而羸使皆封建百里之國惟堲二千五百縱并遼東渤海長城外盡契丹高句驪積石塞黑水靺鞨流沙之地亦不能五千國況古百里當今百二十一里六十步烏有所謂萬國百里國哉葢古嘗有萬國之制而非皆百里也故吕覽言神農封建彌近彌大彌遠彌小海上乃有十里之邦以大運小要使臂使指者而孔子亦曰安

見方六七十如五六十而非邦者然則古之萬國從可知矣孟子曰海內之地方千里者九古之天下方三千里正矣五千里者古今衰盛山川萊蕪之通數也周世九服號七千里而職方藩畿爲方萬里斯亦未記之數王畿所止亦曷嘗千里哉周之西都今之關中而東都則洛陽也二都地踞南山之陰北山之陽東西長南北短短長相補猶不能以千里今古不變而禮王畿四方相距爲二方千里遠郊近郊甸地稍地小都大都率相距爲百

里所能容哉固知畿服諸說有匪圓通上世必有陰補相乘之道爲疆理之定制者

箋謹按禹貢九州以今天下地圖叅之兩直隸卽冀揚徐之域此外爲山西山東江西湖廣河南四川陝西七省地耳震澤稍鄰浙西而閩廣雲貴並未入版圖則國家拓地固已倍於禹服矣乃文法日煩而武衛寖弛飛輓之轉輸欲竭東南久苦不支而要荒之界限漸殺西北更虞多事明先王五服之制而申畫郊圻安內攘外尚得泄泄以來

噬臍之悔哉　王氏樵曰周禮大行人邦畿方千里其外侯服甸服男服采服衛服要服各方五百里要服蠻服也此以上爲九州之内又有夷服鎮服蕃服在九州之外六服去王城三千五百里相距七千里與禹服不同考周地幅圓葢不廣于禹立政言方行天下陟禹之迹則亦以禹迹爲極爾葢禹時四方有不盡之地聽四夷居之故五服止于五千周則盡禹迹所至而疆畫之是以不同爾　胡氏瓚曰合五節見詳内畧外慮甸服天子

畿內之地故什一使自賦而入州以錫士又必定其則以爲之式恐如後世有税畝丘甲者所謂經界正而穀祿平也若貢皆達于天子諸侯歲貢士亦謂之貢周衰求車求金而包茅不入致勤召陵之師則齒革之車三品之金菁茅之縮酒貢非一日矣又封契于商封稷于邰商在亳邰後遷周則雍豫沃壤天子已不自有而公天下之大端大本也

東漸于海西被于流沙朔南暨聲教訖于四海禹錫

玄圭告厥成功

傳此言五服之外皆與王者聲教〔疏〕海多邪曲故言漸入流沙長遠故言被及皆是過之意也鄭玄云南北不言所至容踰之　林氏曰此又推聖化所極至而言之漸如水之漸漬被如衣之被覆朔南不言所至以下文四海見之也　列子曰渤海之東不知幾億萬里有大壑焉實惟無底之谷名曰歸墟　爾雅云九夷八狄七戎六蠻謂之四海釋名曰海晦也主承穢濁其水黑如晦也鄭氏詩箋

云言去中國險遠禀政教昏昧也孫炎曰海之言晦晦闇於禮儀也　博物志云天地四方皆海水相通地在其中蓋無幾也七戎六蠻九夷八狄形類不同總而言之謂之四海言皆近於海也四海之外復有海云　淮南子曰有聲之聲不過百里無聲之聲施於四海　賈捐之曰四海欲與聲教則治之不欲與者不強治也　湯問於夏革曰四海之外奚有革曰猶齊州也湯曰汝奚以實之革曰朕東行至營人民猶是也問營之東復猶營也西行至豳人民猶是也問豳之西

復猶鹵也朕是以知四海四荒四極之不異是也

列子非邊備對曰四海邊中國者在山東為東海

在廣南為南海人人聞見若禹迹所及西境流沙

而極不言西海東北嘗至碣石而北海之名不著

于經漢武帝事遠西北二海遂有身歷之者條支

之西有海焉先漢使命嘗及之而入史矣後漢班

超又嘗遣甘英輩親至其地至於西海之西又

有大秦即波斯者焉若北海則又甚遠霍去病封狼

居胥山其山實臨瀚海者北海也蘇武郭吉皆為

匈奴所幽寘諸北海之上而唐史載突厥部北海之北更有所謂骨利幹之國在海北岸然則詩書所稱四海者環夷夏而四之若夫西北二虜有西海柏海靑海蒲類海蒲昌海居延海白亭海鮮水海皆嘗並海立稱其實衆水鍾爲大澤如洞庭彭蠡之類借海名之非眞海也李吉甫辨白亭海而曰河北得水便名爲河塞外有水便名爲海其說確矣　朱子曰自古無人窮至北海緣北邊地長其勢北海不甚濶地之下與地之四邊皆海水周

流地浮水上與天接天包水與地　洪邁曰海一
而巳地之勢西北高而東南下所謂東北南三海
其實一也北至于青滄則云北海南至于交廣則
云南海東漸吳越則云東海無由有所謂西海者
詩書禮經所載四海蓋引類而言之漢西域傳所
云蒲昌海疑亦渟居一澤爾班超遣甘英往條支
臨大海蓋即南海之西云　吳澂曰禹貢敘事至
訖於四海而止訖者地之盡處也海之環於東南
西北相通也而西海北海人所不見何也西北地

高或踞高窺下則見極深之壑如井沉沉然者蓋海云東南地卑海水旁溢不啻萬有餘里中國之地廣輪萬三千里耳而東連海岸以勾股稽之水之所浸倍於中國之地者二十而羨其間洲島國土不可勝窮若三神山者蓋不知其幾也〔元史地理志〕有天下者漢隋唐宋為盛然幅員之廣咸不逮元漢梗於北狄隋不能服東夷唐患在西戎宋患常在西北若元則起朔漠併西域平西夏滅女眞臣高麗定南詔遂下江南而天下為一故其

地北踰陰山西極流沙東盡遼左南越海表蓋漢東西九千三百二里南北一萬三千三百六十八里唐東西九千五百一十一里南北一萬六千九百一十八里元東南所至不下漢唐而西北則過之隋東西九千三百里南北萬四千八百十五里東南皆至於海西至且末北至五原見地理志

王制西不盡流沙南不盡衡山東不盡東海北不盡恒山應氏曰東海在中國封疆內西南北海則遠在夷徼之外南獨以江與衡山爲限蓋百粤未盡開也惟河舉東西南北河流縈帶中國也自

秦以上西北豢而東南蹙自秦以下東南展而西北縮此古今天地之大運也當先王時四方各有不盡之地聽夷居之不勞中國以事外也

〔傳〕玄天色禹功盡加於四海故堯賜玄圭以彰顯之言天功成　尚書旋璣鈐曰禹開龍門導積石出玄珪刻曰延喜玉受德天錫佩禹功既成天出玄珪以錫之古者以德佩禹有治水功故天佩以玄玉〔蔡傳〕水土既平禹以玄圭爲贄而告成功于舜也水色黑故圭以玄云方勺曰越州禹廟元圭匱藏之色黑如磬徑五尺厚寸餘而好相信上下郡將掌封鑰

遁甲開

山圖云禹至會稽得赤珪如日碧珪如月 禮緯稽命徵云天命以黑故夏有玄圭天命以赤故周有赤雀銜書天命以白故殷有白狼銜鉤〔蕭傳以五德王天下所從來尚矣黄帝以土故曰黄炎帝以火故曰炎禹以治水得天下故從水而尚黑殷人始以兵王故從金而尚白周人有流火之祥故從火而尚赤湯用玄牡蓋初克夏因其舊也詩云有客有客亦白其馬是殷尚白也帝錫禹以玄圭爲水德之瑞是夏尚黑也此五德所尚之色見

于經者也　羅泌曰黃帝之世天先見大螻大蠦黃帝曰土氣勝土氣勝故其色尚黃其事則土及禹之時雨金櫟陽禹曰金氣勝金氣勝故其事用金然其受命荷帝玄圭故其色尚黑下至湯代金乃先生於水湯曰金水勝金水勝故其色尚白其事則水及夫武王火烏流社武王曰火氣勝火氣勝然其衰在木火生于木故其色尚赤其事則木

〔箋〕聲教訖于四海卽禹謨文命敷于四海也四海會同之餘聲教遠播而比屋向風承德此之謂不

距朕行　地平天成禹功可謂成矣帝曰成允成功世稱神禹功與天地並有以也而祗台德先實爲成功之根抵故曰禹之明德遠矣　按秦本紀曰大費與禹平水土已成帝錫玄圭禹受曰非予能成亦大費爲輔帝舜曰咨爾費贊禹功其錫爾皁游大費拜受是爲柏翳益謂玄圭爲帝錫禹論衡曰禹母吞薏苡將生得玄圭遯甲開山圖曰禹遊於東海得玉珪碧色長一尺二寸圓如日月以自照達幽冥並附會之詞不足據也　丘氏濬曰

中國之地南北比東西爲遠故禹貢言聖人聲教之所及於東曰漸於西曰被皆指其地言而於南北則止曰暨可見聖人嚮明之治自北而南日拓而遠不可爲限量也東漸于海海之外地盡矣西被于流沙流沙之外猶有地焉漸如水之漸漬藏于海者也被則如天之無不覆被天所覆被處聖人之化皆可至也其風聲教化雖曰無遠不及亦惟止于海而已然其所以漸被暨及者風聞之聲神化之教使之聞而振動未嘗體國經野以內治

治之也此無他天地間有大界限華處乎內夷處乎外各止其所而天下之理得矣又曰中國之地在三代不出九州之外惟揚徐青冀四州濱海而已四海惟東北濱中國而南海北海則越在荒服之外自漢以後南越始入中國而有南海然西海竟不知所在故今祀東海于登州祀南海于廣州二祀皆臨海而祭西海則望祀于蒲州北海則望祀于懷慶今日建都于燕徃南而祭北海豈天子宅中之義哉古謂青州爲北海郡青去登不遠猶

以是名今京師東北乃古碣石淪海之處於此立
祠就海而祭爲宜況今北鎮醫無閭山在於遼海
山既可以爲北鎮川獨不可以爲北海乎若夫中
國之正西在於秦隴西南則蜀稍南則滇也滇之
之極西百夷之外聞有大海通西南島夷此地在
前代未入中國今既爲羈縻之地則王化之所及
也宜于雲南望祀之　王氏樵曰禹時五服止于
五千則五嶺之南當在荒服之外此記聲教所及
云朔南曁朔朔方南交趾也則聖人制五服雖止

千五千而威德所被已方制萬里矣　鄭氏曉曰天地華夷之界眞有意大漠限北狄流沙限西戎滄海限東夷谿嶺限南蠻然中國自漢武以來南境漸闢西北境漸蹙東如故又曰朔南暨句斷漸深於被被遠於暨當時輿圖廣袤之勢然也朔即朔方南止於荆揚彭蠡震澤之間當時江浙湖廣廣東雲貴未入版圖　胡氏瓚曰禹貢四海止就禹迹所及言之河濟入北海江淮入東海黑水入南海弱水當入西海　楊愼曰東海之别有渤海

南海之别有漲海西海之别有青海北海之别有瀚海海猶五嶽之外有五鎮也又曰今滇西百夷之外有大海在今阿瓦地即西海無疑矣　李贄曰丘文莊謂自南越入中國始有南海而西海竟不知所在余謂禹貢言聲教訖於西海者亦只是據見在經歷統理之地而紀其四至耳所云四海即四方也故又曰四方風動則可見矣豈眞有東西南北之海如今南越之海的然可覩者哉又據見在四方論之四川天下之正西也雲南天下之西

南陝西則天下之西北一正西一西北一西南皆不見有海也由陝西而山西據大勢則山西似直正北之域矣而正北亦無海也唯今薊遼鄰山東始有海從此則山東爲東方之海山東抵淮揚蘇松以至錢塘寧紹等處始爲正東之海東甌至福建則古閩越地也稍可稱東南海矣廣東卽南越地今其治爲南海郡盡以爲正南之海矣不知閩廣壤接亦僅可謂之東南海耳由此觀之正西無海也正北無海也正南無海也西北西南以至東

北皆無海則僅僅正東與東南角一帶海耳又豈但不知西海所在那且今天下之水皆從西出西水莫大於江漢江有四有從岷來者有從沱來者有從黑白二水來者漢有二有從嶓冢來者有從西和徼外來者此皆川中之水今之所指以謂正西是也水又莫大于黃河黃河經過崑崙崑崙乃西番地是亦西也雖雲南之地今皆指以爲西南然雲南之水盡流從川中出則其地高于川中可知矣高者水之所始而東南一海咸受

之則海決在下流之處雲南四川山陝等去海甚遠皆可知也雲南川陝之外其地更高又可知也不然何以不川流而西徃彼西海而乃迢遞逶迤盡向東南行邪則知以四川爲正西者亦就四方之勢槩言之耳今雲南三宣府之外有過洋濶機大布道自海上來者此布我閩中常得之則雲南旋遶而東又與福建同海則雲南只可謂之東南而不得謂之西南又可知矣吾以是觀之正南之地尚未載之輿圖况西南邪故余謂據今人所歷

之地勢而論之尚少正南與西南正西與西北正北與北東諸處者以不見有海故卜之也以天下三大水皆從川中出卜之而知其難以復尋西海于今之世也西海既不可尋則又何名何從而祀海也然則丘文莊欲祀北海于京之東北楊升菴欲祀西海于滇之西南皆無義矣　王可大曰中國地形南濱於海則吳越閩廣是也東連朝鮮之東亦有海西通西域大宛月氏大食諸國大食之外亦有巨海大食之西有國不可勝數大食陀盤

所可至者惟木蘭皮耳自陀盤地國發舟正西涉海百日而至　曹昭曰禹玄圭象水色圭古作珪瑞玉也上圓下方以象天地以封諸侯（格古要論）　王氏樵曰上之與下謂之錫禹奉玄圭而云錫者何也蓋爲舜成百世之功不可以常辭書猶之舉舜而曰師錫蓋爲天下得人亦非常之事也又曰首曰禹敷土終曰禹錫玄圭告厥成功只起結二禹字而中間數千言貫串相應文之妙也

陳氏大猷曰自禹敷土而下槩舉治水規模言之

自兾州而下以帝都爲主自東而西區别九州之疆域言之自導岍而下則自西而東貫串九州之山水言之自九州攸同而下則總合九州咸績言之自五百里甸服而下則以成五服自內及外言之自東漸而下則遠舉四極言之以至于告成功而終焉　許氏曰禹貢專爲紀治水之成功而併及貢賦之數故九州紀水道土色田賦之等貢物貢道爲詳餘皆或見或不見古史言簡而意密則又有言外之意惟兾梁雍言山獨詳諸州不言者

天下之勢西北高而多山故也徐雖言嶧乃蒙羽之小者又止言蓺則不專主于導山冀青梁不言澤者冀梁多山而地峻青邉海而水易洩故二州無澤也雍雖多山而豬野在其西北之偏黄河之外地形稍下故有之也揚荆豫梁不言原隰者諸州有大澤者無原隰有原隰者無澤揚州彭蠡太湖其浸甚大荆州雲夢瀾數百里豫之滎波菏澤孟豬皆巨浸則原隰之地固少矣兖徐雍二者皆有者兖止言宜桑之土耳而雍州豬野在河外原

隰在河內相去甚遠惟徐之東原不同東原地甚
卑常有水患雖曰原其實下濕謂居泲之東而稍
高爾梁州二者皆無者爲多山而下不足豬水且
無曠平之地也梁雍無篚者多山之地惟出獸皮
而所織爲罽不假于篚也兗荆豫不言夷者凡地
接于山海邊陲之地則有夷豫居天下之中荆雖
居于南而禹貢之地不踰嶺兗雖在東北而其東
南則接青徐西北皆冀境故三州無夷也兗徐揚
獨言草木者三州在東方皆河淮江之下流被水

特甚草木不生今水既洩而生草木故特書此以表地平也至于冀之不言境域及貢篚則傳已言之矣 金氏曰天地常形固相爲句連貫通然其條理亦各有脉絡若以脉絡之可見者言之崑崙四垂而爲海天下諸山皆起于崑崙而崑崙無定名地之最高山之所聚江河諸源之所出即崑崙爾崑崙之上綿亘糾繆句連盤錯其南爲岷山而岷山最大其北爲積石諸峯其東爲西傾朱圉鳥鼠諸峯其西北諸山尤爲綿亘紛錯河之所以北

弱水之所以西黑水之所以南皆是也惟江淮河漢行乎中國自崑崙而東北言之則自積石而北爲湟水星海青海以至浩亹皆河源也入匈奴以東爲陰山又東南自代北雲朔而南趨爲北岳以至太行爲北之脊壺口雷首太岳析城王屋皆其羣峯河之折而南汾晉諸水之所以西入河涿易滹沱恒衛之所以東入海也分而東趨者行幽燕之北爲五關之險以至營平而爲碣石此北絡也自崑崙以東言之則東爲西傾而洮水出其北入

河桓水出其南入江又東爲朱圉鳥鼠諸隴則爲渭之源自渭源以北即夾河源而北以東若岍岐若荆山諸峯涇水漆沮諸源也自渭以南即西傾而下諸峯亘爲終南屹爲泰華東北爲殽陜東南爲熊耳外方伊洛之源又南爲桐柏淮源以達于淮西諸山此中絡也又自西傾朱圉而南分爲嶓冢漢源夾漢而趨者北則終南華熊諸隴南則蜀東諸峰說者謂蜀東諸山皆嶓冢亚謂其爾岫綿亘爾又東則爲荆山内方此中絡之次也自崑崙

之東南言之是爲岷山江源夾江而東者北支則西傾以南嶓冢以西之脉爲桓水西漢水嘉陵江諸源其南支即南趨爲蒙蔡諸山青衣大渡馬湖江諸源又東包涪黔一盤而北爲三峽其東出者包絡九江之源中盤中爲衡山其再盤而北爲廬阜其嶺之東出者又爲袁吉章貢盱信諸山之源至分水魚梁嶺三盤而北過趨新安峙天目盡昇潤凡再盤之間其水聚爲洞庭三盤之間其水聚爲彭蠡三盤以東則南爲閩浙北爲震澤此南絡

也惟泰山則特起東方横亘左右以障中州此所以爲異與大抵水者山之液故山盤而水之源出焉此所以聚而爲川流之盛地道以句連爲圉故山東而水之流壅焉此所以資于疏闢之功此其大約也

禹貢滙疏卷十二終

神禹別録

禹跡猶存山川不改緬言千載懷古彌深旁搜夏

華之談不廢齊諧之志廣神遊於河洛亦義協乎

圖書豈曰愛奇聊當碎録云爾吴興茅瑞徵述

帝禹夏后氏姒姓名禹一曰伯禹是爲文命路史

太史公曰禹爲姒姓其後分封用國爲姓故有夏

后氏有扈氏有男氏斟尋氏彤城氏褒氏費氏杞

氏繒氏辛氏冥氏斟氏戈氏　按禹廟謚議云或

曰禹桀皆易名周人華民視聽故以行爲謚追夏

始祖與末王而加之夏商之世諱忌未行臣子呼君父名無嫌猶朕尊卑得共稱之羅𡷨老云禹之功至水平而後大故於禹成厥功之後始稱大禹

蜀郡廣桑縣有石紐鄉禹所生也水經注

帝王紀云鯀妻脩巳一作脩紀見流星貫昴夢接意感又吞神珠薏苡胸折而生禹蜀本紀云禹母吞珠孕之拆副而生

路史云縣納有莘氏曰志是爲脩巳孕歲有二月以六月六日屠而生於僰道之石紐鄉所謂刳

兒坪者董仲舒繁露云禹生發於背　郡國志云石紐山在石泉縣南帝王世紀以鯀納有莘氏胸臆折而生禹於石紐郡人以禹六月六日生是日重脩禊享歲以爲常　括地志云茂州汶川縣石紐山在縣西七十三里華陽國志云今夷人共營其地方百里不敢居牧按廣柔隋改曰汶川　開山圖注云女狄暮汲石紐山下泉中得月精如鷄子吞之遂孕十四月生禹堯帝戊戌五十八載六月六日生禹　淮南子曰禹生於石高誘注禹母脩巳感石而生禹隋巢子謂禹生昆石　史記索隱

曰按系本鯀娶有莘氏謂之女志（吴越春秋作女嬉）是生高密（宋衷曰高密禹所封國）舊陜志曰鯀娶有莘氏女（今郃陽縣）生禹出于夏水（在今臨洮）長于西羌禹國號夏蓋因所出夏水以爲號也　張邦奇曰今按石紐鄉在汶川縣境禹廟在茂州東門内蓋蜀國傳自昌意娶蜀山氏女生帝嚳封其支庶於蜀斯禹所自生也

禹身長九尺有只虎鼻河目斷齒鳥喙臣三漏戴成鈐褱玉斗玉骿履巳（路史）

世紀云禹長九尺二寸續博物志云長九尺九寸列子曰夏后氏蛇身人面牛首虎鼻淮南子曰禹耳參漏是謂大通姚氏云禹胸有壓如北斗荀子非相篇曰禹跳湯偏楊朱曰大禹不以一身自利一體偏枯

荀仲豫稱禹十二爲司空

路史注云按舜攝時豨殛旣竄而禹用攝時蓋年十四

禹娶塗山生啓夏本紀

史記索隱曰按系本塗山氏女名女媧連山易曰名攸女路史云禹年三十取於塗山氏三趫是爲攸女效葵陽城呂氏春秋曰禹巡省南土塗山氏之女候禹于塗山之陽乃作歌曰候人兮猗實始爲南音　杜預曰塗山在壽春東北皇甫謐云今九江當塗有禹廟則塗山在江南寰宇記云古當塗國在濠州西一百十七里漢爲縣屬九江郡晉屬淮南郡在壽春東北輿地記謂即禹所娶塗山氏國也世紀云塗山氏合昏于台桑之野鍾離西七十里即當塗縣華陽國志曰禹娶於塗山今江州塗山

帝禹之廟銘存焉山有禹王及塗后祠陶弘景水仙賦云塗山石帳天后翠幪夏禹所以集羣臣也按倦游錄三門禹廟神儀侍衛極肅後殿一氈裘像侍衛皆胡人云是禹婦翁今不復存寰宇記云塗山在巴縣東南八里水經注曰江水北岸有塗山南有夏禹廟塗君祠廟銘存焉常璩庾仲雍並言禹娶於此余按羣書咸言禹娶在壽春當塗　元賈元碑曰華陽志云渝郡塗山禹后家也東漢郡志云塗山在巴郡江州乃今重慶巴縣至今洞曰塗洞村曰

塗村灘曰遮夫后曰啓毋復考禹生汶川生于蜀
娶于蜀古今人情不甚相遠先是帝曾大父昌意
爲黃帝次子娶蜀山氏生帝顓頊帝之娶蜀有自
來矣　呂氏春秋曰禹娶塗山氏不以私害公自
辛至甲四日復往治水故江淮之俗以辛壬癸甲
爲嫁娶日　吳越春秋曰禹三十未娶行到塗山
有白狐九尾造於禹禹曰白者吾之服也其九尾
者王之證也塗山之歌曰綏綏白狐九尾痝痝我
家嘉夷來賓爲王成家成室我造彼昌天人之際

於兹則行明矣哉禹因娶塗山謂之女嬌取辛壬
癸甲禹行十月女嬌生子啓　路史云后趫生啓
及均塗山於是獨明教訓而致其化乃立虞子之
官嗟乎天下之命懸太子若塗山可謂知所本矣
河南通志曰嵩山之陽舊有啓母廟廟前有石高
二丈許而中裂號啓母石郡志載淮南子云啓母
塗山氏之女禹治洪水經轘轅山謂塗山氏曰欲
餉聞鼓聲乃來禹跳石誤中鼓塗山來見禹乃化
熊慙之而去嵩高山下化爲石禹曰歸我子石破

而生啓蓋此石此好事者承訛附會耳聞登封又有所謂啓母墓漢書注啓母墓在陽城即嵩山之陽今登封地然則此石爲啓母此墓何爲者耶考宋景濂遊塗山記云入禹會村有夏皇祖廟從廟西循石坡下巨石危立如人遥望之儼然一姬也呼爲啓母石則沿襲承訛又不止嵩山矣楊炯少姨廟記云漢地理志嵩高少室之廟其神爲婦人像故老相傳啓母塗山之妹更可爲千古笑端

禹學於西王國荀子〇楊倞註西羌之賢人也

呂氏春秋曰禹師大成贄又曰禹湬於皐陶伯益

路史曰禹師於大成摯新序作執暨墨如子高百成子高

學於西王悝西王𢞲也堯治天下伯成子高立爲諸

侯堯授舜舜授禹伯成子高辭諸侯而耕禹往見

之則耕在野禹趨就下風而問曰堯治天下吾子

立爲諸侯今至於我而辭之故何也伯成子高曰

當堯之時未賞而民勸未罰而民畏民不知怨不

知說愉愉其如赤子今賞罰甚數而民爭利且不

服德自此衰利自此作後世之亂自此始夫子盍

行乎無慮吾農事協而耰遂不顧呂覽
禹受黑書於臨洮得綠字于濁水路史
水經注曰禹西至洮水之上見長人受黑玉書
續博物志曰禹治洪水觀於河見白面長人魚身
出曰吾河精也授禹河圖而返於淵　拾遺記曰
禹鑿龍門之山見一神蛇身人面示禹八卦之圖
列于金版之上又有八神侍側乃探玉簡授禹長
一尺二寸以合十二時之數使量度天地禹即執
持此簡以平定水土　湘水記曰衡山南有岣嶁

峰高一千五百丈禹登此得金簡玉牒治水之書

其山上承翼宿銓得鉤物故名岣下據離宮攝[illegible]

火師故名嶁

禹聞宛委黃帝書乃吉禶封白馬三月庚子登覆鬴

探穴獲五符知治水要路史

太霄琅書云夏禹於陽明洞感太上命繡衣使者

降授五符以治水檄召萬神後爲紫庭眞人陽明

洞會稽也　遁甲開山圖曰禹治水至會稽宿衡

嶺宛委之神奏玉匱書十二卷　水經注云會稽

有石匱山石形似匱上有金簡玉字之書夏禹發之得百川之理也　吳越春秋曰禹治洪水至牧德之山見神人焉謂禹曰勞子之形役子之慮以治洪水無乃怠乎禹知其神人再拜請誨神人曰我有靈寶五符以役蛟龍水豹能傳之不日而就因授禹而誡之曰事畢可秘之於靈山禹成功後乃藏之於洞庭包山之穴　洞庭山記曰洞庭有二穴東南入洞幽邃莫測昔闔閭使令威丈人尋洞秉燭晝夜而行繼七十日不窮而反啓王曰初

入洞口狹隘傴僂而入約數里忽遇一石室可高二丈常垂津液內有石林枕硯石几上有素書三卷持回上於闔閭不識乃請孔子辯之孔子曰此夏禹之書並神仙之事言大道也王又令再入經二十日却追之不似前也唯上聞風水波濤又有異蟲撓人撲火石燕蝙蝠大如鳥前去不得夫人姓毛名萇號曰毛公今洞庭有毛公宅石室并壇存焉　帝嚳時太上遣使齎靈寶真文授帝帝將仙封之鍾山至夏禹登位巡狩度弱水登鍾山遂

得靈寶眞文禹未仙前復封之北嶽及包山洞庭
之室吳王闔閭出遊包山見一人自言姓山名隱
居入洞庭取素書一卷呈闔閭其文不可識令人
齎問孔子孔子曰丘聞童謡云吳王出遊觀震湖
龍威丈人山隱居北上包山入靈墟乃入洞庭竊
禹書天帝大文不可舒此文長傳百六初若強取
出喪國廬使者反白闔閭乃尊事之

禹以息土塡洪水以爲名山淮南子

淮南子曰禹之決瀆也因水以爲師又曰禹決江

疏河以爲天下興利而不能使水西流又曰禹身
執虆垂以爲民先剔河而道九岐鑿江而通九路
辟五湖而定東海　列子曰禹纂業事讐惟荒土
功此天下之憂苦者也　王嘉曰舜命禹疏山導
嶽偏日月之下惟不踐羽山之地　禹濟巨海則
黿鼉爲梁踰峻山則神龍爲馭又方治水時黃龍
曳尾于前玄龜負青泥于後故等聖而禹稱神焉
禹治水土逃而失塗濱北海之北其國名曰終
無風雨霜露不生鳥獸蟲魚草木當國中有山名

壺領狀若甔甀項有口狀若員環名曰滋穴有水湧出名曰神瀵臭過蘭椒味過醪醴一源分爲四埒注水山下其俗倦則飲神瀵力志和平過則醉經旬乃醒沭浴神瀵膚色脂澤香氣經旬乃歇列子

禹之爲水以身禱于陽紆之河淮南子

元世祖南巡渡江次鄂駐蹕於黃鵠山問山頭石磯何名呂公對曰聞唐時有道人呂姓吹笛其上故名又問曰唐以前何名皆不能對再三問之有一父老對曰聞諸古語云是禹功磯後人因訛傳大稱旨

嘉獎林元大禹廟記 禹功記云渡江河者以朱書禹字佩之免風濤保安吉 直隸名勝志曰涿州西三百餘里有鋏柱山相傳禹維舟處蓋禹之治水始于冀也

禹因古九囿以置九州華陽國志

洛書曰人皇始出繼地皇之後兄弟九人分理九州爲九囿人皇居中州制八輔 路史曰人皇相厥山川才爲九州謂之九囿別居一方因是區理後世謂居方氏 項峻始學篇曰人皇九頭兄弟

九人九州各居其一　易卦坤靈圖蓋九州之始也寶櫝記云伏羲審地勢定山川眞源賦伏羲别九宫因此置九州法語云始定四海之廣作八卦分九州據共工氏霸九州則州之九不自帝嚳若黄帝矣路史　羅苹曰禹貢九州之畫實在治水之後蓋因治水見地勢之分斷皆出自然不可十二乃復爲九州爾　魯班刻石爲禹九州圖今在洛城石室山博物志　淮南墬形訓曰何謂九州東南神州曰農土正南次州曰沃土西南戎州曰滔土

正西弇州曰并土西北台州曰肥土正北濟州曰
成土東北薄州曰隱土正東陽州曰申土　王嘉
拾遺記曰玄龜河精之使者也龜頷下有印文皆
古篆字作九州山川之字禹所穿鑿之處皆以青
泥封記其所使玄龜印其上今人聚土爲界此其
遺象也　楊愼曰王子年云禹治水所穿鑿處皆
有泥封使玄熊升其上此封堠之始按北堂書鈔
引山海經黄帝遊幸天下有記里鼓道路有記里
堆則堠起黄帝非始於禹

禹乃使太章步自東極至于西極二億三萬三千五百里七十五步使豎亥步自北極至于南極二億三萬三千五百里七十五步墬形訓○高誘註太章豎亥皆禹臣

尹子曰禹之勞十年不窺其家手不爪脛不生毛偏枯之病步不相過人曰禹步淮南子曰禹胼胝呂氏

春秋曰舜殛鯀於羽山副以吳刀禹不敢怨而反事之官爲司空以通水潦顏色黎黑步不相過

楊子法言曰昔者姒氏治水土而巫步多禹

禹封高密以處于櫟是爲有夏曰夏伯路史

世本云鯀生高密是爲禹宋云禹之封國櫟今之許昌陽翟漢屬潁川唐隸河南有禹山禹故城及鄭之櫟邑武王至周曰吾其爲有夏之居乎遂營洛邑卽櫟也世紀云夏今陽翟地志云陽翟夏禹國王充云禹繇夏而起湯自商而興皆本與昌之地爲號重本不忘始也或云封在虹今之宿縣輿地志云堯封夏禹爲伯邑于此卽位徙都陽翟漢爲夏丘縣　淮南子曰禹無十人之聚以王諸侯夏之方有德也遠方圖物貢金九牧鑄鼎象物百物

而爲之備使民知神姦左傳

拾遺記曰禹鑄九鼎五者以應陽法四者以象陰數使工師以雌金爲陰鼎以雄金爲陽鼎鼎中常滿以占氣象之休否當夏桀之世鼎水忽沸及周將末九鼎咸震皆應滅亡之兆後世聖人因禹之迹代鑄鼎焉舊云九鼎者所謂九州鼎實則一鼎又別有九鼎圖九州之方物

路史曰禹作棧鍾於會稽以定奏昔世劌縣民于田得鍾長七寸口徑四寸銘曰棧案小爾雅鍾之小者棧音盞鑄九鼎於紫金條荆之山使人知神姦鼎成而太白見者九日

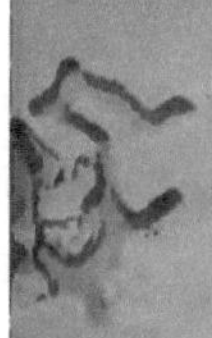

禹合諸侯于塗山執玉帛者萬國左傳

直隸名勝志曰塗山在鳳陽府懷遠縣東南八里

水經云淮水出荆山之左塗山之右二山對峙禹

鑿爲二以通之禹合諸侯于塗山杜預謂在壽春

東北是也今山巔有禹廟山前有禹會村古史夏

本紀云禹合諸侯塗山其後南廵狩復會于江南

會稽宋蘇軾詩川鎖支祁水尚渾地理汪罔骨應

存樵蘇已入黄能廟烏鵲猶朝禹會村元貫元塗

山古碑曰禹娶于蜀塗山壁自人皇爲蜀君掌塗

山之國至會諸侯于塗山當以九江郡爲是東漢郡志云山在當塗今有禹會村栁子有鎔蘇子有詩且于天下稍向中會同于此宜矣通鑑外紀亦云禹娶塗山之女生子啓南廵狩會諸侯于塗山紹興府志曰塗山在府城西北四十五里舊經云禹會萬國之所山麓有石船長丈云禹所乘越絶云塗山者禹所取妻之山蘇鶚演義云塗山有四一會稽二渝州三濠州四當塗　四蕃志宋孝武使任延脩禹廟土中得白璧三十餘枚意是時禹時萬國所執

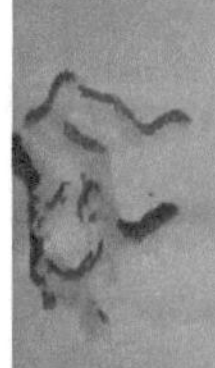

梁初治廟穿得碎珪及璧百餘片紹興府志

禹之治天下使民心變莊子

太公金匱云禹居人上慄慄如不滿日乃立建鼓

鬻子曰禹治天下以五聲聽治門懸鐘鼓聲鐸

而置鞀以得四海之士爲銘於筍簴　淮南子曰

禹之趨時也履遺而弗取冠掛而弗顧非爭其先

也而爭其得時也又曰禹之裸國解衣而入衣帶

而出因之也　墨子云禹舉益於陰方之中授之

以政而九州成　陝西志曰禹崩于會稽壽百歲

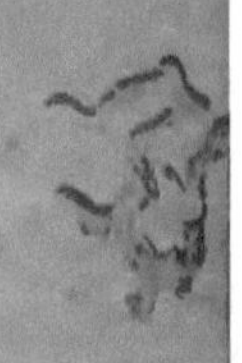

晃耕者五耦而式過十室之邑必下

禹作三章爲家天下之始

博物志曰處士東鬼塊路史作東里槐責禹亂天下事禹退作三章强者攻弱者守敵戰城郭葢禹始也考淮南子云夏鯀作三仞之城諸侯背之禹壞城平地散財物焚甲兵施之以德海外賓伏此與志互異

禹焚戈甲而夷人附見崔融四鎮議

路史曰防風氏後至戮之以狗於諸侯伐屈驁攻曹魏而萬國定

刀劍錄云高寀在位十年以庚戌八月鑄一劍藏之秦望山腹上面刻二十八宿

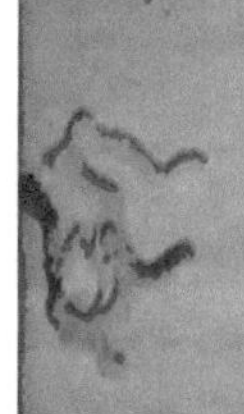

北記山水日月　紹興志曰禹劍宋時在禹祠殿

世相傳禹之所服寸𠬤出於鞘外瑩無繡澁而堅

不可拔

夏禹時天雨金三日述異記

古詩云安得天雨金使金賤如玉又禹時天雨稻

古詩云安得天雨稻飼我天下民同上　瑞應云飛

菟日行三萬里禹治水土勤勞歷年天應其德而

至駃蹄者后土之獸自能語言王者仁孝於民則

出禹治水有功而來

禹命扶登氏爲承夏之樂歌九叙以樂其成是謂九夏路史

路史

淮南子曰禹疏三江五湖注之東海以利黔首於是命皐陶作爲夏籥九成以昭其功　路史曰舜歌九淵以美禹功禹因之爲大夏則固少昊之樂也

商高語周周公積矩之法禹所以治天下數之所出也周髀經

周髀經

周髀算經注曰禹治洪水決流江河望山川之形

定高下之勢除滔天之災釋昏墊之厄使東注於

海而無浸溺乃勾股之所由生也

禹有淫湎之意呂氏春秋

古者儀狄作酒醪禹嘗而美遂疏儀狄急就篇注路

史曰帝女儀翟醞釀稷麥以爲酒澧醪變五味進

之帝飲而甘之折頻而歎後世必有酒亡國者遂

疏儀翟　夏禹仙經取菖蒲玄酒封百日綠葉色

投黍米十四日飲之去三十六種風不自後世本草

禹會諸侯江南計功而崩因葬焉命曰會稽夏本紀

水經注云大禹即位十年東廵狩崩于會稽因而葬之　皇覽曰禹冢在山陰縣會稽山上會稽本名苗山在縣南漢始稱陵　越絶傳曰禹到大越上茅山大會計爵有德封有功更名茅山曰會稽因病亡死葬會稽葦槨桐棺穿壙深七尺壇高三尺土堦三等延袤一畝越之先君無餘乃禹之世別封於越以守禹冢　呂氏春秋曰禹葬會稽不煩人徒　墨子曰禹東教乎九夷道死葬會稽衣衾三領桐棺三寸　淮南子曰禹遭洪水之患陂塘之

事故朝成而暮葬又曰禹葬會稽之山農不易其畝嘉泰志曰會稽山之東有隴隱若劒脊西向而下下有窆石相傳此正禹葬處其窆石高丈許狀如秤錘上有古隷不可讀

太史公有子遷二十而南游江淮上會稽探禹穴史記張晏注曰禹廟會稽因葬焉上有孔穴民間云禹入此穴水經注曰會稽山東有硎去禹廟七里深不見底謂之禹井云東游者多探其穴也紹興府志曰舊經諸書皆以禹穴繫之會稽宛委山今

里人卽以陽明洞爲禹穴寶曆中鄭鲂於宛委山

書禹穴二大字元楨鋒而鲂序之刻石存焉若據

張說似謂穴卽禹陵據酈說又似指禹井惟舊經

飛來石下爲禹穴傳云禹藏書處則指陽明洞然

韓昌黎詩云常聞禹穴奇東去穿甌閩越俗不好

古流傳失其眞則禹穴不可定名久矣宋陳鵠耆

舊續聞稱問之洪景盧言當以陽明洞爲是正德

中閩鄭善夫著記謂得之非井之上楊愼又云在

巴蜀 宋陳鵠云内翰洪公帥會稽日余嘗問禹

穴有二處其一在禹廟告成觀穴上有窆石是也其一去禹廟十餘里名陽明洞天即稽山之麓有石經丈餘中裂爲一罅濶不盈尺相傳指此爲禹穴圖經云禹治水投玉簡於此穴中未知孰是公云禹穴二字出司馬遷書必是秦漢以來相傳如此張晏云禹入此穴不經之尤者子長謂上會稽探穴言極其高深也今陽明穴投物於中不知其底當以此爲禹穴非謂禹葬之地　鄭善夫禹穴記曰禹穴在會稽山陰昔黄帝藏書處也禹治水

至稽山得黄帝水經於穴中按而行之而後水土平故曰禹穴世莫詳其處或曰即今陽明洞又云禹既平水土會諸侯稽功于塗山壽崩遂葬於會稽之陰故山曰會稽穴曰禹穴至今窆石尚存或然也善夫探禹穴尋黄帝藏書處乃翫梅梁摩挲窆石得穴於非井之上

楊慎丹鉛録曰按蜀之石泉禹生之地謂之禹穴其石杳深人跡不到項脩蜀志搜訪古碑刻有禹穴二字乃李白所書始知會稽禹穴之誤

四川名勝志曰石泉縣南禹

穴二字大徑八尺李太白書刻在絶壁上見存

陝西志曰禹穴在洵陽縣東一百三十里穴傍鑄

禹穴二字有古碑已剝落

越民獨以鳥田小大有差進退有行禹始也憂民救

水到大越來弇會稽教民鳥田一盛一衰越絶書

地理志云會稽山上有禹井禹祠相傳下有羣鳥

耘田也　水經註鳥爲之耘春拔草根秋啄其穢

海上有草焉名蒒其實食之如大麥七月稔熟名曰

自然穀或曰禹餘糧博物志

述異記云今藥中有禹餘糧世傳昔禹治水棄其所餘糧於江中是爲藥也　紹興府志曰餘糧山在嵊縣北十五里舊名了山禹治水功畢其餘糧委棄在此化而爲石因名禹餘糧有禹祠在焉傍有石蒸籠甑山遺跡又曰水簾洞旁多禹餘糧石其形如拳碎之内有脊如餡或類麻或類豆隨人所欲而應

禹祀于社亦謂白帝路史

淮南子云禹勞天下而死爲社漢興立官社復立

官稷以禹配社以稷配稷　王符五德云少昊其後白帝見流星意感生白帝文命
梅梁在禹廟梁季脩廟忽風雨大至湖中得一木取以爲梁乃梅梁也紹興府志
浙江名勝志曰會稽禹葬處窆石之左即禹廟也梁末脩廟得一木取以爲梁乃鄞縣大梅山頂梅木張僧繇畫龍於上忽夜風雨飛入鏡湖與龍鬬後人見梁上水草淋漓始駭之乃以鐵索鎖於柱今所存他木猶絆以鐵索存故事見郡志
述異記曰越俗說會稽山

夏禹廟中有梅梁忽一春而生枝葉。紹興府志

曰禹廟之建也，于無餘祀禹之日宋元以來咸祀禹于此

吳越春秋注東海人祭禹廟不用熊白及鼈爲

膳水經注云鯀死其神化爲黃龍晉語作黃能韋昭注能似熊字林云能足似鹿又爲鼈類

寰宇記宋武帝脩禹廟得古珪梁初又得靑玉印

水經注禹廟有聖姑像禮樂緯云禹治水畢天

賜神女聖姑即其像也　四蕃志聖姑從海中乘

石舟張石帆至此遂立廟廟中有石船船側履

得鐵履一量